四柱學 通辯術 (下)

第 六 卷

韓吉洙 四柱學 講義書

四柱學 通辯術 (下)

第 六 卷

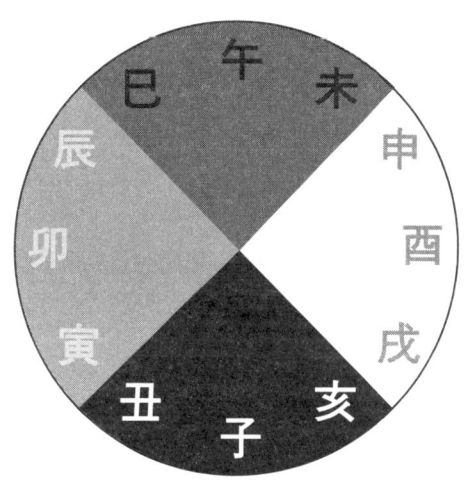

프로방스

제6권 사주학 통변술 (하)

초판 1쇄 인쇄 : 2009.6.30
초판 1쇄 발행 : 2009.7. 5

지 은 이 : 한 길 수
펴 낸 이 : 방 은 순
펴 낸 곳 : 도서출판 프로방스
주   소 : 경기도 고양시 일산서구 대화동 2239-1월드메르디앙 1006호

전   화 : 031-925-5366-7
팩   스 : 031-925-5350
등록번호 : 제313-제10-1975호
등 록 일 : 2008.05.30
ISBN : 978-89-89239-36-9(2권)
        978-89-89239-37-6

정가 : 35,000원

韓吉洙 四柱學 講義書
制 6 卷 四柱學 通辯術(下)을 펴 내면서

독자들께서는 그동안 本 著書인,

韓吉洙 四柱學 講義書　第 1 卷　四柱學 基本論(上),
韓吉洙 四柱學 講義書　第 2 卷　四柱學 基本論(下),
韓吉洙 四柱學 講義書　第 3 卷　四柱學 氣象論,
韓吉洙 四柱學 講義書　第 4 卷　四柱學 天干·地支와
　　　　　　　　　　　　　　　　　　日主論
韓吉洙 四柱學 講義書　第 5 卷　四柱 通辯術로 이론적
토대와 通辯의 기틀을 갖추었을 것이라고 자부한다.

筆者는 그동안 공부를 해오면서 늘 아쉬움에 젖어있었다.
왜냐하면, 어떤 책이든지 著者 자신은 열심히 최선을
다해서 썼다 하더라도 공부하는 입장에서는 항상 부족함
이 있기 때문이다.

그래서, 이번에 출간한 韓吉洙 四柱學 講義書　第 5 卷
四柱學 通辯術(上)에서는 甲 乙 丙 丁 戊일주까지,
韓吉洙 四柱學 講義書 第 6卷 四柱學 通辯術(下)에서는
己 庚 辛 壬 癸 일주의 사주에 대하여 각 요점별로 설명
하였다.

이를테면, 四柱의 旺衰, 格局과 用神, 主要 殺, 또는 각 宮의 해설과 大運 및 歲運을 대입하여 논함으로써 命理學을 공부하는 後學들의 입장에서 도움이 되도록 최선을 다했다.

한편, 한밝 신사주학의 저자 김용길 선생님의 이론인 合神, 表出神, 透出神 등 이른 바, 3대 비법을 적용함과 아울러 선생님께서 발견하신 日干代行格도 도입하였다.

그러나, 筆著도 실력에 한계가 있음을 분명히 밝혀둔다. 그래서, 앞으로도 더욱 업그레이드 시킬 것을 약속하는 바이다.

아울러, 이 책을 감수해 주신 한밝 김용길 선생님께 큰 감사를 드립니다.

독자들의 앞날에 무궁한 발전이 함께하길 기원한다.

2009. 5. 11.

韓吉洙 四柱學 研究院

曉檀 韓 吉 洙

차 례

제 1 장 己土論

제 2 장 庚金論

제 3 장 辛金論

제 6 장 己土 日干

제 6 장 己土日干 寅月

丙　己　丙　甲　남

寅　亥　寅　午　자

77 67 57 47 37 27 17 7 대

甲 癸 壬 辛 庚 己 戊 丁 운

戌 酉 申 未 午 巳 辰 卯

☯ 四柱의 旺衰

己土를 3개의 丙火가 助力하고, 寅중에 丙火가 들어있으며, 寅午火局하므로 身旺하다.

☯ 格局과 用神

己土가 寅月에 태어나 寅중 丙火가 透干되어 있어 正印格이다. 己土가 태어난 계절이 寅月이고, 印星이 3개가 돕고, 寅午火局 되어 있어 身旺하고 燥熱하여 나무를 기르기 위해서는 水가 필요하다.

그래서, 水를 用神으로 하고, 金은 生木을 剋하므로 凶神이며, 火와 土도 凶神이며, 木이 藥神이나 寅木은 寅戌火局으로 生火 凶神작용도 한다.

☯ 命主의 性格

대체로, 己土의 성격은 다혈질적이고, 까다로운 성격의
소유자가 많으나, 이 命主는 사주가 어느 정도 균형을 이루고
있어 소박하고, 합리적이며 부지런한 성격이라 사람들로부터
존경받고 산다.

☯ 四柱의 特徵

이 命主는 경북 경주 태생으로,
이 四柱는 언뜻 보기에 身弱하게 보이고, 月令이 寅月이기
때문에 火가 필요할 것으로 착각하기 쉬우나 燥熱하므로
水가 용신이고, 木, 火, 土 모두 凶神이다.

☯ 刑 沖 合 등 殺星의 應用

地支에 寅木과 亥水는 役馬星이라서 가만히 못 있는 사람이고,
특히, 亥水 財星은 天門으로 종교와 인연이라서 부부가 독신한
천주교인이다.
年上의 甲木은 日支 亥水와 月 時支 寅木에서 表出해 나왔
는데, 紅艶殺 위에 앉아있어 부인과 연애결혼이고, 나중에
자식들도 연애결혼을 할 것이다.

☯ 六親 關係

男命에 財星의 吉凶여부를 보고 妻와의 관계를 보는데, 이
사주에서는 용신이 水이고, 財星인 水가 日支 妻宮에 앉아
있어 부부유정하며, 재물복도 있어 유복하게 사는 사람이다.

☯ 大運

- 초년 丁卯대운에 吉하여 귀염받고 자랐으며 공부도 잘하였다.

- 戊辰대운에 戊土는 凶하나 辰土는 紅艶殺이고, 火氣를 흡수하므로 공부를 잘하였으며, 남들이 부러워하는 미군 캬추샤로 편하게 군대생활을 마쳤다.

- 己巳대운 30세 壬戌年에 日支 亥중의 壬水 正財가 나타나므로 결혼하였으며, 巳火가 巳亥沖하고, 寅巳刑하여 好運이 아니라서 곤궁하게 생활했다.

- 庚午대운에 干上의 金은 原局에 火가 많아서 金剋木하지 못하므로 무난하여 재산은 증식해 갔으나, 地支에 火가 너무 旺해지므로 크게 명예는 얻지 못했다.

- 辛未대운도 丙辛合水로 丙火 하나를 묶어주어 좋지만, 未土가 亥水를 亥未合으로 묶으므로 好運이 아닌데, 04 甲申年에는 寅巳刑되어 시골 집에 갔다 오다가 고속도로에서 가벼운 교통사고를 당했으나 크게 다치지는 않았다.

- 壬申 대운 중 壬 대운은 吉하나, 申 대운에 旺神인 寅木과 寅申沖하면, 凶厄이 따를 것이고,

- 癸酉대운 중 癸 대운은 괜찮으나, 酉 대운부터는 凶하다.

辛　　己　　戊　　乙　　남

未　　酉　　寅　　酉　　자

72 62 52 42 32 22 12 2　　대

庚 辛 壬 癸 甲 乙 丙 丁
午 未 申 酉 戌 亥 子 丑　　운

☯ 四柱의 旺衰

寅月에 己土가 戊土를 보고 時支에 未土를 보았으나 身弱하다.

☯ 格局과 用神

己土가 寅月에 태어나 正官格이다.

己土는 濕한 土이기 때문에 火를 보지 못하면 나무를 기르기에
부적합한데, 이 사주는 原局에 戊土와 未土가 있어서 官인
木을 기를 수 있다.

경험에 의하면, 食傷과 官星이 동시에 나타나 있을 때 用神을
잡기가 쉽지 않다.

이런 때는, 身弱한가 身旺한가를 보는 것 보다 日干인 己土의
역할과 작용을 봐야한다.

그래서, 寅月의 己土는 나무를 기르는 구조인데, 金이 많아
나무 기르기가 나쁘기 때문에 우선 火가 와야 만이 나무를
기를 수 있으므로 病藥用神인 寅중 丙火를 써야 한다.

火 藥用神이고, 金이 病神이며, 木과 土는 吉神이고, 地支로
오는 子水는 吉神이다.

☯ 命主의 性格

이 己土는 나무를 기르는 土이기 때문에 평소에는 소박하고,

인내심이 많으며, 조용하나 화가 나면 다혈질적으로 변하여
참지 못하고 폭발해버리기 때문에 사람들은 대인 관계 특히,
아랫사람한테 존경받지 못한다.

☯ 四柱의 特徵

사주에서 己土는 戊土를 보면, 땅을 개간하여 넓어지는 격으로
인덕이 있어 좋다.
남자에 있어 어떤 사주든지 身旺해야 좋은 경우가 더 많은데,
身弱하면 힘이 달리기 때문이다.
그런데, 이 사주에서는 官인 木이 旺하나 더 旺한 食神을 갖고
있어 벼슬이고, 명예이며, 자식성인 官星을 극하고 있어
흉하다.
그래서, 이런 사주는 藥用神運인 火運에 발전을 한다.

☯ 六親 關係

이 사주는 無財 사주이기 때문에 合神으로 父親과 妻를
찾아야한다.
먼저, 父親星이 없으므로 母親을 찾아야 하는데, 母親은
寅중 丙火와 未중 丁火가 두 명중 寅중 丙火가 正印으로 親母
인데, 이는 寅중 丙火와 酉중 辛金이 暗合을 하고 있기 때문에
이 命主는 親母의 자식이다.
그런데, 寅중 丙火는 年支 酉중 辛金과 日支 酉중에서 表出한
時上 辛金과도 明暗合하므로 재혼격이고, 時支 未중 丙火는
後母이다.
母親星인 寅중 丙火의 合神은 辛金이므로 辛金이 부친이다.
그리고, 妻星은 寅중 甲木이고, 日支에 病神이 들어있어 부부
의 성격이 안 맞다.
官星은 자식인데, 食神의 剋을 많이 받고 있어 자기 능력을
발휘하기 힘드나 자식 글자인 寅중에 用神이 들어있고,
吉神이므로 자식 덕은 볼 것이다.

☯ 合 沖 刑 등 殺星의 應用

寅酉가 怨嗔殺인데, 月支에 寅木을 놓고 年支와 日支 양쪽에서
怨嗔殺이 작용하여 食傷으로 祖母이고, 丈母인 食神과 자식 ,
또는 寅중 甲木인 妻와도 怨嗔이므로 사이가 나쁘다.

☯ 大運

- 丁丑대운에 丑土가 未土와 丑未沖하여 偏印星인 丁火가 丑중
  癸水에 剋을 당한데다가 3살 때인 丁亥년을 맞아 寅亥合되어
  모친인 寅중 丙火가 꺼지므로 운이 나빠서 어머니가 친가
  할아버지한테 맡기고 떠나버려 어머니의 얼굴도 모른 체
  할아버지를 엄마 삼아 성장했다.
- 丙子대운 丙火가 辛金을 묶어주므로 괜찮았고,
  子 대운에 金과 木 사이를 通關시켜 주므로 무난했다.
- 乙亥대운 중 乙 대운에 乙辛沖하므로 凶했고,
  亥 대운에 寅亥合되어 寅중 丙火가 꺼지므로 좋지는 않았으나
  그 대신 官星인 寅木은 살아나므로 직업이 생겨 희망이 있다.
- 甲戌대운 중 甲 대운에 日干과 甲己合하여 결혼했고, 직장도
  생겼는데, 33세 丁巳年부터 사업을 시작하여 처음 2-3년간은
  어려웠으나 그 후 운이 들어 재미가 있었고,
  戌 대운에도 吉했다.
- 癸 대운에 財가 들어오면, 劫財인 戊土가 戊癸合火하여 내 돈
  을 가져가므로 손재가 있었으나, 水生木도 하므로 사업이 번창
  하였고,
  酉 대운 48세 壬申年에 寅申沖하여 官災가 생겨 애를 먹었고,
- 壬 대운도 水生木해 주므로 돈이 들어와 좋았으나,
  申 대운 申金이 寅申沖하여 凶하므로 58세 壬午年에 세무조사
  를 받느라 고통을 겪었고, 大運이 가을로 치달으므로 甲申,
  乙酉年부터 고혈압과 당뇨가 생겨 건강이 나빠졌다.
- 62세부터 辛未대운인데, 辛金이 乙木을 치면 나쁜데, 戊子년
  에 사업을 축소시켜 겨우 명맥만 유지하게 되었고,
  未 대운에 日干의 뿌리가 되나, 官星인 木이 入墓하므로
  凶하다.
- 庚 대운에 乙木을 合하면 나쁘다.

辛　己　壬　壬　　남

未　丑　寅　寅　　자

75 65 55 45 35 25 15 5　대

庚　己　戊　丁　丙　乙　甲　癸

戌　酉　申　未　午　巳　辰　卯　　운

☯ 四柱의 旺衰

寅月에 己土가 比劫이 도우나 印綬가 없어서 身弱하다.

☯ 格局과 用神

己土가 寅月에 태어났으므로 正官格이다.
寅月은 특별한 구조가 아닌 한 나무를 길러야한다.
그래서, 己土가 身弱하고, 나무도 길러야 하므로 火가
필요하다.
寅中 丙火가 用神이고, 寅木은 吉神이며, 金과 水는 凶神이고,
土는 吉神이다.

☯ 命主의 性格

己土 일주가 殺속에 있는 印星을 用神으로 꺼내 쓰는
사람이라서 요령이 발달한 사람으로 적당히 아부할 줄도 아는
사람이다.
또, 봄에 나무를 기르고 있고, 丑未沖이 있는 구조라서 무척
바쁘게 사는 사람이다.

☯ 四柱의 特徵

身弱한 己土가 年 月上에 正財인 두 개의 壬水가 있어

흙탕물이 되었다.

官星이 役馬이므로 분주하게 돌아다니는 직업이 맞다.

☯ 刑 沖 合 등 殺星의 應用

己土濁壬에 대해서는 앞에서 설명하였고, 年 月上에 壬壬이
뜨면 조상이 바람을 많이 피웠다고 한다.
日支와 時支 丑未沖하여 부부 궁이 산란하다.

☯ 六親 關係

이 사주는 財가 凶神이고, 日支 妻宮이 丑未沖으로 깨져
부부 궁이 산란하며, 年 月上에 財가 두 개가 떠 있어
재혼팔자다.
年 月支에 寅木이 있어 그 寅木 속에서 用神을 썼으므로
조부와 부모 代에 잘살았던 집안으로 상속을 받을 수 있을
것이다.

☯ 大運

- 초년 癸卯, 甲辰대운이 대체로 좋았으나 辰土가 열기를 흡수
  하므로 크게 좋지는 않으므로 전문대를 졸업하였고,
- 乙巳대운 29세 庚午年에 모 타운 스키장에 입사하여 고속
  승진을 하여 32세에 이사가 되었다.

- 丙午대운 37세에 부동산 개발업에 뛰어들어 그 당시 돈으로
  수십억을 벌었다가 甲申, 乙酉年에 용신이 들어 있는 寅木을
  치니 개발관련 사업이 꼬여 다른 사람과 다툼이 생겨 수십억을
  손해 봤다.
- 丁未대운도 好運이라서 매우 분주하며 돈을 벌 것이다.

- 戊申대운에 寅申沖이 작용하면 아주 나쁘다.
- 己酉대운도 나쁘다.

乙　己　戊　乙　　남

丑　卯　寅　丑　　자
　　　　　　　　　　대
72 62 52 42 32 22 12 2

庚辛壬癸甲乙丙丁
午未申酉戌亥子丑　　운

☯ 四柱의 旺衰

寅月에 己土가 比劫이 돕고 있으나 月令이 寅月이라 官星의
剋이 심하여 身弱하다.

☯ 格局과 用神

己土가 寅月에 태어났으므로 正官格이라고 해야 옳으나 官殺이
워낙 많고 年, 時上에 偏官이 나타나 있어 偏官格이다.
身弱한 己土가 戊土를 보긴 했으나, 워낙 官星인 木이 旺하고
火를 보지 못해서 나무 기르기가 역부족이다.
또, 木旺節에 木이 4개나 되니 나무가 너무 많다.
사주는 五行이 골고루 들어 있어야 좋은데, 이 사주는 土와
나무만 있어 그야말로 木과 土가 싸우고 있는 格인데, 月令이
木旺節이라 木의 세력이 더 우세하다.
그래서, 木으로 따라가려 해도 己土의 세력도 만만찮으니 따라
갈 수도 없어서 寅중에 丙火는 凶神이다.
土가 用神이고, 木이 病神이며, 운에서 오는 金은 藥神이다.

☯ 命主의 性格

이 사주처럼 五行中에 木과 土만 있고, 火, 金, 水가 없는데,
없는 五行을 채우려는 본능 때문에 하고 싶은 것이 너무 많은
사람이다.
또, 官殺이 너무 많아 病이 되면, 희망과 욕망이 病이 되므로

망상에 젖어 있는 사람이고, 모 아니면 도라는 생각을 한다.

☯ 四柱의 特徵

寅중에 丙火는 10분의 2할밖에 안 들어 있는데, 그 연약한
丙火 하나로 土와 木 사이를 通關시키기에는 역부족이다.
사주의 용신은 그 사람의 정신이요 힘인데, 정신이 이처럼
연약하니 삶이 고달프리라.
대게, 日干 자신이 길신인 사람은 성실하고, 또, 남자사주에서
官은 조상이요, 자식이요, 혈통이며, 가장 중요한 직업이요
희망인데, 官이 病이 되면, 좋은 직장을 구하기 어려울 뿐만
아니라 대학 들어갈 때 애로사항을 겪고, 또, 대학에 들어
갔어도 전공 학과가 마음에 안든 다든가 해서 휴학을 하기
싶다.
그리고, 졸업을 해서도 자기가 가고 싶은 직장을 들어가기가
어려우므로 가능하면 직급이 낮고 마음에 다소 안 들어도 공직
계통을 들어가야 한다.

☯ 殺星의 應用

이 사주는 보통 많이 쓰이는 殺星은 없으나, 官殺인 木이 너무
太旺하여 이것이 가장 나쁜 殺星이다.
그래서, 망상에 젖어 사는 사람이다.

☯ 六親 관계

남자 사주에 財星의 吉凶을 보고 妻德의 有無를 보는데, 이
사주에는 妻星이 丑중에 癸水로 허약하고, 水가 仇神에
해당하므로 妻德이 없고, 日支 妻宮에 病神이 앉아있어
妻德이 없음이 확실하다.
또, 丑土가 두 개인데 丑중에 癸水가 官星인 己土를 같이 갖고
있어 임자가 있는 여자이고, 두 개이므로 재혼하기 쉽다.

☯ 大運

- 초년 丁丑대운이 무난하다.

- 丙子대운에 丙火가 土와 木 사이를 通關시켜주어 좋을 것
  같으나 病인 木을 旺히게 하므로 크게 좋지는 않고,
  子水가 丑土와 合하여 用神이 되므로 무난한 운이라 甲申年에
  운 좋게도 세종대학을 들어갔는데, 그 해에 교통사고가 나서
  자동차가 크게 부셔졌으나 다행히 몸은 다치지 않았다.
  이유는, 寅木을 歲運인 申金이 沖하고, 刑하였기 때문이다.
  그 다음 해인 乙酉年에는 공부를 하지 않아 낙제를 당할뻔했다
  가 거우 낙제는 면하고 군에 입대했다.

- 乙亥대운 乙木이 또, 등장하면 病이 더 旺해지니 복학을 해도
  공부는 제대로 하지 않을 것이다.

- 甲戌대운에 病神인 甲木이 등장하여 甲己合하고, 戌土가 丑戌
  刑을 하면 丑중 癸水가 날아가므로 財와 妻宮에 변화가 많다.

- 癸酉대운 중 癸 대운은 戊癸合이 되어 財가 남한테 가버리고,
  酉 대운은 病神인 卯木을 쳐주는 것은 좋으나, 日支 妻宮을
  건드리므로 가정이 불안해진다.

- 壬申대운 중 申金이 旺神인 寅木을 치면 官災가 생길 것이다.
  이런 때에 만약, 歲運이 겹쳐 申金이 들어오는 56세 庚申年,
  辛酉年에 寅木을 치므로 凶한 일도 있을 것이나, 病을 치료하
  므로 좋은 점도 있게 된다.

- 辛未, 庚午 대운에 干上의 木을 제거해 주므로 좋으나, 地支의
  木은 자라므로 불운하다.

제 6 장 己土日干 卯月

甲	己	乙	戊	남
戌	丑	卯	子	자

74 64 54 44 34 24 14 4   대

癸 壬 辛 庚 己 戊 丁 丙   운
亥 戌 酉 申 未 午 巳 辰

☯ 四柱의 旺衰

卯月에 己土가 年上에 劫財인 戊土를 보고 日支와 時支에
比劫을 보아 많이 약하지는 않으나 月令이 官月이라 약간
身弱하다.

☯ 格局과 用神

이 사주는 偏官月에 태어났고 偏官인 乙木이 透干하였으므로
偏官格이다.
봄에는 나무를 키워야 정석이나 이 사주는 己土가 身弱해서
旺한 나무를 기르기가 역부족이어서 기를 수 없다.
이런 사주는 생명론적 관점에서 보면 전혀 이해가 가지
않을 듯 하나 正 偏官인 木이 混雜해 있어 나무를 기르기가
어려우므로 잘라내야 좋다.
그래서, 土가 用神이고, 火는 凶神이며, 木이 病神이고,
水가 仇神이며, 干上에 오는 金은 藥神이다.

☯ 四柱의 特徵

이 命主는 천안 태생으로,
日干 己土를 중심으로 月上에 偏官인 乙木이 있고, 時上에
正官인 甲木이 있어 偏官 乙木이 甲己合을 방해하므로 合이
안된다.
또, 이 사주에서 土가 用神이면 火를 吉神으로 써야 맞는 것
같은데, 土와 木이 동시에 나타나 있어 土를 용신으로 쓸 때는
항상 火運이 나쁘다.
왜냐하면, 土 用神에 火運이 오면, 火生土로 용신의 힘이 강화
될 것으로 생각되나 그것은 나무가 자라지 않은 구조에서의
이야기이고, 이 사주처럼 나무가 무성하게 자랄 계절에는
火가 오면, 火生土하는 것보다 火生木하여 나무가 더 잘
자라서 用神인 土를 剋하므로 운이 없다.
이러한 이유로, 이러한 사주를 감명할 때는 잘 봐야 한다.
또한, 月主 부모 궁이 偏官으로 힘을 가지고 있는데,
이 男命의 부친은 일제시대 때 일본이 징용으로 끌고 간
한국인들을 관리하는 직책을 갖고 있어 많은 돈을 벌었다고
하는데, 그 당시 자신(부친)은 좋았겠지만 끌려간 사람들은
얼마나 고통이 심했으며 원망을 많이 했겠는가 ?
그래서, 부모 궁에 있는 官이 病이 될 수 밖에 없다.

☯ 命主의 性格

己土의 성격은 평소 참을성 많고 소박하나 이 사주는 官星의
극이 심하므로 예민한 성격이라 눈치가 빠르고, 두뇌회전도
빠르다.

☯ 六親 關係

이 사주의 夫婦관계는 日支에 比肩을 갖고 있어 日干을
도와주므로 부인을 사랑하는 편이고, 또, 丑土는 기회만 오면
巳酉丑金局을 이루어 이 사주에서 病神인 木의 공격으로부터
방어를 해주므로 좋으나, 日支와 時支가 丑戌刑이 되어 있어
많은 세월을 떨어져 살아야 좋다.

☯ 合 沖 刑 등 殺星의 應用

年支와 月支는 子卯刑이나 月令이 卯月이므로 나무가 자랄
계절이라서 水生木으로 보는데, 이 사주에서는 官인 木이
病神이라서 水生木해 주는 水가 凶神작용을 하기 때문에
흉하나, 己土 日干을 기준하여 申 子가 天乙貴人이기 때문에
仇神작용을 다소 덜하다고 본다.

☯ 大運

- 丙辰대운이 辰土가 있어 用神을 도와주니 무난하였고,
- 丁巳대운도 77년 丁巳年에 巳丑金局이 되어 운이 좋아서
  18살에 지방 행정직 공무원으로 출발하였다.

- 戊午대운이 午火가 나무를 키우므로 다소 나쁠 뜻하나 干上에
  戊土 용신이 있어 대체로 무난한 편이었으며,
  30세 丁巳年에 巳丑合이 되니 결혼하였다.
- 己未대운에 用神이라서 좋을 듯 하나 地支에 未土가
  亥卯未木局을 하여 用神인 土를 공격하니 좋지 못하다.

- 41세 庚申대운부터 藥神運이 들어와 金으로 病神인 나무를
  다스리니 승진도 잘 되었다.
- 51세 辛酉대운도 藥神運이라 좋은데, 98 戊寅, 99 己卯年에
  木이 등장하여 운이 나빠서 옷 벗을 위기가 왔는데, 이때부터
  知人의 권유로 사진 찍는 취미를 갖게 되었고,
  2000 庚辰년 국토부공무원으로 전직하여 근무하게 되어 무난
  하게 넘어갔으며, 60세 丁亥年에 정년퇴직하였다.

- 壬戌대운도 戌土가 용신이니 운이 살아있어 그동안 취미
  생활로 하던 사진기술을 써 먹을 것이다.
- 癸亥대운은 亥卯合木하여 用神을 공격하므로 좋지 못하다.
  이런 때에 歲運을 잘 살펴야 한다.
  명을 다할 때도 되었다.

癸　己　丁　甲　여

酉　酉　卯　寅　자

71 61 51 41 31 21 11 1　대

己 庚 辛 壬 癸 甲 乙 丙
未 申 酉 戌 亥 子 丑 寅　운

☯ 四柱의 旺衰

卯月에 己土가 뿌리가 없고, 月上에 印星인 丁火가 있어
寅木에 통근하나 太弱하여 자신을 지킬 수 없으므로 從해야
한다.

☯ 格局과 用神

己土일간이 卯月에 태어나 地支에 無根하고, 月干 丁火 偏印이
日干을 生한다고 보기 쉽다.
그러나, 이 사주는 旺한 木을 따르는 從官格이며, 陰干인
己土가 從하므로 甲木이 体가 된다.
따라서, 日, 時支의 官星을 원하지 않으며, 자유분방한 삶을
살게 된다.
月干 丁火가 用神이고, 癸水는 凶神이며, 己土는 吉神이고,
酉金은 病神이다.
따라서, 火運이 가장 좋고, 土運이 그 다음이며, 天干의 水運
은 안 좋고, 地支는 水는 무난하나, 天干 地支로 오는 金은
가장 나쁘다.

☯ 四柱의 特徵

女命에 官이 病이면, 남자 복이 없는데, 더군다나, 官殺인
酉金이 日 時支에 자리를 잡고 있어 남편 복이 없는 여인인데,
33세 丙戌年까지 혼자 산다.
女命에 남편 덕이 없으면, 자기가 벌어서 먹고 살아야한다.

또한, 丁火 傷官은 기술계통인데, 卯 桃花에 앉아있으므로
여성들을 예쁘게 치장하는 직업이다.

☯ 命主의 性格

대게, 官으로 從한 女命은 人物이 좋아 남자들한테 인기가
있다.
이 사주는 從殺로 변하여 甲木이 体가 되므로 丁火가 傷官이기
때문에 官을 싫어하며, 자유분망한 성격이고, 활동적이며,
인정이 있는 사람이다.
봄 나무는 金을 싫어하므로 남자를 쉽게 받아들이지 않는다.

☯ 六親 關係 및 合 沖 刑 등 殺星의 應用

日干인 己土가 官星인 甲木으로 從하였으므로, 甲木이 体가
되기 때문에, 육친관계는 甲木을 기준으로 살펴야 한다.
그래서, 日干인 己土는 財星이 되고, 丁火는 傷官으로 祖母에
해당하며, 癸水가 印星으로 모친이고, 癸水와 明暗合하는
寅중 戊土가 부친이다.
酉金은 官星으로 남자에 해당하는데, 똑 같은 사람이 2명이
나란히 서 있는 형국이라서 두 남자와 인연이다.

따라서, 日干 자신이 財星이 되므로 자기가 돈을 벌어서 먹고
살게 되고, 傷官인 丁火와 食神인 丙火가 年 月柱에 있어
用神이므로 조모의 덕과 부모, 조상의 음덕이 있다.

또한, 官星인 酉金이 病神이므로 남편 덕이 없고, 印星인
모친과는 인연이 약하다.
또한, 官星인 酉金이 日支에 앉아 卯酉沖을 하고 있어 남편 덕
보기는 어려울 것이고 재혼팔자다.
이 女命은 官으로 從한데다가 年 月上에 유력하므로 祖父가
官職에 있었거나 한 때는 잘살았던 집안 출신이다.
財星인 己土는 酉金위에 앉자있어 어렵게 돈을 벌어야 한다.

☯ 大運

- 丙寅대운은 태양이 떴으니 귀하게 자랐다.

- 乙丑대운에 乙木이 己土를 剋하고, 酉丑金局이 되어 卯木을
  극하므로 좋지 않는 운이었다.

- 甲子대운 甲己合으로 남자와 만날 인연이나 子卯刑으로 남자를
  刑하니 헤어졌을 것이다.

- 癸亥대운에 癸水가 丁火를 끄나 甲木이 通關시키므로 크게
  나쁘지는 않으나 운이 저조하여 되는 일이 별로 없다.
  亥 대운에는 体인 寅木과 卯木과 官星인 酉金 사이를 通關시켜
  주므로 결혼운이다.
  歲運이 火運인 壬午, 癸未年에 부동산 일을 하다가 甲申,
  乙酉年이 오면서 일이 안 되어 피부관리실에서 일하고 있다.

- 壬戌 대운에나 壬水가 丁火를 묶어 갈 길을 막고, 火를 戌土에
  入墓시키므로 활동력을 상실한다.

- 辛酉대운에 官星인 病神이 등장하여 体인 木을 剋 沖하면
  남자로 인해서 또는 官災 등으로 큰 고통을 겪을 것이다.
  이런 구조는 남자 없이 혼자 살아야 편하다.

- 庚申대운은 甲庚沖하고, 寅申沖하여 寅중 丙火마저 끄므로
  정말 운이 없어진다.

- 己未대운은 무난하다.

乙　己　辛　辛　남

亥　未　卯　卯　자

75 65 55 45 35 25 15 5　대

癸 甲 乙 丙 丁 戊 己 庚
未 申 酉 戌 亥 子 丑 寅　운

☯ 四柱의 旺衰

卯月에 己土가 日支에 뿌리를 갖고 태어났으나 時上에 乙木이
머리를 내밀고, 地支가 온통 木局으로 구성되어 있어 從殺格
이다.

☯ 格局과 用神

從殺格이므로 木이 体가 되는데, 나무를 기르기 위해서
火가 필요하다.
年 月上의 辛金은 從殺을 거부하고 있으나 대세는 거스리지
못한다.
從殺格이 되면, 卯月의 木이므로 丙火가 떠야 아름다운 局이
되었을 것인데, 태양이 뜨지 않아 아쉽다.
木이 用神이고, 水는 吉神이며, 金이 病神이고, 土는 仇神
이며, 火는 藥神이다.

☯ 四柱의 特徵

이 命主는 경기도 수원 태생으로,
從殺이 되었으면 食神이나 傷官이 없어야 좋은데, 이 사주는
食神이 年 月上에 두 개가 있어 格이 순수하지 못하고 탁하다.
또한, 같은 從殺이라도 陰日干으로 따라 가서 局이 작다.

☯ 命主의 性格

從殺格이라도 五行의 성질에 따라 성격이 다른데, 이 사주는
봄에 乙木으로 從을 하여 성격이 부드럽고, 여리다.
그러나, 年, 月上에 偏官이 있어 예민하다.

☯ 六親 關係

從殺格이 되면, 官星인 자식으로 따라 갔으므로 자식들이
잘되는데, 이 男命은 3명의 딸 중 큰딸과 둘째딸은 각각
서울대를 나와 박사학위를 갖고 있는데, 둘째 딸은 모
일류대학 연구소에 근무하고 있으며, 사위도 박사로 연구원
이며, 막내딸도 공부를 잘해 영국에 유학중이다.
原局의 年, 月上에 있는 辛金이 食傷으로 從을 거부하는 病神
작용을 하는데, 이는 祖上과 父母의 業이다.
이 男命의 祖父는 옛날에 벼슬이 높았던 관계로 그 고향에서
권력뿐만 아니라 집의 본체에 들어가려면 12대문을 거쳐야 할
만큼 큰 부자로 살았으며, 부친은 사범학교 출신으로 그 시대
에 인텔리 교육을 받았으나 토목사업에 손을 댔다가 실패하고,
노름에 빠져 살림을 다 망해먹었다고 한다.

☯ 殺星의 應用

年, 月上의 辛金이 用神인 時上의 乙木을 기회만 있으면
치려고 노리고 있는 형국인데, 日干 己土가 임시로 가로막고
있는 구조에서 己土가 剋을 당하거나 合去하면 乙辛沖이
작용한다.

☯ 大運

- 초년 庚寅대운에는 집안이 잘살아 유복하게 성장하였으나,

- 己丑대운에 부친이 가산을 망해 먹어 어려워졌으며,
  육군사관학교에 입학하여 군인의 길을 택했다.

- 戊子대운 81(辛酉)년 소령으로 예편한 후, 다른 직장인
  교정직으로 전직하여,

- 丁亥대운 未중에서 透出한 丁火가 辛金을 막아 주므로
  순조로운 발전을 하였고,
  亥 대운에도 從神이 旺해져서 좋았다.

- 丙戌대운에 丙辛合, 丙辛合으로 爭合이 되어 辛金이
  발호하므로 흉한 점도 있으나 길한 점이 더 많다.

- 乙酉대운에 酉金이 卯木을 沖하여 자르기 때문에 흉한데도
  56세 丙戌年에 丙火가 등장하여 病神인 辛金을 丙辛合으로
  묶고 戌土가 戌未刑이 되나 戌중에 丁火 藥神이 있어 어렵게
  고위 교정직 간부로 승진하였다.

- 甲申대운이 凶하다.

제 6 장 己土日干 辰月

壬　己　壬　辛　　여

申　巳　辰　丑　　자

80 70 60 50 40 30 20 10　대

庚 己 戊 丁 丙 乙 甲 癸　운
子 亥 戌 酉 申 未 午 巳

☯ 四柱의 旺衰

辰月에 己土가 比劫과 印星이 있어 旺하게 보일지 모르나,
年上에 辛金이 뜨고, 月上과 時上에 壬水가 떠 있으며,
地支에도 濕土가 있고 申金이 있어 습해서 身弱과 같다.

☯ 格局과 用神

己土가 辰月에 태어나 支臟干에서 表出하지 않았고, 身弱
하므로 身弱用印格이다.
土가 藥用神이고, 火는 吉神이며, 水가 病神이고, 金이
仇神이다.

☯ 四柱의 特徵

이 사주는 己土濁壬을 공부하기 위해 이 책에 적었다.
己土濁壬은 4월부터 7월까지 사이에 물이 따뜻할 때 가장
잘되고, 辰月은 아직 물이 따뜻하지 않아서 己土濁壬의

작용력이 弱하다.

또한, 己土濁壬은 壬水일주가 己土를 봤을 때 성립한다.
이 사주에는 생명이 보이지는 않으나, 辰중에 乙木이 들어
있어 불만 오면 나무가 자랄 수 있는 사주인데, 봄에 己土가
天干에 辛金과 壬水가 떠서 태양이 뜰 공간이 없으니 下格
이다.

☯ 命主의 性格

己土가 身弱하여 印星을 用神으로 썼으므로 마음씨가 착하다.
또, 많은 壬水에 가라앉은 흙이라서 자기를 잘 드러내지
않으려는 성향을 보인다.

☯ 六親 關係

이 女人은 財星이 많아 습해져서 財多身弱과 같은 사주라서
경제적인 풍요는 없더라도 日支에 吉神이 앉아 있어 큰
어려움이 없이 가정살림만 하며 사는 사람이다.
그래서, 日支가 얼마나 중요한가를 알 수 있고, 더군다나,
吉神이 日支에 앉아있으니 그 같은 행복을 누릴 수 있으리라.
日支에 巳火 불을 갖고 있어 성실하게 장사하는 남편을 만나
편히 살고 있다.
모친은 巳중 丙火이고, 부친은 丙火와 合神인 辛金이며,
月上의 壬水와 時上의 壬水가 財星인데, 두 개이므로
시어머니가 두 분이어야 하는데, 재혼하지 않았으므로 한 분
뿐인데, 혹시, 父親인 辛金의 傷官星이므로 부친의 조모가 두
분 일 수 있다.

☯ 刑 沖 合 및 殺星의 應用

己土는 火를 봐야 나무를 키울 수 있는데, 다행히도, 日支에
火를 보아 좋은데, 時支에 申金과 巳神合水되어 나쁘다.
壬辰魁罡이고, 丑중에 己土가 表出하여 食傷庫가 發動하였는데
丑辰破를 이루므로 돈 문제나 자식문제가 생길 수 있고, 또,
年, 月支 祖上宮에 부모와 조부모사이가 불화도 예상할 수

있다.
또, 日支 巳火가 吉神인데, 時支 申金과 合刑하여 吉神의 힘이
약해졌다.

☯ 大運

- 초년 癸巳대운에 大運의 干上에 오는 癸水는 凶하나 地支
  巳火는 吉神인데, 巳丑合, 巳申合되어 吉神의 역할이 매우
  약해졌다.

- 甲午대운에 甲木이 己土日干의 官星이며, 合神인 甲木을
  보았고, 더군다나, 午火 桃花殺을 달고 오므로 연애하고
  결혼하는 운이다.

- 乙未대운에 乙木 官星이 등장하였으나 乙辛沖하고, 水生木으로
  通關시키므로 己土가 다치지 않아서 무난하고, 地支 未土가
  乾土라서 편히 산다.

- 丙申대운에 丙火 吉神이 왔으나 丙辛合되어 무력해졌고,
  巳申合水되어 오히려 사주가 寒濕해져서 크게 길하지 못하다.

- 丁酉대운에 丁火가 吉神이나 丁壬木되어 凶神으로 변했고,
  巳酉丑金局이 되어 日干의 힘을 빼고 吉神이 巳火를 무력하게
  만드므로 운이 없다.

- 戊戌대운에 乾土와 熱土를 달고와 濕을 제거해 주므로
  好運이라 건강과 재산이 증식될 것이다.

- 己亥대운에 己土는 좋으나 亥水가 日支 巳火를 沖하여
  건강이나 부부문제가 올 수 있다.

- 庚子대운이 凶하다.

甲　己　庚　庚　남

子　丑　辰　寅　자

74 64 54 44 34 24 14 4　대

戊 丁 丙 乙 甲 癸 壬 辛

子 亥 戌 酉 申 未 午 巳　운

☯ 四柱의 旺衰

辰月의 己土가 身弱하다.

☯ 格局과 用神

己土가 辰月에 태어나 辰중의 支臟干이 表出되지 않았으므로
身弱 用比格 또는 상관제살격도 겸한다.
辰月은 나무가 무성하게 자랄 계절인데, 己土일주가 身弱하여
旺한 나무를 기르기가 벅차므로 身旺한 운에 발복한다.
그래서, 土가 用神이고, 木이 病神이며, 水는 仇神이고,
火는 凶神이고, 金이 藥神이다.

☯ 四柱의 特徵

이 사주는 辰月에 寅木이 辰土에 뿌리를 하고, 甲木으로
머리를 내밀어 잘 자라고 있어서 좋아 보이나, 己土는 濕한
土이기 때문에 火를 보지 못하면 나무를 기르기가 쉽지 않은
데다가, 年 月上에 庚金이 있어 木의 生長을 거부하고 있다.
따라서, 젊어서 잠깐 직장 생활을 하다가 독립하여 컴퓨터
자동화 기계류를 수입한다.

☯ 命主의 性格

己土일주가 傷官인 庚金으로 생명인 木을 자르고 있는

형국이므로 자기주장이 강하며, 여기서, 木은 官으로 자기를
다스리는 神인데, 다스리는 神을 傷官으로 剋하여 거부하므로
자유분방하여 윗사람한테 고분고분하지 않는 스타일이라
직장생활이 적성에 안 맞게 된다.
그러나, 傷官은 자기와 코드가 맞으면 베풀 줄 아는 성격이다.

☯ 六親 關係

이 사주에서 財星은 子水이고, 丑중에 癸水, 辰중에 癸水도
財星인데, 凶神이다.
그런데, 日支에 비록 癸水가 암장해 있는 比肩이 자리하고
있고, 時支 子水와 合하여 子丑合土가 되므로 결국 凶神인
財星이 나를 도와주는 형국이라서 좋기 때문에 부부관계도
원만하고, 원래, 年 月에 傷官이 뜨면, 官을 거부하므로
가난한 집안이었거나 凶한데, 이 사주에서는 藥神역할을
하므로 凶하지 않다.
官이 病神이므로 자식 덕은 弱하다.

☯ 刑 沖 合 및 殺星의 應用

天干에 甲己合土, 地支에 子丑合土로 天干合 地支合이
되었는데, 이런 구조를 天地合德이라 하여 좋은 局이다.
合德의 뜻은 생명을 배양하고, 기르는 것을 말하는 것으로,
귀신이 도와주므로 쉽게 돈을 번다.
왜냐하면, 土가 身弱한데 合이 되어 身旺하게 해서 나무를
기를 수 있게 해주기 때문이다.
月上의 庚辰은 魁堽星이라서 傷官의 기질이 강함을 나타내고
있고, 丑辰破이나 丑土가 子丑合으로 묶여있어 큰 凶星이
나타나지 않는다.
甲木 官星이 子水 浴地에 앉아있고, 子水는 囚獄殺이라서
자식이 관재수가 있을 수 있다.

☯ 大運

- 초년 辛巳대운에 巳火에서 표출한 庚金과 辛金이 합세하여
  病神인 甲木을 눌러주어 좋고, 巳火가 寅木을 寅巳刑하여
  약하게 만들고, 巳丑金局하여 病을 剋해 주므로 무난하였다.

- 壬午대운에 壬水가 凶神이고, 午火가 桃花殺인데다가 時支
  囚獄殺이며, 沐浴殺인 子水를 冲하고, 丑午鬼門이 작용하므로
  이성에 눈을 떠 공부에 지장이 있었을 것이다.

- 癸未대운중 癸 대운에 辰중, 丑중의 癸水 財가 나타나므로
  결혼하였고, 地支 未土가 日支 丑土를 冲하여 부부갈등이
  있을 수 있으나, 丑중 癸水 돈이 움직이므로 사업의 꿈을 꾸게
  된다.

- 甲申대운에 甲己爭合이 되어 凶하나, 申金이 病神인 寅木을
  쳐주므로 34세 癸亥年에 전자부품조립기계를 수입하는
  무역업을 시작하여 많은 돈을 벌었다.

- 乙酉대운도 乙木이 庚金과 乙庚合되어 藥神을 강화해주고,
  地支 酉金이 辰土와 合하여 寅木을 剋해주므로 사업이 날로
  번창하여 많은 돈을 벌었다.

- 丙戌대운은 寅중에서 透出한 丙火가 藥神의 역할을 방해하고,
  戌土가 寅戌火局이 되며, 辰戌冲하여 분주하고 다사다난한
  운이나 한편으로는 戌土가 用神의 뿌리가 되므로 무난하다.

- 丁亥대운 丁火가 庚金 藥神을 치고, 亥水가 寅亥合하여 病神을
  도우므로 좋지 못할 것이고,

- 戊子대운은 戊土가 用神이므로 좋고, 子水가 등장하면 時支
  子水와 日支 丑土를 놓고 爭合을 벌이므로 좋지 못하다.

壬　己　壬　丙　　남

申　酉　辰　申　　자
　　　　　　　　　　대
72 62 52 42 32 22 12 2

庚 己 戊 丁 丙 乙 甲 癸　운
子 亥 戌 酉 申 未 午 巳

☯ 四柱의 旺衰

辰月에 己土가 年上에 丙火를 보았으나 뿌리가 없고, 日干을
사이에 두고 양쪽에 壬水를 보아 물에 가라앉은 흙이고,
己土의 뿌리인 辰土가 辰酉合하여 없어지므로 從하지 않을 수
없다.

☯ 格局과 用神

己土가 辰土에 뿌리를 갖고 있긴 했으나, 申辰水局, 辰酉金
으로 辰土가 없어졌고, 물에 가라앉은 己土라서 자기를 버리고
金으로 따라갔기 때문에 從兒로 볼 수 있으나, 月上과 時上에
申金에서 表出한 水가 있어 從財格이다.
그래서, 水가 用神이고, 金이 吉神이며, 土는 病神이고,
火는 仇神이며, 木이 藥神이다.

☯ 四柱의 特徵

이 命主는 부산태생으로,
辰月이라도 己土가 壬水에 둘러쌓여 있어 나무를 기를 수 없는
즉, 물속에 가라앉아 있는 土이고, 여자를 양팔베게 해주고
있는 형국이다.
年上에 丙火가 있으나 뿌리가 없어 허화에 불과하다.
이 男命은 처음에 한식집을 하여 고기를 구을 때는 장사가
시원찮았으나, 水星인 일식집을 하면서 돈을 벌기 시작하였다.
또, 술을 많이 마신다.

☯ 命主의 性格

己土의 성격은 평소 조용하고 소박하여 다정하나 한번 성질을
부리면 불같은 다혈질성을 나타내기 때문에 때로는 종잡기
어려울 때가 있다.
같은 己土라도 身旺하여 자신을 지킬 수 있으면 성격이 원만
하나 身弱하거나 從하여 자신을 지키지 못한 己土 일주는
성질이 불같고 다혈질적이다.

☯ 六親 關係

이 男命은 財星을 양 옆에 두고 있고, 日支에 酉金 桃花를
갖고 있어 여자를 무척 탐하는 사람이다.
또, 형제가 많은데, 모두 자기가 도와줘야 할 형제들이다.
日支에 酉金이 있어 나쁘진 않으나 酉金은 물을 生해주지
못하고 桃花殺이므로, 자기가 바람을 피워 부부관계가 항상
불안하다.

☯ 刑 沖 合 및 殺星의 應用

壬辰 魁堽인데, 이 男命은 골치 아픈 형제들이 많고,
日支 桃花殺이라서 妻가 미녀인데, 자기가 바람을 피운다.

☯ 大運

- 초년 癸巳대운에 癸水가 仇神인 丙火를 가리고, 巳酉合,
  巳申合하여 무난하였다.

- 甲午대운에 仇神인 丙火가 힘을 얻어 從하기를 거부하므로
  운이 없어 어려운 가정에서 태어나 초등학교를 졸업하고
  서울에 올라와 삼촌이 운영하는 식당에 들어가 주방 일을 배워
  식당에서 일을 했다.

- 乙未대운도 凶하므로 식당 종업원 생활을 했다.

- 32세 丙申대운에 자기운이 오므로 미국으로 건너가 주방장으로
  일하기도 했으며, 申 대운부터 자기 명의의 식당을 운영하기
  시작했다.

- 丁酉대운에 종로에서 대형 일식집을 운영하여 돈을 벌고
  있으며, 05 乙酉年에 月支 辰土와 辰酉合되어 집을 마련하여
  이사를 했다.

- 戊戌대운이 오면, 戊土가 壬水를 剋하고, 戌土가 辰土를
  沖하여 格을 깨므로 대란이 오는데, 다행히, 申酉戌金局이
  되어 어렵게 버텨나갈 수는 있다.

- 己亥대운중 己土 대운은 나쁘나, 亥 대운은 吉하다.

- 庚子대운이 좋다.

제 6 장 己土日干 巳月

甲	己	癸	丙	남
戌	丑	巳	午	자

72 62 52 42 32 22 12 2　　대

己 戊 丁 丙 乙 甲 癸 壬
丑 子 亥 戌 酉 申 未 午　　운

☯ 四柱의 旺衰

巳月에 己土가 年上에 丙火를 보고, 年支에 午火를 보았으며,
月支에 巳火, 日支에 丑土, 時支에 戌土가 있어 太旺한데,
日干인 己土가 年上 甲木과 甲己合한데다가 月令이 4월이므로
身旺 身弱으로 보지 않고 化格으로 봐야한다.

☯ 格局과 用神

앞에서도 설명한 것처럼, 이 사주는 巳月에 태어나 甲己合
하였고, 土勢가 旺하여 甲己合化格이다.
土가 用神이고, 火는 吉神이며, 木이 病神이고, 水는 仇神
이며, 운에서 金이 오면 藥神이다.

☯ 四柱의 特徵

이 命主는 경기도 안산 태생으로,
甲己合化格에서는 財官이 凶神이므로 財와 官의 향방을 잘

살펴야 한다.

그런데, 月上에 財가 透干해 있어 좋지 못하다.

남자 사주에서 財는 돈이요 여자이기 때문에 이 두 가지와
인연이 박하다.

☯ 命主의 性格

이 男命은 己土의 전형적인 성격을 갖고 있다.

평소에는 차분하다가도 어떤 때는 다혈질적인 성격 때문에
동료들로부터 비호감을 갖는다.

그러나, 己土는 소박한 일면이 있기 때문에 건드리지만 않으면
괜찮다.

또, 사주에 食傷이 없고, 食傷 庫를 갖고 있어 말주변이 없다.

☯ 六親 關係

남자사주에 財가 凶神이면, 財福이 없다고 봐야한다.

그러나, 財가 凶神이고, 妻宮에 刑殺을 갖고 있어 부부사이에
갈등이 많다.

그런데, 어떤 사람은 日支가 凶神이라도 財가 吉神이면 부부가
잘 살고 있는 것을 주위에서 흔히 볼 수 있다.

또한, 年上 조상궁이 丙午로 吉神이고 丙火를 보아 祖父가
잘난 분이었는데, 바람을 많이 피느라고 재산을 망해먹었고,
食傷 庫를 갖고 있어 祖母가 두 분이다.

☯ 刑 沖 合 및 殺星의 應用

日支에 巳丑合도 되고, 丑戌刑도 되는데, 서로 合과 刑을
하려고 하므로 合力이나 刑의 작용이 弱하고 月令이 巳月
이므로 合力이 弱하기 때문에 刑의 작용이 더 크다고 본다.

己丑일주를 기준하여 午 未가 空亡이라서 조상 덕이 없고,
巳戌 鬼門, 丑午鬼門으로 雙鬼門이라서 성격이 괴팍하며,
바닷가 출신이라서 물에 빠져 죽은 4촌 형이 몇 명 있다.

☯ 大運

- 초년 壬午대운이 吉神운인 火運이라서 유복하게 성장하였다.

- 癸未대운은 좋지 못한데, 癸 대운도 凶했고,
  未 대운에는 甲木이 未土에 根氣를 가져 뿌리를 내리려 하므로
  나쁘고, 丑戌未刑도 있어 좋지 못하므로 학교 다닐 때 사고가
  있었을 것이나 구체적으로 확인하지 못했다.

- 甲申대운에 사주 原局에서 甲己合이 되어있는 상태인데,
  대운에서 甲이 오면, 爭合이 되어 合을 방해하므로 나쁘기
  때문에 운이 없고,
  申 대운은 申중 壬水가 있어 결혼 운이고 무난한 시기였다.

- 乙酉대운도 乙木이 木剋土하여 甲己合을 방해하므로 좋지
  못한데, 地支 酉金은 巳酉丑金局으로 順勢하므로 무난하다.

- 丙戌대운은 用神과 吉神 운이긴 하나 戌未刑이 작용하므로
  건강문제 또는 부부사이의 갈등이 증폭될 것이다.

- 丁亥대운은 仇神인 亥水가 등장하여 凶한데다가 甲木이 亥水에
  根氣를 갖고 오므로 좋지 못하다.

- 戊子대운 중 戊 대운에 戊癸合化하여 좋으나,
  子 대운 중 子午沖하고, 子丑合하므로 분주하고 다사하다.

庚　己　丁　戊　여

午　酉　巳　子　자

76 66 56 46 36 26 16 6　대

己 庚 辛 壬 癸 甲 乙 丙

酉 戌 亥 子 丑 寅 卯 辰　운

☯ 四柱의 旺衰

巳月의 己土가 巳酉合이 있어도 身旺하다.

☯ 格局과 用神

己土가 巳月에 태어나 身旺하고 時上에 傷官이 透出해 있어서 身旺傷官格이다.
이 사주에는 生命인 木이 없어서 洩氣함이 가장 좋고, 여름 土가 身旺하므로 調喉도 필요하다.
年支에 水가 있고, 庚金이 酉金 羊刃을 가져 調喉를 돕고 있다.
金이 用神이고, 土는 吉神이며, 火가 病神이고, 운에서 오는 木은 仇神이고, 水가 藥神이다.

☯ 四柱의 特徵

이 사주처럼 비록 생명인 木이 없어도 용신이 튼튼하고,
大運이 잘 흘러가니 편히 살 수 있다.

☯ 命主의 性格

女命은 身旺하고, 傷官을 用神으로 쓰므로 자기 고집이
강해서 남의 말을 잘 듣지 않는다.
또, 傷官은 자기와 코드가 잘 맞으면 퍼주는 성격이나 안

맞으면 그 사람과는 끝이다.

☯ 六親 關係

이 사주는 남편성인 官이 없으므로 남편이 없다고 판단하면
안 된다.
이 사주처럼 官이 없을 때는, 合神을 찾아 남편으로 삼아야
하는데, 日干 己土와 合神인 甲木은 없으므로 日支 酉金과
合神을 찾아보면 酉중 辛金과 巳중 丙火와 午중 丙火가 合神
인데, 巳酉로 合하여 나와 유정하므로 巳중 丙火가 남편인데,
日支에 용신이 있어 부부관계가 좋다.
月支에 印綬가 凶神이므로 부모덕이 없다.

☯ 刑 沖 合 및 殺星의 應用

印星인 巳火 남편 궁에서 劫財인 戊土와 傷官인 庚金이 表出
했으므로 남편은 두 가지 성향으로 내게 다가오는데, 한 가지
는 재산을 없애는 劫財로 다가오고, 한 가지는 傷官 用神으로
다가오므로, 吉작용과 凶작용을 동시에 하는 남편이다.
그러나, 巳酉로 合하여 用神이 되었으므로 吉한 合이다.

☯ 大運

- 초년 丙辰대운이 무난하므로 시골에서 태어나 큰 어려움 없이
  성장하여,
- 乙卯대운에 남편 궁 巳火에서 表出한 庚金과 乙庚合하므로
  결혼하여, 남편과 함께 농사를 짓다가,
- 甲寅대운 말에 月支 巳火와 寅巳刑하므로 서울로 이사하여
  남편이 用神의 성분인 자동차관련 사업을 하여 돈을 모았다.
- 癸丑대운 巳酉丑金局이 되어 用神을 도우니 남편의 사업이
  잘되었으며,
- 壬子대운 남편이 사업을 바꿨으나 큰 재미는 없었지만 그동안
  벌어 놓은 돈으로 편히 살았고,
- 辛亥대운에도 장사를 하고 있으나 나이가 많아져 별 재미는
  없다.

- 庚戌대운에 午戌火局이 되므로 저조하다.
- 己酉대운에 무난하다.

癸　己　乙　丁　　여

酉　丑　巳　酉　　자

77 67 57 47 37 27 17 7　대

癸 壬 辛 庚 己 戊 丁 丙　운
丑 子 亥 戌 酉 申 未 午

☯ 四柱의 旺衰

己土가 巳月에 태어나 年上에 偏印인 丁火를 보았으나
身弱한데, 巳火가 巳酉丑金局으로 변했으므로 從하지 않을 수
없다.

☯ 格局과 用神

己土가 巳月에 태어나 年上에 偏印인 丁火를 보았으나
巳火가 巳酉丑金局으로 변했으므로 從兒格인데, 月令이
巳月이고 丁火가 있어서 假從兒格이다.
旺金은 洩氣하는 水가 가장 좋고, 金이 吉神이며, 火와 土는
凶神이고, 木도 凶神이다.

☯ 四柱의 特徵

己土는 天干에 壬癸水가 뜨고, 木이 있으면, 木이 썩기 때문에
女命에는 官星인 木이 섞으므로 남편과 살 수가 없다.
남편이 불구자 아니면 도망 가버린다.
이런 구조는, 혼자 살면서 종교인 비슷하게 사는 사람이 많다.
사주가 濕해서 건강이 나쁘며, 또, 몸이 濕하면, 남의 남자를
좋아하지 않는다.
이 女命은 자기의 본 남자는 없기 때문에 남의 남자와 가끔
만나며 산다.
또, 이런 사주는 부부생활하면 남자가 맥을 못 춘다.

☯ 命主의 性格

己土가 身弱하여 자기를 버리고 食神으로 從을 하였으므로
두뇌가 잘 돌아가고, 일방통행식의 성격을 갖고 있다.
또한, 官을 거부하므로 남편 덕이 없어 자립심이 강하다.

☯ 六親 關係

木이 凶神이라 官星인 甲木이 오면, 甲己合되어 오자마자
썩어서 없어지므로 소식없이 떠난 사람이거나, 여자 몸만
손대고 떠난다.
남편성인 官星 乙木이 浴支에 앉아 있어 바람을 피우며
日干을 剋하므로 괴로움만 주는 남편이다.
이런 사주는 남편이 없는 사주이기 때문에 만약, 남편이
있다고 하면, 정식부부냐고 물어야 봐야 한다.
이렇게, 假從兒格이 되면, 육친관계는 그대로 봐야 하기
때문에 丁火는 印星으로 凶神이므로 공부 운과 부모 덕이
없고, 乙木은 官星으로 남편성인데, 地支에 金局을 이루어
뿌리내릴 土가 없으므로 弱하며, 癸水는 財星인데, 뿌리가
弱하며, 金은 자식성인데 局을 이루었으므로 남의 자식을
길러줘야 한다.

☯ 刑 沖 合 및 殺星의 應用

地支가 巳酉丑金局이 되어 病神인 印星 巳火가 用神으로
변하여 吉해졌다.
地支가 巳酉丑金局인데, 金局은 자식성으로 局을 이루었으므로
내 자식 뿐만 아니라 남의 자식도 길러줘야 한다.

☯ 大運

- 초년 丙午대운에 病神이 등장하여 從을 거부하므로
  불운하였다.

- 丁未대운도 마찬가지로 불운하므로 운이 이렇게 전개되면
  공부를 제대로 할 수가 없고, 未중에 乙木이 있어 官이 살아
  움직이므로 결혼을 하거나 남자를 만날 운이며,

- 戊申대운에 戊癸合하여 財星을 合하므로 이런 운에 부친이
  사망하였을 것이고, 地支 申金은 用神운이므로 吉하다.

- 己酉大運 중 己 大運은 흉하고, 酉 大運은 대체로 吉하다.

- 庚戌대운에 月上의 乙木을 庚金이 合하여 없앴고, 日支 丑土를
  丑戌刑하여 흔들어대므로 돈이 없어지거나 남자를 만났어도
  이별할 운이다.

- 辛亥대운에 乙辛沖하여 乙木 官星이 없어지면 土剋水하므로
  用神과 財星인 돈이 없어지고, 巳亥沖하면 局이 깨지므로
  대단히 凶하다.

제 6 장 己土日干 午月

甲　己　庚　己　여

子　卯　午　酉　자
　　　　　　　　대
71 61 51 41 31 21 11 1

戊 丁 丙 乙 甲 癸 壬 辛　운
戌 丑 子 亥 戌 酉 申 未

☯ 四柱의 旺衰

午月에 己土로 태났으나 身弱하다.

☯ 格局과 用神

己土가 午月에 태어나 建祿格이다.
己土는 火를 보지 못하면, 나무를 기르기 어려운데, 午月에
태어나 身弱해도 나무를 기를 수 있으나, 身弱한데 木이
旺하므로 그만큼 고통이 따른다.
土가 用神이고, 火는 凶神이며, 木이 病神이고, 水가 仇神
이며, 金이 藥神이다.

☯ 四柱의 特徵

이 命主는 전북 고창 태생으로,
女命으로 正官인 甲木과 合을 하여 남자한테 情을 주고
있는데, 身弱한데 木이 旺하고, 年支에 羊刃을 갖고 있는
자식인 傷官 月上의 傷官이 甲木을 剋하고 있어 불행하다.

女命은 官星과 傷官을 동시에 수용할 수가 없기 때문이다.
이를 테면, 남편을 따르자니 자식이 울고, 자식을 따르자니
사랑이 우는 격이다.
사주에 羊刃星을 두 개나 갖고 있고, 傷官制殺을 하는 구조
라서 군인이나 경찰과 인연인데, 이 女命은 직장인이다.

☯ 命主의 性格

이 己土 日主는 소박하고, 소탈한 성격이다.
이 사주에서처럼 正官과 合을 해 있는데, 그 合을 해 있는
남편인 甲木을 내 행동과 말로 쫓아내는 구조를 갖고 있어
실제 삶에서도 그렇게 나타내므로 남들한테는 그렇지 않아도
특히, 남편한테는 그렇게 대하기 때문에 남편과 해로 할 수
없다.

☯ 六親 關係

年, 月에 傷官이 뜨면, 官을 거부하므로 가난한 집안
출신이다.
月上 傷官인 庚金이 뿌리에 羊刃인 酉金을 달고와 남편 글자와
甲庚沖, 卯酉沖 하니 가정이 편치 못함을 나타내는데, 酉 大運
에 결혼을 하였으나 곧 헤어졌고, 子와 午 사이에 卯가 끼어
있어 沖을 안 하고 있는데, 초년, 未 大運에 卯未로 卯木을
묶자 子午沖하여 子水인 부친이 사망하여 가정이 어려워졌으
며, 홀어머니를 모시고 살다가 39세 丁亥年에 결혼을 하였다.
月支에 午火가 있어 年支 酉金을 극해 주어 좋을 듯하나,
午火의 열을 받은 卯木이 잘 자라면 日干인 己土를 剋하므로
나쁘다.

☯ 刑 沖 合 및 殺星의 應用

時上 甲木과 日干이 合하여 내가 남편한테 정을 주므로
좋아하나, 日支 卯木 官과 時支 子水가 子卯刑되어 남편 궁이
불안함을 예고하고 있다.

또, 地支에 四旺神인 子午卯酉를 모두 갖고 있는데, 卯木과
午火는 桃花이고, 酉金은 庚金 傷官의 羊刃이며, 卯木은
甲木의 羊刃이고, 年支 酉金의 囚獄殺이라서 삶이 평탄하지
않음을 나타내고 있다.

☯ 大運

- 초년 辛未대운 중 未 大運에 日支 卯木과 卯未合木이 되니까
  子午沖이 발동하여 子水가 깨져서 부친이 사망하였다.

- 壬申대운에 壬水가 두 개의 己土에 剋을 받아 경제적으로
  어렵게 살았고, 申金이 身弱한 己土의 힘을 빼므로 좋지않는
  운이다.

- 癸酉대운 癸水가 凶하고, 酉 대운 桃花에서 透出한 丁火가
  나타나는 29세 丁丑年에 결혼했으나, 酉金이 日支 卯木을
  치므로 곧 이혼하였다.

- 甲戌대운 중 甲 大運에 甲木 正官이 등장하나 爭合을 벌이고
  甲庚沖하여 결혼이 이루어지지 않다가,
  戌 대운 丁亥年에 戌土가 身弱한 己土의 뿌리가 되고, 丁火
  桃花가 발동했으며, 日支 卯木과 亥卯로 合하므로 결혼을
  하였다.

- 乙亥대운에 乙木이 용신인 己土를 剋하고 亥未合木하여 용신을
  극하므로 불운해진다.

- 丙子대운 午火桃花에서 透出한 丙火라서 남자관계 생길 수
  있고, 子卯刑, 子午沖하여 자궁에 문제나 손재수가 따를 수
  있다.

- 丁丑대운에 桃花 午火에서 透出한 丁火가 庚金藥神을
  제거하면, 病神인 甲木이 득세하나 丑土가 酉丑金局이 되어
  卯木을 공격하고, 子丑合이 되어 용신의 뿌리가 되므로 길함과
  흉함이 동시에 나타난다.

丙　己　甲　丙　　남

寅　巳　午　申　　자

72 62 52 42 32 22 12 2　　대

壬　辛　庚　己　戊　丁　丙　乙　　운
寅　丑　子　亥　戌　酉　申　未

☯ 四柱의 旺衰

己土가 午月에 태어나 印綬가 많아서 太旺하다.

☯ 格局과 用神

己土가 午月에 태어나 午중 丙火가 나타나 있으므로
正印格이며, 너무 燥熱하여 偏枯되었다.
水 正用神이나 없으므로 金이 假用神이고, 濕土 吉神이며,
火는 病神이고, 木이 仇神이다.

☯ 四柱의 特徵

이 命主는 울산 태생으로,
사주에 생명인 甲木이 찌는 듯한 가뭄에 목마름이 심하여
물을 찾아 헤메는 형상이다.
申중 壬水로 調喉해야 하니 얼마나 갈증이 심하겠는가 ?
또, 正官이 月上에 나타나있으나 甲己合되어 묶여있고, 그
뿌리인 寅木도 寅巳刑되어 상처를 받아 官을 사용치 않고,
傷官인 申金을 사용하니 기술이나 또는 자영업등과 인연인데,
이 男命은 자동차 정비기술자다.

☯ 命主의 性格

己土 일주가 印星이 病이라 참을성이나 인내심이 부족하여
성급한데가 있으나, 正官星과 合을 하여 점잖은 성격이다.

☯ 六親 關係

年支 申중에 壬水 正財가 있어 祖父 때 잘살던 집안이었으나
月에 甲木(생명)이 紅艷殺인 午火 위에 앉아있고, 火가 病神
이라 부모 代에 망했는데, 24세 己未(79)年에 印星인 火가
巳午未火局을 이루니 病이 극에 달해 모친이 자살하고 말았다.
日支에도 病神이 앉아 부부 궁이 나쁘고, 더군다나, 日支 巳火
가 用神이며, 財星이 들어있는 申金과 刑을 하므로 부부가
멀어질 수 있음을 예고하고 있던 중, 43세 戊寅年 寅申沖하고
寅巳申三刑을 하여 이별 수가 있었는데, 결국, 그 다음해인
己卯年에 호적을 정리했다.

☯ 刑 沖 合 및 殺星의 應用

月上 甲木과 日干 己土가 甲己合을 했는데, 甲木의 뿌리인
寅木이 寅巳刑을 당해 뿌리가 상해서 약해졌으므로 甲己合이
되어 甲木의 기능이 상실했으며, 月支 午火가 사이에 끼어
있어 寅巳申三刑이 성립이 안 되나 午火가 沖맞거나 合당해서
없어지면 三刑이 작용한다.
月支 午火가 桃花이고, 年上의 丙火와 時上의 丙火는 桃花殺의
表出神이다.

☯ 大運

- 초년 乙未대운에 시골 부자집에서 태어났으나 地支에
  巳午未火局을 이루어 病運이니 개구쟁이로 자랐고,

- 丙申대운은 大運 支 申金이 用神이라 어려움 없이 성장
  하였으며,

- 丁酉대운에 丁火가 나무를 태우니 나쁜데, 歲運 己未(79)年을
  맞아 印星인 火가 火局을 이루니 病이 剋에 달해 母親이 자살
  하였다.
  大運 支 酉가 桃花라서 25세 80(庚申)年 결혼하였으며, 官이

　　仇神이라서 딸만 두 명을 낳았고, 用神과의 인연에 따라
　　자동차사업을 하여 돈을 잘 벌었으나,

- 戊戌대운에 地支가 寅午戌火局을 이루고, 또한 寅巳申三刑殺이
　작용하여 불운하다.

- 己亥대운 43세 戊寅(98년)年에 寅巳刑 寅申沖의 작용하여 음주
　운전을 하다가 대형 교통사고로 다리를 크게 다치는 사고를
　냈다.
　그래서, 비록, 原局에 寅巳申三刑을 午火가 가로막고 있어도
　歲運에서 三刑運이 오면, 반드시 刑殺作用이 일어남을 증명
　하고 있다.
　또, 大運 支 亥水가 日支 妻宮의 巳火를 沖을 하니 43세 戊寅
　(98)年에 부부갈등이 심화되어 그 다음해인 己卯(99년)年 이혼
　하고 말았다.
　그 후, 직장에서 만난 여성과 재혼하여 살고 있다.

- 庚子대운에 왕신을 沖하여 흉하나 子水가 조후를 해주므로
　무난할 것이고,

- 辛丑대운은 좋을 것이고,

- 寅 대운은 火局이니 인생을 정리해야 할 것이다.

辛　己　丙　丁　남
未　酉　午　未　자

73 63 53 43 33 23 13 3　대

戊 己 庚 辛 壬 癸 甲 乙
戌 亥 子 丑 寅 卯 辰 巳　운

☯ 四柱의 旺衰

午月에 己土가 太旺하고 調喉가 안 되어 偏枯되었다.

☯ 格局과 用神

己土가 午月에 태어나 午중 丙 丁火 丁 偏印이 透干되어 있어
正印格이나 偏印格으로 말할 수 있으나, 이 사주에서는 火가
많아 病이므로 偏印格이라고 함이 옳다.
찌는 듯한 한여름 더위에 물 한 방울 없으니 사막이나
다름없기 때문에 調喉가 시급해서 水를 우선 써야하나 사주에
없어서 旺土를 洩氣하는 金을 假用神으로 쓸 수 밖에 없다.
水가 正用神이고, 金이 假用神이며, 火는 病神이고, 木이
仇神이며, 土는 吉神이다.
여기서, 土가 吉神이라고 했으나 未土는 熱土이므로 不生金
이라 좋지 않다.

☯ 四柱의 特徵

이 사주에 印綬가 3개이고, 未중에도 丁火 印綬가 2개나 들어
있어 熱氣가 旺하므로 多印綬太旺사주인데, 이렇게, 多印綬
太旺사주가 되면, 三不忌라해서 부모덕과 자식 덕이 없으며,
妻德과 돈 복도 없다고 했다.
그런데, 묘하게도 假用神인 酉金이 日支에 자리를 잡고 있어
마누라와는 사이가 좋으나 마누라인 酉金도 불속에 둘러쌓여
있어 녹을 지경이다.

☯ 命主의 性格

印星이 病神이라서 많이 배우지도 못했고, 조급한데가 있으나
食神인 辛酉金으로 잘 洩氣하므로 인정도 많고, 합리적인
성격이다.
그러나, 辛酉金은 완성된 보석이라서 성격은 깔끔하고,
완벽하기를 좋아하므로 남들이 볼 때는 다소 까다롭게 보인다.

☯ 六親 關係

印綬가 病이라서 부모 덕이 없는 것은 기본인데, 막내로
태어나 엄마의 젖이 말라 먹지 못하고 자랐다고 한디.
또, 조상과 부모궁인 年 月柱가 病이라서 가난한 집안에서
태어났다.
傷官은 祖母와 丈母 星으로 祖母의 사랑을 받고 자랐으며,
丈母의 사랑도 받는다.

☯ 刑 沖 合 및 殺星의 應用

月上의 丙火와 時上의 辛金이 遠合을 이루고 있어 기회만 오면
合을 할 테세인데, 이런 경우, 旺한 세력인 丙火의 힘에
辛金이 묶이게 되어 用神이 무력해진다.
午未合土인데, 燥熱하여 土보다는 오히려 火라고 하는 것이 더
어울린다.
年支 기준하여 酉金은 囚獄殺이고, 日支기준 午火는 桃花殺
인데, 桃花인 午火에서 丙 丁火가 干上에 나타났으므로
언젠가는 桃花가 작용을 한다는 뜻이다.

☯ 大運

-   초년 乙巳대운에 乙辛沖하여 用神을 沖하므로 凶하고, 大運 支
    巳火가 病神이나 用神인 酉金과 巳酉合金局으로 묶어 무난해
    졌다.

- 甲辰대운에 辰土가 濕土라서 濕氣를 공급해 주어 전문대를
  졸업하였으며,

- 癸卯대운에 卯酉沖하여 囚獄殺을 건드리니, 24세 庚午年에
  군대에서 사고가 나서 官災를 겪었고,
  卯 대운 94 甲戌年에 己甲合이 되어 결혼을 했으며, 지적공사
  측량기사로 근무하다가, 壬午年에 사표를 내고, 비디오 촬영
  등 사업을 했는데, 운이 없어 돈을 벌지 못하여 丙戌年부터는
  妻도 맞벌이를 하기 위해 나섰다.

- 壬寅대운에 壬水가 病神인 丁火를 묶어주어 좋으나, 寅木이
  寅午半局하여 火勢를 조장하므로 좋지 않은 大運이라 돈벌이가
  안 되어 丙戌年에 그동안 해 오던 사진관련 사업을 접고 회사
  에 취업하였다.

- 辛丑대운부터 用神運이고 調喉가 되므로 생활이 안정을 찾을
  것이다.

- 庚子대운에 庚金은 좋으나 子水가 旺神인 午火를 沖하면 좋지
  못하여 건강문제나 손재수가 따를 것이다.

- 己亥대운에 己土는 喜神이나 亥水가 등장하면 큰불에 작은 물
  을 끼었으면 일시적으로 불기운이 확 퍼지는 것과 같은 현상
  이기 때문에 좋지 않다.

- 戊戌대운에 午戌火局이 되고, 戌未刑이 되어 戌중, 未중의
  丁火가 튀어나와 火剋金하므로 終命이다.

제 6 장 己土日干 未月

| 甲 | 己 | 癸 | 庚 | 남 |
| 子 | 酉 | 未 | 戌 | 자 |

74 64 54 44 34 24 14 4

辛 庚 己 戊 丁 丙 乙 甲
卯 寅 丑 子 亥 戌 酉 申

대
운

☯ 四柱의 旺衰

未月에 己土가 劫財인 戌土가 있으나 身弱하다.

☯ 格局과 用神

己土가 未月에 태어나 未中에서 透干된 支臟干이 없고,
身弱하므로 身弱用比格이다.
土가 用神이고, 火는 凶神이며, 木이 病神이고, 水가 仇神
이며, 金은 藥神이다.
天干의 金은 나무를 쳐주기 때문에 藥神이 되나 地支에 오는
金은 身弱한 사주를 더욱 身弱하게 하므로 凶神이다.

☯ 四柱의 特徵

己土는 身弱하면 木을 기르기가 어렵고, 甲木이 己土와
甲己合으로 묶여 甲木의 속성을 잃었으므로 기를 수 없는

木이라서 庚金으로 잘라내야 좋다.
그래서, 운에서 불이 오면, 나무가 자라서 土를 극하므로
火勢는 좋지 않으며, 정육점에서 일하고 있다.

☯ 命主의 性格

己土 일간이 正官인 甲木과 甲己合이 되어 명예에 관심이
많으나 이룰 수 없는 꿈에 불과하므로 망상이다.
그러나, 比劫이 용신이면, 대체로 성실하고, 傷官이 왕해서
자유분방한 성격이라서 억메이는 것을 싫어한다.

☯ 六親 關係

남자 사주에서 부부관계를 볼 때, 우선, 財星의 吉凶 여부를
보는데, 이 사주에서 財星이 凶神에 해당하므로 나쁘고,
日支 妻宮에도 酉金이 앉아있는데 地支의 金은 土의 힘을
빼므로 좋지 않으므로 妻宮 역시 좋지 못하다.
부모와 조상 궁에서 戌, 未土가 用神이긴 하나 戌未刑이 되어
깨졌으므로 부모와 조상 덕도 弱하고 친구나 형제 덕도
약하다.

☯ 刑 沖 合 및 殺星의 應用

未月까지는 木이 무성하게 자랄 시기인데, 日干인 己土가
時上의 甲木과 甲己合土되어 생명이 썩고 있으니 운이 없다.
또, 地支에 戌未刑으로 깨져 생명을 전혀 기르지 않았으니
향기가 없는 사주이므로 인기가 없다.

☯ 大運

- 초년 甲申대운이 나쁘니 부모덕도 보지 못하여 공부를 제대로
  못하였다.

- 乙酉대운도 마찬가지로 불운하다.

- 丙戌대운 들어 戌未刑殺이 작용하는데, 刑은 자르고 고치고
  맞추는 것이라서 정육점에서 일하고 있는데, 33세인 2002
  壬午年까지 장가를 가지 못하여 부모의 애를 태웠다.

- 丁亥대운에 亥水 財星이 등장하면, 장가를 갈 수 있겠다.
  그러나, 첫 여자 癸水는 밑에 官을 깔고 앉아있어 과거있는
  여자일 것이다.

- 戊子대운에 첫 여자인 癸水를 戊癸合으로 기반시키므로 첫
  여자와 헤어질 것인데, 時支에 있는 두 번째 여자인 子水가
  등장하므로 그 여자를 만날 운이다.

- 己丑 대운에 用神運이나 丑戌未三刑이 작용하고, 丑酉金局이
  되어 삶이 분주하고 요란하다.

- 庚寅대운에 甲庚沖하여 病을 제거해 주므로 좋고, 寅木이
  病神이나 寅戌火하여 戌未刑을 말려주므로 무난하다.

- 辛卯대운에 卯酉沖하여 藥神인 庚金이 뿌리를 잃어 甲木을
  쳐주지 못하므로 凶한데다가 卯戌火하면 戌未刑이 작용하므로
  용신이 흔들려 흉하다.

甲　己　丁　丁　남

戌　亥　未　未　자

79 69 59 49 39 29 19 9　대

己 庚 辛 壬 癸 甲 乙 丙

亥 子 丑 寅 卯 辰 巳 午　운

☯ 四柱의 旺衰

未月에 己土가 比劫이 많아 太旺하다.

☯ 格局과 用神

己土가 未月에 태어나 未中에 丁火가 透干되어 偏印格이다.
時上의 甲木이 日干 己土와 甲己合되어 못쓸것 같으나, 이
사주는 日支 亥中에서 뿌리를 두고, 亥未合, 亥未合을 하고
있어 木을 藥用神으로 쓰므로 土는 病神이고, 水 吉神이며,
火는 凶神인데, 燥熱하므로 水運에 가장 좋다.
그러나, 金은 調喉를 위해서 地支로 오면 쓸 수 있으나,
天干에 오면, 甲木을 치므로 凶神이 된다.

☯ 四柱의 特徵

이 사주는 언뜻 보면, 甲己合木格으로 보기 쉬우나, 月令이
未月이고, 年支에 未土가 또 있어 비록 甲木이 甲己合되어도
日支 亥水에 根氣가 있어 亥未合木하므로 木이 자랄 수 있다.
대게, 戌亥 天門星을 가진 사주들이 경찰, 역술인, 의료인들에
많다.

☯ 命主의 性格

未月에 己土가 正官인 甲木을 기르고 있어 사람이 점잖하나,

太旺하여 자기주장이 강하다.
印星이 旺하여 받기만 좋아할 뿐 食傷이 없어 베푸는 것이
없다.
또, 亥水 하나를 놓고 여러 개의 土가 君劫爭財하고 있어
행동이 민첩하고, 경쟁심이 강하다.

☯ 六親 關係

이 사주는 印星인 丁火가 두 개 나타나 있고, 未土와 戌土에
각각 들어있어 모두 合하여 5개나 되니 어머니가 두 분이기
때문에 배다른 형제가 있는데, 이 집 형제들은 배가 달라도
우애있게 산다고 한다.
日支 妻宮에 吉神이며 財星인 마누라가 있어 사이는 좋은데,
剋을 심하게 당하고 있어 亥水가 약하므로 마누라가 몸이
虛弱하다.

☯ 刑 沖 合 및 殺星의 應用

己土의 임무는 나무를 기르는 것인데, 바로 옆에 있는 甲木과
合을 하여 木이 자라지 못하게 붙잡고 있어 흉하다.
여름이라서 調喉를 해주는 水가 절대적으로 필요한데, 日支에
亥水를 놓고 두 개의 未土가 亥未合하자고 조르는 것과 같다.
그래서, 財星인 亥水가 두 개의 未土와 合을 하므로 妻가 나
이외에 外情을 둘 수 있는데, 亥중 壬水와 未중 丁火, 戌중
丁火와 暗合을 하므로 더욱 그렇다.
또, 未土는 甲木의 庫神인데, 그 庫神에서 丁火가 나타나 있어
庫神이 발동한 것이므로 언젠가 때가 오면, 甲木이 庫에 들어
간다는 것을 나타내고 있다.

☯ 大運

- 초년 丙午대운이 나빠 어려운 환경에서 성장하였다.
- 乙巳대운도 大運 支 巳火가 原局의 亥水를 치므로 不運하다.
- 甲辰대운에 藥神인 甲木이 爭合이 되나 힘을 얻고 辰土가 病인
  戌土를 沖하면서 濕氣을 제공하니 숨통이 트여 안정된 직장에

취업하여 무난하게 생활하고 있다.
- 癸卯대운에 癸水가 調喉를 해주고, 卯木이 甲木의 羊刃으로
  튼튼한 뿌리가 생기므로 좋은 대운이다.
- 壬寅대운에 亥중 壬水가 透出하여 凶神인 丁火와 合하여 木氣
  를 형성하여 좋고, 寅木이 寅戌火局으로 火勢를 키우나 甲木의
  뿌리이므로 좋다.
- 辛丑대운에 濕한 丑土가 調喉를 도와주므로 좋으나, 丑戌未
  三刑과 丑未冲으로 用神의 庫神인 未土를 冲하여 庫神이
  발동하면 대단히 흉하다.

丙　己　己　戊　　남

寅　亥　未　申　　자

73 63 53 43 33 23 13 3　대

丁 丙 乙 甲 癸 壬 辛 庚
卯 寅 丑 子 亥 戌 酉 申　운

☯ 四柱의 旺衰

未月에 己土가 比劫이 많고 印綬도 있어 太旺하다.

☯ 格局과 用神

원래, 己土는 濕한 흙이라 調喉가 되지 않으면 나무를 기를 수
없는데, 이 사주는 身旺하고, 亥水가 있어 나무를 기를 수
있다.
木이 藥用神이고, 水는 吉神이며, 土가 病神이고, 金이 凶神
이며, 火도 凶神이다.

☯ 四柱의 特徵

이 命主는 제주시 서귀포 태생으로,
사주에 亥水 하나를 놓고 君劫爭財하고 있어 이렇게 되면,
亥水 財星이 몸이 약할 수 있다.
또, 財星인 亥水는 나 이외에 未土에 情을 주고 있어 外情이
있다.
財生官하여 官이 用神이 되므로 직장인이다.

☯ 命主의 性格

이 男命의 성격은 특이하다.
평소에는 사람이 있는 듯 없는 듯 조용하나 자기에게 불리한
말이 나왔다하면 참지 못하고, 불같이 달려드는 사람으로
전형적인 다혈질적인 己土의 성격 소유자다.

☯ 六親 關係

財星인 亥水가 君劫爭財당하고 있고, 寅亥合, 亥未合되어
弱하나 日支 妻宮에 앉아 있어 버릴 수 없는 妻인데, 특히,
亥水 妻가 月支 未土 比肩과 合을 하므로써 나 이외에 남자
한테 情을 주는 형국이라서 妻와 만나기는 만나지만 이혼한
것과 같고, 또한, 財는 아버지이기도 한데, 그 財가 比肩과
合을 함으로써 아버지의 재산이 다른 형제에게로 가는 것과
같으며, 月柱에 比肩이 凶神이라 부모, 형제 덕이 없다.

☯ 刑 沖 合 및 殺星의 應用

地支에 寅亥合, 亥未合하여 亥水 財星이 다른 사람에게 情을
줌으로써 불길하다.

☯ 大運

- 庚申, 辛酉대운에 官이며 用神인 寅木을 沖剋하므로 운이
  나빠서 중학교 때부터 공부도 안하고 친구들과 어울려 다니며
  사고를 쳤으며, 어려서 부친이 운영하던 주유소가 부도가 나서
  공부를 많이 하지 않았다.

- 壬戌대운 壬水는 亥중에서 나왔으므로 조후가 되어 좋으나,
  大運 支 戌土가 흉신이라 좋지 못한데, 다행히, 안정된 중소
  기업에서 근무하고 있다.
  92년 25살 壬申年에 亥중 壬水 正財가 등장하므로 부인을 만나
  동거하다가, 29세 96년 丙子年에 결혼하였으며, 또, 그 해부터
  99년 己卯年까지 제법 많은 돈을 벌었고, 97 丁丑年 부인이
  임신을 했으나 태아가 기형이라서 유산시킨 후 아이가 없다.

- 癸亥대운 들어 癸水가 吉神인듯 하나 戊癸合火되어 凶神이
  되니, 2001 辛巳年부터 손해를 보기 시작하였으며, 그 해에
  부인과 이혼하였고, 02 壬午년에 부도 직전까지 이르러 은행에
  많은 부채를 안고 있다.
  이런 상황에서 직장생활에도 전념할 수 없어 04 甲申년 申金이
  用神인 寅木을 沖하니 문제가 생겨 근무지도 이동을 하였고,
  乙酉年에도 겨우 근무하고 있다.

- 甲子대운에 甲木이 등장하면 양 己土와 爭合이 되어 土가
  날뛰므로 凶하나 子水가 申金과 申子合하여 調喉를 해주어
  길할 것이다.

- 乙丑대운에 官星인 乙木이 머리를 내밀고, 濕土인 丑土가
  丑未沖하나 病神을 沖해 주므로 좋다.

- 丙寅대운에 用神이 나타나므로 吉하나 그 대신 調喉가
  안되므로 크게 좋지는 않다.

- 丁卯대운에 亥卯未木局이 되어 病神인 土를 剋할 수 있는 힘이
  생긴다.

이혼한 부인 사주

庚	戊	丁	己	여
申	申	卯	酉	자

71 61 51 41 31 21 11 1   내

乙 甲 癸 壬 辛 庚 己 戊   운
亥 戌 酉 申 未 午 巳 辰

卯月에 戊土가 食傷이 많아서 身弱하다.
卯月은 나무를 길러야 하는데, 卯木을 양쪽으로 申金과 酉金이
沖剋하려 하니 官星인 卯木이 설 땅이 없다.
火가 藥用神이고, 土는 吉神이며, 金이 病神이다.
女命에 官이 힘이 없고, 자식인 食傷이 病이니 자식 두기가
어렵겠다.
초년 대운이 좋아서 결혼하기 전에 국민은행에 근무하다가
롯데백화점에서 외국 유명브랜드 의류업체 판매사원이었다.
96년 결혼하고, 97년 임신을 했으나 태아가 기형이라
유산시키고, 2001년 이혼하여 혼자 살고 있다.

제 6 장 己土日干 申月

乙　己　丙　丙　남

亥　酉　申　申　자

80 70 60 50 40 30 20 10　대

甲 癸 壬 辛 庚 己 戊 丁
辰 卯 寅 丑 子 亥 戌 酉　운

☯ 四柱의 旺衰

申月에 己土가 뿌리가 없고, 印綬도 뿌리가 없어 太弱하므로
從해야 한다.

☯ 格局과 用神

이 命主는 전북 임실태생으로,
己土가 申月에 태어나 地支 그 어디에도 뿌리가 없다.
申중 戊土가 있다하나 전연 도움이 되지 않는다.
따라서, 從兒格에서 從財로 갔다가 결국 時干 乙木에게로
가므로 從殺格이 되었다.
己土 陰干이 從하였으므로 時干 乙木이 体가 되고, 己 日干은
用이 되며, 乙木 体가 뿌리 내리고 살 수 있는 공간이 된다.
따라서, 金이 病이 되고, 火가 藥이 되며, 亥水는 旺金을
洩하는 것으로 通關 吉神이다.

☯ 四柱의 特徵 및 命主의 性格

초가을(申月) 난초라서 꺾기 좋고, 亥水 死중에 求生하니 時支
亥水가 乙木의 死地이면서도 甲木을 품고 있기 때문이다.
따라서, 힘 있고 큰 사람(甲木)에 의지해서 어려움(死地)을
타개해 나가려 하는 삶을 살게 된다.
年 月干의 丙 丙은 乙木의 傷官이 되어 기술 및 나팔(입)으로
돈 벌이 하게 되니 傷官生財(丙火 生 己土)다.
그러나, 내 활동무대인 己土가 酉金을 깔고 앉아 있으므로
살아감에 어려움이 많다.
또한, 이 男命의 직업은 乙木이 体가 되니 종이를 다루는
종이관련업에 종사를 하다가 최근에는 傷官인 丙火와의 인연에
따라 미디어사업에 종사하고 있다.

☯ 六親 關係

남자사주에서 부인과의 관계를 볼 때, 우선, 妻星의 吉凶
여부를 보고 부부관계를 판단하는데, 이 男命의 財는 己土
인데, 己土는 印綬 어머니 丙, 丙을 두 개 갖고 있어 妻의
엄마 즉, 장모가 두 분이고, 착하다.
申, 酉가 자식이라 3명의 아들, 딸과 인연이다.
따라서, 財星인 己土가 吉神이나 힘이 없으므로 부친의 덕이
많지 않고, 母親은 己土와 合하는 亥중 甲木인데, 亥水가
通關시켜주고, 乙木은 甲木에 의지하려 하므로 母親에
의지하려하는 습성이 있다.
己土 妻는 食神文昌인 酉金에 앉아 용모단정하며 총명한
사람이다.

☯ 刑 沖 合 및 殺星의 應用

己土 財星의 입장에서는 年 月支 申金이 浴地이고, 印星인
丙火의 입장에서는 申金이 死地이므로 母親이 두 분으로 일찍
사망할 수 있음을 나타내고, 体인 乙木은 亥水에 死地이고,
驛馬星이라서 母親은 여기저기 바쁘게 움직여 먹고 사는 사람
이다.

☯ 大運

- 초년 丁酉대운에 丁火가 酉金을 달고 와 신통치 못한 시절
  이어서 공부를 많이 하지 못했다.

- 戊戌대운에는 乙木의 財星이므로 돈벌이 잘 되고, 戌중에 丁火
  가 있어 기술을 이용하여 편히 지냈으며, 82 壬戌년 財星의
  뿌리가 생겨 결혼하였다.
  또한, 이 대운에 종이관련업을 시작하였는데 운이 좋아서 사업
  에 재미가 있었다.

- 己亥대운 중 己 대운까지는 좋았으나,
  亥 대운 驛馬가 되고, 亥亥子刑이 되며, 乙木의 死地라 이동
  변천이 많고, 사업이 되질 않았다.
  또한, 亥 대운에 亥水는 己土 妻의 財星이므로 마누라가 亥
  驛馬로 바쁘게 돌아다니며 돈벌이 했을 것이다.

- 庚 대운은 絶神(酉金)이 발동이고, 天乙貴人(申金)이 발동인
  데, 庚金이 乙木 体를 合去해 가므로 죽을 고생을 하게 되며,
  남의 도움을 두 차례 받아 위급함을 면했을 것이고,
  子 대운 旺한 金이 洩氣되어 한숨 돌리는 때이며, 辰生의
  도움이 있는 때이다.
  따라서, 甲申(04), 乙酉(05)년은 惡運이라 가정불화가 극심
  했다.
  이유는 乙木 体에서 보면, 比肩, 劫財運이 되어 日干인 己土를
  剋했기 때문이다.

- 辛 대운은 아주 불길한데, 日支 酉金이 발동되어 乙木 体를 剋
  하기 때문이다.
  그러나, 다행스럽게도 年 月干 丙火가 辛金과 합작하여 丙辛合
  시켜 구설사 많았으나 무난하다.
  그래도, 丙戌(06)年에는 戌土가 있어 마음의 안정을 찾고
  있으나 어렵기는 마찬가지이며, 丙火 傷官이 발호하므로 기를
  쓰고 생활했을 것이다.
  丑 대운 支 丑土가 己土의 뿌리가 되어줄 것 같으나 巳丑金局

이 되어 배임하므로 기대할 수 없다.

- 壬寅대운에 丙壬沖 寅申沖하여 天沖支沖으로 旺神을 沖하므로
  대란이 일어나 終命하기 쉽다.

乙　己　壬　己　　여

亥　卯　申　丑　　자

77 67 57 47 37 27 17 7　대

庚 己 戊 丁 丙 乙 甲 癸

辰 卯 寅 丑 子 亥 戌 酉　운

☯ 四柱의 旺衰

己土가 申月에 태어나 年柱에서 比肩이 돕고 있으나 身弱하다.

☯ 格局과 用神

己土가 申月에 태어나 申중에 壬水가 透干되어 正財格이다.
土가 用神이고, 木이 病神이며, 水는 仇神이고, 火가 凶神
이며, 金이 藥神이다.
己土는 濕土라서 丙 丁火 또는 劫財인 戊土가 없고 身弱하면
나무를 기를 수 없는데, 이 사주의 乙木은 生木이므로 키워야
하는데도 키울 수 없는 구조라서 운이 없다.

☯ 四柱의 特徵

己土는 丙火가 없으면, 나무를 키우기 어려운데, 불이 없어
나무를 기를 수 없고, 調喉가 전혀 안되어 있다.
사주는 調喉가 최우선인데, 調喉가 안 되면 만사불성이고,

身弱한 己土가 乙木 偏官의 剋을 심하게 받고 있어 남편의
폭력에 시달리거나 남편을 미워하는 여인이다.
官은 직업이기도 한데, 乙木 官이므로 乙木은 실과 옷감에
해당하므로 옷 장사를 하고 있다.

☯ 命主의 性格

己土 日干에 偏官 乙木을 보아 제살을 하지 못하였으므로 이
女命은 평소에는 소박하고, 조용한 성격이나 한번 성질이
났다하면 偏官이 발동하여 무서운 성격이다.
또한, 官星이 病이므로 남자들을 도둑놈으로 본다.

☯ 六親 關係

女命에 官星이 病이고, 日支 남편 궁에 病神이 앉아 있어 남편
복이 없는 사람이다.
또, 月支 申金이 日支 卯木과 暗合이 되긴 하나 기본적으로
金克木하는데, 申金은 傷官으로 자식에 해당하므로 자식을
낳고 나면 남편을 치므로 고약한 운명이다.
더군다나, 己土 日干에 乙木은 官星으로 남편인데, 그 남편을
잘라내야 하므로 과부사주다.
財가 凶神이라서 부모덕도 없다.

☯ 刑 沖 合 및 殺星의 應用

亥卯合木이라서 病神의 힘이 旺하고, 많은 남성과 만날 운명
이나 도움이 되지 않은 남자들이고, 卯申暗合이며, 鬼門殺인데
申중에 壬水가 透干되어 있어 鬼門殺이 작용할 수 있음을
나타내므로 남편이나 자식으로 인한 신경쇠약이나 스트레스에
시달리는데, 이 女命은 남편과 헤어졌으므로 남편문제는 해결
되었는데, 딸이 장애아를 낳은 후 이혼하여 함께 살고 있어
신경 쓰인다.
亥水가 驛馬星인데, 乙木 官星이 驛馬위에 앉아있어 전 남편이
떠돌이었다.

☯ 大運

-   초년 癸酉대운은 좋은 운은 아니나 卯酉沖하여 病神을 제거해
    주므로 무난하였고,

-   甲戌대운은 甲木이 己土와 爭合하므로 남자관계가 복잡했을 것
    이고, 戌土가 丑土와 刑이 되나 身弱한 己土의 뿌리가 되므로
    官星에 맞설 수 있고, 卯戌合火하여 日支와 합하므로 결혼하였
    고,

-   乙亥대운에 乙木 偏官이 日干을 극하고, 大運 支 亥水가 亥卯
    爭合하여 旺해진 官星이 日干을 공격하므로 남편과 갈등이
    시작되었다.

-   丙子대운에 丙火가 떠서 身弱한 日干을 도우므로 좋게 보일지
    모르지만, 丙火 태양이 뜨면, 오히려 나무가 무성해져 日干을
    공격하므로 나쁘고, 大運 支 子水가 子卯刑하여 日支 卯木을
    刑시키므로 남편과 이별하고, 위자료 등으로 가게를 사서 자기
    가게에서 옷 장사를 하였다.

-   丁丑대운 중 丁 大運에 丁壬合木하여 나쁘고, 丑 大運에 身弱
    한 己土의 뿌리가 되므로 그런대로 장사가 되었다.

-   戊寅대운에 戊土가 壬水를 극해서 좋으나, 寅木이 등장하여
    病이 더욱 힘을 얻으므로 나빠서 장사가 안 되어 큰 고통을
    받고 있고, 사주가 濕하고 木剋土하므로 당뇨가 심해져 건강도
    나쁘다.

-   己卯대운이 伏吟運인데, 卯木 官이 旺해지면 힘들어진다.

```
戊　己　甲　庚　　남
辰　巳　申　子　　자
80 70 60 50 40 30 20 10　대
壬 辛 庚 己 戊 丁 丙 乙
辰 卯 寅 丑 子 亥 戌 酉　운
```

☯ 四柱의 旺衰

申月의 己土가 身弱하다.

☯ 格局과 用神

己土가 申月에 태어나 申중에 庚金이 透干되어 土金
傷官格이다.
土가 用神이고, 木이 病神이며, 水는 仇神이고, 金이 藥神
이며, 火가 吉神이다.

☯ 四柱의 特徵

月上의 甲木이 辰土에 뿌리를 박아 살아있는 木으로 보기
쉬우나 申金 絶地에 앉아있고 甲己合되어 死木이라서 火運이
와도 木이 자라지 않으므로 좋다.
운이 없는 사람은 막노동이나 노동의 댓가를 받고 살아야
하는데, 이 命主는 택시운전을 하여 살고 있다.

☯ 命主의 性格

남자 사주에 官과 합이 되면, 명예를 추구하는 사람이나
초년 운이 나쁘거나 大運이 나쁘면, 명예를 현실화할 수
없다.

己土 日主가 傷官이 旺하여 자유분방하고, 개성이 강하며,
인정이 많은 사람이다.

☯ 六親 關係

대게, 年 月上에 傷官이 旺하면, 망한 집안이거나 부모덕이
없다고 했는데, 이 命主는 부모덕을 보지 못했다.
財星이 年支에 있고, 日支에 巳火 吉神이 있으나 巳申刑하여
부부 궁에 이상이 있음을 나타내고 있는데, 大運이 나빠 日支
에 刑되어 있는 巳火를 沖하여 亥 大運에 부부가 이별하였다.
또, 申子水局하였고, 財庫인 辰土를 갖고 있어 여러 여자와
인연을 맺을 것이다.

☯ 刑 沖 合 및 殺星의 應用

月上에 甲木을 갖고 있으나 甲己合되어 힘 없는 甲木이라
合去되어 없어진 것이나 마찬가지다.
地支에 巳申刑하였는데, 申중에 있는 庚金이 表出해 있고,
巳중의 戊土가 表出해 있어 刑殺이 발동함을 나타내고 있다.
辰土가 財庫라서 마누라의 창고이니 여러 여자와 인연이고,
財庫를 가지면 돈 씀씀이가 알뜰하다.
申子合水하여 財星인 水가 생기므로 妻 아닌 妻가 있고,
또한, 財星은 아버지에 해당하니 두 아버지를 모시거나 무능력
한 부친이므로 덕이 없다.

☯ 大運

- 초년 乙酉대운에 絶地위에 앉은 乙木이 乙庚合하여 乙木 官星
  이 合去당하여 없어지므로 희망이 꺾이게 되어 어렵게 성장
  하였다.

- 丙戌대운은 태양이 떠서 火生土하고, 戌土가 身弱한 己土의
  뿌리가 되어 주므로 좋은 大運이었으며 결혼도 하였다.

- 丁亥대운에 亥水가 日支 妻宮의 巳火를 沖하여 이혼하였고,
  申子辰水局으로 財多身弱이 되므로 불운하였다.

- 戊子대운도 財가 旺해져 힘들다.
  이 男命은 사주 原局도 좋지 못하고, 大運이 이렇게 나쁘니
  택시운전을 하여 먹고사는데, 그것도 건강이 약하여 일을
  열심히 하지 못하고 있다.
  04 甲申年에는 巳火와 申金이 合, 刑이 되니 길을 걷다가 도로
  공사하면서 생긴 홈에 넘어지면서 크게 다쳐 치아가 여러 개
  빠지는 사고를 당했다.

- 己丑대운도 巳丑合이 되면 巳申刑이 발동하므로 나쁘다.

- 庚寅대운중 庚대운은 甲木을 제거하므로 좋으나 寅木이 등장하
  면 甲木이 살아나 木剋土하고 寅申沖하고, 寅巳申三刑이 발동
  하여 큰 어려움에 직면하게 된다.

- 辛卯대운도 甲木이 살아나면 甲庚沖이 작용하고, 木剋土하므로
  좋지 못하다.

제 6 장 己土日干 酉月

丙　己　己　壬　남

寅　巳　酉　辰　자

76 66 56 46 36 26 16 6　대

丁　丙　乙　甲　癸　壬　辛　庚

巳　辰　卯　寅　丑　子　亥　戌　운

☯ 四柱의 旺衰

酉月에 己土가 身旺하나 年上에 壬水가 떠 있고, 地支 辰土는
辰酉合金, 巳火는 巳酉合金이 되어 오히려 身弱해졌다.

☯ 格局과 用神

가을인데도 寅중에 丙火가 들어있어 生木이라 키워야 할
木이다.
火가 用神이고, 木이 吉神이며, 水가 病神이고, 土는 藥神
이며, 金이 凶神이다.

☯ 四柱의 特徵

己土는 습한 土라서 丙火 없이는 나무를 키우기 어려운데,
다행히, 時上에 丙火가 떠 있으나 사주가 寒濕하다.
壬水 財가 年上에 있는데, 月上의 比肩인 己土가 가로막아

방해를 하고 있다.
印綬가 用神이니 학원사업을 하고 있다.

☯ 命主의 性格

대게, 己土는 丙火를 보지 못하여 木을 기를 수 없는 구조이면
성질이 다혈질적이고 고약한데, 이 사주는 丙火를 보아 생명을
기를 수 있어 점잖다.
食神 局을 갖고 있어 베풀 줄도 아는 사람이다.
또, 두 개의 己土가 하나의 財를 차지하기 위해 경쟁하는
격이라 경쟁심이 많고, 행동이 민첩하다.

☯ 六親 關係

남자사주에서 財星이 病神이면 妻德이 없고, 멀리 年上의
壬水 正財는 月上의 己土가 먼저 차지한다.
또, 財庫를 갖고 있어 많은 여성과 인연이다.
日支 巳火가 用神인 丙火의 뿌리가 되어 좋으나, 巳申合刑하여
배신하므로 부부 궁이 나쁨을 알 수 있다.
또, 財星이 病神이고, 月柱가 凶하면 부모덕이 없으나,
다행히, 時上의 印星이 돕고 있어 모친 덕은 있다.

☯ 刑 沖 合 및 殺星의 應用

이 男命은 地支가 辰酉合하여 食神 局이 되었고, 巳酉合하여
역시, 食神 局이 되어 祖母가 두 분 일 수 있고, 寅巳刑을
하고 있는데, 寅木은 官星이므로 자식과 떨어져 산다.

☯ 大運

- 초년 庚戌대운 무난하였고,
- 辛亥대운은 丙辛合水 되어 나쁘고, 亥水가 巳火를 沖하여
  나쁘나, 亥水가 寅木을 生해 주므로 무난하였다.
- 壬子대운에 壬水와 丙火가 丙壬沖하고, 正財가 나타나

결혼하였고, 大運 支 子水가 濕하게 하므로 신통치 않았다.
- 癸丑대운은 나쁜데, 癸水는 하늘의 비로 丙火를 가려 寅木이
  꽃이 피지 않아 나쁘고, 地支 丑土는 巳酉丑局이 되어 寅木을
  공격하므로 대단히 나빠서 이런 운에는 사업이 되지 않고,
  日支 巳火가 변심하므로 이혼을 하였다.
- 甲寅대운은 좋으나, 04 甲申年에 寅巳申刑이 성립되니 官災가
  생겨 고심하였고,
- 乙卯대운은 卯木이 旺神인 酉金과 沖하면 손재수 또는 이변이
  있을 수 있다.
- 丙辰대운은 辰土가 酉金과 辰酉合되고, 濕土라서 熱氣를
  흡수하므로 用神이 무력해져 나쁘다.
- 丁巳대운은 무난하다.

| 庚 | 己 | 丁 | 辛 | 남 |
| 午 | 巳 | 酉 | 丑 | 자 |

79 69 59 49 39 29 19 9   대

| 己 | 庚 | 辛 | 壬 | 癸 | 甲 | 乙 | 丙 | 운 |
| 丑 | 寅 | 卯 | 辰 | 巳 | 午 | 未 | 申 | |

☯ 四柱의 旺衰

己土가 酉月에 태어나 身旺한듯하나 巳酉丑이 되어
身弱해졌다.

☯ 格局과 用神

己土가 酉月에 태어나 酉중에 庚辛金이 透干되어 身弱하므로

土金傷官格이다.

巳酉丑이 되어 身弱하므로 火가 필요하기 때문에 火가 用神
이고, 金이 病神이며, 土는 凶神이고, 水도 凶神이다.

이런 사주는 丁火 用神운에 발복하게 된다 .

☯ 四柱의 特徵

己土 산에 철이 박혀있으니 鑛山이긴한데, 戊土가 아니고
己土라서 질이 나쁜 광산이다.

이런 사주는 丁火로 金鑛을 캐내므로 미지를 개척하는 일을
하면 좋다.

또, 亂世에는 이런 사주가 군인이면 좋다.

☯ 命主의 性格

이 男命은 印星인 丁火로 광산을 캐므로 탐구심이 발달했고,
인내심이 좋으며 印星이 바르다.

食傷이 旺하므로 인정도 많고, 생각이 너무 앞서가며, 매사
정확한 것을 좋아하는 다소 고지식한 성격이다.

☯ 六親 關係

이 사주는 妻星이 丑중 癸水이나 偏財이고, 食傷 庫 속에
들어 있어 쓸 수 없는데, 이럴 때는 合神을 찾아 부인으로
해석한다.

즉, 먼저 日干과 合하는 甲木이 없으므로, 日支 巳중의 丙火와
合하는 辛金이 年上에 있어 辛金을 부인으로 보면 된다.

그런데, 여기서, 巳중의 戊土와 戊癸合하여 癸水가 부인이
아니냐고 할 수 있으나, 巳중의 正氣가 丙火이고, 丙火와
合神인 辛金이 干上에 나타나있어 辛金을 妻로 본 것이다.

그래서, 妻星인 辛金은 이 사주에서 病神에 해당하고, 日支
巳火가 吉神이었으나 巳酉丑金局으로 배역하여 凶神으로
변했으므로 妻 덕이 없다.

☯ 刑 沖 合 및 殺星의 應用

巳酉丑金局이 되어 祖母가 두 분이거나 혹은 祖母한테 배다른
형제가 있을 것인데, 年支 丑土는 食傷인 金의 庫라서 祖母가
두 분임에 틀림없다.
時支 午火가 桃化라서 두 번째 祖母가 미인이거나 바람기가
있었다.
丑土가 華蓋라서 干上에 있는 辛金 妻는 종교와 인연이다.

☯ 大運

- 초년 丙申대운에 日支 巳火와 巳申合刑하므로 좋지 못하였고,

- 乙未대운에 乙木이 木生火해 주어 좋고, 未土가 등장하여
  巳午未火局을 형성하여 金局이 깨지므로 다소간의 혼란이 생길
  수 있으나 用神의 힘이 강화되므로 좋았다.

- 甲午대운에 甲己合되고 桃花인 午火가 등장하므로 外情이 생길
  수 있는 운이다.

- 癸巳대운에 丁癸沖하여 用神을 沖하고, 巳火가 巳酉丑金局이
  되므로 별로 좋지 못한 운이나, 그래도, 巳火가 火는 火이므로
  무난할 것이다.

- 壬辰대운에 丁壬合되어 濕土인 辰土가 熱氣를 흡수하고,
  辰酉合金局이 되므로 불운하다.

- 辛卯대운에 卯木이 旺神인 酉金을 沖하여 金局을 깨면,
  官災나 損財 또는 자식에 불길한 일이 생길 것이다.

- 庚寅대운에 寅午合火하여 좋으나, 寅巳刑하여 金局이 흔들
  리므로 凶하다.

- 己丑대운이 만사불성이다.

己　己　辛　戊　　여

巳　酉　酉　子　　자

76 66 56 46 36 26 16 6　　대

癸 甲 乙 丙 丁 戊 己 庚
丑 寅 卯 辰 巳 午 未 申　　운

☯ 四柱의 旺衰

酉月의 己土가 年上에 劫財인 戊土가 있으나 地支 巳火가
巳酉金局이 되어 뿌리가 없으므로 從해야 한다.

☯ 格局과 用神

己土가 酉月에 태어나 巳酉金局이 되었으므로 從兒格이나,
酉중에 辛金이 透干되어 日干代行格도 된다.
그런데, 從兒格과 日干代行格이 동시에 되면, 용신이 전혀
달라지기 때문에 주의해야 하며, 이렇게, 두 가지 격국이
겹칠 때는 필자의 경험으로는 日干代行格으로 감명함이 옳다고
본다.
따라서, 月上 辛金을 体로 보고, 丙火와 壬水가 오면 좋고,
土도 凶神이며, 金은 閑神이다.

☯ 四柱의 特徵

사주가 辛金로 변했으므로 水로 씻어 주거나 丙火로 비추어
빛을 내게 함이 길하다.

☯ 命主의 性格

辛金이 体가 되었는데, 이 辛金은 地支 酉金, 酉金 중에서
表出하였으므로 똑똑하고 잘났으며, 공주병이 있는 여인이다.

사주에 酉金을 갖고 있어 시간개념이나 약속을 어기지 않는
사람이므로 정확한 것을 좋아한다.

☯ 六親 關係 .

辛金이 体이므로 巳중 丙火가 남편인네, 활달하고 잘난 남자
이고, 戊土는 母親星이고, 子중 癸水가 父親인데, 子水가 喜神
이므로 부친의 덕이 있다.
또, 子水는 子息星으로 자식과도 유정하다.

☯ 大運

- 초년 庚申대운에 比劫이 旺해서 가난한 집안에서 태어나
  어렵게 성장하였다.

- 己未대운에 辛金 体를 土多金埋시키려 하므로 답답한 시기다.

- 戊午대운 중 戊 大運은 불길하나, 午 大運은 官星이므로
  직장이 생기거나 남자를 만나는 운인데, 食神인 子水를
  冲하므로 좋지 못하다.

- 丙辰대운중 丙 대운에 丙辛合水되어 辛金이 빛이 나므로
  吉하나,
  辰 대운에 辰酉合되고, 子水가 入墓하므로 불운하다.

- 丁 대운은 辛金에 火傷으로 인한 흉집을 내므로 좋지 못하고,
  巳 대운 巳酉金局이 되어 대체로 무난하다.

- 乙卯대운에 乙辛冲하는데 乙木은 財星이므로 돈을 잃을 수도
  있다.

- 甲寅대운에 財星이므로 吉하고,

- 癸丑대운에 巳酉丑金局이 되어 나쁘다.

제 6 장 己土日干 戌月

<table>
<tr><td>戊</td><td>己</td><td>庚</td><td>丁</td><td rowspan="2">남
자
대
운</td></tr>
<tr><td>辰</td><td>巳</td><td>戌</td><td>亥</td></tr>
</table>

73 63 53 43 33 23 13 3

壬 癸 甲 乙 丙 丁 戊 己
寅 卯 辰 巳 午 未 申 酉

☯ 四柱의 旺衰

戌月의 己土가 比劫이 많아 太旺하다.

☯ 格局과 用神

戌月에 己土가 戌중에서 戊土와 丁火가 透干되었으므로
격 이름을 붙이기가 난해하므로, 이런 경우는 身旺用傷官格
이라고 해야 한다.
土가 旺하면, 金으로 洩氣해야 하므로 金이 用神이라고 하기
쉬우나, 이런 사주 구조에서는 그렇지 않다.
돌산 구조이므로 調喉가 필요없고, 丁火가 필요하며, 天干에
불을 끄는 壬 癸水가 나타나지 말아야 한다.
火가 用神이고, 木이 吉神이며, 土가 丙申이고, 水는 凶神
이다.

☯ 四柱의 特徵

사주에 戊己土가 庚金을 보면, 돌산이나 광산으로 보는데,

이런 구조는 鑛山은 丁火로 녹여 캐야 한다.
만약, 壬 癸水가 나타나면, 丁火가 무용지물이 되어 아무것도
이루어지지 않으므로 건달이다.
그런데, 이 사주에는 庚金 바로 옆에 丁火가 있어 金을 녹이니
좋은 구조다.
또, 地支에 巳火보다는 午火가 있어야 불이 더 旺해서 좋다.
사주가 이렇게 광산을 불로 녹여 개발하는 구조가 되면,
수사기관, 군인, 개혁세력에 많은데, 이 男命은 군인출신이다.

☯ 命主의 性格

己土가 太旺하므로 고집이 쎄고 경쟁심이 강하며, 丁火 연장을
이용하여 광산을 개발하는 형상이라 탐정 같은 것을 좋아하는
성격이다.
또는, 여러 형제가 한 모금의 물(돈)을 놓고 서로 마시려고
경쟁하는 형상이라 돈에 대한 애착이 강하고, 의처증이 있을
수 있다.

☯ 六親 關係

이 男命의 사주는 財星인 亥水가 凶神인데, 그것도 서로
차지하려고 경쟁하나 만족스럽지 못하니 妻福과 財福이
弱한데, 日支에 丁火 용신의 뿌리가 자리 잡고 있어 妻와의
관계는 유정하다.

☯ 刑 沖 合 및 殺星의 應用

月柱가 庚戌魁罡을 갖고 있어 성격이 강성이고, 地支에
辰巳戌亥 天門을 모두 갖고 있어 종교나 철학과 인연이며,
巳戌鬼門官殺도 갖고 있어 신경질적일 수 있다.

☯ 大運

- 초년 己酉대운은 用神의 뿌리인 巳火가 大運 支 酉金과

巳酉合金하여 운이 저조했으며,
- 戊申대운에도 巳申合刑하여 불운하였고,
- 23세 丁未대운부터 丁火 用神이 힘을 받기 시작하니
  好運이라서 초급간부로 공직에 발을 내딛어,
- 丙午대운이 가장 좋았고,
- 乙巳대운까지 순조롭게 승진을 하였으나,
- 甲辰대운에 日干 己土와 대운 干 甲木이 甲己合되어 소토를
  시켜주지 못하고, 濕土인 辰土가 등장하여 火氣를 흡수하므로
  운이 막혀 59세인 乙酉年에 직장에서 불미한 일이 생겨
  퇴직하였다.
- 癸卯대운은 연약한 卯木이 나타나 土와 싸움이 벌어져 흉할
  것이고,
- 壬寅대운은 무난하다.

	壬	己	庚	壬	남
	申	酉	戌	辰	자
	73 63 53 43 33 23 13 3				대
	戊 丁 丙 乙 甲 癸 壬 辛				
	午 巳 辰 卯 寅 丑 子 亥				운

☯ 四柱의 旺衰

戌月의 己土가 身弱한데, 地支에 申酉戌金局을 이루고 있어
金으로 따라갔다.

☯ 格局과 用神

食傷이 旺하여 金体로 따라갔는데, 金은 洩氣해 줘야 하므로
결국 從財格이다.
金은 洩氣해 줘야 하므로 用神은 水이고, 金이 吉神이며,
土는 病神이고, 火는 仇神이며, 木이 藥神이다.

☯ 四柱의 特徵

從財格이 되어 洩氣가 잘되므로 우선 두뇌가 좋다.
남자 從財格은 사업가도 많지만 공직자도 많은데, 이 男命은
강원도 강릉 태생으로, 고위 공무원 출신이다.
또, 從財格이 되면 돈을 보는 눈, 즉, 현실감각이 탁월하다.

☯ 命主의 性格

이 사주는 나무가 없어 나무 키울 구조가 아닌데다 원래
己土는 濕한 土라서 감정의 변화가 심하여 다혈질적인 성격
인데, 사주에서 나무를 기르지 않는 사람은 향기가 없기
때문에 자애심이 부족하여 평소에는 소박한 이웃집 아저씨
같지만 열을 받으면 고약하다.
또, 食傷이 많아 洩氣가 잘 되므로 인정도 많다.

☯ 六親 關係

男 女 모두 從財格은 우선 부모 덕이 있어 어려움 없이 살게
되며, 남자의 겨우는 妻德도 있으며, 妻家가 부자 집이
많은데, 이 男命도 妻家가 富者다.
또한, 日支에 吉神이 있어 妻와의 사이도 유정하다.

☯ 刑 沖 合 및 殺星의 應用

天干의 己土와 壬水는 戌月이라서 己土濁壬이 안되며, 地支의
辰戌은 方合이 되어 合이 우선이므로 沖이 평소에는 안 되나

辰이나 戌土 또는 丑운이 오면 沖이 작용한다.
壬辰, 庚戌괴강이라서 沖이 작용하면 무섭다.

☯ 大運

- 초년 辛亥대운이 좋아서 시골 부자 집에서 태어나 귀염받고
  자랐으며, 공부도 잘하였다.

- 壬子대운도 用神운이라 좋아서 지방대학에 입학하여,

- 癸丑대운에 졸업하였으며, 丑戌刑이 작용하면, 辰戌沖도
  작용하므로 吉中 凶이 있었다.

- 33세 甲寅대운부터 藥神運이 오니 大發하여 36세 87 丁卯年에
  사법고시에 합격하여 공직에 입문하게 되었으며,

- 乙卯대운에 乙庚金되어 괜찮으나 卯戌火되어 凶하고, 卯酉沖
  하여 局을 깨므로 凶한데, 48세 99 己卯年에 승진하여, 지방
  두 군데에서 관서장을 지내는 중 官災가 있었으나 무난히 넘어
  갔으며, 13 癸未年에 부산에서도 관서장을 역임했으나 더
  이상의 승진은 어렵다.

- 丙辰대운 丙壬沖하고 辰戌沖하여 格이 깨지므로 凶한데,
  07년 丁亥年에도 官災가 생겨 시끄러웠으나 옷을 벗지는
  않았다.

- 丁巳대운은 그리 좋지는 않지만 巳酉金局이 되므로 그런대로
  써먹을 수 있고,

- 戊午대운은 나쁘다.

乙   己   甲   己   남

亥   丑   戌   丑   자

76 66 56 46 36 26 16 6   대

丙 丁 戊 己 庚 辛 壬 癸

寅 卯 辰 巳 午 未 申 酉   운

☯ 四柱의 旺衰

丑月의 己土가 年上에 比肩을 보고, 年支, 月支, 日支에
比劫을 보아 身旺하다.

☯ 格局과 用神

戌月에 己土로 태어나 戌중의 地藏干이 透出하지 않았으므로
身旺用官格이라 한다.
木이 用神이고, 水는 吉神이며, 土가 病神이고, 金이 凶神
이며, 火는 吉神이다.
여기서, 중요한 것은 土가 病神인데, 왜, 火가 吉神이냐고
묻는 사람들이 분명히 있을 것인데, 그 이유는 木이 살아
있어서 火가 와야 나무가 자랄 수 있기 때문이다.

☯ 四柱의 特徵

이 사주에서는 官殺이 混雜되어 있는데, 戌月의 官殺인 나무가
살아있느냐 죽었느냐를 잘 살펴야 한다.
대게, 戌月부터는 태양이 무덤에 들어간 시기이기 때문에
나무를 기르는 계절이 아닌데, 時上에 乙木이 있고, 時支에
亥水가 있어 戌月이지만 나무가 살아있기 때문에 불만 있으면
기를 수 있다.

☯ 命主의 性格

己土는 원래 참을성이 많고, 소박하고 소탈한 성격이나 화가
나면 다혈질적인 성향을 보이기 때문에 성질이 더럽다.
그런데, 이 사주는 官殺을 양쪽으로 보아 성격이 더욱
예민하다.

☯ 六親 關係

男命에서 妻를 볼 때 우선 財星의 吉凶여부를 살펴야 하는데,
官星인 木이 用神이므로 財星인 水가 吉神이고,
그 다음에는 日支 妻宮을 보는데, 이 사주의 日支 丑土는 丑중
에 辛金이 들어있어서 用神과 반대성분이므로 妻宮이 좋지
못한데다가 月支 戌土와 丑戌刑을 하고 있어 부부 궁이 불안함
을 예고하고 있다.
이 사주에서는 亥水를 妻星으로 보는데, 亥水는 원래의 妻星
인데다가 日支 丑중 己土와 亥중 甲木이 暗合하기 때문이다.
그런데, 亥水의 表出神인 月上의 甲木인데, 甲木은 年上의
己土와도 合하려 하고, 日主와도 合하려 하므로 과거있는
여자이거나 부인이 再婚한 여자다.
또한, 甲木은 偏官으로 子息星이므로 자식이 再婚한다.

☯ 刑 沖 合 및 殺星의 應用

年上의 己土와 日支 己土가 月上의 甲木을 놓고 爭合을 하고
있어 올바른 합이 안 되고, 더군다나, 時上의 乙木이 己土를
견제하므로 합이 이루어지지 않는다.
또, 年支 丑土와 日支 丑土를 사이에 두고 月支 戌土가 서로
刑을 하고 있어 가정이 불안함을 나타내고 있다.

☯ 大運

- 초년 癸酉대운에 用神인 木을 기르는 조건이 나빠서 불운
　하였고,

- 壬申대운도 가을바람이 불어 나무가 자라지 않으므로 불우한 환경에서 성장하였다.

- 辛未대운에 丑戌未三刑殺이 작동하므로 나무뿌리 내리기가 어려워 그 당시로는 비교적 늦은 나이인 31세 己未年에 결혼을 하였다.

- 庚午대운에 庚金이 甲木을 때리므로 흉하나, 地支 午火가 등장하여 나무가 잘 자라므로 자기 사업을 시작하였다.

- 46세 己巳대운에 甲己合시키고, 巳丑金局이 되어 凶하므로 2001(辛巳年) 歲運에 巳酉丑金局이 확실하게 되어 날을 차게 하고, 나무뿌리의 성장을 방해했으며, 財星인 亥水를 巳亥沖 하여 부부갈등이 무척 심하였으나, 다행히, 이혼은 안했다.

- 戊辰대운에 辰土가 調喉 吉神이 들어있는 戌土를 沖하여 깨므로 사업을 그만둘까 한다.
  아마도, 己丑年에 甲己合하고 丑戌刑하면 그때 그만두기 쉽다.

- 丁卯, 丙寅대운은 好運이므로 편안히 살 수 있다.

제 6 장 己土 日干 亥月

甲   己   癸   癸   남

子   巳   亥   卯   자

75 65 55 45 35 25 15 5   대

乙 丙 丁 戊 己 庚 辛 壬   운
卯 辰 巳 午 未 申 酉 戌

☯ 四柱의 旺衰

亥月에 己土가 日支 巳火의 助力을 받으나 太弱하다.

☯ 格局과 用神

己土가 亥月에 태어나 亥중의 甲木이 透干되었으므로
正官格으로, 土가 用神이고, 火가 吉神이며, 木이 病神이고,
水는 仇神이며, 金이 藥神이다.
사주에 水가 많아서 寒濕하므로 戊土가 와서 제습을 해줘야
좋은데, 己土로 막으려니 역부족인데다가 巳亥沖이 되어
나빠졌다.

☯ 四柱의 特徵

이 사주는 亥月에 눈보라가 많이 휘날리고 있는 형상이라서
추위에 떨고 있으며, 財多身弱 사주이며, 회사원이다.

그런데, 이 사주는 用神을 잡기가 무척 까다로운데, 그 이유는
己土의 뿌리가 巳火인데, 巳火가 巳亥沖으로 깨졌기 때문이다.
그러나, 자세히 보면, 月支 亥水는 年支 卯木과 亥未로 合하여
貪合亡沖하므로 巳火가 완전히 깨지지는 않았기 때문에 뿌리의
역할을 한다.
또, 다른 면으로는, 從殺格을 예상해 볼 수 있는데, 만약, 이
사주가 從殺格이었다면, 초년 庚申, 辛酉대운에 어떻게
살겠는가 ?
따라서, 이 命主의 그동안의 삶을 역 추적해 본 바, 身弱
사주였다.
그런데, 사주가 太弱하고 날이 추운데, 木이 뿌리를 가져
살려고 하므로 凶하게 되었다.

☯ 命主의 性格

太弱사주가 官星인 甲木과 甲己合하여 주제에 넘는 명예욕이
많고, 財가 많이 있어 많은 여자들과 친하게 지낸다.
또, 病神이 旺하므로 다른 사람들과 동 떨어진 행동을 하여
빈축을 사기도 한다.

☯ 六親 關係

財多身弱인데다가 日支가 巳亥沖으로 깨져 부부 궁이 나쁜데,
인물이 못난 부인을 만났으나, 日支에 吉神이 앉아있어 부부
사이는 유정하다.
그러나, 사주에 財가 많고, 日支가 沖을 맞아 부부관계가
불안하다.
또, 年 月에 財星이 仇神이라 재물 복과 부모 덕이 弱하다.

☯ 刑 沖 合 및 殺星의 應用

겨울 추울 계절에 기를 수 없는 나무가 나타나면 베어내야
하므로 운이 없다.
甲己合하여 病과 合하였고, 官星의 눈치를 봐야 하므로 직장

에서 윗 사람의 비위를 잘 맞추는 기술을 갖고 있다.

亥未木局이 되어 巳亥沖을 임시로 말리고 있는데, 卯木이 沖 맞거나 合하면 그 때 巳亥沖이 작용한다.

亥水가 空亡인데, 月柱에 있고, 財星에 해당하므로 財物 福이 弱하다.

時支 子水가 桃花로 日支 巳火와 暗合하고 있어 桃花끼 있는 유부녀와 인연이다.

☯ 大運

- 초년 壬戌대운에 壬水는 凶하나, 戌土가 調喉를 해주고,
  土剋水해 주므로 귀염받고 성장하였다.

- 辛酉대운에 辛金이 날을 더 춥게 하므로 나쁜데, 酉金이
  卯酉沖하여 病의 뿌리를 제거하여 좋으나, 巳酉合金이 되어
  吉神을 묶어 버려 좋지 못하다.

- 庚申대운에 甲庚沖하여 病神인 甲木을 쳐주어 좋고, 日支
  巳火와 巳申合하므로 결혼할 운인데, 88 戊辰年 戊土가 두
  개의 癸水 중 하나를 묶어주므로 결혼하였다.

- 己未대운에 用神이 등장하여 굉장히 좋을 듯 하나, 己土는
  괜찮지만 未土가 亥卯未木局이 되어 病이 旺해지므로 나빠서
  돈을 빌려주어 받지 못해 돈 때문에 고통을 많이 당했다.
  乙酉(05)年은 凶運인데, 酉月에 엉덩이 관절에 염증이 생겨
  인공뼈로 교체하는 수술을 했다.

- 戊午대운에 크게 발전할 것이다.

- 丁巳대운에도 좋다.

- 丙辰대운에 大運 支 辰土가 濕하여 辰 大運에는 凶하다.

- 乙卯대운에 病이 旺해지면 終命이다.

壬　己　辛　丁　　여

申　卯　亥　卯　　자

74 64 54 44 34 24 14 4　　대

己 戊 丁 丙 乙 甲 癸 壬　　운
未 午 巳 辰 卯 寅 丑 子

☯ 四柱의 旺衰

亥月에 己土가 뿌리가 없고, 年上에 丁火의 生을 받는 듯 하나
丁火도 뿌리가 없어 믿을 수 없어서 旺한 세력을 따라서
從하는 수 밖에 없다.

☯ 格局과 用神

日干인 己土가 뿌리가 없고, 丁火도 뿌리가 없는데, 地支에
亥未合木, 亥未合木하고, 亥月은 아직 날이 덜 추워 나무가
살아있으면 기를 수 있는 계절이기 때문에 木으로 從을
하였다.
보편적으로, 用神은 干上에 나타난 것을 쓰는데, 木 용신과
調喉만은 안 그렇다.
日主가 절대 자기라는 생각을 버려야 한다.
木이 用神이고, 水는 凶神이며, 金이 病神이고, 土는 吉神
이며, 火는 藥神으로 藥神운에 發福한다.

☯ 四柱의 特徵

木이 불을 못 보면, 열매가 없으므로 노동의 댓가를 받고
살아야 하므로 格이 작다.
이 사주는 학교를 졸업 한 후에 직장생활을 해야 하나, 이런
사주는 賤한 사주라서 결국 물 장사를 해야 한다.
불이 없어서 성장과정도 나쁘다.

☯ 命主의 性格

己土가 의지할 곳이 없어 官으로 從을 하였으므로 환경
적응능력이 빠르고, 두뇌회전도 빠르다.
그러나, 印星인 火가 무력하여 발달하지 못했으므로 인내심이
약하다.

☯ 六親 關係

사주에 남편 글자인 卯木이 두 개가 있어 두 번 시집갈
팔자인데, 초년에 일찍 만난 남자와는 헤어지고, 나중에 만난
남자가 내 남자인데, 卯 대운에 이혼한다.
팔자가 쎄다.

☯ 刑 沖 合 및 殺星의 應用

亥未合木, 亥未合木하여 亥水 하나를 놓고 卯木이 서로 차지
하려고 경쟁하는 것과 같은데, 두 개의 官星이 財星인 亥水
하나를 놓고 서로 차지하려고 경쟁하는 형국이다.
卯申鬼門으로 병든 나무라서 자신이 엉뚱한 데가 있거나
남편이 엉뚱한 데가 있는 사람이다.

☯ 大運

- 초년 壬子대운에 水生木해 주므로 무난하다.
- 癸丑대운중 癸 대운까지는 水生木해 주므로 무난하나, 甲申,
  乙酉년에 歲運이 나빠서 어렵게 3류 대학을 갔다.
  丑 대운은 丑중에 辛金이 들어있고 己土의 뿌리가 되므로
  좋지 못하다.
- 甲寅대운에 官星이고, 用神이 旺해져서 좋은 大運이고,
  甲己合木으로 결혼할 운이다.
- 乙卯대운에 또 다른 官이 등장하므로 原局에 있는 官과
  경쟁하므로 이혼하기 쉽다.

- 丙辰대운에 丙火가 丙辛合되어 水生木하므로 무난하고,
  辰 대운에 己土의 뿌리가 되고, 申辰水局이 되므로 좋지는
  않아도 무난하다.
- 丁巳대운에 印星이 등장하여 從을 거부하므로 凶하다고 볼 수
  있으나, 生木은 불이 오면 더욱 잘 자라므로 吉하다.
- 戊午대운 중 戊 大運은 吉하며, 午 大運은 卯木이 午火를 보면
  무럭무럭 자라 用神의 힘이 커지므로 吉하다.
- 己未대운도 좋다.

丁	己	辛	丁	여
卯	亥	亥	酉	자

75 65 55 45 35 25 15 5 대

己 戊 丁 丙 乙 甲 癸 壬
未 午 巳 辰 卯 寅 丑 子 운

☯ 四柱의 旺衰

己土가 亥月에 태어나 뿌리가 없고, 역시 두 개의 뿌리없는
丁火가 돕고 있으나 太弱하여 從해야 한다.

☯ 格局과 用神

己土가 亥月에 태어났는데, 뿌리가 없고, 印星도 뿌리가 없어
빛과 같은 불이므로 도움이 안되는데, 地支에 亥水와 卯木이
合木하여 木으로 從하므로 從殺格이다.
亥月은 불만 있으면 나무를 기를 수 있는 계절인데, 卯木이

亥未合木하여 살아있어 불이 필요하다.
木이 用神이고, 火는 藥吉神이며, 水는 凶神이고, 金이 病神
이며, 土는 吉神인데, 이 사주도 火運에 發福한다.

☯ 四柱의 特徵

己土가 추운 계절에 태어나 丁火 불이 필요한데, 겨울 눈보라
가 丁火 불을 끄고 있어 돈 때문에 또는, 아버지 때문에 고통
받는 운명이다.

☯ 命主의 性格

身弱한 己土 日主라 성격이 별나고 변덕이 극심하다.
印星이 弱하므로 참을성이나 인내심이 弱해서 성격에 결함이
있다.

☯ 六親 關係와 刑 沖 合 및 殺星의 應用

겨울 己土일주 女命에 地支가 亥卯木局으로 키울 수 있는
木(생명)인데, 亥亥自刑으로 부부 궁이 깨져 乙卯대운에 새로운
官이 등장하므로 이혼하려 했는데, 겨우 고비를 넘기고 살고
있다.
卯木 官은 囚獄殺이라서 官災 또는 남편에 흉한 일이 생길 수
月柱 부모 궁이 病神이라서 부모덕도 없고 財福도 없다.

☯ 大運

- 초년 壬子대운에 丁壬合하여 丁火 하나를 묶어버려 凶하고,
  大運 支 子水가 時支 卯木과 子卯刑하므로 나쁘다.

- 癸丑대운에도 丁癸沖하므로 나쁜데, 巳酉合金하여 年支 酉金과
  합이 되므로 일찍 고향을 떠나 서울로 올라와서 생활했다.

- 甲寅대운에 木生火 해주므로 운이 트기 시작하였고, 甲己合하므로 결혼하였다.

- 乙卯대운에 새로운 官이 등장하여 爭合하므로 이혼 수가 왔으나 겨우 위기를 넘겼다.

- 丙辰대운에 丙火는 吉하나 辰土는 熱氣를 흡수하므로 좋지 못한데, 甲申, 乙酉年에 卯木을 卯申暗合하고 卯酉沖하므로 손재수가 있었다.

- 丁巳대운 중 巳火가 旺神인 亥水를 沖하면 좋지 못하다.

- 戊午, 丁未대운이 가장 좋다.

제 6 장 己土日干 子月

甲	己	壬	壬	남
子	亥	子	午	자

78 68 58 48 88 28 18 8

庚	己	戊	丁	丙	乙	甲	癸	대
申	未	午	巳	辰	卯	寅	丑	운

☯ 四柱의 旺衰

子月에 己土가 午火에 의지할 듯 하나, 旺한 財星인 子水에 沖을 당하여 쓸 수 없으므로 從해야 한다.

☯ 格局과 用神

己土일간의 뿌리는 年支 午火에 있으나, 旺한 子水에 沖破 되었으므로 從할 수 밖에 없다.
그러나, 日支 亥중에 甲木이 時上에 透出되어 日干 己土와 合하므로 日干代行格으로 볼 수도 있으나, 甲木이 死木이고, 午火 印星이 있어서 假從財格이다.
따라서, 己土일간으로 육친해석을 해야 한다.
만약, 己卯일 같으면 時干 甲木이 완전한 日干代行이 된다.
따라서, 子月은 날씨가 추운데, 天干에 壬 壬水가 떠 있고, 地支에 亥 子水가 있어 눈보라가 휘날리는 格이나 戊土로 제방을 쌓는 일이 우선이므로 火 土운이 좋다.

그러나, 辰土는 旺水가 入庫하므로 凶하다.

土가 藥用神이고, 火는 吉神이며, 水가 凶神이며, 金도 凶神
이다.

☯ 四柱의 特徵

財가 旺하여 假從財格이 되었으므로 사업 또는 장사와
인연인데, 火가 깨져서 돈복은 크지 않다.
이런 구조는 돈은 많이 만지지만 저축해 놓은 돈이 없다.
한 때 돈을 번다해도 결국 다 나가버린다.
이 男命은 음식장사를 두 번 했다가 모두 실패했고, 오락실을
운영해서 돈을 벌었다.

☯ 命主의 性格

從財格이 되었으므로 돈이 최고라는 관념을 가지게 되므로
돈과 여자를 소중하게 생각한다.
그런데, 己土 日干을 기준하여 食傷인 金이 없고, 壬水를
기준해서 旺水를 洩氣하는 木이 弱하고 묶여있어서 말 주변이
없다.
또, 壬水가 旺해서 성질도 급하다.

☯ 六親 關係

이 사주는 假從財格이므로 己土를 기준으로 육친을 논해야
하므로 壬水는 財星이므로 父親 星 또는 妻星에 해당하고,
午火는 偏印으로 어머니인데, 子午沖 맞아 깨졌으므로 7살
戊子年에 母親인 午火와 子水가 子午沖하여 모친과 死別
하였다.
印綬가 깨져서 부모 덕, 특히, 어머니 덕이 없고, 財星인
壬水가 많아 여성 편력이 있으나, 日支 亥중에서 甲木이 表出
하여 甲己合하였으므로 妻와 有情하다.
한 때 돈을 많이 벌었으나 주식투자를 잘못하여 모두 날렸다.

☯ 大運

- 초년 癸丑대운이 나빠 7살 戊子년에 母親이 사망하여 부친이
  술로 세월을 보내는 바람에 집안이 가난하여 어렵게 성장
  하였다.

- 甲寅대운에 甲己合이 爭合으로 나쁘나, 寅木이 寅午火局하여
  도와주므로 吉중 凶이 있다.
  22살 甲辰년에 旺水가 入墓하여 대형교통사고를 당해 죽을
  뻔 했으나 목숨은 건졌다.
  또, 63년 22살 癸卯년에 군대에 입대하여 탈영을 했다가
  붙잡혀 그 당시 남한산성에 잡혀가서 고생을 하다가 74년
  甲寅年에야 제대를 했다.

- 乙卯대운은 食神운인데, 月 時支와 子卯로 음형살이 작용하여
  불길하다.

- 丙辰대운 辰土가 등장하여 旺水를 入庫시키므로 어려웠고,

- 丁巳대운 48세 89년 己巳년에 巳亥沖하여 甲木의 長生地를
  沖하므로 나쁜데, 그 해에 대형 교통사고를 또 당해 큰 고생을
  했고, 56세 97년 丁丑년 주식투자로 손해가 나서 집에 차압이
  들어왔다.
  丁 대운은 沖去되었던 年支 午火의 透出神이 되어 年 月干
  壬水와 爭合하여 壬水 偏印이 발호하여 偏印인 주식투자에서
  큰 손실을 입을 수 밖에 없다.
  한편, 沖去되었던 午火가 발동하면, 버려야 될 욕심 및 행동을
  버리지 못함에 따른 문제가 발생하고, 大凶하게 되니 午火에
  미련이 남아 格이 깨지기 때문이다.

- 戊午대운에 調喉가 되므로 吉하나 한편으로는 旺한 水를
  沖하여 凶함도 많다.

- 己未대운은 좋다.

甲　己　壬　壬　남
戌　酉　子　辰　자

73 63 53 43 33 23 13 3　대

庚 己 戊 丁 丙 乙 甲 癸　운
申 未 午 巳 辰 卯 寅 丑

☯ 四柱의 旺衰

子月의 己土가 身弱하다.

☯ 格局과 用神

己土가 子月에 태어나 子중 壬水가 透干되어 正財格이다.
겨울에 물은 아무 필요 없는데, 水가 많으니 내년 농사를
위해서 저수지를 만들어 물을 가두어 두어야하기 때문에
土가 필요한데, 身弱한 己土로는 역부족이다.
天干의 甲木은 病이나 甲己合하여 己土를 치지 않으므로
다행이다.
土가 用神이고, 火는 吉神이며, 木이 病神이고, 水가 仇神
이며, 天干 金 藥神이다.

☯ 命主의 性格

己土가 甲木과 甲己合하므로 명예욕이 대단한 사람이라서
정치에 관심이 많다.
또, 四柱에 財가 많으므로 돈에 집착이 강하다.

☯ 四柱의 特徵

이 命主는 대구 태생으로, 정부투자기관에 종사했던 사람인데,
사주에 財星이 많아 仇神이라 여자가 줄을 서 있는 형국이라서

결혼할 때 애로가 있었을 것이다.
또, 財多身弱 사주는 돈을 많이 만지지만 大運에서 日干이
旺해져야 자기 돈이 된다.

☯ 合 沖 刑 등 殺星의 應用

甲己合하여 病神을 合을 시켜 묶었으므로 관청주변에 발생하는
어려운 일들에 대하여 해결사 역할을 잘 하는 사람이다
戊 己土에 辰土는 紅艶인데, 年主 壬辰이 紅艶에 앉아있는
財라서 처음 인연은 바람기가 많은 유부녀였을 것이다.
酉金이 桃花인데, 紅艶인 辰土와 合을 하고 있어 妻와
연애결혼 하였을 것이고, 미인이다.

☯ 六親關係

年 月上에 財星인 壬水가 地支에 子水 뿌리를 가져 힘이
旺하여 겨울 파도를 일으키는 형상이라서 조부가 난봉꾼
이었거나 파란을 일으켰을 것이다.
財가 많고 凶神인데, 부모 궁에 있어 아버지 형제가 많거나
배다른 삼촌이 있을 수 있다.
또, 財가 흉신이고, 財星이 초년에 있어 돈 때문에 고통 받고
자랐다.

☯ 大運

- 초년 癸丑대운에 病이 득세하므로 고통이 많았다.
- 甲寅 대운에 甲己爭合이 되나 寅중에 丙火가 들어 있고
  寅戌火局하므로 운이 좋아졌다.
- 乙卯대운에 時上의 甲木은 卯중에서 나왔으므로 결혼할
  운이다.
- 丙辰대운에 丙火가 등장하여 死木인 甲木의 生을 받아
  火生土로 이어지므로 좋으나 大運 支 辰土가 濕土인데다가
  調喉하는 戌土를 沖하고 辰酉合되어 좋지 못하다.

- 　丁巳대운부터 풀리기 시작하여, 辛巳年에 경기도에서 국회의원
　을 지냈고, 02 壬午年에 모 구청장 선거에도 출마했다.

- 　戊午대운이 가장 좋은 大運으로 甲申년부터는 서울대학에서
　강의를 하고 있다.

- 　己未대운까지가 好運이고,

- 　庚申대운 중 庚 대운에 庚金이 甲木을 쳐주므로 좋은데,
　申 대운부터는 하향 길이다.

　　　　　　癸　　己　　庚　　丙　　남

　　　　　　酉　　巳　　子　　申　　자

　　　　73 63 53 43 33 23 13 3　　대

　　　　戊 丁 丙 乙 甲 癸 壬 辛　　운
　　　　申 未 午 巳 辰 卯 寅 丑

☯ 四柱의 旺衰

　　子月에 己土가 太弱하다.

☯ 格局과 用神

　　己土가 子月에 태어나 子중 癸水가 透干되었으므로
　　偏財格이다.
　　己土가 日支 巳火에 祿을 하고 있으나 巳酉金局이 되었고,

巳중 庚金이 月上에 透干되어 언뜻 보면, 從兒格과 같이
보이나 日支 巳중에서 丙火가 年上에 透干되었으므로 從하지
않고 金과 水에 임하려 한다.
이 사주는 불이 와서 金도 녹이고, 水도 말려야 살 수 있다.
己土는 火를 보지 못하면 아무 쓸모가 없는데, 丙火와 巳火가
있어 調喉를 해주나 弱하므로 火를 用神하고, 水는 病神이며,
金은 仇神이고, 土는 藥神이다.

☯ 命主의 性格

日主 자신을 吉神으로 쓰면 성실한 사람인데, 印星까지
吉神으로 쓰니 착하고 선한 사람이다.
그러나, 傷官이 旺해 개성이 强하고 자유분방형이다.

☯ 四柱의 特徵

이 命主는 전북 이리 태생으로,
子月에 申金이 있어 申子水局이 되었고, 日支 巳火는 옆에
酉金이 있어 巳酉金局이 되었으며, 天干에 庚金과 癸水가 있어
사주가 冷하고 濕하다.
그러나, 大運이 木 火方으로 잘 흐르니 중앙부처의 丙火 빛과
관련된 통신계통 공무원이다.

☯ 合 沖 刑 등 殺星의 應用

申子水局을 하고 있어 마누라 아닌 마누라를 봐야할 운명인데,
財가 凶神이므로 妻 덕이 없으나, 日支에 用神을 갖고 있어
버릴 수 없는 마누라다.
巳酉合金하고 巳申合刑하여 妻宮에 있는 巳火가 이리 저리
情을 주게 되므로 부부 궁에 파란을 예고하고 있다.

☯ 六親關係

日支 妻宮인데, 日支에 변덕쟁이 巳火가 자리하고 있어
마누라가 변덕쟁이다.
또한, 財가 病이고, 妻宮이 나쁘니, 妻가 바람을 피워 수차례
이혼을 결심했다가도 공무원인 자신의 처지와 아이들을 생각해
포기하고 살고 있다.
그러나, 大運이 잘 가므로 이혼을 안 하고 살고 있고, 年上에
丙火 用神이 있어 조상의 유산을 받아 재물복도 있는 사람
이다.

☯ 大運

- 초년 辛丑대운에 辛金이 用神인 丙火를 合하여 힘을 못 쓰게
  하므로 어려웠다.

- 壬寅대운에 寅중에 丙火가 들어있어 木生火하므로 지방대학을
  졸업하고,

- 癸卯대운에 공국토해양부 직원으로 출발하였고, 81년 日支
  巳火가 歲運 支 酉金과 合하여 결혼하였다.

- 甲辰대운에 濕土인 辰土가 등장하므로 좋지 않은 大運이었다.

- 乙巳대운에 日支 妻宮에 있는 巳火가 巳申合刑하고,
  巳酉合金하므로 外情을 주고 자신도 外情이 있어 부부 궁에
  파란이 일어나 이혼한다고 야단이 났으나 어렵게 버티고 있다.
  특히, 甲申, 乙酉年이 부부불화가 심했다.

- 앞으로 오는 丙午, 丁未대운은 편해질 것이다.

- 戊申대운에 凶하다.

제 6 장 己土日干 丑月

戊　己　己　乙　　남

辰　卯　丑　卯　　자

77 67 57 47 37 27 17 7

辛 壬 癸 甲 乙 丙 丁 戊　대

巳 午 未 申 酉 戌 亥 子　운

☯ 四柱의 旺衰

丑月에 己土가 比劫이 많아 身旺하다.

☯ 格局과 用神

丑月에 己土가 丑중에 己土가 透干되었고, 身旺하며, 年主에
乙卯木 偏官星이 있어 身旺偏官格이다.
月令이 丑月이라 丙火가 떠야 좋은데, 불이 없어서 아쉽다.
丑月은 날씨가 추워 나무를 키우기에 부적절한 계절이나 日主
가 旺하고, 木도 旺하니 길러야 하므로 調喉하는 火를 우선
써야하나 없기 때문에 木을 쓰는 수 밖에 없다.
木이 用神이고, 水 凶神이고, 土가 病神이며, 火는 吉神이다.

☯ 四柱의 特徵

己土는 불이 없으면 나무를 키울 수 없으나, 月令이 丑月이고

나무의 뿌리가 튼튼하여 불만 오면 잘 자랄 수 있다.
또, 身旺官旺하므로 土가 旺한 官星인 木에 대적할 수가 있어
서 좋다.
그러나, 火가 없어 노력한 만큼 소득이 적은 사주이므로 큰
욕심은 안 된다.

☯ 命主의 性格

이 사주는 사람은 젊잖하나 食傷이 없어 표현을 하지 않으므로
목석같은 사나이라서 답답한데가 있다.

☯ 六親 關係

사주에 印星이 없고, 부모 궁에 比肩이 旺해 부모덕이 없으며,
財星이 어렸을 때는 아버지이고, 돈이며, 장가가서는 妻이기도
한데, 나타나 있지 않고, 모두 地臟干에 숨어 있으니 허약한
돈이고, 父이며, 妻이다.
그래서, 이런 구조에서는 妻를 合神으로 찾아야 하는데, 己土
와 合하는 神은 卯중 甲木으로, 己土가 月上에도 있으니, 내
妻는 두 번 결혼하거나, 내 妻를 두고 친구와 서로 合하기
위해서 경쟁하는 형국이다.

☯ 刑 沖 合 및 殺星의 應用

겨울철에 丑 辰은 急却殺로 다리에 이상이 생길 수 있고,
己土일간에 辰土는 紅艶이고, 財 庫인데, 辰중에서 乙木 官이
나타났으므로, 바람기 있는 妻를 만나기 쉽다.

☯ 大運

- 초년 戊子대운에 水生木하므로 무난하여 공부를 잘하였다.
- 丁亥대운에 丁火 불이 나타나고 亥水가 水生木하므로 유명대학
  을 졸업한 후 ,
- 丙戌대운 30세 甲申年에 외국계 회사에 취업하였다.

　　戌 대운에 卯戌合火하여 日支와 合하므로 결혼할 운인데,
　　丁亥年에 己土의 원래 財星인 亥水가 나타나 日支와 合하므로
　　결혼할 운이다.
- 乙酉대운은 用神이며 日支에 있는 卯木을 沖하므로 가정불화가
　생기기 쉽고, 또, 年支 卯木을 치면 직장을 옮기기 쉽다.
- 甲申대운에 甲木이 등장하면 爭合이 되고 卯神鬼門殺이 작용하
　여 여자문제나 직장문제로 신경을 쓸 것이다.
- 癸未대운에 月令 丑土를 沖하여 잠자는 논을 갈무리 하는 격
　이므로 무척 바빠질 것이고 이사나 이동수이다.
- 壬午대운에 壬水가 나타나면 君劫爭財가 되어 凶한데, 大運
　支 午火가 卯木 用神을 잘 자라게 하므로 좋다.
- 辛巳대운에 乙辛沖하여 用神을 자르고, 巳丑合金하여 卯木을
　공격하면 희망이 없다.

　　　　　　癸　　己　　己　　乙　　　여
　　　　　　酉　　卯　　丑　　未　　　자
　　　　78 68 58 48 38 28 18 8　　대
　　　　　丁 丙 乙 甲 癸 壬 辛 庚
　　　　　有 申 未 午 巳 辰 卯 寅　　운

☯ 四柱의 旺衰

　　丑月의 己土가 比肩이 많아 身旺하다.

☯ 格局과 用神

　　丑月의 己土로 丑중 癸水가 投出하였으므로 偏財格이다.
　　丑月은 이직 날씨가 춥기 때문에 調喉가 필요한데, 調喉를

시켜주는 불이 未중에 丁火뿐이어서 약한데다가 丑未沖으로
더욱 약해졌다.
己土가 身旺하고, 丑月은 나무를 기를 수 있는 계절이기
때문에 木이 用神이고, 계절이 丑月이라 날이 추우므로
凶神이며, 火는 吉神이고, 운에서 오는 金 病神, 乾土는
吉神이다.

☯ 四柱의 特徵

이 女命의 사주는 用神으로 官을 썼고, 日支에 用神이 있는데,
食神인 酉金이 日支 배우자궁에 있는 官과 충돌이 생기므로
항상 남편과 갈등을 갖고 산다.
또한, 時上의 癸水는 丑月이라서 물이 많이 필요치 않기
때문에 水生木해 주는 相生관계로만 쓰일 뿐 丙 丁火를
剋하므로 좋지는 않다.
이어, 己土가 꽃나무를 잘 기르고 있어 인물이 잘 났고,
몸매도 잘 빠졌으며, 특별한 직업이 없는 가정주부이다.

☯ 命主의 性格

丑月의 己土가 官인 나무를 기르고 있으니 임무가 있어
바쁘고, 사주에 沖이 많아 분주한 삶을 살아가는데, 己土는
평소에는 착한 듯 하나 한번 성질이 나면 다혈질적인 경향을
보인다.
또한, 官星이 일찍 나타나 있어 명예욕이 있기 때문에 남 앞에
나서기를 좋아하고, 약속을 철저히 지키는 사람이다.

☯ 六親 關係

여자 사주에서 남편을 볼 때, 우선, 官星의 吉凶여부를
봐야하는데, 이 사주에서는 官星이 뿌리가 튼튼하고 용신으로
썼으므로 남편의 능력이 있으며, 사이가 좋다고 보는데, 단지,
日支 卯木이 용신이며 官星인데, 時支 食神 酉金과 충돌하므로
갈등을 안고 산다.
또한, 祖父 때 잘 살았던 집안 출신이다.

☯ 刑 沖 合 및 殺星의 應用

이 사주는 沖이 많은데, 干上에서는 己 癸沖이고, 地支에
丑未沖, 卯酉沖이 있어 온통 沖으로 이루어진 사주다.
사주가 이렇게 沖으로 이루어져 있으면, 삶이 분주하고 또한
역동적이다.
특히, 丑月의 丑未沖은 이른 새벽부터 농사를 짓기 위해
논갈이를 하는 格이라 부지런하고 바쁜 사람이라서 잠시 쉴
틈이 없다.

☯ 大運

-   초년 庚寅대운에 庚金이 乙庚合하여 좋지 않으나, 地支가 用神
    이므로 好運이라서 귀염받고 성장하였다.

-   辛卯대운에 乙辛沖하여 나쁘나, 역시, 地支가 用神이므로 좋은
    데, 卯酉沖하므로 남자문제가 있었고, 25세 79년 己未年에
    卯未木局이 되어 결혼을 하였다.

-   壬辰대운에 辰土가 酉金을 묶어주므로 좋았다.

-   癸巳대운에 干上에서 己 癸沖하고, 巳酉丑金局하여 官을 공격
    하므로 남편과 갈등이 많았고,

-   甲午대운에 大運에서 큰 나무인 甲木이 등장하므로 이 女命의
    생각에는 자기 남편보다 더 커 보이는 사람이 나타나기 때문에
    자기 남편을 시시하게 볼 수 있는데,
    특히, 2001(辛巳)年에 歲運에서 또 巳火가 등장하여 巳酉丑
    金局을 시켜주므로 남편과 갈등이 심하여 이혼하려고까지
    했다가 午火가 있어 酉金을 녹이므로 화해를 했다.

-   앞으로 오는 乙未대운은 용신 운이라 좋고,

-   丙申대운에 좋지 못하며,
-   丁酉대운에는 희망이 없다.

甲　己　癸　癸　남

子　巳　丑　卯　자

73 63 53 43 33 23 13 3　대

乙丙丁戊己庚辛壬　운
巳午未申酉戌亥子

☯ 四柱의 旺衰

丑月의 己土가 甲己合되고 地支 丑土 뿌리가 巳丑合金이 되어
변질되었으므로 太弱하다.

☯ 格局과 用神

丑月에 己土로 태어나 丑중 癸水가 透干되어 있어 正財格이다.
土가 用神이고, 木이 病神이며, 水는 仇神이며, 火도 凶神
이고, 金이 藥神이다.

☯ 四柱의 特徵

陰干인 己土가 허약하여 旺한 세력인 財星으로 따라갈 것
같으나 月令이 丑月이고, 日支에 巳火가 旺地이므로 從하지
않았다.
財와 官이 旺해서 사주가 허약하다.
그런데, 官과 合을 했으므로 통일부에 근무했으며, 충남 대전
태생이다.

☯ 命主의 性格

원래, 己土가 木(생명)을 기르지 않는 경우에 다혈질적인
성질을 가진 사람을 많이 보아 왔으나, 己土 일주가 木을
기르는 경우 차분하다.

또, 身弱한 己土가 항상 官의 剋을 받고 있으므로 두뇌가 예민
하여, 잘 돌아가고, 官과 合하므로 명예욕이 강하다.

☯ 六親 關係

남자 사주에서 財星이 凶神이라 妻德이 약하고, 부친의 덕이
약하며, 日支 巳중에 庚金 藥神이 들어있어 妻와 성격은 다소
안 맞아도 무난한 부부생활을 할 수 있다.

☯ 刑 沖 合 및 殺星의 應用

日干과 時干이 甲己合土 되었는데, 남자 사주에서 己土 日主가
甲己合이 되어있는 경우 官職에 종사하거나 그렇지 않으면,
정치 같은 명예직에 관심이 많은 것을 발견할 수 있었는데,
이 男命도 그런 경우에 해당하는데 통일부 소속 고위
공직자다.
巳丑合이 되어 金이 되었을 것으로 보이나, 丑土 옆에 卯木이
木剋土하고 있어 제대로 金으로 변하지 않았다.

☯ 大運

- 초년 壬子대운이 凶神이므로 저조했다.

- 辛亥대운에 辛金이 金剋木하므로 좋고, 亥水가 亥未木이 되어
  흉하나 巳亥沖하여 불기운을 없애므로 病神인 나무가 자라지
  않으므로 好運이라서 공부를 잘 하였다.

- 庚戌대운에 庚金이 病神인 甲木을 甲庚沖하여 없애주고, 戌土
  가 丑戌刑이 되나, 身弱한 己土의 뿌리가 되어주므로 좋으며,
  88(戊辰)年 戊土가 癸水 하나를 묶어주어 결혼을 하였으며,

- 己酉대운에 酉金이 病神인 卯木을 잘라주므로 대발하게 되며,

- 戊申대운에 申子水局, 巳申合, 金剋木해 주어 지속적으로 발전
  을 하게 되는데, 03 (癸未)年 未土가 己土의 뿌리가 되어 주므
  로 승진하여 직장인으로서의 꽃이 피었다.

- 丁未대운에 丁火가 오고, 卯未木局이 되면 木이 자라 木剋土
  하므로 凶하고, 丑未沖하여 논갈이를 하면 실속없이 분주하게
  된다.

- 丙午대운이 病인 木이 得勢하면 사주원국에 藥이 없으므로
  아주 나쁘다.

제 7 장 庚金 日干

제 7 장 庚金日干 寅月

辛　庚　壬　丁　　남

巳　午　寅　酉　　자

78 68 58 48 38 28 18 8　대

甲 乙 丙 丁 戊 己 庚 辛　운
午 未 申 酉 戌 亥 子 丑

☯ 四柱의 旺衰

寅月에 庚金이 官星이 旺하여 身弱하다.

☯ 格局과 用神

寅月의 庚金이므로 偏財格인데, 身弱하므로 아직 어린 연한
金이라서 더 자라야 하는데, 金은 불속에서 자라므로 불이
필요하긴 하나 이 사주에는 불이 너무 많아 病이다.
그런데, 月上의 壬水가 年上의 丁火와 合을 하여 病을 묶어
주어 좋다.
金이 用神이고, 火가 病神이며, 木은 凶神이며, 天干 水 藥神,
地支 水는 凶神인데, 地支 水를 凶神이라고 하는 이유는 水는
金의 病死地일 뿐만 아니라 水生木 木生火로 이어져 오히려
火勢를 돕기 때문이다.

☯ 四柱의 特徵

앞에서도 설명했지만, 金은 巳에서 長生하는데, 寅月에 庚金이
身弱하므로 더 자라야 하므로 불이 필요하나, 이 사주는 불이
너무 旺해서 金을 녹이려하므로 木 火가 凶神이라서 운이
없다.

☯ 命主의 性格

원래, 金은 개혁적인 성향을 갖고 있기 때문에 旺하면 무서
운데, 이 사주의 金은 아직 어리기 때문에 순하고, 또,
庚金이 旺한 火를 봐서 겁이 많고, 사람이 착하다.

☯ 六親 關係

이 사주에는 印星과 妻에 해당하는 正財星이 없다.
부모 궁에 있는 寅木은 偏財이므로 아버지에 해당한다.
그래서, 合神이론으로 感命을 해야 하는데, 日支 午중 丁火와
合하는 壬水가 妻星인데, 午중에서 表出한 丁火와 合을 하여
연애결혼이고, 壬水가 病地에 앉아 무력하거나 건강이 나쁜데
실제로 이 男命의 妻는 건강이 나빠 그 동안 운영해 오던
미용실을 운영하지 못한다.
寅木 偏財는 年支 酉金의 剋을 받고 있고, 寅午合되어 뿌리가
탔으므로 상처 입은 나무이기 때문에 부모덕과 재물 복이 크지
않다.

☯ 刑 沖 合 및 殺星의 應用

丁壬合되어 妻星인 壬水가 病神인 丁火를 묶어 힘을 못쓰게
하므로 藥神역할을 하므로 좋은데, 실제로 이 男命이 다니던
회사가 부도가 나서 먹고살기 어려울 때 부인이 내조를 하여
먹여 살렸다.
寅午半合되어 寅木의 뿌리가 상했는데, 寅木은 부모 궁에 있는
偏財이기 때문에 부친으로 보므로 부친의 덕이 적다고 본다.

庚午일주는 浴地이고, 桃花라서 본인 또는 妻가 바람기가
많은데, 이 男命이 한 때 바람을 피우다 자기 마누라한테
들통이 나서 곤혹을 치루기도 했다.

☯ 大運

- 초년 辛丑대운은 金이 庫에 들어가긴 하나 酉丑金局이 되어
  무난하였다.

- 庚子대운은 庚金이 死地에 들어가므로 나빠서 고등학교를
  졸업하고 공군 장기하사로 입대하여 복무하였다.

- 己亥대운 28세 84(甲子)年에 甲庚沖 子午沖하여 旺神이며
  官星을 沖하므로 퇴직한 후, 놀다가, 친구가 경영하는 회사에
  입사하여 근무해 오던 중, 95(乙亥)年에 庚金이 病地에
  들어가므로 회사가 부도를 맞으면서 어렵게 되자 청주시로
  이사를 하여 놀고 지내며, 妻가 벌어서 먹고 살았다.

- 戊戌대운이 들어 戊土가 壬水를 극하여 火가 旺해지고,
  寅午戌火局이 되어 가정불화가 커져 크게 어려움을 겪었으나
  이혼은 안 하였다.

- 丁 대운 火勢가 강해지므로 어렵고,
  酉 대운에는 겨우 안정을 찾을 것이다.

- 丙申대운 중 申 대운에 寅申沖이 작용하여 寅午合을 깨면
  흉하다.

- 乙未대운 巳午未火局이 되어 金을 녹이고, 寅木 財星이 墓에
  들어가므로 대단히 凶하다.

丁　庚　庚　辛　　남

丑　午　寅　亥　　자

73 63 53 43 33 23 13 3　　대

壬 癸 甲 乙 丙 丁 戊 己　　운
午 未 申 酉 戌 亥 子 丑

☯ 四柱의 旺衰

寅月에 庚金이 官殺이 旺하여 身弱하다.

☯ 格局과 用神

庚金이 寅月에 태어났으므로 偏財格이고, 身弱하나 寅木을
키워야하므로 火가 藥用神이고, 木이 吉神이며, 地支 水 通關
吉神이고, 金이 病神이며, 土가 凶神이다.
寅月은 木旺節이므로 木을 살리기 위해서 火를 쓴다.

☯ 四柱의 特徵

이 男命은 32세 丙戌年까지 아직 미혼이다.
丙戌대운 丁亥년에 결혼을 한다 해도 생명인 木을 태우므로
이혼하기 쉽다.
직장에 다니고 있다.

☯ 命主의 性格

庚午 日主는 地支에 불을 깔고 앉아 있어 신경이 예민하긴
한데, 時上에 丁火가 表出해 있어 庚金을 다스려 주므로
점잖고 착하며 정직하다.

☯ 六親 關係

偏財인 寅木이 月支에 자리 잡고 있어 아버지에 해당하고,
또, 庚金의 正財이며, 合神인 乙木이 없으므로 日支 午中
己土와 暗合하며 偏財로 寅中 甲木을 妻星으로 보는데, 문제는
寅午合火하여 상치를 받았디는 것이다.
그러나, 時支에 亥水가 있어서 寅木이 완전히 타서 없어지지는
않았지만, 상처를 받았음에는 틀림없으므로 부모덕과 처덕이
작다고 본다.
또, 干上의 庚 辛金이 寅木 나무의 성장을 방해하고 있어
재대로 자라기가 힘들다.

☯ 刑 沖 合 및 殺星의 應用

寅亥合破인데, 여기서는 亥水가 寅木을 生하는 구조이므로
破로는 보지 않고 合으로만 본다.
또, 寅午合火로 木을 태우고 있어 나쁜데, 木은 생명이기 때문에
태우면 운이 없다.
丑午가 鬼門, 怨嗔인데, 丑中 辛金이 表出해 있고, 午中 丁火가
表出해 있어 鬼門의 작용인 신경쇠약이나 노이로제 같은 현상이
나타날 수 있는데, 특히, 丑中의 癸 辛 己가 大 歲運에서 올 때
발생하게 된다.
日支 午火는 沐浴殺인데, 자신 또는, 배우자가 바람기가 있다.

☯ 大運

- 초년 己丑대운에 濕土가 火氣를 흡수하여 日干을 生해주므로
  불운이다.
- 戊子대운에 戊土는 丙火의 火爐가 되므로 좋으나, 子水가 日支
  午火를 沖하면 좋지 못하므로 官災 같은 것이 있었을 것이다.
- 丁亥대운 중 丁火가 官 즉, 직장에 해당하므로 직장이 생기고
  무난한 대운이다.
- 丙戌대운에 丙火가 丙辛合水하여 辛金하나를 묶어주는 것은
  좋으나, 寅午戌火局이 되어 寅木이 타므로, 손재수 또는
  妻에게 凶厄이 생길 수 있다.

- 乙酉대운에 乙庚金되어 金이 더욱 旺해지고, 酉丑金局이 되어 比劫이 旺해지므로 돈이 샌다.
- 甲申 대운에 甲庚沖 寅申沖으로 天沖支沖하여 財를 沖하므로 이혼하기 쉽고 그렇지 않으면 큰 손재가 발생할 것이다.
- 癸未대운에 丁癸沖으로 傷官이 正官인 丁火를 沖하여 끄므로 불미하고, 丑未沖하여 破庫시키면 凶하다.
- 壬午대운이 무난하다.

庚	庚	壬	壬	여
辰	午	寅	子	자

76 66 56 46 36 26 16 6   대

甲 乙 丙 丁 戊 己 庚 辛   운
午 未 申 酉 戌 亥 子 丑

☯ 四柱의 旺衰

寅月에 태어난 庚金이 食神이 旺하여 身弱하다.

☯ 格局과 用神

이 사주는 時上에서부터 시작하여 金生水 水生木 木生火 火生土로 연주상생격이다.
그러나, 寅月이라 날씨가 아직 추운데, 食神인 壬水가 旺하므로 불이 필요하다.
그런데, 이 사주는 火를 용신으로 쓰면 꺼지기 쉬우므로

木을 用神하고, 火는 藥神이며, 金이 病神이고, 天干 水는
凶神이고, 地支 水는 水生木으로 쓴다.

☯ 四柱의 特徵

연주상생으로 順生인데, 逆生이 힘이 더 좋다.
壬癸가 너무 旺해 수확이 없어 돈이 많지 않으나 먹고사는 것은
괜찮다.
연주상생이면, 사는 게 편하고, 다복하게 산다.
이런 사주는 자기가 돈 벌면서 다복하게 산다.
모 유통회사 사원이다.

☯ 命主의 性格

이 사주는 연주상생라 소통이 잘 되어 성격이 합리적이고, 또,
모두 陽干으로 구성되어 있어 양팔통이라 성격이 화통하며,
食神이 旺하여 퍼주기를 좋아하는 성격이다.

☯ 六親 關係

日支에 官을 깔고 앉아 남편한테 사랑 받는다.
女命에 年 月에 食傷이 旺하면, 官을 치므로 남편이 직장생활을
오래하지 못하고 나오게 되는데, 이 女命의 남편은 펀드메니저
인데 곧 사업을 하려고 한다.
年 月에 食神이 있어 내가 좋아하는 남편과 결혼하게 되고,
偏財格이라 여자가 남편을 도와준다.
그러나, 辰중 乙木과 乙庚合하므로 자녀 덕이 없으나 가정은
다복하다.

☯ 刑 沖 合 및 殺星의 應用

午火 옆에 辰土를 갖고 있어 熱氣를 흡수하므로 寅午火局이
되어도 寅木을 태우지 않아서 좋다.
庚辰은 魁罡으로 성질강한 형제가 있고, 日支 午火는

浴地이라서 자신 또는 배우자가 바람을 피운다.
年支 子와 日支 午火는 囚獄殺인데, 子중 壬水가 表出해
있어서 囚獄殺 발동이므로 官災가 생기기 쉽다.

☯ 大運

- 초년 辛丑대운에 사주가 寒濕하여 좋지 못하다.

- 庚子대운에 庚金은 나쁘고, 大運 支 子水가 子午沖하여 日支
  午火를 沖하므로 官災가 생기기 쉬운 大運이다.

- 己亥대운에 己土가 旺한 壬水 하나를 土剋水해 주므로 좋고,
  亥水는 寅亥合木하여 좋다.

- 戊戌대운에 戊土가 壬水를 剋해주어 좋으나, 寅午戌火局이 되어
  寅木이 타므로 손재수가 있고, 辰戌沖하여 습기가 제거되어
  좋으나, 魁罡星을 沖하여 문서문제나 건강문제가 따를 수 있다.

- 丁酉대운에 丁壬木하여 무난하고, 桃花인 酉金과 辰酉金되어
  比肩이 되므로 돈이 새거나 外情이 생길 것이다.

- 丙申대운에 丙壬沖 寅申沖하여 돈이 샐 것이고, 申子辰水局이
  되어 午火가 힘을 쓰지 못하므로 남편이 무력해질 것이다.

- 乙未대운에 무난하고,

- 甲午대운도 좋다.

제 7 장 庚金日干 卯月

庚	庚	辛	辛	남
辰	申	卯	卯	자

75 65 55 45 35 25 15 5   대

癸	甲	乙	丙	丁	戊	己	庚	
未	申	酉	戌	亥	子	丑	寅	운

☯ 四柱의 旺衰

卯月에 庚金이 比劫이 旺하므로 太旺하다.

☯ 格局과 用神

이 사주는 正財格이다.
卯月은 나무를 길러야 하므로 木이 用神이다.
봄에는 나무가 자라야 하는데, 金이 旺하여 나무의 성장을
억제하므로 나무를 키우는데 애로사항이 많다.
그러나, 卯月은 木旺節이고, 두 개의 卯木이 있어 木도 약하지
않기 때문에 운에서 水와 火가 오면, 나무가 잘 자랄 수 있다.
따라서, 木이 用神이고, 水는 通關吉神이며, 金이 病神이고,
辰土는 吉神, 운에서 오는 火는 藥神이다.

☯ 四柱의 特徵 및 命主의 性格

이 命主는 전북 전주 태생으로, 나무에 꽃이 안 피었고, 우박

또는, 구름만 잔뜩끼어 있어 인물은 너무 못생겼으나, 생명을
기르고 있으므로 향기가 있고, 情이 많은 사람이다.
또, 日主가 旺하고 食傷이 없이 財를 바로 보면, 노력을
안하고 돈을 벌려고 하는 심리가 있는데, 이 命主는 고위
공무원으로 적어도 겉모습은 그렇지 않으며, 食傷이 없어서 말
주변이 없다.
金이 旺하니 金의 특성을 강하게 나타낼 것 같은데, 실제로는
자상하고 부드러우며, 따뜻한 인간성을 가진 사람인데, 그것은
봄철에 金이 조숙한 때문이리라.

☯ 六親 關係

年 月支에 卯木이 있어 用神을 삼았으나, 나무가 金 때문에
크게 자라지 못하여 부모의 큰 덕은 기대하기 어렵지만 財星
이므로 작은 덕이 있고, 또, 남자 사주에서 財星을 用神으로
삼았으니 마누라 덕이 있으나, 日支가 比肩이라 妻와 갈등이
있으며, 마누라의 입장에서는 官殺이 混雜하여 많은 남성과
인연이 있고, 日干 또한 年 月支에 卯, 卯와 辰중 乙木을
보았으므로 여러 여자와 인연을 맺을 운명이다.
또한, 比劫이 木의 성장을 억제하고 있어 妻가 스트레스를
많이 받는 형국이다.

☯ 刑 沖 合 및 殺星의 應用

庚辰魁罡이라 한 성질있는 형제가 있고, 申辰半水局을 이루어
이 命主와 氣가 잘 통하는 형제다.
卯木 財星이 두 개이므로 卯申暗合을 두 번하는데, 鬼門殺
작용을 하게 되나 卯木이 用神이므로 凶 작용은 작다.

☯ 大運

- 초년 庚寅대운에 용신이 등장하여 좋았으나, 旺神이며
驛馬星인 申金을 沖하여 교통사고 같은 놀랄 일이 있었을
것이다.

- 己丑대운은 金이 旺해져서 저조하였으며,

- 戊 대운에 旺金이 더욱 旺해지므로 저조한 운인데, 이 大運에
  제주도에서 군 생활을 하다가,
  子 대운에 子水가 金과 木을 通關시켜 도와주니 好運이라
  발복하여 전북 전주시에 있는 다른 직장으로 전직을 하였다.

- 丁亥대운에 丁火의 빛을 보아 金이 光이 나기 시작하였고,
  亥水가 金과 木 사이를 통관시켜 주고 旺金을 洩氣해 주므로
  빠르게 승진을 하였으며,

- 丙戌대운도 丙火가 藥神인데, 丙辛合하여 劫財를 묶어주고
  水生木으로 用神에 도움을 주고, 戌土는 卯木과 合하여 새로운
  火 官星을 발생시키므로 좋은데, 52세 壬午年을 만나 午火가
  金을 剋해 주어 卯木을 자라게 하므로 고위직에 승진을
  하였다.

- 乙酉대운은 辰酉合하여 凶을 완화시켜 주긴 하나 미약하게나마
  卯酉沖하여 財星을 沖하므로 妻 또는 손재수가 따른다.

- 甲申대운에 卯申暗合, 鬼門이 작용하나 辰土가 있어 완화시켜
  주지만 나쁘다.

- 癸未대운 癸水가 金을 洩氣시켜 주어 좋으나,
  未 대운에 卯未合木하여 金에 대항하려 하므로 나쁘다.

庚　庚　己　庚　남

辰　辰　卯　戌　자

72 62 52 42 32 22 12 2　대

丁 丙 乙 甲 癸 壬 辛 庚　운
亥 戌 酉 申 未 午 巳 辰

☯ 四柱의 旺衰

卯月에 庚金이 太旺하다.

☯ 格局과 用神

卯月에 庚金이라 正財格이다.
2월은 나무가 무성하게 자랄 계절이므로 卯木을 길러야 한다.
卯木은 陽氣가 대단히 충만한 나무라서 잘 자랄 수 있고,
더군다나 辰土가 옆에 있어 뿌리를 박을 수 있으나, 戌土가
있어 태우려 하므로 상처를 받기 쉬운 나무다.
木이 用神이고, 水는 吉神이며, 金이 病神이고, 土는 仇神
이며, 火가 藥神이다.

☯ 四柱의 特徵

天干에 庚金이 많아 봄철에 우박과 같은 역할을 하니 나무의
성장에 장애물이고, 魁罡星이 많으며, 庚金은 개혁적이라서
군인이나 경찰에 많은데 이 男命은 직장인이다.
財를 用神으로 썼으니 妻福, 돈복은 있을 것이다.

☯ 命主의 性格

庚金은 원래 개혁성이 강한데다가 庚戌, 庚辰, 庚辰으로
魁罡星이 많아 성격이 고집이 쎄고 강성이나 조숙한 金이라서
겉모습은 점잖다.

또, 日干이 食傷이 없이 바로 財를 보면 노력을 하지 않고
쉽게 돈을 벌려는 습성 또는 여자를 대하는 습관에서도 이와
같은 현상이 있다.

☯ 六親 關係

祖上 宮에 魁罡이고, 凶神이라서 조상의 음덕이 약하며,
月支에 財가 있어 用神이 되니 부모한테 물려받은 재산이 있을
것이다.
남자 사주에 財를 用神으로 쓰는 사람들은 대게, 妻 德이
있으나 地支가 辰辰自刑을 이루고 있어 부부불화의 요인이다.
妻인 卯중 乙木을 기준하여 食傷이 나타나지 않았고, 이 命主
庚金의 官星이 透干되지 않았으므로 자식은 볼 것이 없다.

☯ 刑 沖 合 및 殺星의 應用

地支 辰辰子刑은 妻 宮에 刑이 있어 부부불화의 가능성이
많으나, 財를 용신으로 썼으니 妻福, 돈복은 있다.
卯戌火로 卯木이 탈 수 있으나, 다행히, 卯木 옆에 辰土가
있어 卯木이 타지 않아서 좋다.
庚戌, 庚辰은 魁罡으로 沖을 하려고 벼르고 있는 형상이나
月支 卯木이 가로막아 말리고 있는데, 이런 구조에서, 卯木이
沖을 맞거나 合이 되면 辰戌沖이 발생하는데, 魁罡沖이라서
흉이 더 크다.

☯ 大運

- 초년 庚辰대운은 무난했고,
- 辛巳대운은 巳火가 불기운이라 나무가 잘 자랄 수 있으므로
  지방대를 졸업하고,
- 壬午대운에 직장인으로 출발했다.
- 癸未대운은 卯未合木이 되어 무난하다.
- 甲申대운은 申金이 卯木을 치려해도 辰土가 申辰合시켜 치지
  못하게 막아 주므로 凶이 덜하다.

- 乙酉대운은 酉金이 卯木과 冲을 하려해도 辰土가 辰酉合金시켜
  치지 못하게 막아주니 辰土는 木의 수호신과 같다.
  그러나, 큰 발전은 없다.
- 丙戌대운은 丙火가 약신 역할을 하니 좋으나, 戌土는 辰戌冲
  시키고, 卯戌火시켜 좋지 못하다.
- 丁亥대운은 좋으니 말년이 편할 것이다.

```
丁   庚   丁   己        여
酉   寅   卯   未        자
                       대
74 64 54 44 34 24 14  4
乙 甲 癸 壬 辛 庚 己 戊     운
亥 戌 酉 申 未 午 巳 辰
```

☯ 四柱의 旺衰

卯月에 庚金이 身弱하다.

☯ 格局과 用神

庚金이 卯月에 태어나 正財格이다.
이 사주는 庚金 양 옆에 丁火가 자리 잡고 있어 庚金을 눌러
주므로 庚金의 난동을 막을 수 있어 다행이나, 한편으로는
봄에는 丙火가 나타나 나무를 길러야 하는데, 丁火로 기르니
나무에 傷處가 나기 쉬우므로 局이 작고 보잘 것 없다.
寅중 丙火用神이고, 木이 吉神이며, 金은 病神이고, 土가
仇神이며, 운에서 天干에 水가 오면 凶神이고, 地支에 水가

오면 吉神이다.

☯ 四柱의 特徵

2월은 나무를 키워야 할 계절인데, 庚金으로 태어나면
사패일이라서 생명을 사르러 나온 사람이기 때문에 운이
없는 사람이다.
그러나, 木 火가 旺해서 庚金이 맞설 수 있어 다행이고, 또,
官이 양쪽에 透干되어 있어 인물은 곱다.

☯ 命主의 性格

봄에 연한 庚金이 丁火 불을 양 옆에 보고 있어 얌전하고,
똑똑하며 남자를 겁내는 사람이다.
또, 食傷이 없으니 표현력이 없고, 노력이 부족하며, 인정도
많지 않다.

☯ 六親 關係

이 女命은 북한의 나진에서 출생했는데, 祖父 代에 가난했다.
女命에 官은 남편인데, 月干과 時干에 官이 있어 두 남자를
만날 운명이다.
時干의 남편은 담 밖의 남자이고, 財를 깔고 앉아 있어
有婦男이거나 과거 있는 남자이며, 애인이 될 수도 있고, 두
번째 남편이 될 수도 있다.

☯ 刑 沖 合 및 殺星의 應用

卯未合木이라서 木이 財星이라 아버지에 해당하고, 土가
印星이라 어머니에 해당하는데, 合이 되었으므로 부모가
有情했다.
寅酉怨嗔이라서 부부간에 원망과 미움이 상존한다.
寅午戌에 卯가 桃花다.

☯ 大運

- 초년 戊辰대운에 寅卯辰木局이 되어 財가 旺해지고, 또,
  辰酉合金되어 金도 旺해지므로 用神인 火에 도움이 되지
  않으므로 좋은 운이 아니었다.

- 己巳대운에 己土가 丁火의 熱氣를 흡수하여 金을 도우므로
  좋지 못한데, 16세 되던 해인 94년 김일성이 사망한 후 북한의
  식량사정이 급격히 어려워지면서 고통을 겪다가 21세 己卯年에
  탈북하여 중국을 거쳐 2003 癸未年 한국에 입국했다.
  巳 대운은 巳火가 巳酉合이 되긴 하나 불이므로 好運이라
  한국에 온 이후부터 생활이 낳아졌다.

- 庚午대운에 桃花인 午火가 작용하므로 결혼할 것이다.

- 辛未대운에 辛金은 凶하나 卯未合木되어 무난하다.

- 壬申대운에 丁壬合하여 남편한테 外情이 생기고, 旺神이며
  日支 寅木을 冲하면 이혼하기 쉽고 대운도 나쁘다.

- 癸酉대운에 丁癸冲하여 丁火 官星을 끄고, 酉金이 月支 卯木을
  치면 乙庚暗合이 깨져 이별 수이고 손재수다.

- 甲戌대운에 甲庚冲하여 日干이 손상을 입고, 戌土가 卯戌火,
  寅戌火하여 財가 모두 상처를 입는다.

제 7 장 庚金日干 辰月

己	庚	庚	庚	여
卯	辰	辰	子	자

74 64 54 44 34 24 14 4 대

戊 丁 丙 乙 甲 癸 壬 辛
子 亥 戌 酉 申 未 午 巳 운

☯ 四柱의 旺衰

辰月에 庚金이 比肩이 3개이고, 濕土가 3개라서 太旺하다.

☯ 格局과 用神

庚金이 辰月에 태어나 偏印格이다.
辰月은 木旺絶인데, 卯木을 群劫爭財하는 격으로 木을
자르려고 달려드는 격이니 凶하나, 다행히도, 地支에는 金이
없고, 辰土가 金으로부터 보호하고 있어 卯木이 상처받지
않는다.
辰土는 木을 보호하기 위해서 존재한다.
이 사주는 火가 없어 녹여야할 金이 아니니, 水로 通關 겸
洩氣시켜야 할 金이다.
水가 通關 用神이고, 金은 凶神이며, 乾土 凶神이고, 干上으로
오는 火는 吉神이며, 木은 吉神이다.

☯ 四柱의 特徵

庚金이 불을 봐야 빛이 나는 법인데, 불이 없으니 습해서
둔금으로 녹슬은 金이지만 太旺하므로 조숙한 金이다.

☯ 命主의 性格

庚金이 早達하여 행동이 신중하고, 젊잖다.
食神生財하므로 돈이 있는 구조라서 인정도 있어 베풀 줄도
안다.

☯ 六親 關係

이 女命은 사주에 官星이 없으므로 日主와의 合神을 찾아
남편을 봐야하는데, 庚金日干이 卯중 乙木, 辰중 乙木과
暗合하므로 乙木이 남편이다.
그런데, 比肩인 庚金이 3개이고, 乙木이 3개라서 서로 暗合이
되므로 복잡한 양상을 보이고 있다.

☯ 刑 沖 合 및 殺星의 應用

年上의 比肩인 庚金은 死地에 앉아 있어 형제 한명이 일찍
죽었을 것이고, 食神인 子水가 辰土 食傷 庫에 들어가므로
자식하나도 일찍 죽었을 것이며, 食傷 庫를 가지고 있어 여러
자식을 키울 팔자인데, 이 女命은 조카들을 데려다 길렀다.
辰辰子刑이나 日支에 自坐暗合하여 남편을 가지고 있어
부부간에 有情하다.

☯ 大運

- 초년 辛巳대운에 天干 辛金은 나쁘나, 大運 支 巳火는
  吉神이지만 가난한 집안에서 태어나 많이 배우지 못하였다.
- 壬午대운 23세 壬戌(82년)년에 辰戌沖하여 辰土속에 있던
  乙木이 튀어나와 日干 庚金과 合하므로 정육점을 하는 남편을

만나 결혼하였다.
- 癸未대운에 어려운 가운데, 신혼생활을 꾸려나갔다.
- 甲申대운부터 申子辰水局으로 큰 물이 되어 활동반경이
  넓어지니 많은 돈을 벌었으나, 2002(壬午)년에 子午沖하므로
  시숙(남편의 형님)이 이 女命 소유 부동산을 담보로 잡히고
  대출을 받아서 쓰고 갚지를 않아서 법원을 들락거리게 하는 등
  속을 썩여 고생을 했는데, 이는 午火가 官星으로 囚獄殺이기도
  하다.
- 乙酉대운에 辰土가 酉金과 합하여 卯木 자르는 것을 일부
  말려주기는 하나 그래도 沖은 沖이므로 시숙과의 돈 문제로
  계속 법원을 들락거린다.
- 丙戌대운에 辰戌沖하고 卯戌火하여 돈 문제, 남편문제가
  생긴다.
- 丁亥대운에 무난하다.
- 戊子대운에 子卯刑하여 財를 刑시키면 흉하다.

| 戊 | 庚 | 甲 | 丁 | 남 |
| 寅 | 戌 | 辰 | 酉 | 자 |

71 61 51 41 31 21 11 1

丙 丁 戊 己 庚 辛 壬 癸
申 酉 戌 亥 子 丑 寅 卯

대

운

☯ 四柱의 旺衰

辰月에 庚金이 身旺하다.

☯ 格局과 用神

庚金이 辰月에 태어나 辰中 戊土가 透干되었으므로

偏印格이다.

辰月은 木旺절이므로 나무를 길러야 하는데, 天干에 甲木과
地支에 寅木이 있어 木이 튼튼해 보이나, 辰酉合金되어 있고,
辰戌冲하고, 寅戌火가 되어 나무(財星)가 불안하다.

火가 藥用神이고, 木이 吉神이며, 金이 病神이고, 土가 凶神
이다.

운에서 오는 天干 水는 庚金을 극해 주는 丁火를 끄므로
凶神이지만 地支에 오는 水는 吉神이다.

왜냐하면, 地支에 寅木이 있어서 水가 오면, 官印相生으로
水生木하여 木生火하고 寅戌火局으로 타는 것을 막아주기
때문이다.

☯ 四柱의 特徵

흔히, 庚甲丁을 三朋이라고 하는데, 이 사주의 甲木은 生木
으로 자라야 하므로 金으로 木을 쪼갤 필요가 없기 때문에
金이 凶神이라 三朋이라 하지 않는다.

이 사주는 일단 身旺하고, 生命인 甲木을 기르고 있고, 丁火도
있어 먹을 복은 많은 사람이나 나무는 丙火로 길러야 하는데,
丁火로 기르고 있어 局이 작다.

그런데, 이 사주에서 辰月에 木을 기르는 구조에서 日支와
月支가 辰戌冲을 하여 나쁜데, 다행히도, 辰酉金, 寅戌火가
되어 일단 완전히 깨지는 것은 막았다.

財가 吉神이니, 돈을 다루는 직업인 하나은행에 근무한다.

☯ 命主의 性格

이 사주는 身旺한 庚金이라서 카리스마가 있고 개혁적인
성향을 갖고 있다.

甲庚冲하므로 財星을 치는 격이라 이 命主가 태어난 후
20세 전에 아버지가 사망하였을 것이다.

日主가 魁罡이라서 고집도 쎄고, 한 성질하는 사람이다.

☯ 六親 關係

月上의 甲木은 偏財이므로 아버지이고, 마누라는 辰中의
乙木인데, 辰酉合되어 무력하고, 辰戌沖하여 깨져있어
부부관계가 원만치 못함을 나타내고 있다.
그런데, 辰中의 乙木은 辰酉合으로 다른 남자와 暗合을 하고
日主와는 辰戌沖하여 멀어져 있다.
그래서, 日干 庚金은 偏財인 寅木에 寅戌火局으로 情을 주는
형상이고, 月柱에 甲木이 辰土에 뿌리를 내리고 있어 부모의
상속이 있을 것이다.

☯ 刑 沖 合 및 殺星의 應用

甲庚沖하여 財를 자르려 하나 年上의 丁火가 막아주고 있다.
辰酉合하여 甲木의 근기인 辰土가 배임하였고, 辰戌沖으로
地震이 발생하여 甲木의 뿌리가 제대로 박기 어렵다.
또, 寅戌火로 寅木이 상처를 받아 甲木의 뿌리가 타서 흉한데,
이는 말년에 돈을 태워 없앨 수 있음을 나타낸다.

☯ 大運

- 초년 癸卯대운에 甲木이 羊刃을 얻어 좋고,
- 壬寅대운도 좋아 공부를 잘하여 대학을 졸업하고,
- 辛丑대운이 다소 저조했으나 하나은행에 취업하였으며,
- 庚子대운에 甲木을 沖하므로 좋지 못하나 大運 支 子水가
  水生木으로 官印相生하여 寅木이 살아나니 진급도 순조롭게
  되고, 돈도 많이 모았다.
- 己亥대운도 좋다.
- 戊戌대운이 오니 辰戌沖하여 부부궁이 깨지고 甲木이
  흔들린다.
  그래서, 丙戌年에 지점장 승진을 바라고 있으나, 大, 歲運이
  좋지 못하다.
- 丁酉대운에 大運 地支에서 가을바람이 부니 나무가 성할리
  없고,
- 丙申대운에 寅申沖하여 寅木을 치면 凶하다.

己　庚　壬　丙　　남

卯　戌　辰　申　　자

77 67 57 47 37 27 17 7　　대

庚 己 戊 丁 丙 乙 甲 癸
子 亥 戌 酉 申 未 午 巳　　운

☯ 四柱의 旺衰

辰月에 庚金이 身旺하다.

☯ 格局과 用神

辰月에 庚金이라 偏印格이다.
辰月은 木旺節이라서 卯木을 길러야 하므로 木이 用神이고,
地支 水는 吉神이나 天干 水는 凶神이고, 金이 病神이며,
土는 凶神이고, 火가 藥神이다.

☯ 四柱의 特徵

봄에는 나무를 길러야 할 계절인데, 金이 旺하여 나무의
성장을 방해하고, 土가 沖을 맞아 깨졌고, 卯木이 乾土인
戌土와 합을 하여 건왕한 木이 아니다.
또, 月支와 日支가 沖이 되어 있으나, 沖을 절묘하게 말리고
있다는 점이다.

☯ 命主의 性格

봄에 金이 旺하여 조숙하고 연한 金인데, 洩氣가 잘되니
성격이 합리적이며, 魁罡 日主와 魁罡 月柱가 沖을 하므로
바쁘고 분주하게 움직이는 사람이다.

☯ 六親 關係

年支 申金은 辰土와 合하여 辰戌沖을 말리고 있고, 時支
卯木은 日支 戌土와 卯戌火되어 양쪽에서 서로 싸움을 말리고
있어 부부 궁이 깨어지지 않았고, 또한, 財星인 木이 用神이
되므로 妻德을 보고 사는 사람이다.
月柱 壬水가 水生木한다 하나 木을 기르는데는 火가 旺해야 더
좋은 법인데, 壬水가 연약한 丙火를 沖하여 凶神이므로 부모
덕이 없어 가난한 집안의 둘째 아들로 태어났다.

☯ 刑 沖 合 및 殺星의 應用

年上에 丙火가 떴으나 뿌리가 약하고, 病地에 앉아 있어
빛에 불과한데, 辰戌沖이 되어 그 근기마저 깨졌다.
그런데, 이 沖을 申辰水局, 卯戌合火하여 기묘하게 말리고
있어 가정에 큰 탈이 없이 살아가고 있다.
또한, 생명이며, 用神인 時支 卯木 財星이 空亡이라 힘이 없어
돈 복은 많지 않고, 나무가 뿌리내릴 土가 지진이 발생하여
깨진데다가 空亡까지 있어 힘이 강하지 않으니 큰 돈은 없다는
뜻이다.
이런 구조에서는 年支 申金과 時支 卯木을 動하게 하거나 또는
辰이나 戌土가 와서 沖이 되면 動한다.
卯木이 財星이 桃花라 妻가 미인이다.

☯ 大運

- 초년 癸巳 대운에 年支 申金과 刑 合이 되어 辰戌沖이
  발동하여 辰중 乙木이 戌중 辛金에게 다쳐 부친이 돌아
  가셨으며, 비록, 집은 가난했으나 大運이 좋아 자기는 편히
  자랐다.

- 甲午대운에 고등학교를 나와 한국전력공사에 입사하여
  강원도로 발령을 받아 그곳에서 근무하다가 그곳에서 妻를
  만나게 되었으며,

- 乙未대운에 乙木 財가 나타나 乙庚合으로 85년 乙丑年에
  결혼하였다.

- 丙申대운 46세 庚辰年에 辰戌沖이 발동하여 戌중의 丁火 官의
  뿌리가 손상되어 퇴사한 이후 특별한 직업 없이 살고 있다.

- 丁酉대운 甲申, 乙酉年에 妻가 오락사업에 투자하여 많은
  손실을 봤는데, 그 이유는 大運의 酉金이 卯木을 공격하고
  있는데다 歲運의 申, 酉金이 卯木을 공격하기 때문이다.

- 戊戌대운에 辰戌沖이 되면 卯戌火도 깨지기 때문에 흉액과
  변화가 있을 것이다.

- 己亥대운에 壬水가 움직이므로 활동성이 커지고, 亥未合木하여
  卯木이 힘을 받아 편히 살게 된다.

- 庚子대운에 子卯刑하여 財星을 刑시키면 흉하다.

제 7 장 庚金日干 巳月

甲　庚　丁　癸　여

申　申　巳　卯　자대

77 67 57 47 37 27 17 7

乙 甲 癸 壬 辛 庚 己 戊
丑 子 亥 戌 酉 申 未 午　운

☯ 四柱의 旺衰

巳月에 庚金이 財 官이 旺하여 身弱하다.

☯ 格局과 用神

巳月의 庚金이라 偏官格이다.
庚金이 身弱해서 더 자라야하는데, 金은 巳火에 長生하고,
불 속에서 자라므로 불이 필요하고, 더군다나, 이 사주는
時支에 甲木이 있고, 年支에 卯木이 있어 뿌리가 旺해서
키워야 하는데, 木(나무)은 불을 봐야 자라므로 불이 필요한
사주다.
火가 用神이고, 木은 吉神이며, 水가 病神이고, 金은 仇神
이다.

☯ 四柱의 特徵

이 사주는 巳月 초여름의 庚金이 身弱하므로 단순히 抑扶로
보면, 자칫 金을 用神으로 보기 쉽다.
그러나, 金은 연약하면 더 키워야하고, 木도 길러야 하기
때문에 오히려 불이 필요하다.

☯ 命主의 性格

庚金이 月上의 正官을 보아 단련을 받고 있으므로 얌전하고,
야무지다.
또한, 庚金은 개혁적인 성격이라서 강한면도 있다.

☯ 六親 關係

女命의 사주에 官星이 用神이므로 남편과 유정하다.
그러나, 日支에 仇神이 앉아있어 갈등도 있으나, 日支가
官星인 巳火와 合을 하여 한 몸이 되었으므로 凶은 크지 않다.
月柱 부모 궁에 用神이 있고, 財星이 吉神이라서 부모 덕은
있다.
자식성인 傷官이 丙申이므로 자식 덕이 弱하고, 자식을 낳고
남편과 갈등이 생기게 된다.

☯ 刑 沖 合 및 殺星의 應用

卯木과 두 개의 申金이 暗合하면서 鬼門官殺을 이루므로
정신적인 노이로제나 히스테리가 있을 것이고,
또, 巳申이 두 번에 걸쳐 刑 合하므로 남편이 다른 여자한테도
情을 준다는 뜻을 담고 있다.
傷官은 官을 치는 성분이므로 干上의 癸水는 좋지 못하다.

☯ 大運

-   초년 戊午대운에 印星인 戊土가 官星이며 病神인 癸水를 묶어

내편으로 만들어 주므로 좋고, 大運 支 午火도 用神이라서
좋다.

- 己未대운에 己土가 癸水를 극해주어 좋고, 未중에 丁火가 들어
있고 亥未合木하므로 운이 좋아서 편하게 성장하였으나,

- 庚申대운 大運 支 申金과 官星인 巳火가 合하여 건설회사에
근무하던 남편을 만나 결혼을 했는데, 가정형편이 어려워
자신이 가전제품 외판을 하다가 癸未年부터 불고기집을 냈으나
歲運 癸水가 用神인 丁火를 沖하고, 大運이 나빠 장사가 안
되어 실패하였고,

- 辛酉대운은 大運 支 酉金이 卯木을 자르므로 경제적으로
어렵다.

- 앞으로 오는 壬戌대운은 壬水가 丁火를 丁壬合으로 묶어 좋지
못한데, 大運 支 戌중에 丁火가 들어 있어 다소 안정이 될
것이나 戌土가 火勢를 강하게 해주는 것은 좋으나 생명의
뿌리인 卯木과 卯戌火하여 태우니 큰 운이 없고,

- 癸亥대운에 丁癸沖 巳亥沖하므로 大凶하다.

丁	庚	丁	戊	남
丑	戌	巳	子	자

74 64 54 44 34 24 14 4   대

乙 甲 癸 壬 辛 庚 己 戊   운
丑 子 亥 戌 酉 申 未 午

☯ 四柱의 旺衰

庚金이 巳月에 태어나 火가 많아 身弱하다.

☯ 格局과 用神

巳月에 庚金으로 태어나 巳中 戊土가 透干되어 偏印格이다
庚金은 巳中에 長生을 하기 때문에 이미 庚金이 태어났다고 본다.
庚金이 火가 旺하여 녹을 지경이므로 우선 調喉를 하는 水가
필선인데, 子水를 正用神으로 쓰기에는 弱하므로 金을 假用神으로
하고, 水는 藥神으로 쓰며, 濕土는 吉神이고, 乾土는 凶神이다.
干上의 土도 쓴다.
4월 庚金은 旺하지 않으면 녹여서 쓸 수 없는 金이라서 약한
金을 녹이면, 물이 되어 버린다.

☯ 四柱의 特徵

庚金이 月과 時上에 丙火를 보아 녹이려 하므로 그 대응책으로
두뇌가 명석하고 예민하다.
그래서, 이런 구조로 태어나면, 머리가 좋아 공부를 잘하게
되는데, 이 命主는 모 대학 경영대학원을 수석으로 나와 재벌
회사의 간부급으로 근무하면서 부동산에 투자를 해서 떼돈을
벌었다.

☯ 命主의 性格

金이 더 커야하는데, 불이 많아 녹이려 하므로 성격이 괴팍하고
예민하며, 魁罡일주라서 고집도 쎄다.
그러나, 사람은 똑똑하다.

☯ 六親 關係

年支에 正用神인 子水가 있으나, 月柱가 病神이라서 부모 덕은
없고, 남자 사주에 財星을 보아 마누라와의 吉凶관계를 판단
하게 되는데, 財星인 木이 나타나 있지 않았기 때문에 合神을
찾아 마누라로 봐야하므로 戊土와 暗合하는 글자가 巳, 巳, 丑
모두 暗合하고 있어 이 중에서 찾아야 하는데, 月支 巳火를
마누라로 본다.

이유는, 戌중 辛金과 巳중 丙火가 暗合하는데다가, 巳중 丙火
가 자식 星인 戊土와 함께 있고 日支에서도 戊土가 表出되어
있기 때문이다.

그런데, 巳중 戊土가 年上에 表出되어 있어 妻의 表出神으로
보는데, 庚金이 身弱하므로 戊土도 吉神이므로 妻德이 있다고
본다.

☯ 刑 沖 合 및 殺星의 應用

日主가 魁罡이라서 고집이 쎄고, 성격이 강하며, 丑戌刑하므로
부부갈등이 있다.

巳戌鬼門이라서 철학에 인연이 있고, 영감도 발달했으며,
운이 나쁠 때는 신경과민 현상이 있을 것이다.

丁丑白虎殺이고 丑土가 自庫이다.

☯ 大運

- 초년 戊午대운에 흉한 운이다.

- 己未대운에 庚金이 用神으로 相生으로 쓸 수 있으나, 未土가
  丑戌未三刑으로 이루므로 좋지는 않지만 무난하다.

- 庚申대운부터 用神運이므로 발복하기 시작하므로 모 대학원을
  수석으로 졸업하고, 재벌회사에 입사하였다.

- 辛酉대운도 좋으니 승승장구한다.

- 壬戌대운까지가 좋다.

- 癸亥, 甲子대운에 用神이 病 死 墓地로 가므로 나쁘다.

甲	庚	乙	壬	남
申	午	巳	辰	자

75 65 55 45 35 25 15 5

癸	壬	辛	庚	己	戊	丁	丙	대
丑	辰	亥	戌	酉	申	未	午	운

☯ 四柱의 旺衰

巳月에 庚金이 身弱해 보이나 乙庚合金되어 身旺과 같다.

☯ 格局과 用神

庚金이 巳月에 태어나 偏官格이다.
이 사주는 身旺, 身弱을 따지는 것 보다는 庚金의 역할과 작용
면을 따져서 용신을 잡아야 하는데, 이 庚金의 역할은 木을
기르고 있다.
따라서, 干上에 불이 없어서 調喉도 됐고, 身旺하므로 水를
써서 洩氣시켜 水生木해야 하므로 水가 用神이나, 金은 金剋木
하기 때문에 凶神이며, 土도 凶神이고, 火는 火剋金하므로
쓸 수 있고, 木도 吉神이다.

☯ 四柱의 特徵

庚金이 月과 時上에 甲乙木을 보아 正 偏財 混雜이라서 두 번
결혼하거나 애인을 두고 살 팔자다.
食神을 用神으로 쓰므로 기술직이 좋은데, 이 男命은 건축업에
종사하고 있다.
그런데, 건축 일을 하면서 戌 대운에 辰戌沖하여 病에 걸렸다.

☯ 命主의 性格

庚金이 巳月에 태어나 地支에 午火 불을 깔고 앉아 있어서
성격이 예민하고, 여자들한테 잘해주는 스타일이나, 정작 자기
마누라한테는 군림하는 형이다.

☯ 六親 關係

年上의 壬水가 用神이고, 月上에 있는 乙木 財星이 辰土에
뿌리를 박고 있으면서 나와 合을 하였으므로 부모의 돈이
나한테 오는 형상이라서 부모의 유산을 받을 수 있다.
巳月 乙木이라 부인의 인물이 예쁘고, 乙庚合되어 有情하나 地支
에 午火가 病神이라서 부부사이에 성격이 안 맞다.
또, 남자 사주에 官星이 病이면, 자식 덕이 약하다.

☯ 刑 沖 合 및 殺星의 應用

乙庚合이 되어 여자들한테 인기가 좋고, 辰土가 花蓋星이며,
辰巳가 天羅地網殺이라서 종교나 철학에도 인연이 있다.
日支 寅午戌을 기준하여 申이 驛馬星인데, 驛馬가 巳火 官星과
合하므로 이리저리 옮겨 다니며 일해서 먹고산다.

☯ 大運

- 초년 丙午대운이 病神운이므로 불운했다.

- 丁未대운에 弱한 壬水와 丁壬合하여 羈絆시키므로 凶하고,
  未土가 등장하여 巳午未火局이 되어 더욱 凶하다.

- 戊申대운에 戊土는 壬水를 剋하므로 나쁘나 申金이 吉神이라서
  좋은 운이다.

- 己酉대운에 己土가 甲己合하여 壬水를 剋하지 않으므로 좋고,
  酉金이 巳酉合金, 巳申合水하므로 좋다.

- 庚戌대운에 乙木과 爭合을 이루고, 戌土가 紅艶殺이라서 外情이
  생길 것인데, 甲申, 乙酉年에 이혼하려고 하나 부인이 이혼을 안
  해준다.
  또, 辰戌沖하여 辰土가 깨지면, 결국, 壬水가 흔들리므로 凶한
  大運이다.

- 辛亥대운에 巳亥沖하여 病神을 沖하므로 좋은 운이고,

- 壬子대운에 日支 午火를 沖하면, 부부갈등 또는 官災가 생길
  수 있으나 申子辰水局이 되므로 무난히 넘어 갈 수 있다.

- 癸丑대운도 좋은 운이다.

제 7 장 庚金日干 午月

庚　庚　丙　丁　여

辰　午　午　酉　자

73 63 53 43 33 23 13 3　대

甲 癸 壬 辛 庚 己 戊 丁
寅 丑 子 亥 戌 酉 申 未　운

☯ 四柱의 旺衰

午月에 庚金이 官殺이 旺하여 身弱하다.

☯ 格局과 用神

庚金이 午月에 태어나 午중의 丙 丁火가 干上에 透干되어
官殺이 旺하므로 偏官格이다.
사주에 病이 旺하여 우선 불을 꺼줘야 하는데, 불을 꺼줄 수가
없어 운이 없는 사람이다.
水가 正用神인데, 金을 假用神으로 쓰므로 土는 吉神이고,
火가 病神이다.
운에서 오는 木은 仇神이고, 水는 藥神이다.

☯ 四柱의 特徵

官殺混雜이라서 미인이나, 여름에 불이 太旺한데, 庚金이
불속에서 살려고 하므로 고달프기 그지없다.

이렇게 剋을 심하게 받으면, 신경이 예민하고, 두뇌가 잘
돌아간다.

☯ 命主의 性格

여름에 庚金이 많은 불 속에서 살려고 하니 剋을 심하게
받아 신경이 예민하여 신경질적이다.
또, 官星이 混雜하고 病이라 많은 남자를 만나야 하지만 결국
좋은 인연이 되지 않으므로 남자를 도둑놈으로 보는 사람이고,
종교에 의지해서 사는 사람이다.

☯ 六親 關係

부모궁인 月上에 病이 旺하게 자리를 잡고 있어 부모와 인연이
멀다.
이 女命의 母는 성우였으며, 인물이 고운데, 엄마를 닮아 이
命主도 인물이 고우나, 太旺한 官殺이 病이므로 혼자 살
팔자다.
자식이 辰중 癸水인데, 딸만 두 명을 두고 있다.

☯ 刑 沖 合 및 殺星의 應用

年支 기준하여 午火가 桃花인데, 桃花星인 午火가 午午子刑을
이루고 있어 자신 또는 남자가 바람둥이고 결국 남편과
해로하지 못한다.

☯ 大運

- 丁未대운에는 火勢가 强하여 운이 저조하였고,

- 戊申대운부터 申辰水局, 辰酉合金이 되어 調喉를 하므로 운이
  들기 시작하였으며,
- 己酉대운도 좋아 방송국 아나운서와 결혼하여 아이 둘을 낳고,
  행복하게 살다가,

- 庚戌대운 중 戌 대운에 이혼하고 위자료를 많이 받아 종교에
  의지하며 살고 있다.

- 辛亥대운 이후의 대운이 좋으니 앞으로도 편히 살 것이고,

- 壬子대운에 子水가 旺神인 午火를 沖하면 旺神大老하여
  官災 사고 등 큰 변화가 올 것이다.

- 癸丑대운에 좋고,

- 甲寅대운에 凶하다.

딸　사주

庚	丁	癸	甲	여
戌	卯	酉	子	자

78 68 58 48 38 28 18 8　대

乙	丙	丁	戊	己	庚	辛	壬	운
丑	寅	卯	辰	巳	午	未	申	

酉月에 丁火가 身弱하다.
酉月인데도 나무를 기르고 있으니 火가 旺해야 하는데
丁火가 丁癸沖 당하고, 吉神인 卯木은 酉金에 잘려 힘이
없으니 用神이 허약해서 운이 없다.
戌중 丁火를 用神으로 써야 한다.
木 吉神, 水 病神, 金 仇神, 土 藥神이다.
壬申대운이 나쁘고, 辛未대운 辛金이 나빠서 공부를 못한다.
얼굴은 예뻐서 탤렌트 오디션에 몇 번 응시했으나 떨어졌다.

丙　庚　庚　己　　여

戌　申　午　亥　　자

80 70 60 50 40 30 20 10　대

戊 丁 丙 乙 甲 癸 壬 辛　운
寅 丑 子 亥 戌 酉 申 未

☯ 四柱의 旺衰

午月에 庚金이 比劫과 印星이 旺하여 身旺하다.

☯ 格局과 用神

庚金이 午月에 태어나 午중의 丙火가 干上에 透干되어
偏官格이다.
午月달에 庚金이 太旺하면, 金이 이미 완성이 되어 불이 더 이상
필요 없으므로 씻어 줘야한다.
그래서, 丙戌 時라면 火가 病이라 나쁜데, 만약, 乙酉時가 되면
더 좋다.
水가 用神이고, 金은 吉神이며, 土가 病神이고, 火는 仇神이다.

☯ 四柱의 特徵

午月에 庚金을 보아 이미 열매가 다 익은 것으로 보는데, 여름
과일이라서 맛있는 과일이다.
女命에 官은 남편인데, 남편이 病神이면, 남편 덕이 없어서
고생을 하며 살게 되고, 印綬인 土가 病이라 문서 운이 없다.

☯ 命主의 性格

月支에 午火가 있어 金이 녹지 않으려고 조심성이 많고, 身旺한데
食神이 弱해서 洩氣가 부족하므로 활동성이 弱하거나 베푸는 것에

인색하다.

☯ 六親 關係

보모궁인 月柱에 官星이 病神이고, 財星이 없으며, 印星도
凶神이므로 부모 덕은 弱하고, 官星이 病神이라 남편 덕도
弱한데, 다행히도, 日支에 用神이 들어있어 비록, 남편이 싫은
일을 해도 남편을 두둔한다.
食神 자식은 亥水, 申중 壬水로 有情한데, 자식궁인 時柱가
凶神이라 자식 덕은 크지 않다.

☯ 刑 沖 合 및 殺星의 應用

丙戌이 白虎殺인데, 남편성이라 남편한테 불길함이 있을 수
있고, 月上의 庚金은 午火 浴地 위에 앉아 바람기 있는 남자를
만나게 되는데, 여기서, 月支 午火는 月上에 있는 比肩인
庚金의 남편 또는 처음 만난 남편이고, 時上의 偏官이 본 남편
인데, 偏官이므로 애인 같은 남편으로 고통 주는 남편이다.

☯ 大運

- 초년 辛未대운에 辛金이 丙辛合시켜 좋으나, 未土가 用神인
  亥水를 合하고, 火勢를 도와주므로 凶하다.
- 壬申대운에 調喉를 시켜주는 用神 運이므로 좋은 大運이다.
- 癸酉대운에도 辛酉戌金局이 되어 凶神인 戌土를 잡아주어 좋다.
- 甲戌대운 중 甲 대운에 남편이 부도를 내서 자기가 벌어서
  (유통업) 먹고사는데, 戌 대운에 나쁘다.
- 乙亥대운에 乙庚合되어 庚金이 財를 얻고, 用神 運이므로 좋은
  大運이다.
- 丙子대운에 午火를 沖하면 자신은 좋으나 남편한테는 凶하다.
- 丁丑대운에 丑戌刑하여 官庫를 沖하면 戌중의 丁火 官星이
  튀어나와 凶하다.
- 戊寅대운에 凶하다.

癸 庚 甲 辛　　남

未 午 午 未　　자
　　　　　　　　대
78 68 58 48 38 28 18 8　운

丙 丁 戊 己 庚 辛 壬 癸
午 亥 子 丑 寅 卯 辰 巳

☯ 四柱의 旺衰

이 사주는 日干의 뿌리가 없으나 未土가 있어 身弱하다.

☯ 格局과 用神

午月에 庚金이 地支가 午未合火, 午未合火하여 火勢가 旺하기
때문에 火로 從할 것 같으나, 未土에 근기를 갖고 있어 生木인
甲木을 길러야 하다.
따라서, 이 사주에는 水가 正用神이나 癸水가 뿌리가 없고
金의 生을 받기가 쉽지 않으므로 木을 用神으로 하고, 水는
吉神이며, 金은 病神이고, 土는 木의 뿌리가 되어주므로
吉神이며, 火는 너무 旺하여 調喉를 깨므로 凶神이다.
時上의 癸水는 뿌리가 없어 힘이 없고, 月上의 甲木은 未土에
의지해서 겨우 연명하고 있는 형국이다.
그러나, 같은 木이라도 地支에 寅木이 오면, 午火가 있어
寅午合火局이 되기 때문에 나쁘다.

☯ 四柱의 特徵

金 일주가 여름에 태어나 火旺하면, 官星인 혈통이 病이므로
조상의 姓氏를 모르므로 이런 사주는 혈통이 나쁘다.
사주가 나빠 보이지만, 相生이 잘되어 사업을 해도 괜찮다.

☯ 命主의 性格

庚金이 원래 개혁성이 강한데, 午火 불을 많이 가지고 있어
성격은 급하나, 凶神을 내편으로 만들어 吉神으로 쓰므로
처세술이 뛰어난 사람이라서 위기에도 강하다.

☯ 六親 關係

官星인 午火가 많고 凶神이라서 조상이 난무하여 조상의
姓氏가 뭔지 모른다.
이런 사주는 부모가 사생아를 낳아 버렸거나 그렇지 않으면,
양자로 가서 자라야 하는데, 경기도 모처 딸만 있는 집에
양자로 가서 자라고 있다.
財星인 甲木이 死地 위에 앉아 부모가 죽었거나 인연이 없다.
財를 쓰므로 부모의 유산을 받아 돈은 많을 수 있고, 妻宮도
좋다.

☯ 刑 沖 合 및 殺星의 應用

地支가 午未合火, 午未合火하여 官星인 火가 되었다.
그래서, 혈통이 나쁜데, 이 사주는 양자를 갔다.
庚金에 午火는 浴地인데, 午午子刑을 하고 있으나, 각각
午未合을 하고 있어 刑의 작용력은 약하지만, 운에서 합이
깨질 때는 刑의 작용이 생긴다.
가령, 亥水와 卯木이 등장하여 未土를 묶으면, 自刑의 작용이
생긴다.

☯ 大運

- 초년 癸巳대운에 巳午未火局이 되어 從格에 順勢하므로 좋고,

- 壬辰대운에 壬水가 들어오고 濕土인 辰土가 들어오면, 甲木이
  살아나도 干上에 土가 없어 木剋土 하지 못하므로 크게
  나쁘지는 않고 무난하다.

- 辛卯대운 중 辛金은 괜찮으나 卯未合木하여 午未合이 깨지고,
  木剋土하면 양부모와 갈등이 생길 수 있어 좋지 못하고, 卯중
  乙木과 乙庚合金하므로 결혼 운이다.

- 庚寅대운 중 庚운에는 甲木을 쳐주므로 좋고, 寅 대운에
  寅午合火하여 木剋土하지 않으므로 나쁘지 않다.

- 己丑大運에 己土가 甲己合土가 되어 좋은데, 丑土가 未土를
  치면 午未合이 깨지고, 午午子刑이 생기므로 또 양 부모와
  갈등이 생기거나 문서 또는 건강에 이상이 올 수 있다.

- 戊子대운에 戊癸合火하는 것은 좋으나, 大運 支 子水가 原局의
  旺神인 午火를 沖하면, 旺神大怒하여 凶한데, 이렇게 되면, 格
  자체가 깨지므로 대단히 나쁜데, 특히, 부부 궁에 문제가 생길
  수 있고, 子水가 庚金 日干의 死地이고, 旺神인 午중 丁火의
  絶地에 해당하며, 用神인 未중 己土의 絶地에 해당하므로
  대단히 나쁘다.

- 丁亥대운에 丁火는 나쁘지 않으나, 亥水가 亥未合木하여
  木勢가 왕해지면, 좋지 못한데, 역시, 亥水가 庚金일간의
  絶地에 해당하고, 午중 丁火와 己土의 胎地이기 때문에
  凶하다.

제 7 장 庚金日干 未月

丁　庚　乙　丙　여

亥　寅　未　申　자

75 65 55 45 35 25 15 5　대

丁 戊 己 庚 辛 壬 癸 甲

亥 子 丑 寅 卯 辰 巳 午　운

☯ 四柱의 旺衰

未月에 庚金이 財官이 많아 身弱하다.

☯ 格局과 用神

庚金이 未月에 태어나 未중 乙木이 透干되어 있어 正財格이다.
未月은 여름이라 날씨가 더운데 火가 많으니 녹을 지경이고,
官이 年과 時上에 있고, 未중 丁火, 寅중 丙火가 있어서
官殺混雜이라서 남자 두 명은 만나야 할 팔자다.
水가 調喉用神이고, 金은 吉神이며, 土가 病神이고, 火는
仇神이며, 木이 藥神이다.
月上 부모 궁에 正財 乙木이 있어 부친으로 보는데, 庚金에
감겨있고 墓地에 앉아 있어 부모덕은 弱하다.

☯ 四柱의 特徵

여름 庚金이 官殺을 많이 보아 두 번 결혼하거나 애인을 두고
살 팔자다.
日主 庚金은 月上의 財와 合을 했고, 日支에 財를 깔고 앉아
있어 돈과 인연이 많은 사람이고, 돈 욕심도 많다.
모 유통회사의 대리점 책임을 맡고 있는 여인이다.

☯ 命主의 性格

庚金일주가 丙 丁火를 보아 성격이 예민하고, 똑똑한 사람
인데, 乙庚合金으로 財와 合을 하고 있어 財를 탐하는
사람이다.
또, 庚金일주라서 카리스마가 있어 직원들을 휘어잡기 때문에
충돌도 많다.

☯ 六親 關係

女命에 官殺이 혼잡하여 病이니 남편 덕 보기는 틀렸고, 또,
官은 혈통을 의미하기도 한데, 官이 病이니 혈통을 이어 갈
아들 낳기가 힘드며, 食傷이 用神이므로 딸만 두 명을 두었다.
官이 病이라 능력이 없는 남편을 만나기 쉬운데, 年上의 丙火
偏官은 申金 病地 위에 앉아 있어 힘이 없고, 日支 寅木과 沖
을 하므로 일찍 헤어졌고, 時上의 丁火가 正官으로 地支가
寅亥合되어 본 남편인데, 亥水 胎地 위에 앉아 있어 무능한
남편으로 이 女命의 남편은 직장인인데, 직위도 낮고 월급도
적다.
用神이 傷官으로 자식인데, 내 몸인 寅木과 寅亥合으로 자식과
는 인연이 깊어 寅亥合이 되어 떨어질 수 없는 사이다.
이 사주의 原局에서 부모 궁에 있는 乙木 財가 墓地에서 태어
났는데, 6살 때인 61 辛丑年에 乙辛沖하므로 부친이 사망하여

생활에 어려움을 겪었다.

☯ 刑 沖 合 및 殺星의 應用

干上에 乙庚合은 乙木이 뿌리인 寅木이 寅亥合하느라고
亥水에 情을 주고 있고, 墓地에서 태어나 약해서 羈絆된 것과
같다.
年支 申金과 日支 寅木은 遠沖이나, 寅木이 時支 亥水와
寅亥合하고 있고, 申金과 寅木 사이에 未土가 가로막고 있어
沖의 작용이 弱하다.
여기서, 寅亥合木은 日干을 기준하여 財星에 해당하므로,
두 아버지를 모시거나 두 시어머니와 인연이 있다.
未寅이 鬼門官殺이라 노이로제나 정신적인 불안감이 있을
것이다.

☯ 大運

-   초년 甲午대운에 病神이 등장하므로 불운하였는데, 6살 때인
    61 辛丑年에 乙辛沖하므로 부친이 사망하였다.
-   癸巳대운에 巳火가 흉신이고, 寅巳申三刑이 작용하므로, 사건
    사고가 있었을 것이고, 어렵게 생활을 했으며,
-   壬辰대운 25세 庚申年에 결혼하면서 운이 들기 시작해서 편히
    살다가, 남편의 벌이가 시원찮아서 33세 89 己巳年에 모 유통
    회사에 入社하여 돈을 벌면서 생활이 윤택해지기 시작했다.
-   庚寅대운 05 乙酉年에 본사에서 강북에다 점포를 개설하면서
    지점장으로 발탁되었다.
-   己丑대운 丑未沖하면 乙庚合이 깨지고, 未중에서 表出된 丁火
    官이 흔들리므로 남편한테 흉조가 있거나 직장에 문제가 있을
    것이다.
-   戊子대운에 日干 庚金이 死地에 들고,
-   丁亥대운은 日干이 病地이고 亥亥自刑하므로 나쁘다.

丁　庚　辛　己　　남

丑　戌　未　亥　　자

76　66　56　46　36　26　16　6　　대

癸　甲　乙　丙　丁　戊　己　庚
亥　子　丑　寅　卯　辰　巳　午　　운

☯ 四柱의 旺衰

未月에 庚金이 印綬가 混雜하여 太旺하다.

☯ 格局과 用神

庚金이 未月에 태어나 未中 丁火가 時上에 透干되어
正官格이다.
庚金은 불로 녹이거나 물로 씻어줘야 좋은데, 이 사주는
丁火가 떠 있기는 하나 地支에 戌土와 未土가 있어 丁火의
뿌리를 하고 있으나 丑戌未三刑이 되어 뿌리가 깨져서 丁火가
허약하므로 녹일 金이 아니고, 水로 洩氣해야 한다.
또한, 未月이라 燥熱하여 調喉를 해주는 것이 더 좋다.
水가 用神이고, 金은 吉神이며, 土가 病神이고, 火는 仇神
이며, 운에서 木이 오면 吉神이다.

☯ 四柱의 特徵

이 命主는 서울 태생으로,
印星이 混雜해 있고, 三刑殺로 깨져 있어 모친이 두 분이고,
劫財가 있어 배 다른 형제가 있다.
또, 地支 印星이 丑戌未로 三刑殺을 이루어 두 어머니한테서
낳은 배 다른 형제로 인하여 가정이 복잡하며, 亥未合되어
변질된 食神인 亥水를 용신으로 쓰므로 LPG 가스를 다루는
기술직이다.

☯ 命主의 性格

庚金이 丁火를 보아 사람은 똑똑하나, 食傷이 弱해서 배출구가
약하므로 말주변이나 표현력이 부족하지만 正官을 보아 정직
하다.
庚金이 土가 많아 묻힐 지경인데, 木이 없어 制土를 못해
주고, 食傷이 弱해서 성격이 활발하지 못하고 다소 답답해
보이나 정이 많은 사나이다.

☯ 六親 關係

印綬가 混雜하고 旺하여 病이니 어머니가 두 분이라 배다른
형제가 있는데, 劫財인데다가 地支가 三刑殺을 이루어
깨져있어 삶이 불안하므로 마음의 여유를 찾지 못해서 서로
뜻이 안 맞다.

☯ 刑 沖 合 및 殺星의 應用

亥水가 用神인데, 未土와 合을 하여 제 역할을 하지 못하므로
좋지 못하고, 地支는 가정이기도 한데, 丑戌未三刑을 이루어
가정이 편치 못하다.
또, 丑은 比劫의 庫, 戌은 官星의 庫, 未는 印星의 庫인데,
모두 地藏干이 透出하고 있어 庫神이 발동한다.

☯ 大運

- 초년 庚午대운은 운이 좋지 못하여 두 배에서 태어난 형제들
  틈에서 어렵게 성장하였다.
- 己巳대운에 용신을 沖하여 크게 나쁠 것으로 보이나, 巳丑合도
  되므로 沖의 작용이 약하기 때문에 小凶에 그쳐 시골에서 고등
  학교를 졸업하였다.

- 戊辰대운에 27세 乙丑年에 乙庚合으로 결혼을 하고 서울로
  올라와 官이 仇神이고, 食神이 用神이라 유통회사 직원으로
  일을 하다가,
- 丁卯대운 중 卯 대운부터 吉神이 들어오니 자기사업을 하였으
  나 큰 재미는 보지 못하고 살아간다.
- 丙寅대운에 丙火가 火勢를 더해주므로 좋지 못하나, 丙辛合이
  되어 凶이 덜하고, 寅木에 불을 가지고 있어 좋은 운이
  아니다.
- 乙丑대운에 乙辛沖, 乙庚合이 되어 돈이나 마누라한테 흉조가
  있을 수 있고, 地支에 丑戌未三刑이 작용하므로 가정 또는
  건강에 이상이 올 수 있다.
- 甲子대운에 用神 運이긴 하나 日干이 死地에 들므로 凶하고,
- 癸亥대운에 무난하다.

	丙	庚	乙	丙	여
	戌	辰	未	申	자

72 62 52 42 32 22 12 2   대

丁 戊 己 庚 辛 壬 癸 甲
亥 子 丑 寅 卯 辰 巳 午   운

☯ 四柱의 旺衰

未月에 庚金이 年支에 比肩을 보고, 月支, 日支, 時支에 比劫
3개를 보아 太旺하다.

☯ 格局과 用神

庚金이 未月에 태어나 未중 乙木이 透干하였으니 內格인
正財格이다.
未月은 나무를 기르는 계절이고, 未중에 乙木 뿌리가 있으며,
年上과 時上에 丙火가 떠 있어 자라고 있는 꽃나무다.
이 사주는 多 印綬 太旺이라서 財星인 乙木으로 印星인 土를
剋해 줘야 좋으니, 乙木을 用神으로 쓰고, 水는 吉神이며,
金이 病神이고, 土가 仇神이며, 干上의 火를 藥神으로 쓴다.

☯ 四柱의 特徵

日干인 庚金과 月上 乙木이 乙庚合을 하고 있는데,
혹자들은 이렇게 合이 되어 있어서 乙木을 용신으로 쓰지
못한다고 할 것이다.
그러나, 이 사주에서는 年上의 丙火와 時上의 丙火가 地支에
火勢가 旺하여 日干인 庚金을 극하므로 올바른 合이 안 되기
때문에 乙木을 용신으로 쓸 수 있는 것이다.
또, 이 女命은 天干에 官星이 두 개가 있고, 地支에도 官星이
숨어 있어 旺하기 때문에 얼굴이 잘생겼다.

☯ 命主의 性格

이 女命은 庚金일주로 카리스마가 있을 뿐만 아니라 태왕
사주이므로 자기 아집도 강하다.
또한, 다소 남성적인 성격을 갖고 있어 화통한 성격을 가졌다.
대게, 庚金일주는 남의 잘못을 지적을 잘하는 성격인데다가
庚辰 魁罡이니 이런 사람은 남녀를 막론하고 한 성질하는
사람이다.
또, 이 女命은 乙庚合으로 돈 즉, 경제와 연애하고 있는 것과
같기 때문에 남편은 무능해서 필요 없고, 돈만 필요하다라고
생각하면서 살고 있다.

☯ 六親 關係

年上에 丙火가 떠 있어 藥神 역할을 하니 친정 할아버지가
무척 잘나신 분이었고, 이 女命의 부친 궁에 財星이 있고
용신이니 친정도 잘 살았다.
女命에 官이 두 개씩이나 있어 두 남자와의 인연이고, 日支가
辰土인데, 時支 戌土와 辰戌沖하므로 부부 궁이 나쁘다.

☯ 刑 沖 合 및 殺星의 應用

앞에서도 설명했듯이 天干 乙庚合은 乙木이 地支에 뿌리가
약해서 완전한 합이 될 것으로 보일지 모르지만 두 개의
丙火가 火克金하므로 완전한 合이 되지 않고 불완전한 合이다.
日支 辰土와 時支 戌土가 辰戌沖을 하고 있어 부부 궁이
산란하다.
또한, 辰중에 乙木 뿌리가 들어 있는데, 辰戌沖하면 깨지기
때문에 좋은 沖이 아니다.
그러나, 辰戌沖하여 辰중 乙木이 튀어나오면, 日干인 庚金과
乙庚暗合이 되어 돈이 들어온다.

☯ 大運

-   초년 甲午대운에 官星인 午火가 등장하여 調喉를 깨므로
    좋지 못하고,

-   12세 癸巳대운도 地支에 火勢가 旺하여 調喉가 깨지므로
    운이 저조하여 공부를 많이 하지 못했다.
    또한, 사주에 官星이 많아 미인인데다가 초년에 官星이 등장
    하여 남자들의 인기가 많으니 공부에 지장을 주었을 것이다.

-   壬辰대운이 調喉를 해결해 주어 나무가 잘 자랄 수 있는
    환경이 되므로 좋다.
    29세 84(甲子)年 吉神인 子水가 日支 辰土와 辰子로 合하니

결혼을 하여 아들 쌍둥이를 낳았다.

- 32세 辛卯대운에 用神의 뿌리가 등장하니 好運이라 행복하게
  잘살다가, 39세 甲戌年에 辰戌沖하니 큰 변화가 일어나 남편이
  직장을 그만두게 되어 그 때부터 칼국수집을 시작하였다.
  用神이 乙木인데, 乙木은 섬유, 국수 같은 긴 것을 의미하므로
  운명에도 잘 맞다.

- 庚寅대운에도 장사는 잘되고 있으나 남편이 놀고 있어 신경을
  쓰고 있다.

- 戊子, 丁亥대운이 地支에 吉神이 등장하므로 편히 살 것이다.

제 7 장 庚金日干 申月

壬	庚	庚	癸	남
午	辰	申	亥	자

79 69 59 49 39 29 19 9   대

壬 癸 甲 乙 丙 丁 戊 己
子 丑 寅 卯 辰 巳 午 未   운

☯ 四柱의 旺衰

申月에 庚金이 身旺하나, 食傷도 旺하고, 地支에 申辰水局이
되어 너무 冷하고 濕하다.

☯ 格局과 用神

庚金이 申月에 태어나 申中 壬水가 透干되었으므로 食神格
이나 食傷이 旺하므로 傷官格이다.
사주가 冷하고 濕하므로 官星인 午火로 調喉를 시켜줘야 한다.
火가 用神이고, 水는 病神이며, 金이 仇神이고, 乾土는 藥神
이며, 濕土는 凶神이고, 운에서 오는 木은 吉神이다.

☯ 四柱의 特徵

庚金이 官을 用神하니 官職이 맞는데, 사주에 食傷이 旺하여
官을 剋하는 성분이 많음에도 불구하고 大運이 좋아 교장 직위

에 까지 이르게 되었다.

☯ 命主의 性格

사주가 旺하고 庚辰 魁罡일주이며, 食神과 傷官이 干上에 떠서
이 말했다 저 말했다 하므로 잔소리가 많다.
그러나, 食傷이 많은 사람은 南 女를 불문하고 인정이 많은데,
이 命主도 인정이 많은 분이었으며, 食傷이 많아 잔소리가
많았다.

☯ 六親 關係

이 男命은 조상궁인 年과 부모궁인 月에 凶神이 있어 조상과
부모의 덕은 작고, 日支 辰중 乙木이 妻인데, 自坐暗合을 하고
있어 부부 유정하였다.
또, 財가 돈이기도 한데, 干上에 透干되지 않았고, 比劫이
많아 쓸 곳이 많으므로 돈은 많지 않다.
또한, 男命에 食傷이 旺하면, 官을 치므로 자식이 풀리지
않는다.

☯ 刑 沖 合 및 殺星의 應用

日主가 庚辰 魁罡이고, 建祿月에 태어나 고집이 쎄며,
申辰半水局이 되어 食傷을 만들므로 食傷은 祖母 또는 丈母에
해당하므로 그 해당 육친이 두 명일 것이다.

☯ 大運

- 초년 己未대운에 비록 가난한 집안에 태어났으나, 공부를 잘
  하고 귀염받고 성장하였다.

- 戊午대운에도 좋아 시골에서 교직으로 출발하여 순조로왔다.

- 丁巳대운에도 마찬가지로 좋았다.

- 丙辰대운 중 辰 대운에 辰土가 午火의 熱氣를 흡수하므로
  다소 주춤거렸다.

- 乙卯대운에 돈이 들어와 내 것이 되므로 재산증식이 되고
  木生火로 용신을 도우므로 교장직위에 까지 오르게 되었다.

- 甲寅대운 80년 전두환 대통령 정부 당시 甲寅木이 旺神을
  沖하니 旺神大怒한데다가 61세 83년 癸亥年에 傷官이 官星인
  午火를 剋하여 옷을 벗었다.
  퇴직금으로 받은 돈을 자식들에게 나누어주고 자신은 빈
  털털이가 되었는데,

- 癸丑대운에 傷官이 見官을 하므로 나이 40세에 불과하던 큰
  아들을 잃는 슬픔을 맞았다.
  그 후 부인마저 먼저 보내고 난 후, 작은 아들집에서
  기거하다가,

- 壬子대운에 申子辰水局하여 用神인 午火를 沖하니 2002(壬午)
  년 己酉月에 낙상을 하여 약 1개월 동안 고생하다가 회복되었
  는데, 83세 05 乙酉年 乙酉月에 넘어져 치료를 받다가 회복
  하지 못하고 양력으로 丙戌月 乙丑日 丑時에 운명하였다.

丙 庚 丙 辛　여
戌 子 申 卯　자
74 64 54 44 34 24 14 4　대
甲 癸 壬 辛 庚 己 戊 丁
辰 卯 寅 丑 子 亥 戌 酉　운

☯ 四柱의 旺衰

申月에 庚金이 身旺하다.

☯ 格局과 用神

庚金이 申月에 태어났으므로 建祿格이다.
年 月에 丙辛合水되었고, 地支에 申子半水局이며, 비록,
生木인 卯木을 申金이 자르려 하나 申子로 半 水局이 되어
貪合亡剋하니 나무를 살려야 하므로 불이 필요하다.
火가 用神이고, 木은 吉神이며, 金이 病神이고, 土는 仇神
이며, 天干 水가 凶神이고, 地支 水는 金과 木을 통관하는
吉神이다.

☯ 四柱의 特徵

庚金일주가 身旺하고 濕한데 丙火를 보면, 調喉겸 키워주는
불이기 때문에 반긴다.
年 月에 丙辛合은 不正之合으로, 첫 번째 남자를 친구가
가로채는 것과 같아 두 번 시집가야 할 운명이다.

☯ 命主의 性格

이 女命은 庚金이 태양을 보아 인물이 좋고, 똑똑하다.
庚金의 성분은 개혁적인 기질이 있고, 더군다나, 생명인

나무를 자르는 구조라서 평소에는 잘 나타내지 않다가 자기를
건드리면 폭군과 같은 성격이 나타나며, 또한 체력이 좋아
활동적이다.

☯ 六親 關係

이 女命의 첫 번째 남자인 月上 丙火는 年上 辛金과 合을 하고
있으면서 地支로는 申子로 日干과 合을 하고 있는데, 이와
같은 현상은 겉으로는 다른 여자와 이미 合을 했으나, 결국,
나와 暗合해서 申子로 자식을 낳은 경우이고, 두 번째 남자인
時上의 丙火는 가끔 만나는 애인인데, 이 남자(丙火)는 年支
戌중 丁火와 日支 子중 壬水와 暗合을 하고, 또, 月支 申중
壬水와도 暗合을 하고 있어 연애쟁이다.
日支 남편 궁의 子水는 凶할 것 같으나, 申金과 卯木 사이를
통관시켜 주는 길신이라 부부금슬이 좋다.

☯ 刑 沖 合 및 殺星의 應用

年 月에 丙辛合은 원래 임자가 있는 남자(丙火)였으나, 내
뿌리인 申金 위에 앉아있고, 내 자식인 子水와 申子合하여
자식을 낳은 유정한 남편이다.
卯申은 暗合이며, 鬼門官殺로 부모 궁에서 생명을 죽이려하고,
丙辛合하므로 조상과 부모의 덕이 없고, 정신적인 스트레스나
노이로제가 있다.
庚金에 子水를 보면 死地이고, 子水는 年支를 기준하여 桃花
라서 내 또는 배우자가 바람기가 있다.
時柱 丙戌 偏官은 戌土 무덤위에 핀 꽃이고, 官이다.

☯ 大運

- 초년 丁酉대운에 申酉戌方合이 되고 吉神인 卯木 財星을
　沖하여 부친을 일찍 잃었을 것이다.

- 戊戌대운 身旺사주가 더욱 身旺해지므로 좋지 못한데,
  학창시절에는 배구선수로 활동했고, 고등학교 졸업 후,
  신세계백화점에서 근무 하다가,

- 己亥대운에 결혼하였고,

- 庚子대운까지 행복한 생활을 했는데, 그 이유는 사주 原局에
  金木相爭이 되어 있는 것을 亥水가 通關시켜 주어 吉神이며
  生命인 卯木이 잘 자라기 때문이다.

- 辛丑대운 들어 丙火 官星이 辛金과 합하므로 凶해서 남편이
  주식투자로 돈을 날려 살던 집을 처분하고 작은집으로
  옮겼는데, 丑土운이 가장 나빴다.
  왜냐하면, 用神의 뿌리가 戌중 丁火인데, 丑土와 丑未沖하여
  丁火를 깨고, 日支 子水와 子丑合이 되면, 戌중 丁火와 子중
  壬水의 暗合을 깨기 때문에 부부불화 또는 재산손실이 크다.

- 壬寅대운이 가장 좋은데, 弱하게나마 寅申沖을 하므로 변화
  이동수가 있는데, 04 甲申年에 아파트를 분양받아 이사를
  했고,

- 癸卯대운은 무난하고, 甲辰대운은 申子辰水局이 되고,
  白虎殺인 丙戌을 沖하므로 凶하다.

壬　庚　壬　甲　　남

午　子　申　午　　자

79 69 59 49 39 29 19 9

庚 己 戊 丁 丙 乙 甲 癸

辰 卯 寅 丑 子 亥 戌 酉　운

☯ 四柱의 旺衰

庚金이 建祿月에 태어났으나 食神이 많아 太弱하다.

☯ 格局과 用神

庚金이 建祿月인 申月에 태어났으나 申중 壬水 食神이
투간되어 食神格인데, 食神이 많으면 傷官으로 보므로
傷官格과 같다.
그래서, 調喉가 필요하기 때문에 年支와 時支에 있는 午火를
用神으로 한다.
火가 用神이고, 木은 吉神이며, 水가 病神이고, 金은 仇神
이다.

☯ 四柱의 特徵

申月은 태양이 힘을 잃어가는 계절이라서 날이 추워지기
시작하는데, 食神인 壬水가 많으니 내 자신이 구름으로
작용하는 격이라 凶하다.
이 男命은 대구출생으로, 丙戌(06)년 현재 군 요직에 재직
중이나 별을 달지 못하였다.

☯ 命主의 性格

食神이 많아 人情이 많고, 또, 食神이 旺하면 傷官星을

나타내므로 자유분방하여 방랑적인 데가 있으며, 妻와 다투는
경우가 많다.
또, 食傷이 旺하면 하고 싶은 말을 입에 담아두지 못하고 내
뱉어야 편하기 때문에 비밀을 간직하지 못한다.

☯ 六親 關係

年柱 甲午가 用神이고 吉神인데, 조상궁이라서 이 男命은 祖父
代에 잘 살았으나, 父母 代에 이르러서는 그렇지 못했다.
日支 妻 궁에 病神인 子水가 앉아 또 하나의 用神인 時支
午火를 沖하여 끄고 있으니 부부 궁은 뻔하다.
또, 食傷이 旺하여 官을 억제하므로 자식이 잘 안 풀린다.

☯ 刑 沖 合 및 殺星의 應用

日支 子水와 年支 午火가 隔沖(격충 : 떨어져서 충함)을 하고
있고, 時支 午火가 沖을 하여 부부 궁에 문제가 있고, 또
午火에 子水는 囚獄殺인데, 이 命主는 군인이므로 자신이
군대에 억메여 있는 몸이 되어 囚獄殺은 땜하였다.
申子半水局으로 午火의 沖을 완화시켜주고 있다.
庚金에 子水는 死地인데, 子중의 壬水가 表出해 있어서 死神
발동이다.

☯ 大運

- 초년 癸酉대운은 저조하였고,

- 甲戌대운이 좋아서 교육대를 졸업하고, 교직에 근무를
  하다가 사직하고 ROTC 장교로 군 생활을 시작하였다.

- 乙亥대운이 나쁘고 命組가 워낙 偏枯되어 있어서 어려운
  가운데 다행히도 승진을 하였다.

- 丙子대운 중 子 대운에 用神인 午火를 치니 99년 己卯年에
  전역을 하기 위해 사표를 냈으나 반려되어 다시 근무하게
  되었다.

- 丁丑대운도 地支에 丑土가 있어 午火의 熱기운을 흡수하니
  凶運이라서 甲申, 乙酉年에 별을 달기 위해 노력했으나 달지
  못하였고 戊子年이 停年이다.

- 戊寅대운에 寅申沖하여 이동수는 있으나, 戊土가 壬水를
  극해 주고, 寅木이 水生木하여 木生火로 이어주므로 좋은
  大運이다.

- 己卯대운에 甲己合하여 日干 庚金을 生해주므로 凶하나
  大運 支 卯木이 木生火하므로 무난하다.

- 庚辰대운에 甲庚沖하여 吉神을 沖하고, 大運 支 辰土가 熱氣를
  흡수하면서 申子辰水局을 이루면, 日干 庚金이 물에 빠져
  나오지 못한다.

제 7 장 庚金日干 酉月

丁　庚　己　壬　남

亥　申　酉　戌　자
　　　　　　　　　대
72 62 52 42 32 22 12 2

癸　壬　辛　庚　己　戊　丁　丙　운
巳　辰　卯　寅　丑　子　亥　戌

☯ 四柱의 旺衰

酉月에 庚金이 月上의 己土가 돕고, 地支에 金局이 되어 太旺
하다.

☯ 格局과 用神

比劫이 旺한 것을 從旺格이라 하는데, 庚金일주는 從革格이라
한다.
여기서, 火가 病인데, 金은 불속에서 크기 때문에 아무리 金이
旺해서 從을 했다 하더라도 火가 있어야 金이 살아 숨쉬기 때
문에 약한 火도 필요하다.
또, 金은 旺하면 洩氣해 줘야하므로, 水가 用神이고, 金이
吉神이며, 土가 病神이고, 火가 仇神이며, 木이 藥神이다.
用神인 壬水가 干上에 나타나 있어서 사주가 좋다.

☯ 四柱의 特徵

이 命主는 강원도 태생으로,
旺金을 丁火 빛이 비춰주니 아름답고, 또, 旺한 金을 洩氣를
잘 시켜주므로 秀才다.
국비장학생으로 미국 워싱톤대학에서 우주물리학을 공부했는
데, 05(乙酉)年 동 대학원 입학시험에 합격하였으나 면접에서
탈락하고 말았다.
이 命主의 부모는 탈락의 이유를 외국인 탓이라 여기고 있으나
酉金에는 물이 없어서 歲運이 그리 좋지 못했다.
水가 用神이라 과학 중에서도 우주물리학을 선택했다.

☯ 命主의 性格

庚金이 太旺하여 從革이 되었으므로 마치 가을에 벼가
무르익어 고개를 숙인 것에 비유할 수 있으므로 점잖고,
洩氣를 잘 시켜주므로 인정도 많고, 두뇌가 좋으며 丁火를
보아 똑똑하다.

☯ 六親 關係

이 사주는 財星이 나타나 있지 않기 때문에 어떤 사람은
"用神을 부친으로 본다"라고 하는 사람도 있으나, 이런 경우
는 合神이론을 적용하는 것이 옳다고 본다.
즉, 財星이 없고, 月上에 印星이 있으면, 그 印星을 財로 보기
때문에 己土가 부친으로 나에게 이로움을 주나 桃花 위에
앉자있어 바람기가 있고, 母親은 己土와 暗合하는 亥중의
甲木으로 나를 잘 洩氣시켜주므로 엄마의 노력이 크다.
또, 日支 妻宮에 吉神이 있어 妻 宮도 좋으니, 좋은 妻를 만날
것인데, 妻는 日支 申중의 壬水와 暗合하는 丁火인데, 丁火는
庚金을 비춰주는 빛이므로 자신을 빛내주는 좋은 역할을 해줄
妻이다.

☯ 刑 沖 合 및 殺星의 應用

年柱 壬戌白虎인데, 戌중의 丁火가 時上 丁火의 뿌리가 될
듯하나, 戌土는 申酉戌方合이 되어 金으로 변했으므로 丁火의
뿌리로 보지 않는다.
月支 酉金은 桃花이고 羊刃이다.

☯ 大運

- 초년, 丙戌대운인 丙火는 凶하나 戌土는 金局으로 가므로
  나쁘지 않다.

- 丁亥대운에 亥水가 등장하여 金을 잘 洩氣시켜 주므로 공부를
  잘 하였다.

- 戊子대운에 戊土가 土剋水하여 나쁘나, 地支가 申子水局을
  이루므로 大運의 흐름이 너무 좋아 승승장구할 것이다.

- 己丑대운에도 土生金하여 從格에 순세하므로 무난하다.

- 庚寅대운에 大運 支 寅木이 日支를 申金을 沖하여 부부 궁에
  문제가 올 수 있다.

- 辛卯대운에 大運 支 卯木이 旺神인 卯木을 沖하여 格을 깨면
  아주 凶하여 손재수나 직장에 문제가 오고 건강도 나빠진다.

- 壬辰대운에 무난하다.

- 癸巳대운에 時柱를 天沖支沖하여 丁火 마누라가 없어질 운이라
  喪妻하기 쉽다.

```
丙  庚  己  丁   여
子  寅  酉  卯   자
                대
71 61 51 41 31 21 11 1
                운
丁 丙 乙 甲 癸 壬 辛 庚
巳 辰 卯 寅 丑 子 亥 戌
```

☯ 四柱의 旺衰

庚金이 羊刃月에 태어났으나 身弱하다.

☯ 格局과 用神

庚金이 羊刃月에 태어나 羊刃格이다.
한 가을이나, 時支에 子水가 있으며, 地支에 寅木과 卯木이
있어 生木이므로 키워야 할 木이므로 불이 필요하다.
또. 가을 旺金은 불로 제련을 하지 않으면 쓸모가 없다.
火가 藥用神이고, 木은 吉神이며, 金이 病神이고, 土가 仇神
이며, 天干 水는 凶神이나, 地支 水는 通關吉神이다.

☯ 四柱의 特徵

이 命主는 부산 태생으로,
사주에 자기(日主)가 病이면, 자신의 과오를 알지 못하고,
성실하지 못하며, 印綬가 仇神이라 자랄 때 부모 속을 썩인다.
또, 印綬가 凶神이라 공부할 때 돌아서 가거나 재수를 한다.
또, 干上에 丙 丁火가 떠 있어 官殺混雜으로 두 명의 남자와
인연이다.

☯ 命主의 性格

가을 旺金이 丙 丁火를 보아 사람은 똑똑한 것 같은데, 불이
약해서 제련을 못하므로 못 똑똑이다.

그래서, 丙 丁火가 비추고 있으니 겉보기는 화려하나 실속은 없는 사람이라서 꿈만 큰데, 꿈도 지나치면 망상이 되기 때문에 이룰 수 없는 꿈만 꾼다.

☯ 六親 關係

女命에 官이 남자인데, 年上에 있는 正官은 卯木 桃花를 타고 있어 끼있는 남자인데, 卯酉沖하여 깨져서 긴 인연이 안 되고, 時上에 偏官은 日支 남편궁인 寅木에서 表出하였고, 자식을 깔고 앉아있으면서 寅중 戊土와 子중 癸水가 暗合하므로 有情 하므로 正 남편이다.

寅중 卯중 甲木이 부친이고, 己土가 母親인데, 06 乙酉年에 卯酉沖하여 부모가 헤어져서 己土 엄마와 살고 있다.

☯ 刑 沖 合 및 殺星의 應用

年 月支에 卯酉沖은 앞서도 설명했듯이 財星인 卯木 아버지와 엄마 己土가 앉자있는 엄마 궁이 卯酉沖하여 깨져 있어 부모가 이혼한 것이다.

卯木은 桃花라서 아버지가 끼가 있고, 時支 子水도 桃花인데, 食神이므로 자식이라서 자식이 바람기가 있게 된다.

時上의 偏官은 日支의 生을 받으나 子水 胎地 위에 앉아있어 무능한 남자다.

☯ 大運

- 초년 庚戌대운에 戌중에 丁火가 있어 무난하였다.

- 辛亥대운이 凶한데, 이 女命은 고등학생 때 엄마의 사업이 잘 되어 영국으로 유학을 갔는데, 그곳에서 적응을 하지 못하고 05 乙酉年 3년 만에 귀국했다가, 그 해 또 다시 영국으로 떠났 으나 함께 갔던 女 동생이 한국으로 되돌아갈 것을 강력히 요구하여 짐도 풀지 못하고 되돌아오고 말았다.
고등학교 3학년이라 진학을 해야 하는데, 그동안 공백 기간이 너무 길어 진학에 어려움을 겪었다.

디자인학과나 미술에 취미가 있어 고액과외를 받았으나 시험
성적이 좋지 못하다.

- 壬子대운 壬水가 丁壬合하여 丁火가 기반되므로 흉한데,
  子水가 金木을 통관시키므로 乙庚合을 하므로 子 대운에 결혼
  을 할 것이다.

- 癸丑대운에 丁癸沖하고 丙火를 가리며, 丑酉金局이 되므로
  나쁜 大運이다.

- 甲寅대운이 좋은 운이다.

- 乙卯대운이 오면, 卯木 桃花가 발동하여 乙庚合으로 外情이
  생기고, 卯酉沖하여 변동수가 생긴다.

- 丙辰대운에 辰土가 火氣를 흡수하고 寅卯辰木局을 하며,
  辰酉合하므로 변화무쌍한데 좋은 운이 아니다.

- 丁巳대운에 大運 支 巳火가 巳酉金, 寅巳刑하므로 寅木과 卯木
  財星이 다치게 되므로 凶하다.

丙　庚　辛　戊　남

子　寅　酉　申　자

77 67 57 47 37 27 17 7　대

己 戊 丁 丙 乙 甲 癸 壬　운
巳 辰 卯 寅 丑 子 亥 戌

☯ 四柱의 旺衰

酉月에 庚金일주가 身旺하다.

☯ 格局과 用神

庚金이 酉月에 태어나 酉중의 辛金이 透出했으나 格을
잡는 데는 의미가 없으므로 身旺用官格이다.
地支의 酉金이 생명인 寅木을 자르고, 더군다나, 寅중에는
丙火 用神의 뿌리가 들어 있는데 자르므로 用神이 아무 힘이
없어졌으나, 日支 妻宮에 있고, 財星인 마누라 글자 속에 있는
丙火를 用神으로 쓰므로 이혼하기 어렵다.

☯ 四柱의 特徵

가을 酉金은 완성품이라 옆에 木이 오면 자르는 성질을 갖고
있다.
가을 庚金에 丙火가 떠 있어 사주가 아름답게 보이나, 약한
丙火라서 庚金을 다스릴 수 없는 불이기 때문에 빛 좋은
개살구라서 좋은 직장생활은 어렵다.
이 命主는 한의사이며, 대학 강사로 출강하는데, 丙火 官이
약해서 명예가 허약하다.

☯ 命主의 性格

庚金이 建祿月에 태어나 劫財를 갖고 있어 자존심과 자부심이
대단히 강한 사람이다.
身旺사주가 食傷이 弱하면, 배출구가 약해서 베푸는 힘이
弱하다.

☯ 六親 關係

남자사주에 財星이 吉神이고, 더군다나, 日支 妻宮에 吉神이
있어 마누라와는 有情하다.
그러나, 月支에 酉金이 있어 자르려는 기운이 있고, 怨嗔
이라서 보면 밉고, 안보면 보고 싶은 사이다.
偏財가 吉神이나 月柱 父母宮에 劫財 凶神이 있어 부모의 덕은
弱해도 妻德은 볼 수 있다.
또, 丙火가 자식인데, 子水 胎地에 앉아있어 겉모습은 화려
해도 실속은 없는 자식이다.

☯ 刑 沖 合 및 殺星의 應用

月上의 辛金과 時上의 丙火가 遠合을 하고 있고, 年支 申金과
日支 寅木은 月支 酉金을 사이에 두고 遠沖을 하는데 서로
驛馬星이다.
또, 寅酉怨嗔이고, 日支 財星과 나의 뿌리가 怨嗔이기 때문에
미워하면서도 좋아하는 이중성을 나타내는 관계다.

☯ 大運

- 초년 壬戌대운에 申酉戌金局이 되고, 寅午戌火局이 되며,
  丙火를 入墓시키므로 吉運이 아니다.

- 癸亥대운에 癸水가 丙火 태양을 가리므로 凶하나 大運 支
  亥水가 寅亥合하고 金과 木 사이를 通關시켜주므로 좋은

운이라서 공부를 잘 할 수 있었다.

- 乙丑대운에 乙辛沖, 乙庚合金하여 결국 乙木이 羈絆당하므로
  손재 수 또는 外情이 생길 운이고, 丑土는 丑酉金局을 하여
  寅木의 生長을 방해하므로 흉하다.
  특히, 甲申, 乙酉년에 마누라 喪妻수다.

- 丙寅대운이 가장 좋으나, 驛馬星인 申金을 沖하여 사고가 있을
  수 있다.

- 丁卯대운에 卯木이 旺神인 酉金을 沖하면 손재수다.

- 戊辰대운에 土가 丙火의 熱氣를 흡수하여 좋지 못하나,
  辰酉合, 申辰合시켜 金木相爭을 말려주므로 무난하다.

- 己巳대운에 巳火가 丙火의 祿이 되나, 巳申合, 巳酉合하여
  별로 도움이 안 되는 巳火다.

제 7 장 庚金日干 戌月

癸	庚	庚	壬	남
未	戌	戌	辰	자

72 62 52 42 32 22 12 2

대

戊 丁 丙 乙 甲 癸 壬 辛
午 巳 辰 卯 寅 丑 子 亥   운

☯ 四柱의 旺衰

戌月에 庚金이 印綬가 많아서 太旺하다.

☯ 格局과 用神

戌月에 庚金이 太旺하므로 偏印用食神格이다.
가을에 金이 旺하면 완성된 金이기 때문에 丁火로 녹여서
그릇을 만들던지 그렇지 않으면 壬水로 씻어줘야 하는데,
이 사주는 丁火가 地支에 暗藏해 있어서 녹이기엔 역부족
이므로 壬水로 닦아주는 수 밖에 없다.
水가 用神이고, 金이 吉神이며, 土가 病神이고, 火는 仇神
이며, 木이 藥神이다.

☯ 四柱의 特徵

이 命主는 대구 태생으로, 印綬가 많아 太旺하나 干上에

透干되지 않아서 다행이고, 旺한 金을 洩氣시켜주는 壬 癸水가
떠 있어서 좋으나, 土를 剋해 줄 木이 없는 것이 아쉽다.
그래서, 언뜻 보기에는 사주가 아주 나빠 보이지만 大運을
살펴보면, 原局에서 필요한 水 木運으로 흘러 좋은 사주가
됐다는 것을 알 수 있다.
이 命主는 魁罡星이 많고, 花蓋星, 天門星을 많이 갖고 있어
종교나 철학과도 인연인데, 직업은 행정직 고위공무원이다.

☯ 命主의 性格

이 命主는 庚戌 魁罡日主이고, 또, 庚戌魁罡이 있고,
壬辰魁罡이라서 성격이 대단히 강한데다가 사주가 旺하여
뚝심도 强하다.
그러나, 旺金을 洩氣시켜주므로 합리적인 성격이기도 하나
설기구가 약하다.

☯ 六親 關係

사주가 太旺하여 土를 극해줘야 좋고, 또, 넓은 땅을 가졌으면
나무 한포기라도 심어져야 좋을 뿐 아니라 財星은 아버지요,
돈이며, 妻인데, 그 財星이 生育할 환경이 나쁘다.
단지, 辰土와 未土 중에 乙木이 숨어 있으나 戌未刑되어 상처
를 받았고, 辰戌沖하여 깨졌으나, 大運에서 木(나무)가 나타나
기르는 사주가 되었다.
運에서 오는 것은 그 때만 존재하고, 그 運이 지나가면
없어진다고 했다.
부부관계도 좋지 않을 것인데, 두 여자와의 인연이나 실제로는
하나뿐이다.

☯ 刑 沖 合 및 殺星의 應用

年支 辰土와 月支 戌土가 辰戌沖하여 辰중 乙木이 깨졌는데,
日支 戌土가 또 辰戌沖하려고 기다리고 있고,
時支 未土를 두고 日支 戌土가 戌未刑하는데, 月支 戌土가 또
戌未刑을 하려고 대기하고 있어 삶이 분주하고 복잡하다.

☯ 大運

- 辛亥, 壬子대운은 用神운이라 귀염받고 성장하였으며, 공부도
  잘했으나 지방에서 학교를 다녔다.

- 癸丑대운도 濕土가 들어와 丑戌刑, 丑未沖으로 病인 未土,
  戌土를 刑 沖해 주어 좋았다.
  26세에 행정직 공무원으로 출발하여 무난히 승진을 했는데,

- 甲寅대은 木이 藥神이긴 하나 寅木이 寅戌火局되어 病을
  生해주므로 운이 나빠서 35세 86 丙寅年에 부하직원들의
  문제가 있어 그 책임을 지고 직위해제를 당하는 고통을 겪기도
  했다.

- 乙卯대운이 卯戌火되어 다소 나쁘긴 해도 藥神運으로 病을
  쳐주어 좋은 점이 더 많아 승진을 계속해 왔다.

- 丙辰대운 06 丙戌年에도 고위직에 승진을 하였다.

- 丁巳, 戊午대운은 調喉가 완전히 깨지므로 凶하다.

　　　　戊　　庚　　庚　　壬　　남

　　　　寅　　寅　　戌　　寅　　자

　　77 67 57 47 37 27 17 7　　대

　　戊 丁 丙 乙 甲 癸 壬 辛

　　午 巳 辰 卯 寅 丑 子 亥　　운

☯ 四柱의 旺衰

戌月에 庚金이 旺하여 알이 꽉 찬 金이다.

☯ 格局과 用神

戌月에 庚金日主가 戌중 戊土가 透干되어 偏印格이다.
金은 旺하면 丁火로 녹이든지, 아니면 壬水로 씻든지 해야
하는데, 이 사주는 丁火로 녹이기에는 불이 天干에 뜨지 않아
약해서 녹일 수 없고, 土가 있어 鎔金成器할 金이 아니며,
물로 洩氣하려고 하니 壬水의 뿌리가 없어 弱하지만 水가
用神이고, 木이 吉神이며, 金은 凶神이고, 土가 病神이며,
火도 凶神이다.

☯ 四柱의 特徵

이 命主는 전남 광주 태생으로,
가을에 庚金이 水가 약해서 바짝 마른 金이라 윤기가 나지
않는 金이다.
地支에 있는 寅木 나무들도 水氣가 없어 말라있는데, 하나의
戌土를 놓고 서로 차지하려고 싸우는 격이라 이를 물상론적
으로 3마리의 범이 개 한 마리를 놓고 서로 잡아먹으려고
으르렁대는 모습과도 흡사하다.

☯ 命主의 性格

日干 金은 자기의 힘을 빼서 壬水로 나무에 물을 주어 나무를
길러야 하는데, 나무가 셋이나 있어 항상 물 주러 다니느라
바쁜 사람이다.

☯ 六親 關係

祖父가 지방에서 부농이었는데, 남의 빚 보증을 잘못서는
바람에 모두 망하게 되었으며, 부친은 법원 공무원이었는데
건강이 나빠 일찍 퇴직하였으며, 18세 때인 82(壬戌)年에
모친이 사망하여 어려움을 겪었다.

☯ 刑 沖 合 및 殺星의 應用

陽八通 사주로 水氣가 부족해서 洩氣가 원활하지 않고, 調喉도
부족하여 偏枯되었다.
또, 寅戌火局이 되어 나무가 탔으며, 戌土 양쪽에 寅木이 있어
서로 合하자고 경쟁을 하고 있다.
庚戌은 魁罡이고, 戌土는 華蓋星이다.

☯ 大運

- 초년 辛亥대운은 調喉를 시켜주므로 좋았고,
- 壬子대운도 調喉가 잘되어 공부를 잘하였으나 광주에서 법대를
  졸업 후, 25세 89 己巳年부터 회사를 다니다가,
- 癸丑대운 92 壬申年에야 공직으로 새 출발하였으며, 癸酉(93)
  年에 결혼하였고,
- 甲寅대운에 빠른 승진을 계속하였으며, 05 乙酉年에 승진하였
  는데, 乙酉年은 酉金이 이 사주의 病인데 어떻게 승진이 될 수
  있는가가 큰 의문이나 공무원의 경우는 나쁜 운이라도
  그야말로 한직에서 특별히 고생을 할 경우 그 공을 인정받아
  특진을 하는 경우가 있다.

- 乙卯대운에도 좋고,
- 丙辰대운까지가 좋다.
- 丁巳, 戊午대운은 偏枯가 심해서 나쁘다.

庚	庚	甲	己	남
辰	申	戌	未	자

74 64 54 44 34 24 14 4

| 丙 | 丁 | 戊 | 己 | 庚 | 辛 | 壬 | 癸 | 대 |
| 寅 | 卯 | 辰 | 巳 | 午 | 未 | 申 | 酉 | 운 |

☯ 四柱의 旺衰

戌月에 庚金이 比劫과 印綬가 많아 太旺하다.

☯ 格局과 用神

戌月에 庚金이 旺한데, 印綬까지 가세하여 旺勢로 따라가야
하므로 從旺格 또는 從革格이다.
庚金이 旺하면 丁火로 녹여 鎔金成器해야 좋은데, 地藏干에
숨어 있는 丁火로는 약해서 녹일 수 없다.
그렇다면, 水로 洩氣해 줘야 좋은데, 나타나 있지 않으므로
地藏干에 숨어있는 申中 壬水로 용신하는 수밖에 없다.
水가 用神이고, 金은 吉神이며, 火가 病神이고, 木이 仇神
이며, 土는 凶神이다.

☯ 四柱의 特徵

月上에 甲木이 있고, 그 根氣가 年支 未중에 乙木이 있으나
戌未刑이 되어 상처받았고, 年支 辰중에 乙木이 있으나
申辰合水로 변질되어 뿌리로 쓸 수 없게 되었고, 甲己合하여
土가 되었으므로 旺勢에 순응하고 있다.

☯ 命主의 性格

가을에 속이 꽉 찬 金이라서 묵중하므로 성격도 그러하다.
그러나, 旺한 세력은 洩氣를 해줘야 좋은데, 이 사주는
洩氣시키는 배출구가 없어서 인정이 없거나, 활동성이
떨어지고 말 주변이 없어 다소 답답하다.

☯ 六親 關係

甲木 財가 자신을 버리고 甲己合土로 변해서 엄마와 합심하여
從格에 順勢하므로 이 男命은 부모의 헌신적인 뒷받침이 있고,
日支 妻宮에 있는 申중 壬水로 用神을 하므로 妻德도 있다.

☯ 刑 沖 合 및 殺星의 應用

年上의 己土와 月上의 甲木과 甲己合은 아버지인 財와
어머니인 印綬가 合하여 日干을 돕고 있으므로 부모의
헌신적인 도움으로 보나, 地支가 戌未刑하여 불안하므로
완전한 合이 안 된다.
또, 旺金을 洩氣시켜주는 水가 나타나 있지는 않으나,
申辰水局으로 배출구를 만들어 주고 있어 길하다.

☯ 大運

- 초년 癸酉대운에 順勢하므로 좋고,

- 壬申대운은 干上의 水가 旺金을 洩氣시켜주고, 地支의 申金이
  申辰水局으로 배출구를 만들어 수므도 내난히 공부를 잘하여
  좋은 대학을 나와 재벌그룹에 취업했다.

- 辛 대운은 順勢하므로 좋으나,
  未 대운은 燥土이고, 戌未刑하므로 좋지 않은 운이라 직장에
  변화가 있다

- 庚午대운은 天干의 庚金은 좋으나 地支에 午火가 火克金하여
  凶運이나 土가 있어서 火生土 土生金으로 通關을 시켜주므로
  무난히 넘길 수 있으나 큰 발전은 없을 것이다.

- 己巳대운은 甲己合, 巳火가 巳申合으로 무리없이 산다.

- 戊辰대운도 從格에 順勢하므로 좋고,

- 丁卯대운은 생명인 나무가 등장하여 木剋土하면 格이 깨지므로
  흉운이고,

- 丙寅 대운은 庚金을 剋하고, 寅申沖하여 설기구를 극해 버리므
  로 나쁘다.

제 7 장 庚金 日干 亥月

<table>
<tr><td>壬</td><td>庚</td><td>己</td><td>辛</td><td>남</td></tr>
<tr><td>午</td><td>申</td><td>亥</td><td>丑</td><td>자</td></tr>
</table>

75 65 55 45 35 25 15 5

辛 壬 癸 甲 乙 丙 丁 戊
卯 辰 巳 午 未 申 酉 戌　　대　운

☯ 四柱의 旺衰

亥月에 庚金이 자신도 旺한데 印星도 돕고 있어 身旺하다.

☯ 格局과 用神

亥月에 庚金이 亥水가 있고, 亥중에 壬水가 떠 있어
金水傷官格이다.
金은 너무 추우면 깨지는 법인데, 時支에 午火가 있어 조후를
해주니 좋다.
身旺한 金水傷官格은 특별한 경우를 제외하고는 거의 火를
用神으로 쓰므로 火가 用神이고, 水는 病神이며, 金이 仇神
이고, 土는 藥神이다.
正用神이 있어 좋으나 干上에 透干되지 않았고, 用神을
도와주는 財가 없어 用神이 허약하고 외롭다.

☯ 四柱의 特徵 및 命主의 性格

金水傷官格에 壬水까지 떠 있어서 金이 추위에 떨고 있는데,
午火에 의지하고 있는 형국이라 調喉가 부족하다.
또, 金水傷官格이라 머리가 좋아서 이것저것 많은 구상을
하게 되므로 직업을 자주 바꾼다.
또, 아이디어가 풍부한데다 用神이 허약하니 한 가지 일에
파고들지 못하고, 금방 바꿔버리는 변덕을 부려 세월을 허비한
사람이다.
人情은 많아서 여기 저기 돌봐주고 싶어도 가진 것이 없으니
마음뿐이다.

☯ 六親 關係

겨울 金이라 寒冷하므로 따뜻하게 해줄 火氣와 찬바람을
막아줄 乾土가 필요한데 午火 하나로는 역부족이다.
年 月柱가 凶神이라서 조상과 부모덕이 없고, 日支 妻宮에도
比肩이 앉아 밥만 축내고 있어 부부궁도 안 좋다.

☯ 刑 沖 合 및 殺星의 應用

겨울에는 丑土와 辰土가 急脚殺로 다리에 이상이 온다는
殺인데, 丑중 己土가 月上에 表出해 있어 急脚殺 발동이므로
나이가 많아지면 다리에 신경통 같은 질병이 오기 쉽다.
時支 午火가 桃花인데, 官 桃花라서 직장에서 만난 여자와
연애하게 된다.

☯ 大運

- 초년 戊戌대운에 除濕을 해 주어 귀염받고 성장하였으며,

- 丁酉대운에 丑酉金局이 되어 사주를 寒冷하게 하므로 좋지
  못 한데, 干上에 丁火가 있어서 크게 나쁘지 않으며, 桃花발동
  이라 일찍부터 연애하게 된다.

- 丙申대운에 丙火가 丙辛合되어 水로 변하여 쓸모없이 됐고,
  申중에는 壬水가 들어있어서 사주를 더욱 寒冷하게 만드므로
  나쁘다.
  이 大運 젊은 나이에 다단계회사 사장으로 행세하다가
  32(壬申) ~ 33(癸酉)세 때 사고를 쳐서 교도소를 갖다 오기도
  했다.

- 乙未대운에 乙庚合하여 日干과 合하므로 外情이 생기는데,
  午未合하여 桃花까지 合하므로 外情이 확실하게 생기므로
  本妻와 이혼하고 나이어린 처녀와 결혼하여 애를 낳았다.
  95(乙亥)年에 財인 乙木이 나타나 日主와 合이 되자 本妻와
  헤어지고 자기가 회사 운영할 때 데리고 있었던 젊은 여자와
  재혼을 하였다.
  2002(壬午)年에 用神인 火運이 오자 조그마한 식당을 차려
  운영하다가, 甲申(04), 乙酉(05년)年도 운이 저조하여 돈을
  벌지 못하고, 죄 없는 마누라만 구타하여 가정 분란을
  일으켰다.

- 甲午대운 丙戌年에는 다소 안정이 되는 듯 했으나, 丁亥年에
  식당을 운영하여 그런대로 장사가 된 듯하다가 戊子년에
  子午沖하여 調喉用神을 깨므로 문을 닫았다.

- 癸巳대운에 巳火가 불이라서 기대를 할 수 있으나 巳丑金局,
  巳申合水되어 기대할 수 없고, 辰土가 午火의 열기를 흡수해
  버리므로 운이 없다.

丙　庚　己　丙　남

戌　辰　亥　申　자

79 69 59 49 39 29 19 9　대

丁 丙 乙 甲 癸 壬 辛 庚

未 午 巳 辰 卯 寅 丑 子　운

☯ 四柱의 旺衰

庚金이 亥月에 태어나 印綬가 많아 身旺하다.

☯ 格局과 用神

이 사주도 金水傷官格이다.
겨울 金이 身旺하면, 身旺할수록 차기 때문에 나쁘다.
겨울 庚金은 旺하면, 丁火로 鎔金成器해야 할 金인데,
丁火는 숨어있어 弱하고, 丙火만 透干되어 있는데, 丙火는
녹이는 金이 아니고 調喉를 시켜주는 金이다.
火가 用神이고, 木이 吉神이며, 水는 病神이고, 金이 仇神
이며, 土가 藥神이다.

☯ 四柱의 特徵

金水傷官格에 火를 用神으로 썼기 때문에 正用神이긴 하나
旺한 金은 丁火로 用金性器해야 大局이 나오는데, 丙火로
調喉만 하고 있어 좋은 局이 아니다.

☯ 命主의 性格

庚金일주라 카리스마가 있고, 주장이 강한데, 이 男命은
丙火 偏官이 年과 時에 떠서 따뜻하게 해 주므로 점잖고
인정도 많아 베풀 줄도 안다.

☯ 六親 關係

이 사주는 財星이 나타나있지 않고, 日支 辰中에 乙木이
있어 自坐明暗合을 하고 있어 부인인데, 時支 戌土와 辰戌沖이
되어 부부 해로하기가 쉽지 않다.
年上에 丙火가 떠 있어서 祖父가 한 때 잘살았으나 月柱에
凶神이라 부모 代에 家勢가 기울어졌다.

☯ 刑 沖 合 및 殺星의 應用

日主가 庚辰으로 魁罡이고, 時柱가 丙戌로 白虎殺인데,
辰戌沖을 하고 있어 부부 궁이 불안하다.
또, 官星이 墓궁에서 앉아있고 沖을 하여 자식 궁에 문제가 올
수 있다.

☯ 大運

- 초년 庚子대운은 水運이면서 日干의 死地라서 어려운 환경에서
  성장하였으며,
- 辛丑대운도 濕土인 丑土가 調喉를 하는 戌土를 刑하여 좋지
  못하므로 공부도 못하고 겨우 겨우 고등학교를 나왔다.

- 壬寅 대운부터 財星인 寅중에 丙火가 들어 있고 寅戌火局을
  하여 調喉를 도우므로 발복하기 시작하여 시골에서 토목사업을
  하고 있는데 사업이 잘 되었다.
- 癸卯대운도 干上의 癸水는 나쁘나, 地支의 卯木이 卯戌火하여
  吉하기 때문에 사업이 잘된다.

- 甲辰대운 辰土가 戌土를 沖하면 戌중의 丁火가 흩어져버리므로
  운이 없고, 또, 日支 妻宮과 辰辰子刑을 이루므로 부부 궁에
  이상이 온다.
- 乙巳대운 吉할 것이고,

- 丙午, 丁未대운이 좋다.

丁　庚　乙　己　　남

亥　戌　亥　亥　　자

75 65 55 45 35 25 15 5　대

丁 戊 己 庚 辛 壬 癸 甲
卯 辰 巳 午 未 申 酉 戌　운

☯ 四柱의 旺衰

亥月에 庚金이 水氣가 旺하여 身弱하다.

☯ 格局과 用神

亥月에 庚金이 金水傷官格이다.
金水傷官格은 官이 用神인데, 地支에 뿌리를 둔 丁火를
用神으로 쓴다.
火가 用神이고, 木이 凶神이며, 水는 病神이고, 金이 凶神
이며, 土가 藥神이다.
여기서, 火가 用神인데, 왜, 木을 凶神으로 봤느냐고 의문을
제기하는 독자들이 있을 수 있는데, 겨울에 水가 旺할 때는
土로 제습을 해야 하기 때문에 土가 있고 木이 나타나 있으면,
生木일 경우, 제습하는 土를 剋하기 때문에 木을 凶神으로
보는데, 이 사주에서는 乙木이 乙庚合하여 庚金에 情을 줄뿐
木生火하지 않는다.

☯ 四柱의 特徵

月上의 乙木은 亥水 위에 떠 있는데다 乙庚合되어 없어진
것이나 마찬가지인데, 제습하는 土를 剋하는 木이 묶여있어서
다행이다.
여기서, 乙木은 부친이요, 여자이고, 돈이라 여자와 돈 욕심이
많으나, 한편으로는 돈을 잘 쓰는데, 그것은 食神이 많기

때문이다.

年上의 己土는 원래가 濕土인데다가 물 위에 앉아있어 힘이
약해서 제습능력이 약하다.

또, 꽁꽁 얼어있는 庚金이 日支에 있는 戌土에 의지하고 있어
마누라 덕이 있는 사주다.

☯ 命主의 性格

이 格은 머리가 영리하고, 인정이 많으나, 자기만의 개성을
갖고 있어 비위에 안 맞으면 곧바로 토라져 버린다.

사주에 傷官이 많아 官을 剋하므로 꾀를 내면 낼수록 자기
죽을 꾀만 내기 때문에 정직하게 살아야한다.

☯ 六親 關係

이 命主는 傷官이 旺하여 官을 剋하므로 아이가 없어 수 차례
인공수정을 시도했으나 실패하고, 아이 두 명을 입양하여
키우던 중 妻子를 집에 두고 별거생활을 하다가, 97년 丁丑年
6살 아래 여자를 만나, 未대운 40세 己卯年에 득녀를 했다.

☯ 刑 沖 合 및 殺星의 應用

庚戌魁罡으로 고집이 쎄고, 乙庚合하여 木을 묶어둠으로써
제습하는 土를 극하지 못하게 함으로 길하다.

乙木 財星은 死地(亥水)에 앉아있고 墓(戌土)에 들어가므로
약하다.

地支 亥水는 亥亥自刑을 하여 天干에 있는 乙木 財星과 己土
印星을 흔들어 놓고 있어 불길하다.

☯ 大運

- 초년 甲戌 대운은 戌土가 丁火의 뿌리이고 제습을 해주어
  吉했다.

  이 사주는 머리는 좋으나 凶神운인 金運이라 좋지 못하여

제대로 머리를 활용하지 못하는데, 70년 서울 모 중학교에
입학하여 야구를 시작했는데,

- 癸酉대운 모 중학교 2학년 辛亥年에 歲運이 나빠 부상을
  당해 야구를 중단했다.
  또, 75년 乙卯年 고3 때 술주정하는 아버지에게 반항하다 몸을
  다쳐 원하던 모 대학을 가지 못하고, 丙辰年에 지방대를 졸업
  했으며, 운이 나쁘니 군대에 가서도 계속 사고를 쳤다.

- 壬申대운 28세 86 丙寅年에 동갑내기 부자 집 막내딸과 결혼을
  했는데, 아이가 없어 수차례 인공수정을 시도했으나 실패
  하고, 아이 두 명을 입양하여 키웠으나 경제사정이 어려워
  신용불량자가 됐으며, 妻子를 집에 두고 따로 나와서 살다가,
  모 재벌회사에 근무하던 중,

- 辛未대운 97년 丁丑年 6살 아래 여자를 만나, 未대운 40세
  己卯年에 득녀를 했는데, 본 부인이 이혼을 해주지 않아 고심
  하고 있다.
  日支에 用神과 藥神을 갖고 있어 좀처럼 이혼이 안 된다.

- 庚午대운 중 午대운에도 原局이 나빠 제대로 운을 받지 못하고
  있으며,

- 己巳대운이 오면, 旺神인 亥水를 沖하여 큰 혼란이 오므로
  신상에 큰 변화가 올 것이다.

- 戊辰대운에 辰土가 調喉를 하는 戌土를 沖하여 깨지면 희망이
  없다.

제 7 장 庚金日干 子月

乙　庚　庚　丙　　남
酉　申　子　申　　자
76 66 56 46 36 26 16 6　　대
戊 丁 丙 乙 甲 癸 壬 辛　　운
申 未 午 巳 辰 卯 寅 丑

☯ 四柱의 旺衰

子月의 庚金이 比劫이 旺해서 太旺하다.

☯ 格局과 用神

子月의 庚金이므로 金水傷官格이다.
庚金은 太旺하면, 壬水로 씻어주거나 丁火로 녹여 鎔金成器해
줘야 하는데, 子月은 金이 얼어 있어 調喉해 주는 火가 우선
이다.
丁火로 用金性器가 안되면 丙火라도 있어 調喉를 해 줘야
좋은데, 年上의 丙火가 뿌리도 없이 病地 위에 있는 불이라
아무 힘이 없다.
用神이 火인데, 아무 힘이 없다는 것은 결국 무능함을 뜻하고,
일을 해도 소득이 없음을 뜻한다.
原局에 불이 약해 나쁘면 大運에서라도 불이 와 줘야 한다.
火가 用神이고, 木이 吉神이며, 金이 病神이고, 운에서 오는
乾土는 吉神이나 濕土가 오면 仇神이다.

☯ 四柱의 特徵

用神인 丙火가 申金 病地위에 앉아있고, 地支가 申子水局이라
달빛과 같아서 아무 힘이 없다.
그래도, 겨울에 金이 얼어있으면 부러지기 때문에 약해도 火를
쓰지 않을 수 없다.

☯ 命主의 性格

金水傷官格이라 머리는 좋은데, 旺한 日干을 녹여줄 官星인
火가 부족하여 다스려주지 못하므로 불평과 불만이 많으며,
카리스마적이고, 독선적이며, 황소고집이다.
그러나, 어려운 일에는 앞장서는 기질도 있다.

☯ 六親 關係

이 命主는 강원도 태생으로,
時上의 乙木이 財星으로 마누라인데, 酉金 絶地위에 앉아
있어 미약한데다가 그 어디에도 정을 붙일 곳이 마땅치가
않기 때문에 부인 노릇을 할 수가 없다.
자식이 丙火인데, 病地 위에 앉아 뿌리가 없으므로 달빛과
같아서 자식 덕을 보기 힘들게 생겼다.

☯ 刑 沖 合 및 殺星의 應用

乙庚合으로 돈과 여자욕심이 많으나, 아무 힘이 없는 무력한
돈이요 마누라다.
地支가 申子合水로 온통 물바다이니 신왕사주에 배출구가 넓어
노력은 많이 하지만 生財로 이어지지 않기 때문에 소용없는
노력이고 궁리이다.
乙木 財星은 酉金 桃花위에 앉아있고 죽은 나무이니 꽃을 피울
수 없다.

☯ 大運

- 초년 辛丑대운은 저조하였고,

- 壬寅대운은 다소 낳은 듯 하나 寅申沖으로 驛馬沖이라 사고가
  있었을 것이다.

- 癸卯대운이 나쁜데도 어렵게 안정된 직장에 들어갔고, 결혼도
  하였다.

- 甲辰대운은 辰土가 旺金을 더욱 旺하게 해주어 나쁜데,
  辰 대운 중에 妻와 이혼하고, 새 부인과 재혼하였다.

- 乙巳대운에 巳火 불리 와서 다소 낳아지는 듯 해 보이나
  巳丑金局, 巳申合水가 되어 病을 더해주는 기운을 갖고 있어
  재혼한 부인과도 사이가 나빠서 헤어지고 혼자산다.
  대게, 사주가 比劫이 많아 太旺하면 자기중심적으로 산다.
  남을 배려하는 마음이 약하여 남들과 트러블이 많다.

- 丙午, 丁未대운은 다소 낳아 질 것이나 왕성하게 활동할
  30-40대를 허송세월로 보냈으니 열매가 작을 것이다.

- 戊申대운이 나쁘다.

辛	庚	甲	戊	남
巳	午	子	子	자

79 69 59 49 39 29 19 9

								대
壬	辛	庚	己	戊	丁	丙	乙	
申	未	午	巳	辰	卯	寅	丑	운

☯ 四柱의 旺衰

子月에 庚金이 身弱하다.

☯ 格局과 用神

子月에 庚金은 金水傷官格으로 身旺, 身弱을 떠나서 날이
차므로 우선 火를 써야한다.
庚金은 날이 차면 부러지기 때문이다.
火가 用神이고, 木이 吉神이며, 水는 病神이고, 金이 仇神
이며, 土는 藥神이다.
藥神인 戊土가 子水위에 앉아 힘이 없으나, 地支 巳火, 午火에
뿌리가 있어 약하지 않다.
또, 吉神인 甲木은 子水 浴地 위에 앉아 물에 불어있는 死木
이라서 用神을 돕는 힘이 弱하고 戊土를 剋하지 못한다.

☯ 四柱의 特徵

金水傷官格에 食神인 子水 두개가 쌍으로 日支 午火를 冲하고
있어 부부 궁에 파란을 예고하고 있다.
食神이 病인데 庚金 日主가 病을 돕고 있어 흉하다.

☯ 命主의 性格

庚金이 官을 用神하니 의협심과 책임감이 강한 사람이나

食傷이 旺하여 官을 沖하므로 법을 무시하는 사람이다.

☯ 六親 關係

이 사주에는 財星인 마누라가 없기 때문에 合神이론으로
마누라를 찾아야 하는데, 子水가 마누라이기 때문에 마누라가
두 개라서 두 번 장가가야 한다.
年支, 月支의 子水는 用神인 午火를 치니 나쁜데, 특히, 午火
는 日支 妻宮에 있어 부부 궁이 불안하다.
偏財인 甲木을 庚金인 내가 치고 있어 아버지와는 인연이
없고, 또, 子水가 낳은 자식이므로 내 자식인데, 자식과도
인연이 없다.

☯ 刑 沖 合 및 殺星의 應用

庚金이 子水 死地에서 태어났고, 浴地위에 앉아 있으며,
子水에 午火가 囚獄殺인데, 子午沖하고 있어서 囚獄殺이
작용한다.
囚獄殺은 감옥에 가거나 병원에 장기 입원하거나 또는 일정
기간 동안 활동을 못하는 것인데, 이 男命은 질병 때문에
한동안 활동을 못했으니 자기 팔자에 있는 囚獄殺을 땜하였다.
月上 甲木 偏財 부친이 子水 浴地위에 앉아있어 바람기가
있다.

☯ 大運

- 초년 乙丑대운은 불운기인데, 중학교 1학년 때는 전교 1등을
  하는 등 공부를 잘 하였으나, 사춘기인 15세 중학교 2학년
  때인 61(辛丑)년에 財인 父가 浴地 위에 앉아 바람을 피워
  부모가 이혼하자 반항심에 가출하여 학업을 중단했다가
  나중에야 어느 선교사한테 영어를 배우는 등 어려운 환경에서
  성장하였으나,

- 丙寅대운은 好運이라 군대를 갔다 와서 27세 甲寅(74)년에
  학원에서 영어선생을 하였다.

- 丁卯대운 桃花대운에 乙卯(75)년에 卯木 桃花운이 또 오자 결혼하였고, 丁巳(77)년에 영어학원을 차려서 운영하다가 仇神 운인 庚申(80)년 8월에 처분하였는데, 많은 이익을 남겼다.

- 戊辰대운 40세 丁卯(87)년 서류상 이혼을 하였고, 그 다음해인 88년 戊辰년에 다시 영어 과외를 시작하여 5-6년 동안 그 당시 돈으로 10억 여 원을 벌었다.

- 己巳대운 49세 丙子년에 子水가 午火 囚獄殺을 沖하여 갑상선 질환으로 갑자기 쓰러져 3년 동안 고생하였으며, 57세 甲申년에 집에 있던 땅문서, 패물 등을 갖고 집을 나가서 05 乙酉년에는 마누라에게 10억 원을 더 내놓으라고 소송을 제기해 놓은 상태다.

- 앞으로 오는 庚午대운에 旺神인 子水를 沖하여 旺神沖拔하므로 관재나 손재수 또는 부부문제가 따를 것이고,

- 辛未대운은 巳午未火局을 이루므로 좋다.

乙　庚　丙　己　　남

酉　辰　子　亥　　자

76 66 56 46 36 26 16 6　　대

戊 己 庚 辛 壬 癸 甲 乙　운
辰 巳 午 未 申 酉 戌 亥

☯ 四柱의 旺衰

庚金이 丙子月에 태어나면 身旺格이 되므로 身旺 身弱을 따질 필요가 없다.
身旺格은 청관선생께서 발견하셨는데, 중요하기 때문에 이 책에 실었다.

☯ 格局과 用神

身旺格은 특별격으로 내가 旺하여 깜깜해야 좋기 때문에 아무리 겨울 金이 食神을 보아 냉하다 하더라도 불을 필요로 하지 않기 때문에 불이 오면 나쁘고, 日干이 슴을 해도 나쁘다.
이런 別格은 운이 들면 대발하는데, 운이 가면 한방에 깨진다.
身旺格에서는 丙火가 슴을 하면, 명예가 추락하여 내리막이다.
또, 身旺格은 生命 즉, 木이 없어야 성격한다.

☯ 四柱의 特徵

身旺格은 내가 旺해야 하므로 불을 보면 망해버리는데, 月上의 丙火는 빛에 불과하기 때문에 불로 보지 않는다.
그래서, 身旺格은 사주에 불이 있으면 성격이 안 된다.
身旺格은 달과 별이 초롱초롱해야 운이 있다.
庚金은 별이고, 丙火는 달인데, 이 사람은 철근사업을 해서 돈을 많이 벌었다.

☯ 命主의 性格

대게, 日主가 正財와 合을 하면, 돈 욕심과 여자 욕심이
많은데, 이 男命도 桃花 위에 핀 꽃을 안고 있어 여자를
사랑해 준다는 것이 여자 입장에서는 숨이 막힐 지경이다.
또, 食傷 桃花를 갖고 있어 정력이 쎄므로 여자만 보면 가만
두려 하지 않는다.

☯ 六親 關係

時上의 乙木이 妻인데, 이 乙木은 日支 辰중에서 나왔으므로
庚金 日干은 부인을 "너는 내 껏이야" 하면서 붙잡고 있는
형상이라서 妻와는 유정하다.
年支 亥중에 偏財인 甲木이 長生해 있어 祖父 代부터 잘살아
온 집안이다.
자식은 丙火인데, 이 丙火는 庚金을 빛나게 해주는 빛이기
때문에 자식과도 有情하다.

☯ 刑 沖 合 및 殺星의 應用

干上의 乙庚合은 妻와 合을 하고 있어 부부 有情하고,
庚金의 품안에 꼭 껴 안겨있는 보습이다.
日主 庚金 魁罡은 時柱와 干合支合이 되어 있는데, 酉金이
桃花라서 연애결혼했다.
또, 日支 辰土가 月支 桃花인 子水와 辰子半合하여 洩氣하므로
色情이 强하다.

☯ 大運

- 초년 乙亥대운이 좋은 운이라서 귀염받고 성장하였고,

- 甲戌대운에 甲木은 甲己合되어 나쁘지 않으나, 熱土인 戌土는
辰戌沖하여 辰酉合을 깨므로 좋지 못하다.

- 癸酉대운에 酉金 桃花가 오므로 결혼할 운이고, 順勢하므로 좋은
  운이라 철근사업을 시작하였다.

- 壬申대운에 申子辰水局이 더욱 깜깜해져서 돈을 많이 벌었다.

- 辛未대운에 丙火와 申金이 合하여 명예는 없어지고, 未중에
  丁火가 들어 있어 身旺格에 역세하므로 좋지 않아서 未 대운부터
  사업이 어려워져 모두 까먹었다고 한다.

- 庚午 대운이 오면 格이 깨지므로 죽는다.

- 己巳대운은 巳酉合되므로 다소 낳아진다.

- 戊辰대운은 좋으나 食傷이 庫에 들어가므로 더 이상의 활동은
  어렵다.

제 7 장 庚金 日干 丑月

庚　庚　癸　壬　여

辰　寅　丑　午　자

79 69 59 49 39 29 19 9　대

乙 丙 丁 戊 己 庚 辛 壬　운
巳 午 未 申 酉 戌 亥 子

☯ 四柱의 旺衰

丑月에 庚金이 月令을 얻어 身旺하다.

☯ 格局과 用神

庚金이 丑月에 태어나 丑중 癸水가 干上에 透干되어
傷官格이라서 金水傷官格과 같다.
겨울에는 調喉가 우선이므로 火가 用神이고, 木이 吉神이며,
水는 病神이고, 金이 仇神이며, 濕土는 凶神이다.

☯ 四柱의 特徵

丑月에 庚金이 身旺하고, 年 月에 壬 癸水 食傷이 떠 있어서
사주가 한습이 더해졌다.
다행히, 地支에 寅木과 午火가 있어서 어느 정도 調喉를 하고
있기 때문에 日支에 寅木이 있어 봄이 오면 나무에 꽃이 피고

열매가 맺을 것이다.

☯ 命主의 性格

이 女命은 傷官格이라 자유분방하고, 人情이 많으며, 자기의
칼라가 분명하다.
그러면서도, 地支에 불을 가지고 있어서 남을 위해서 베풀
줄도 아는 사람이다.

☯ 六親 關係

이 女命은 年 月上에 食傷이 떠서 官을 치고 있어 조상과
부모의 덕을 볼 수 없을 뿐 아니라, 특히, 官을 치기 때문에
남편을 아랫사람 대하듯 할 수 있다고 볼 수 있으나, 옛날
세대 사람이고, 日支에 吉神이 앉아있으며, 官을 用神으로
써서 아무 탈 없이 有情하게 살고 있다.
그래서, 女命이 年, 月上에 食傷이 떠 있다고 해서 무조건
이혼한다고 판단해버리면 안되고, 부부 궁과 用神, 그리고,
大運을 참작하여 살펴야 한다.

☯ 刑 沖 合 및 殺星의 應用

丑午는 鬼門이고, 湯火이며, 怨嗔도 되는데, 18세 己亥년 처녀
때 산에 나무하러 갔다가 넘어져 다리를 다쳤으나, 그 당시는
어려운 시절이라 치료를 제대로 하지 못하여 골병이 들었는데,
이는 이 사주에 冬(겨울)에 丑辰은 急脚殺이라 그 작용을 하는
것이다.

☯ 大運

- 초년 壬子대운이 불운기라서 시골의 가난한 집안에서 태어나
  학교도 제대로 다니지 못한 체 농사일을 도우면서 자랐는데,
  大運 支 子水가 囚獄殺인데, 用神인 午火를 沖하여 다리를
  다쳐 고생을 했다.

- 辛亥대운에도 불운기인데, 日支 亥水와 寅亥合하여 亥 大運에 결혼하였고,
- 庚戌대운은 大運 支 戌土가 寅午戌火局이 되어 그런대로 편히 살았다.
- 己酉대운은 가난한 집에서 농사일하느라 고생하였고,
- 戊申대운이 藥神인 戊土가 病神인 壬 癸水를 극해주므로 서울로 이사하여 살다가,
- 丁未대운이 오자 경기도 부평 재래시장에 나가 장사를 하고 있는데, 나름대로 장사가 잘되어 늦은 나이지만 행복하게 살고 있다.
- 丙午대운도 좋아서 편히 지낼 것이다.
- 乙巳대운이 나쁘다.

				여
丙	庚	辛	辛	자
子	申	丑	丑	대

74 64 54 44 34 24 14 4

己 戊 丁 丙 乙 甲 癸 壬　　운
酉 申 未 午 巳 辰 卯 寅

☯ 四柱의 旺衰

丑月의 庚金이 比劫이 많고, 月令까지 얻어 太旺하다.

☯ 格局과 用神

庚金이 丑月에 태어나 時上偏官格을 이룬다.
太旺한 庚金은 丁火로 녹여서 鎔金成器해야 하는데, 녹이지 못할 구조라서 나쁘다.

또, 丑月은 金의 墓地라서 태어난 金이라 고철인데, 더군다나
劫財인 辛金까지 섞여있어 雜金이다.
火가 用神이고, 운에서 木이 吉神이며, 金은 病神이고, 土는
仇神이며, 水가 凶神이다.

☯ 四柱의 特徵

이 命主는 경남 울산 태생으로,
庚金이 丑月 고장지에서 태어났고, 劫財인 辛金까지 있어
고철이다.
고철은 丁火로 녹여서 鎔金成器해야 쓸모가 있는데, 뿌리도
없는 丙火는 빛에 불과하므로 그야말로 빛 좋은 개살구다.

☯ 命主의 性格

庚金이 旺하고 丙火를 보아 폐활량이 커서 목소리가 유난히
크고 성격이 모난 데가 있으며, 화통한 성격이다.
또, 고철인데 鎔金成器하지 못해서 인물이 못났는데, 官이
用神이라 좋아하긴 하면서도 官이 弱하므로 무시하는 경향도
있다.

☯ 六親 關係

女命은 官이 튼튼해야 좋은데, 官이 힘이 없고, 또, 日支
남편자리에 病神인 金이 자리 잡고 있으니 남편하고 뜻이 안
맞으면서도 官을 용신으로 쓰니 버릴 수 없는 官이다.
조상과 父母宮이 凶神이고, 財星도 나타나있지 않으므로
조상과 부모의 덕도 약하다.
子息궁에 用神이 있으나 胎地위에 있어 약하기 때문에 큰 덕은
없을 것이다.

☯ 刑 沖 合 및 殺星의 應用

時上의 丙火를 놓고 年 月上의 辛金이 合을 하려하나 日干

庚金이 가로 막고 있는데, 이는 내 남편인 丙火가 다른 여자를
넘본다는 뜻을 담고 있다.
겨울에 丑과 辰은 急脚殺이고, 日干의 墓地라서 건강이 일찍
나빠질 것이다.

☯ 大運

- 壬寅대운에 丙火용신이 生地를 얻어 좋지만, 原局이 워낙
  나빠서 큰 발복은 없고, 日支와 寅申沖이 되나, 子水가
  通關시켜주므로 무난하였다.

- 癸卯대운에 癸水가 丙火 태양을 가려 凶하고, 卯木이 왔어도
  濕木이라서 木生火해 주는 힘이 약해서 운이 저조하였다.

- 甲辰대운에 결혼하였는데, 첫 아이를 임신한 상태에서부터
  남편과 갈등이 커서 고통을 겪었는데,

- 乙巳대운까지도 자주 다투었다.

- 丙午대운이 오면서 火용신운이 오니 다투지 않고 잘 산다.

- 丁未대운까지는 좋은데,

- 戊申, 己酉대운이 나쁘니 건강이 일찍 나빠 질 것이다.

丙　庚　乙　戊　여

子　子　丑　戌　자

74 64 54 44 34 24 14 4　대

丁 戊 己 庚 辛 壬 癸 甲
巳 午 未 申 酉 戌 亥 子　운

☯ 四柱의 旺衰

丑月에 庚金이 印綬가 많고 月令을 얻어 身旺하다.

☯ 格局과 用神

庚金이 丑月에 태어나 時上偏官格을 이룬다.
겨울 金은 날씨가 차면 부러지기 때문에 우선 불로 調喉를
해야 한다.
그런데, 庚金은 丁火로 用金成器해야 하기 때문에 旺한 丁火가
필요한데, 丁火는 戌土 속에 들어 있어 힘이 약하고, 丙火는
녹이지도 못하지만, 子水 위에 있어 달빛과 같으니 힘이 없는
태양이라 調喉가 부족하다.
火 용신, 木 흉신, 水 병신, 金 구신, 土 약신이다.
여기서, 火를 용신으로 썼는데, 火는 時上의 丙火가 아니라 戌
중의 丁火가 용신이다.
火를 용신으로 썼기 때문에 乙木이 길신이라야 맞는 것
같으나 木은 제습하는 土를 剋하기 때문에 길보다는 흉이 더
많다.

☯ 四柱의 特徵과 刑 沖 合 및 殺星의 應用

이 命主는 부산태생으로,
日主 庚金이 子에 死地이고, 子丑으로 合하여 天干支合으로
丑에 入庫되므로 아이(子水)낳고 죽을 고생이고, 신경통이나

골통을 얻게 되는데, 사주가 습하면 건강이 더욱 나쁘다.

또, 火가 약하여 습한 女命의 사주가 아이를 출산한 후, 산후 조리를 잘 못하면 거의 산후 풍에 시달리며 사는데, 이 女命은 그 대표적인 예로 온 몸의 마디마디가 아프고, 심장도 약해서 항상 약을 달고 산다.

☯ 命主의 性格

庚金이 偏官을 보아 성격이 화통하고, 食神이 旺하여 人情도 많다.

☯ 六親 關係

女命에 官星이 用神이라서 남편을 존경하고 사랑한다.

그러나, 日支 남편 궁에 病神이 앉아있어 갈등이 많고,

食神이 病神이므로 자식들이 공부를 못해서 속을 썩인다.

乙庚合으로 衰地에 앉아있는 財가 기반되어 젊은 나이에

남편의 사업이 부진하여 한 때 돈 때문에 큰 고통을 겪었으나,

大運이 火運으로 가니 외국인 회사의 사장으로 재직 중인

남편의 사업이 잘 되어 여유있게 산다.

☯ 大運

- 甲子, 癸亥대운이 나빠서 어렵게 성장하였다.

- 壬戌대운에 戌土가 있어 調喉를 시켜주므로 좋았으며,

- 辛酉, 庚申대운에 남편의 사업이 부진하여 큰 고생을 하였다.

- 己未, 戊午대운은 습을 제거해 주고 약한 용신을 돕는 운이
  므로 편안한 말년이 될 것이다.

제 8 장 辛金 日干

제 8 장 辛金日干 寅月

庚	辛	甲	戊	여
寅	未	寅	戌	자

76 66 56 46 36 26 16 6   대

丙	丁	戊	己	庚	辛	壬	癸	
午	未	申	酉	戌	亥	子	丑	운

☯ 四柱의 旺衰

寅月에 辛金이 印星이 旺해 身旺하다.

☯ 格局과 用神

辛金이 왕하면 洩氣시켜 주는 水가 用神이 되나, 이 사주에는
水가 없고, 木이 旺하니 身旺財旺사주다.
木이 用神이고, 水가 吉神이며, 金은 病神이고, 土가 仇神
이며, 火는 藥神이다.

☯ 四柱의 特徵

이 命主는 대전 태생으로,
辛金이라 성격이 깔끔하고, 身旺하니 그릇이 크다.
辛金이 寅중의 丙火, 未土와 戌土 중의 丁火가 있어
官殺混雜이 되어 빛나는 보석과 같아 인물도 잘났다.

사주에 官星이 많으므로 많은 남자 직원들을 데리고 근무했던
세무직 공무원 출신이다.

☯ 命主의 性格

어지간한 남자보다도 훨씬 그릇이 크고, 화끈한 성격을 가진
女命으로, 食神인 水가 없어 말 수완은 없으며, 흙먼지로부터
자신을 보호해 주고 길러야 할 나무이므로 돈을 좋아하는 성격
이다.

☯ 六親 關係

이 女命은 부모 궁에 正財가 건왕하여 부모가 잘 살았으며,
유산도 받을 수 있다.
辛金은 偏官은 싫어하고 正官을 좋아하는데, 寅중 丙火가
남편인데, 寅木이 두 개라서 필시 남편 이외에 애인이 있을
것인데, 月支의 寅중 丙火가 본 남편이고, 時支의 寅중 丙火는
干上에 劫財를 태우고 있어 남의 남자로 地支 暗合되어 가끔
만나는 남자다.
또, 寅戌火局이 되어 官 아닌 官이므로 남자인데, 사주가
이렇게 되면, 많은 남자와 인연이라서 남자 직원을 거느리고
직장생활을 하였다.
자식성인 食傷은 없으나 아들 하나를 두었다.

☯ 刑 沖 合 및 殺星의 應用

寅戌火局이 되어 官局을 형성하였으므로 공직에 있으면서
많은 남자들을 데리고 근무하였다.
日支에 財庫를 가지고 있어 알뜰하나 때에 따라서는 돈
씀씀이도 크다.
戌土는 官 및 印綬 庫다.

☯ 大運

- 초년 癸丑대운은 습이 등장하여 調喉를 시켜주므로 귀염받고
  성장하였다.
- 壬子대운에 공부를 잘하였으나 印綬가 凶神이라 대학을 못가고
  안정된 직장에 들어가 중요한 부서에서 업무를 수행하였으며,
- 辛亥대운 공무원 남편을 만나 결혼하였다.
- 庚戌대운이 다소 나빠 보이는데, 99 己卯年에 用神인 木이
  오니 승진을 하였다.
- 己酉대운에 甲己合하여 用神을 묶으니 운이 나빠 05 乙酉年
  직장에 문제가 있어 사직하고 말았다.
- 戊申대운도 用神인 寅木을 치니 나쁘고,
- 丁未, 丙午대운은 火가 病인 金을 녹여주어 좋아 보이나
  너무 燥熱해지므로 나쁘다.

壬	辛	丙	己	남
辰	卯	寅	亥	자

71 61 51 41 31 21 11 1   대

戊 己 庚 辛 壬 癸 甲 乙   운
午 未 申 酉 戌 亥 子 丑

☯ 四柱의 旺衰

寅月에 辛金이 뿌리가 없고 印星인 己土와 辰土에 의지하려
하나 辰土가 寅卯辰木局으로 가버려 의지할 곳이 없으므로
從하지 않을 수 없다.

☯ 格局과 用神

寅月에 辛金이 太弱한데, 月上의 丙火와 合이 되어 辛金의
본성을 잃었고, 地支에 寅卯辰木局을 이루고, 寅亥合木하여
地支는 완전히 木局이 되었으므로, 從財格이 되었다.
火가 用神이고, 木이 吉神이며, 水가 病神이고, 金이 仇神
이며, 乾土는 藥神이나 濕土는 凶神이다.

☯ 四柱의 特徵

陰 日干이 從을 하였으므로 從神으로 육친을 살펴야 한다.
從神이며 用神인 丙火가 寅중에 丙火의 조력이 필요하나
寅亥合되어 寅중의 丙火는 쓸모없이 되었고, 干上에도
丙辛合된데다가 己土가 洩氣하고 멀리 壬水가 沖해 오므로
허약한 用神이다.

☯ 命主의 性格

辛金이 원래 깔끔하면서 까다로운 성격을 지녔는데, 傷官까지
있어 자유분방한 성격이나 日干이 太弱하여 자신을 버리고
財로 따라갔으니 변신에 능하고, 두뇌가 좋다.

☯ 六親 關係

부모 궁에 用神과 吉神이 있어 부모 덕은 있었으며, 財로
從을 하여 官을 용신으로 하므로 자식과는 有情하고, 財局을
이루었으니 많은 여자와 인연인데, 丙火를 생해주겠지 하고
기대했으나 濕木이 되어 오히려 나만 쳐다보고 있는 격이다.

☯ 刑 沖 合 및 殺星의 應用

丙辛合하여 태양을 가리므로 좋지 못하고, 地支가 寅卯辰木局
, 寅亥合木이 되어 온통 木으로 구성되어 있어서 키워야 할
木이 너무 많다.

壬辰 官星이 魁罡이라 성질있는 자식을 두게 된다.

☯ 大運

- 초년 乙丑대운에 濕木과 濕土가 들어와 좋지 못하다.

- 甲子대운에 甲己合되나 子水가 子卯刑을 하나 水生木하므로
  무난하다.

- 癸亥대운에 癸水가 丙火를 剋하여 凶하나, 亥水가 寅亥合
  하므로 무난하고, 日干과 合하는 丙火 妻宮과 寅亥合하고,
  또, 원래의 日支 卯木과 亥未로 合을 하여 결혼운인데, 25살인
  癸亥年에 3살 위의 부인을 만나 결혼하였다.

- 壬戌대운에 壬水는 좋아서 장사를 해서 다소 돈도 벌었으나
  戌 대운 들어 戌土가 辰土를 치니 從財格에 금이 가기
  시작하여 장사가 되지 않아 壬 대운에 애써 장만한 아파트도
  처분하게 되었다.

- 辛酉대운들어 丙辛合하여 外情이 생기고, 酉金이 日支 卯木을
  沖하므로 부부관계가 나빠져 각방을 쓰게 되었으며, 자신은
  노름판으로 떠돌게 되었다.

- 庚申대운은 丙火가 들어 있는 寅木을 沖하면 用神이 깨지고
  合도 깨지므로 만사 불성이다.
  원래, 從格은 좋은 사주이나 한 가지 단점은 운이 반대로 갈
  경우 걷잡을 수 없는 고난에 처하게 된다는 사실이다.

- 己未대운 己 대운은 좋지 않으나 未 대운은 亥卯未木局이
  되므로 안정이 되고,

- 戊午대운도 무난하다.

庚　辛　戊　庚　　여

寅　巳　寅　子　　자

76 66 56 46 36 26 16 6　　대

庚 辛 壬 癸 甲 乙 丙 丁　　운
午 未 申 酉 戌 亥 子 丑

☯ 四柱의 旺衰

寅月에 태어난 辛金이나 뿌리가 없고, 年 時干에 劫財인 庚金이
있으나 역시 뿌리가 없어 辛 日干을 돕지 못하고, 月干 戊土가
巳에 祿을 하고 寅에 長生하였으나 身弱하다.

☯ 格局과 用神

辛金이 正官月인 寅月에 태어났으나 寅중에 戊土가 透干
하였으므로 正印格이 되었다.
그런데, 辛金이 印星인 戊土에 의지하므로 戊土가 用神이다.
이렇게 되면, 月支와 時支의 寅木이 病이라고 볼 수 있으나
오히려 干上의 金이 病이다.
그 것은 戊土 用神이 寅중 丙火의 生을 받을 수 있으며,
辛 日干의 역할은 寅月의 木을 키워야 하기 때문이다.
따라서, 土가 用神이고, 火가 吉神이며, 金은 病神이고, 寅木
은 吉神이다.

☯ 四柱의 特徵

日支 巳중 丙火로 財星을 지켜야 하니 관공직인데, 劫財가
病이므로 丙戌年까지 노처녀로 고위직 공무원이다.
또, 丙火가 남편인데, 寅중 丙火 巳중 丙火가 있어 남자가
여럿이라서 여러 남자를 만나야 하거나 여러 남자가 나한테
관심을 갖는 형국이다.

☯ 命主의 性格

辛金은 보석이라서 빛이 나야 하기 때문에 庚金 劫財가 오는
것을 싫어하고, 혼자이기를 좋아하며, 깔끔하기 때문에 남들이
보기에는 까다롭다.
그러나, 印星을 쓰므로 마음씨는 곱다.
이 사주의 구조는 年支의 子水가 자식인데, 子水는 庚金의
자식이므로 남이 낳은 자식이고, 남이 만들어 놓은 것을 마치
자기가 만들었다고 생각하므로 손 안대고 코푸는 성격이라서
남을 이용해서 돈을 벌려고 한다.

☯ 六親 關係

月支 및 時支의 正財가 아버지인데, 어머니는 月上의 戊土
하나이므로 엄마 하나에 아버지가 두 명이라서 나는 時支의
아버지한테서 낳았으므로 月支의 寅木이 본 아버지이고,
時支의 寅木은 의붓 아버지다.
丙火가 남편인데, 남편이 여러 명이라서 없는 것이나 마찬가지
이고, 日支에 흉신이 앉아있어 결혼 운이 없기 때문에 결혼을
하더라도 금방 헤어진다.

☯ 刑 沖 合 및 殺星의 應用

辛巳 일주는 남편인 丙火와 自坐暗合하면서 月支의 寅중
丙火도 남편인데 寅巳刑하여 갔고, 時支의 寅중 丙火도
남편인데, 寅巳刑한데다가 干上에 劫財인 庚金을 이고 있어서
남의 남자이다.
그래서, 日支가 寅巳刑이라 나빠서 시집을 못 간다.

☯ 大運

- 丁 대운은 丁火가 吉神이라서 좋으나,
  丑 대운은 病神인 庚金이 뿌리를 얻게 되므로 불미스런
  운이며, 丑土가 吉神인 巳火를 巳丑으로 合하여 調喉를

방해하므로 나쁘고, 子丑合이 되므로 크게 길하지는 않았다.

- 丙 대운에 丙辛合이 되므로 일찍 연애를 하였을 것이고,
  庚金을 극해 주고, 辛金이 丙火의 빛을 받아 빛나는 때였다.
  子 대운은 月支 寅木을 생하므로 재정적으로 이익이 있으며,
  돈을 벌기 시작하는 때이다.

- 乙 대운은 忌神인 庚金을 合去시켜주므로 좋고, 用神인 戊土의
  官星운이므로 직장운이 좋다.
  그래서, 공직으로 출발하여 빠른 승진을 하였다.
  亥 대운 日支 巳火를 沖하므로 직장이동 및 변동이나 교통사고
  등이 있으나 寅亥合을 먼저 하므로 큰 타격은 없다.

- 甲 대운은 땅 및 부동산(戊土)에 투자하여 재산증식을 꾀하나
  甲庚沖하므로 크게 여의롭지 못하다.
  戊 대운은 年支 子水를 剋하므로 의욕을 잃게 되며, 돈줄이
  막히게 된다.
  日支 巳와 巳戊로 鬼門殺을 이루고, 巳火가 入庫하므로 직장을
  쉬고 싶어지며, 스트레스나 우울증 등 정서적인 문제가 생긴다.

- 癸酉대운은 戊癸合되어 酉金에 巳하므로 모친 사망할 운이다.

- 壬 대운은 무난하나,
  申대운 月 時支 寅木을 寅申沖하고, 日支 巳火를 巳申刑하여
  불길한 운이다.

- 辛未대운 중 辛 대운은 凶하나 未 大運에는 熱土인 未土가
  用神인 戊土의 뿌리가 되므로 吉하다.

- 庚午대운에 食神인 子水를 沖하면 凶하다.

제 8 장 辛金日干 卯月

癸	辛	辛	辛	여
巳	亥	卯	丑	자

76 66 56 46 36 26 16 6   대

己 戊 丁 丙 乙 甲 癸 壬
亥 戌 酉 申 未 午 巳 辰   운

☯ 四柱의 旺衰

卯月에 辛金이 身弱하다.

☯ 格局과 用神

辛金이 卯月에 태어나 偏財格을 이룬다.
봄은 木旺節이므로 봄에 태어난 사주는 일반 內格에서는
반드시 木을 길러야 한다.
그래서, 그 木이 잘 자랄 구조면 좋은 局이고, 木이 자라지 못
할 구조면 나쁜 구조다.
火가 用神이고, 木이 吉神이며, 水는 病神이고, 金이 仇神
이며, 土는 藥神이다.

☯ 四柱의 特徵

봄의 辛金은 나무를 키우려고 탄생한 것이 아니고, 나무를

자르려고 탄생한 것이다.
그래서, 한때는 반드시 큰 고통을 겪고 넘어가야 한다.
이 사주는 辛金이 나무를 자르려고 태어났으니 火로 막아야
하므로 火가 필요한데, 火가 地支에 있어 큰 운이 없다.

☯ 命主의 性格

辛金일주라서 인물이 좋고 키가 큰 여인인데, 食神이 旺하여
인정도 많으나 성격은 까다롭다.
日支 亥水가 月支 卯木과 亥卯木局을 이루고 있어 돈 욕심이
많은 사람이나 남편은 巳亥沖하므로 관심 밖이다.

☯ 六親 關係

이 사주는 日支에 食神이 자리를 잡고 앉아 官星인 巳火를
巳亥沖하여 깨고 있으므로 자식을 낳고 이혼하는 구조라서
生子別夫格으로 남편 덕이 없는 여인이다.
또, 陰 日主가 地支에 亥卯未木局이나 半局이 있으면, 거의가
부부 궁이 나쁘다.
그래서, 이 女命은 10살 위의 이혼 남과 결혼하였다가 결국
이혼하고 말았다.
사주 구조를 보면, 巳중 丙火가 남편인데, 남편은 年 月上의
辛金과 合을 하는 격이라 남편이 여러 여자와 合을 하거나
또는, 나 이외에 여러 친구들이 내 남편과 合을 하자고
달려드는 격이다.

☯ 刑 沖 合 및 殺星의 應用

月支 卯木 偏財는 돈인데, 卯木 위에 辛金을 이고 있으므로
친구의 돈을 亥未合木으로 내가 가져오는 것이나 다름없어서
남의 돈을 탐내는 형국이다.
日支와 時支가 巳亥沖으로 깨져 있는데, 月支 卯木이 亥卯合
하여 임시로 잡아두고 있어 卯木이 沖으로 깨지거나 合하면 그
때 巳亥沖이 발생하는데, 이 女命은 丙戌년에 卯木이 卯戌合火
하니까 巳亥沖이 작용하여 이혼하였다.

☯ 大運

- 壬辰 대운에 사주가 습해지므로 좋은 운이 아니었다.

- 癸巳대운에 亥水 驛馬를 沖하여 官災가 있었거나 건강에 문제
  기 있었을 것이다.

- 甲午대운 午火가 도화이고 官이므로 결혼 운인데, 29세 己巳년
  에 결혼하였다.

- 乙未대운중 未 대운 들어 亥卯未三合木을 이루자 巳亥沖이
  작용하므로 남편과 갈등이 시작되었는데, 그 歲運이 44세 甲申
  년부터 심해지더니, 45세 乙酉년에 애인을 만나고 있는 중
  인데,

- 丙申대운 들어 巳중에 丙火가 등장하자 巳亥沖이 작용하므로
  남편이 눈치를 체서 결국 06 丙戌년에 이혼을 하고 말았다.

- 丙申대운도 나빠서 새 남자를 만나도 행복하지 않을 것이므로
  헤어질 것이고,

- 丁酉대운에도 또 남자를 만나게 되는데, 용신인 巳火를 沖하는
  것을 말리고 있던 卯木을 沖하면 묶고, 巳亥沖이 또 발생하므
  로 또 헤어지게 된다.

- 戊戌대운에 凶하고,

- 己亥대운도 나쁘다.

$$壬 \quad 辛 \quad 己 \quad 乙 \qquad 남$$

$$辰 \quad 卯 \quad 卯 \quad 未 \qquad 자$$

78 68 58 48 38 28 18 8

辛 壬 癸 甲 乙 丙 丁 戊

未 申 酉 戌 亥 子 丑 寅   운

☯ 四柱의 旺衰

卯月에 辛金이 身弱하기 때문에 단순하게 身弱으로 보기
쉬우나 도와주고 있는 印星의 뿌리가 木으로 변했으므로
旺勢에 從하지 않을 수 없다.

☯ 格局과 用神

이 사주를 기존의 이론대로 하면, 辛金이 身弱한데, 도와주는
地支의 未土가 亥未木局이 되어 변했고, 辰土는 卯辰半木局
으로 辰土도 없어진 것이나 마찬가지라서 辛金이 從하지 않을
수 없어 從財格이 되었다고 볼 것이다.
그런데, 이 사주는 日支 卯중에서 乙木이 表出했고, 地支에
木局을 이루었으므로 日干代行格을 겸한 從財格이다.
그래서, 乙木이 主体가 되는 木体가 되었기 때문에 乙木의
역할과 작용을 잘 살펴야 한다.
따라서, 木이 用神이고, 金이 病神이므로 火가 藥神이며, 土는
나무가 뿌리를 내려야 하므로 吉神이고, 水도 吉神이다.

☯ 四柱의 特徵

이 命主는 충남 홍성 태생으로,
干上에 辛金이 乙木을 乙辛沖하려 하나 己土가 가로막아
말리고 있는 형국인데, 辛金 日干 입장에서는 己土가 偏印이나
月柱에 있어 모친에 해당하고, 乙木 일장에서는 己土가 偏財
이므로 父親에 해당하는데, 己土가 合되거나 沖되어 없어시면

乙辛冲이 작용하는데, 乙辛冲을 하면 오행적으로는 辛金한테
乙木이 다치게 되나 여기서는 辛金의 힘이 약하기 때문에
오히려 辛金이 더 크게 다치게 된다.
또, 從財와 日干代行格이 되어 木이 体가 되었다면 丙火가
干上에 떠야 좋은데, 丙火는 없고 未중에 丁火 밖에 없어 꽃과
열매가 없는 나무라서 格이 떨어지는데, 이 男命은 대기업의
간부급 사원이다.

☯ 命主의 性格

日干이 힘이 없어 자신을 버리고 財로 從을 했으므로 두뇌가
좋고, 財는 현실이므로 현실감각이 빠르다.

5. 六親 關係

남자 사주에 財를 용신으로 쓰는 사람은 妻德이 있고,
더군다나, 日支에 財星이 있어 妻德은 많은 사람이어서 자신은
돈이나 재산문제에 전혀 신경을 안 써도 妻가 알아서 알뜰하게
살림을 잘한다.
또한, 財는 아버지를 뜻하므로 부모 덕이 있으며, 日干 辛金이
乙木의 官星 즉, 자식이 되는데 단순하게 생각하면 金이
病이지만 官星의 입장에서는 從財로 갔으므로 자식도 능력이
있다.

☯ 刑 沖 合 및 殺星의 應用

年支의 未土가 木의 庫인데, 卯未木局이 되어 庫의 작용은
약한데, 空亡이고, 白虎라서 힘이 약해졌다.
壬辰 魁罡星은 日干의 傷官 星이나 從神인 乙木의 어머니에
해당하기 때문에 어머니의 성격이 강하고 고집이 쎄다.

☯ 大運

- 초년 戊寅대운은 戊土가 土生金하므로 從을 거역하려 하나
  역부족이라서 무난하고, 大運 支 寅木이 寅卯辰木局이 되므로
  좋은 운이라서 귀염받고 성장하였다.

- 丁丑대운에 未중 丁火가 등장하여 辛金을 눌러주나, 丑土가
  白虎殺인 未土를 沖하여 격을 깨므로 할아버지가 잘 살다가
  家勢가 기울어 아버지가 자수성가하여, 형들한테는 유산을
  물려주었으나 이 男命에게는 전혀 물려받지 못했다.
  財가 用神이므로 사업 쪽으로 갈듯 하나 초년대운이 좋지 못하
  여 27세 81년 辛酉年에 대기업에 入門하였다.
- 丙子대운 地支에 財가 卯未半木局되어 있는데, 29세 癸亥年에
  亥水가 등장하여 亥卯未木局이 되니 결혼하였으며, 운이 좋아
  순조롭게 승진하였으며,

- 乙亥대운도 좋은데, 99년 己卯年에 중견간부로 승진을 하였
  으나, 卯木이 己土를 剋하니 辛金일간의 印星인 己土 모친이
  사망하였으며,
- 甲戌대운 甲木이 등장하면 長木之敗가 되는데, 49세 癸未년에
  未土가 卯未爭合이 되므로 조카한테 7천만원을 빌려주었다가
  받지 못하였으며, 50세인 04 甲申年에는 長木之敗가 되나 地支
  의 申金이 申辰水局되어 水生木하니 재건축에 투자하여 재산
  증식이 되었고, 05 乙酉년에는 酉金과 卯木이 충돌하여 旺神沖
  拔하므로 부친이 사망하였다.

- 癸酉대운 己癸沖 해도 큰 영향이 없으나, 酉金이 旺神인 卯木
  을 치면 旺神沖拔하여 格이 깨지는데, 특히, 從格이 깨지면
  굉장히 나빠서 혼란에 빠지게 되고, 더군다나, 酉金은 囚獄殺
  에 해당하므로 관재, 사고 또는 큰 손재수가 발생할 것이고,
- 壬申대운에도 卯申鬼門이 작용하여 정신문제 또는 큰 걱정거리
  가 생기게 된다.

- 辛未대운에 乙辛沖이 작용하여 나쁘고, 未土와 卯木이 爭合이
  발생하여 흉하다.

<table>
<tr><td>壬</td><td>辛</td><td>丁</td><td>己</td><td rowspan="2">여
자
대
운</td></tr>
<tr><td>辰</td><td>亥</td><td>卯</td><td>亥</td></tr>
</table>

72 62 52 42 32 22 12 2

乙 甲 癸 壬 辛 庚 己 戊
亥 戌 酉 申 未 午 巳 辰

☯ 四柱의 旺衰

卯月에 辛金이 洩氣가 심하여 身弱하고 濕하다.

☯ 格局과 用神

辛金이 卯月에 태어났으므로 偏財格을 이루는데, 여기서, 木은 用神인 土를 剋하므로 病이 된다.
이 사주는 濕하기 때문에 火도 필요한데, 月上 丁火는 辛金을 剋하는 火가 아니라 빛에 불과하기 때문에 凶하지 않고 오히려 辛金 거울을 비춰주는 빛에 비유되므로 길하다.
그러나, 大運에서 火가 旺하게 들어오면, 그 때는 빛이 아니고 熱에 해당하기 때문에 오히려 흉해진다.
土가 用神이고, 火는 凶神이며, 木이 病神이고, 水가 仇神이며, 金이 藥神이다.

☯ 四柱의 特徵

女命에서 官과 食傷이 干上에 透干되면 아주 凶한데, 이 사주는 日干을 중심으로 양쪽에 떠 있어 어느 것도 버릴 수 없는 형국이다.
왜냐하면, 官은 용신으로 남편이요, 食傷은 자식이기 때문이다.

☯ 命主의 性格

辛金일주는 까다로운 데가 있으나, 印綬를 用神으로 쓰므로
착한 성품이고, 傷官이 旺하여 자유분방한 기질이 있으며,
거울을 비춰주는 빛이 있어 뽐내기를 좋아하는 성격이다.

☯ 六親 關係

食傷인 水가 많고 濕土를 가져 사주가 濕해서 調喉해 주는
火가 필요한데, 官星인 火가 빛에 불과 하여 능력이 없으므로
능력없는 남편이고, 또, 官이 허약하니 官은 혈통이고, 食傷은
자식인데, 이 사주에서 食傷이 病이니 아들 두기가 어렵다.
아들을 둔다 해도 자식글자로 인해 官인 火가 깨지게 되니
고달픈 운명이다.

☯ 刑 沖 合 및 殺星의 應用

辛亥일주는 孤鸞殺이라서 고독한 여인이고, 壬辰이 魁罡인데,
傷官 星이라서 내 성격이 강하거나 고집스럽고, 혹은, 자식의
성격이 강하거나 고집스럽다.
辰土는 食傷 庫라서 남의 자식을 기르거나 남의 자식과 인연이
있다.

☯ 大運

- 초년 戊辰대운에 교사집안에서 태어나 편하게 성장하였으나,

- 己巳대운에 旺神冲拔하고 火가 오면 木이 자라므로 用神에
  역세하므로 공부를 많이 하지 못하고 고등학교를 졸업한 후,
  강원도에서 서울로 올라와 회사에 다니던 중, 20세 戊午年에
  官인 丁火의 뿌리가 나타나니 남자를 만나 사귀다가,

- 庚午 대운 24세 壬戌年에 결혼을 했으나, 食傷이 病이라
  자식이 안 생겨 2년만인 84년 甲子年에 이혼하였으며,

그 후, 고향으로 내려가 조그마한 호프집을 운영하며 지내다가 86년 丙寅年에 두 번째 남자를 만나 살다가 또 아이가 안 생겨, 89 己巳年에 日支 亥水를 歲運 巳火가 沖하니 또 이혼하고,

- 辛未대운 혼자 살며 고기 집을 운영하다가,

- 壬申대운 44세 壬午年에 5살 연하의 세 번째 남자와 결혼하여 아이를 낳고 살고 있다.
  이 女命은 食傷이 旺하여 쎅스에 강한데, 官인 남편이 약해서 만족시켜줄 수 없으니 연하의 남자가 좋을 것이다.

- 癸酉대운 丁癸沖하여 丁火를 끄면 남편한테 불리하고, 酉 대운 酉金이 病인 木을 쳐주면 좋을 것이고,

- 甲戌대운에 甲己合土되어 나쁘지 않으나 戌土가 辰土를 치면 用神이 파괴되어 만사불성이다.

- 乙亥대운 乙辛沖하고, 用神인 木을 剋하며, 大運 支 亥水가 亥未合木하여 病이 旺해지면 대단히 凶하다.

제 8 장 辛金日干 辰月

庚	辛	庚	乙	여
寅	亥	辰	酉	자

78 68 58 48 38 28 18 8   대

戊 丁 丙 乙 甲 癸 壬 辛
子 亥 戌 酉 申 未 午 巳   운

☯ 四柱의 旺衰

辰月에 辛金이 比劫이 많은데다 年干 乙木과 乙庚合이 되어
있고, 月支 辰土와 年支 酉金이 合하여 金이 太旺하다.

☯ 格局과 用神

辛金이 辰月에 태어나 辰중 乙木이 干上에 透干되어 偏財格을
이룬다.
辰月은 木旺節이라 年上에 乙木을 키워야 하는데, 乙庚合을
해서 나쁘나, 地支에 亥水도 있고, 時支에 寅木이 있으니
키워야 할 木이다.
그래서, 旺金을 洩氣 및 通關시켜 木을 生하는 亥水가 이 사주
를 살려주고 있다.
水가 用神이고, 土는 病神이며, 火가 仇神이고, 金은 凶神
이며, 木이 藥神이다.

☯ 四柱의 特徵

辛金이 比劫이 많고 辰酉合까지 되어 太旺해졌는데, 日主가
太旺하면 財를 剋하게 되는데, 財도 弱하지 않다.
다만, 年上의 乙木은 劫財인 庚金이 빼앗아 갔고, 그 대신
時支의 寅木은 劫財의 것인데, 寅亥合하여 내게로 갖고
왔으므로 하나는 빼앗기고 하나만 빼앗아 오는 격이라서
사업가에 잘 맞는 사주로 이 命主는 처녀 때부터 65세까지도
乙木에 해당하는 화장품 장사를 하고 있다.

☯ 命主의 性格

辛金은 보석이라서 씻어주는 것을 좋아하기 때문에 평소 손에
걸레를 들고 살며, 劫財인 庚金이 오는 것을 반가워하지 않고
까다롭기 때문에 수십 년을 장사를 해도 같은 상가에서 친하게
지내는 사람이 극소수에 불과하다.
또, 洩氣하는 傷官을 용신으로 쓰므로 이 女命처럼 많이
베풀며 사는 사람도 드물 것이다.

☯ 六親 關係

辛亥일주는 孤鸞殺이고, 남편은 寅중 丙火인데, 寅亥合하여
꺼진 남편이라서 무능하여 20년 이상을 부위도식하며 지내는
사람으로, 남편 복은 지질이도 없는 사람이다.
年上에 乙木이 있고, 月支 辰중에 乙木이 있어 祖父 代부터
잘살던 집안에서 태어났다.
亥水가 자식인데, 辰土 庫 속에 들어가므로 자식도 능력이
없어 장가를 간 후에도 직업이 없다.

☯ 刑 沖 合 및 殺星의 應用

年柱 月柱가 乙庚合 辰酉合하여 乙木 財星을 묶고 있는데,
이는 내 재산을 劫財가 가져가 내 놓지 않는 것과 같고,
時支 寅木도 원래 庚金 劫財의 것인데, 寅亥合하여 내가

가져온 것과 같다.

日主인 나는 孤鸞殺이라 고독한 여인이고, 劫財인 庚辰은
魁罡이라서 고집 쎈 오빠가 있다.

☯ 大運

- 초년 辛巳대운은 乙辛沖하여 乙木 偏財가 다치게 되고, 巳酉合
  金되어 金이 旺해지고 巳亥沖하므로 좋지 않은 운이라서 공부
  를 하지 않았다.

- 壬午대운에 壬水는 日支 亥水에서 나왔으므로 좋은데, 午火가
  寅午合하여 用神에 부합하지 않으므로 좋지 못한데, 화장품
  가게 종업원 생활을 하는 중에 午火는 桃花이고 남편궁인 寅木
  과 合하므로 결혼 운이다.

- 癸未대운 중 癸 대운부터 자기 장사를 시작하여 亥未木局이
  되어 돈을 벌기 시작했다.

- 甲申, 乙酉대운에 돈을 잘 벌었으나 그렇지 않아도 태왕한데
  金이 가세하고, 官이 들어있는 寅木을 치니 남편과 별거를
  하다가,

- 丙戌대운에 辛金이 丙火와 合이 되니 다시 남편과 합쳐 살고
  있으나 戌 대운부터는 凶한데, 歲運으로는 61세인 丙戌년부터
  나빠지기 시작하므로 그 해에 경마사업에 투자했다가 두 달
  만에 수억 원을 날렸으며, 건강이 극도로 나빠지기 시작했다.

- 丁亥대운이 되어야 안정이 될 것이다.

- 戊子대운 중 戊 대운은 나쁘나 子 대운은 무난하다.

戊　辛　戊　己　여

子　亥　辰　酉　자

80 70 60 50 40 30 20 10　대

丙 乙 甲 癸 壬 辛 庚 己　운
子 亥 戌 酉 申 未 午 巳

☯ 四柱의 旺衰

辛金이 辰月에 태어나 印星이 旺하여 太旺하다.

☯ 格局과 用神

辛金이 辰月에 태어나 正印格을 이루나 干上에 印星인 土가
많아서 土多金埋格인데, 다행히, 地支에 辰酉合金이 되어 덜
나쁘다.
이런 구조는 干上에 木이 나타나 제토를 해줘야 좋은데,
辰중에 乙木이 있으나 辰酉合되어 쓸 수 없고, 亥중 甲木 밖에
쓸 수 없는데, 甲木도 地藏干에 들어 있어서 用神으로는 쓸 수
없다.
水가 用神이고, 金이 吉神이며, 土가 病神이고, 木이 藥神
이다.

☯ 四柱의 特徵

이 사주는 土多金埋格이라서 보석이 흙에 파묻혀 있어
답답하다.
그러나, 地支가 辰酉合되었고, 水가 旺해서 洩氣가 잘되어
다행인데, 이 여자는 장사를 해서 약간의 돈을 모아놓았으나
財星이 약해 큰 돈을 만지기는 어려운 팔자다.

☯ 命主의 性格

日主 辛金이 뿌리를 가져 사람은 착하나 印星이 너무 많아
답답하고, 원래, 辛金이 까다로운데, 이 사주는 흙먼지가 많이
묻어있어 덜 까다로우며 인정이 많다.

☯ 六親 關係

土多金埋는 3不忌라서 女命은 남편, 자식과의 인연이 멀고
돈이 안 따르므로 결혼하기도 어렵고, 결혼한다 해도 곧
이혼한다.
또, 여자 辛亥 일주는 孤鸞殺인데, 辛金 자신이 亥중 甲木을
자르므로 남편한테 잘해주고 대우 못 받는다.
이런 사주는 무조건 인내하고 살아야 한다.
남자는 사주에 陰인 金 水가 없으면 여자 복이 없고,
여자는 陽인 木 火가 없으면 남편 복이 없다.

☯ 刑 沖 合 및 殺星의 應用

正印과 偏印이 混雜되어 있고, 비록, 地藏干에 들어있긴 하나
財星이 둘이라서 이런 사주는 엄마가 두 번 시집가서 낳은
자식일 가능성이 많다.
왜냐하면, 원래, 偏財가 아버지인데, 紅艶殺인 月支 辰중에
乙木 正財가 들어있어 어머니 戊土의 남편으로 보는데,
辰酉合이 되어 乙木 남편이 없어졌고, 辰중 戊土는 月上에도
나타났지만 時上에도 나타났으므로 같은 辰중에 있던 戊土
인데, 그 戊土가 日支 亥중 甲木을 만나 日干인 辛金이 태어난
것이다.
그래서, 月支 申金은 씨 다른 형제이다.

☯ 大運

-   초년 己巳대운에 印星 己土가 辛金을 덮으므로 나쁘고, 大運
    支 巳火가 巳酉金되는 것은 괜찮으나 말과 행동 또는 배설

작용을 하는 傷官인 日支 亥水를 沖하여 말과 행동 발달이
더딜 수 있고,

- 庚午대운에 食神인 子水를 沖하므로 좋지 못하였으나, 大運
  支에 午火 桃花 官星이 등장하여 결혼할 운이며,

- 辛未대운에 辛金은 좋으나 未土가 흉한데, 다행히, 亥未合木
  하여 財星으로 변하므로 경제활동 즉, 장사를 시작하여 다소
  돈을 벌고 있다.

- 壬申대운에 약한 辛金이 洩氣되는 것은 안 좋지만 辛金은
  壬水로 씻는 것을 좋아하므로 무난하고, 大運 支 申金이
  日干을 도와주어 日干도 旺해지므로 좋다.

- 癸酉대운은 癸水가 月上, 時上 戊土와 爭合하므로 문서 문제로
  凶할 수 있고,

- 甲戌대운에 甲木이 己土와 合이 되나 土를 剋해주는 성분
  이라서 좋으나 戌土가 辰戌沖하여 辰酉合을 깨면 金이
  약해지고, 또, 辰酉合으로 합引되어 내한테 가까이 와 있던
  酉金이 멀어지므로 좋지 못하다.

- 乙亥대운은 乙木이 土를 剋하는 힘이 약하고 乙辛沖하여 크게
  도움이 안 되고, 亥水가 洩氣시켜 힘을 빼므로 나쁘고 亥水가
  浴地이며, 水多金浸이 되면 흉하다.

丁　辛　甲　壬　　여

酉　酉　辰　戌　　자

79 69 59 49 39 29 19 9　　대

丙 丁 戊 己 庚 辛 壬 癸　　운
申 酉 戌 亥 子 丑 寅 卯

☯ 四柱의 旺衰

金이 巳月에 태어나는데, 이 사주는 辰月에 태어났으므로
朝生했으며, 身旺하다.

☯ 格局과 用神

辛金이 辰月에 태어나 正印格이다.
辛金이 辰月에 태어나 旺하므로 물로 씻어 줘야하고,
甲木이 土를 剋해줘야 하므로 藥神이며, 水가 用神이고, 土는
病神이며, 金은 凶神이고, 火는 吉神이다.

☯ 四柱의 特徵

이화여대생으로 수년간 일본에 교환학생으로 가 있었는데,
印綬가 旺해서 凶神이라서 많이 배워도 原局이 나빠서
못써먹는다.
박사는 안 되고, 석사까지 딴 후 취업하는 것이 좋다.
辛金일주이고 丁火 빛이 비춰주어 光이 나므로 인물은 예쁘다.

☯ 命主의 性格

辛金일주가 원래 까다로운데, 더군다나, 甲을 보면, 甲木이
먼지를 못 끼게 해주므로 자기 관리에 철저하다.
甲木이 민지를 털고 있다.

알뜰하고, 부지런한 성격인데, 일은 잘 안 된다.

☯ 六親 關係

月柱 부모 궁에 吉神인 甲木이 있어 부모가 성실하게 가업을
일으켰으나 辰戌沖되어 큰 복은 아니다.
日支가 用神의 浴地라서 부부 궁이 나쁘고, 자식인 壬水도
冠帶 위에 앉아 불안한데, 辰土 庫藏에 들어가 있고 辰戌沖
까지 있어 무력하다.

☯ 刑 沖 合 및 殺星의 應用

甲辰 壬戌이 白虎인데, 辰戌沖하여 깨졌고, 戌중에 丁火가
時上에 表出되어 있어 壬戌白虎殺 발동이다.
또, 用神이 壬水인데, 그 뿌리가 辰戌沖이 되어 原局이
나쁘다.
地支 辰戌沖을 辰酉合으로 임시로 막아 놓은 격이라 辰이나
戌운이 오면 沖이 발생한다.

☯ 大運

- 초년 癸卯, 壬寅 대운이 用神인 水의 뿌리가 등장하였으므로
전성기라서 학교 다닐 때 좋았다.

- 辛丑대운에 辛金이 金克木하고 地支가 丑戌刑이 되면서 酉丑
金局이 되어 酉金이 入墓하므로 운이 나쁘고,

- 庚子대운에도 庚金이 甲庚沖하여 吉神인 甲木이 부러지므로 돈
이 없어지고, 시모와의 사이가 나빠지나 大運 支 子水는
吉하다.

- 己亥대운에 己土가 甲木을 甲己合하여 羈絆시키므로 문서문제
로 고통을 받을 것이나, 亥水 대운에는 吉하다.
- 戊戌대운에 印星이 旺해지고 辰戌沖이 발생하면 甲木 용신의
뿌리가 상해서 아주 나쁘고 그 이후도 운이 없다.

제 8 장 辛金 日干 巳月

```
己  辛  丁  癸   여
亥  丑  巳  亥   자
78 68 58 48 38 28 18 8   대
乙 甲 癸 壬 辛 庚 己 戊
丑 子 亥 戌 酉 申 未 午   운
```

☯ 四柱의 旺衰

巳月에 辛金이 身弱하고, 水가 많아 濕하다.

☯ 格局과 用神

辛金이 巳月에 태어나 正官格을 이룬다.
辛金이 身弱하나 水가 많아 濕하기 때문에 逆用神인 火를 써
줘야 한다.
그런데, 年柱 癸水와 月柱 丁巳가 丁癸沖 巳亥沖하여 用神이
무력하다.
火가 用神이고, 木이 吉神이며, 水가 病神이고, 金이 仇神
이며, 土가 藥神이다.

☯ 四柱의 特徵

女命은 특히 官과 食神이 바로 옆에 떠 있으면 안 되는데,
이렇게 되면, 食神이 官을 치게 되므로 운이 없다.

더군다나, 이 사주에서 丙火는 用神이기도 하지만 남편이기
때문에 官이 沖을 당하면 결국 내가 벌어서 먹고 살아야 한다.

☯ 命主의 性格

辛金 보석에 己土 먼지가 묻긴 했으나, 그래도, 보석의 특성을
갖고 있기 때문에 까다로운 성격인데, 月上의 丁火 偏官이
剋을 하므로 예민하고 성질이 나면 무서운 사람이나, 평소에는
인정이 넘친다.

☯ 六親 關係

사주가 조상 궁과 부모 궁이 싸우고 있으니 조상의 음덕이
없는 사람이나 用神이 月柱에 있어서 부모의 덕은 있다.
또, 水는 자식이요, 火는 官인데, 자식과 남편이 싸우는
형상이라 육친 또는 남편과의 불화를 예고하고 있는데, 그
시기는 癸水 자식을 낳은 후가 된다.

☯ 刑 沖 合 및 殺星의 應用

丁癸沖으로 食神과 官星이 沖을 하고 있으므로 자식 낳고
남편과 헤어지는 운이고, 地支 巳亥沖을 日支 丑土가 임시로
말리고 있는데, 이런 구조에서는 丑土가 沖을 당하거나 合을
당해 羈絆되면 巳亥沖이 발생한다.
또, 亥水나 巳火가 와도 발생하고, 亥水나 巳火를 合해도
발생한다.

☯ 大運

- 초년 戊午대운은 좋은 운이라서 공부를 잘하였으나,
- 己未대운 들어 己土가 丁火의 열기를 흡수하나 癸水를 쳐주어
  좋은데, 大運 支 未土가 亥未合木이 되어 열기가 없어지고,
  丑未沖하여 巳亥沖이 발생하므로 丁火가 힘을 쓰지 못하므로
  실력이 저조하여 지방대를 가서 시각디자인을 공부했는데,

전공은 용신과의 인연에 따라 과를 선택했다.

- 庚申대운부터는 여름 장마를 지게 하는 구름으로 작용하므로 운이 없다.
- 辛酉대운도 마찬가지로 운이 없다.
- 壬戌대운에 壬水가 丁火를 묶어 나쁜데, 戌土가 熱土라서 土剋水 해주므로 좋다.
- 癸亥대운에 丁癸沖, 巳亥沖하면 용신이며 官星인 丁巳 月柱가 깨지므로 만사불성이라서 고달픈 인생을 살아야 한다.
- 甲子대운에 甲木이 癸水를 剋해주는 己土를 묶고, 大運 支 子水가 등장하여 亥子丑水局을 이루어 물바다가 되므로 日干 보석은 물에 빠지고, 丁火 불을 꺼져 희망이 없다.

甲	辛	癸	辛	여
午	亥	巳	丑	자

77 67 57 47 37 27 17 7

대

辛	庚	己	戊	丁	丙	乙	甲
丑	子	亥	戌	酉	申	未	午

운

☯ 四柱의 旺衰

辛金이 巳月에 태어나 洩氣하는 水가 旺하고, 月支 巳火가 巳丑金局이 되어도 身弱사주다.

☯ 格局과 用神

辛金이 巳月에 태어나 正官格인데, 초 여름생이지만 洩氣하는
水가 旺하고, 더군다나, 巳火가 丑土와 合하여 金으로 되어
사주가 寒濕하므로 火가 필요하다. .
그래서, 火가 用神이고, 木은 吉神이며, 水가 病神이고,
金이 仇神이며, 土는 藥神이다.

☯ 四柱의 特徵

사주에 癸水가 뜨면, 하늘의 비라서 燥熱할 때는 調喉用으로
쓸 수는 있으나, 癸水는 태양을 가리는 성분이므로 대부분
賤하고, 또, 辛金이 癸水를 보면, 편하게 씻으려 하므로 妾이
많다.

☯ 命主의 性格

食傷이 病神이므로 말을 잘못해서 남편을 剋하는 성분이라서
가시 돋친 말 때문에 남편과 싸운다.
그러나, 때로는 인정도 많으면서도 말 실수를 많이 하여
남들과 트러불이 생긴다.

☯ 六親 關係

食神은 자식으로 病神에 해당하는데, 食神은 남편궁인 巳火를
沖하고, 남편자리에 亥水 病이 들어 앉아있어 애 낳고 이혼
하는데, 그 시기는 申 대운에 巳神이 合 刑 되는 때이다.
그런데, 時支 午火가 바깥 남편인데, 그 남편이 나를 먹여
살린다.
이혼 한 후, 식당을 운영하고 있는데, 장사가 안 되고, 딸
하나를 기르고 있는데 자식 덕도 없다.
이런 사주는 식당 종업원을 해야 더 좋다.

☯ 刑 沖 合 및 殺星의 應用

辛金일주가 食神인 亥水와 官星인 巳火가 沖을 하여 부부 궁은
깨지나 물과 불의 조화로움 때문에 잠자리가 매력적이기
때문에 그 맛에 時支 午火 남자가 돈을 대준다.
日支 巳亥沖을 年支 丑土가 巳丑合金으로 임시로 말려주고
있는데, 이런 구조는 丑土가 合하거나 沖되면 巳亥沖이 발생을
한다.
辛亥일주는 孤鸞殺이고, 午火는 官 桃花라서 바람기가 있는
남자와 인연이다.

☯ 大運

-   초년 甲午대운에 用神인 火가 와서 좋은 때였고,

-   乙未대운도 熱土가 調喉를 해 주므로 좋았다.

-   丙申대운 중 丙 大運에 丙辛合하여 결혼인데, 申 대운
    巳申合水하여 남편궁인 巳火가 배역하므로 이혼하였다.

-   丁酉 대운 丁 대운에 午火 桃花殺이 발동하여 재혼한다.
    巳 대운에 巳酉丑金局이 되므로 운이 신통찮다.

-   戊戌대운에 戊癸合시키고 戌土가 土剋水하여 調喉를 시켜
    주므로 좋은 대운이다.

-   己亥대운에 己土가 癸水를 沖해 주는 것은 좋으나, 巳亥沖이
    되어 巳火를 끄므로 나쁘다.

-   庚子대운에 時支 午火를 끄면 남편도 잃고, 명예도 잃으므로
    희망이 없다.

己　辛　乙　丁　여

亥　丑　巳　丑　자

78 68 58 48 38 28 18 8　대

癸 壬 辛 庚 己 戊 丁 丙　운
丑 子 亥 戌 酉 申 未 午

☯ 四柱의 旺衰

辛金의 나타나 뿌리는 없고, 地支에 암장한 뿌리만 있어
身弱한데, 사주가 濕하고 巳丑合이 되어 身旺으로 변했다.

☯ 格局과 用神

辛金이 巳月에 태어나 正官格인데, 사주가 濕하므로 調喉를
시켜주는 火가 필요한 사주다.
여기서, 여름 生이 火를 쓰므로 逆用神인데, 대게, 逆用神을
쓰는 사람은 운이 없다.
火가 用神이고, 木이 吉神이며, 水가 病神이고, 金이 仇神
이며, 土가 藥神이나 濕土는 凶神이므로 이 사주의 丑土는 큰
도움이 되지 않는다.

☯ 四柱의 特徵

巳月은 火가 나타나면, 火가 주권을 잡고, 土가 나타나면 土가
되고, 金이 나타나면 金으로 되는데, 이 사주는 丑土가 나타나
金이 됐다.
月上의 乙木은 亥水에 根氣를 갖고 있어 키울 수 있는 木인데,
나타나 있는 木을 자르면 나쁘다.
사주가 太旺한데 濕해서 火도 쓰긴 쓰나 火가 약해서 남편도
되는 게 없다.

☯ 命主의 性格

성격이 까다로우면서도 깔끔하고, 甲木이 먼지를 못 오게 막고
있어 자기관리에 철저하며, 인정도 많으나 남편한테는 피곤
하게 하는 성격이다.

☯ 六親 關係

月柱에 用神과 財가 있어 부모 덕이 크지는 않아도 다소 있는
사람이며, 月支 巳중의 丙火가 남편인데, 巳火가 巳丑으로
배역하므로 남편이 무능하기 때문에 남편 덕이 없다.
乙木이 돈인데, 나무가 뿌리내릴 전답이 있고, 亥水에 根氣가
있어 먹고 살만큼은 돈복이 있다.
亥水가 자식인데, 사주를 습하게 하고 丑도 없어지는 운이
되면, 남편인 巳火를 沖하므로 고통 주는 자식이다.

☯ 刑 沖 合 및 殺星의 應用

干上에 乙辛沖하나 年上에 丁火가 지키고 있어 乙木이 완전히
부러지지는 않았고, 年支 丑土와 月支 巳火가 巳丑合金이 되어
남편이 배역했으며, 月支 巳火와 時支 亥水사이에 日支 丑土가
巳亥沖을 임시로 막아주고 있으나, 丑土가 없어지면, 巳亥沖이
발생하므로 이혼한다.

☯ 大運

- 초년 丙午 대운에 調喉가 완벽하므로 좋았고,
- 丁未대운도 마찬가지로 좋았다.
- 戊申대운에 大運 支 申金이 月支 巳火를 巳申合시키면 남편이
  없어지므로 凶하다.
- 己酉대운도 巳酉丑金局이 되므로 남편이 무력해져 나쁘고,
- 庚戌대운 庚金이 乙木이 合시켜 돈이 없어져 凶하나 戌土가
  調喉를 해 주므로 다소 좋아진다.
- 辛亥대운부터는 운이 없다.

제 8 장 辛金日干 午月

壬　辛　甲　辛　　남

辰　卯　午　卯　　자

75 65 55 45 35 25 15 5　대

丙 丁 戊 己 庚 辛 壬 癸
戌 亥 子 丑 寅 卯 辰 巳　운

☯ 四柱의 旺衰

午月에 辛金이 뿌리가 없고, 印星인 辰土가 있으나
寅辰半木局이 되어 믿을 수 없으므로 從하지 않을 수 없다.

☯ 格局과 用神

이 사주를 기존이론대로 보면, 午月은 나무가 무성하게 자랄
계절인데, 辛金이 뿌리가 없고 印星인 辰土가 있으나 卯辰木局
이 되었고, 年支에도 木이 있어 木의 세력이 旺하므로 從財格
이라고 할 것이다.
그러나, 月上 甲木은 日支 卯중에서 表出했고, 木의 세력이
旺하므로 從財格과 日干代行格도 겸한다.
그래서, 生木이 되므로 木은 火가 가장 필요하고, 土도 필요
하며, 金은 病에 해당한다.

☯ 四柱의 特徵

辛金일간이 뿌리가 없어 從財格 겸 日干代行格이 되었으므로
甲木이 体가 되고, 火가 用이 되며, 日干인 자신이 病이
되는데, 病이 年 日에서 甲木 体를 剋하고 있는 형상이다.
또, 甲木 나무는 辰土에 뿌리를 내려 旺한데, 丙火 태양이
干上에 없고 午火에 의지하므로 꽃과 열매가 적은 나무다.
이 男命은 辛 대운에 법원직 공무원으로 출발하였으나 官星이
病이라 도중에 사직한 후 나이 먹도록 부동산중개업을 하였다.

☯ 命主의 性格

辛金이 아신을 버리고 木으로 從을 하여 食神生財로 가므로
온통 財星인 돈과 여자에 관심이 가 있다.
卯木이 眞桃花는 아니나 午火의 열기를 받아 무럭무럭 자라고
있는 나무라서 陽氣가 충만해 있어 정력도 좋고, 辰土는
위장에 해당하는데 卯木의 剋을 받아 위장이 약한데, 대게,
辰土를 가진 사람들은 식성이 좋다.

☯ 六親 關係

辛金이 從을 하여 木体가 되었으나, 원래, 辛金일간에서 보면,
年, 月, 日에 財星이 있어 여자가 많으므로 여자를 탐하는
사람인데, 日支에 從神의 뿌리인 卯木이 있어 마누라와도
有情하고 덕도 있다.
또, 대게, 從財格은 부모덕도 있는데, 이 사주의 月上 甲木이
死地에 앉아 있으나 午중의 地藏干이 表出되지 않았으므로
死神이 발동하지 않았고, 午火가 吉神이므로 부모 덕이 있다.
從神으로 볼 때, 官星이 病神에 해당하고, 陰干이므로 아들은
없을 것으로 보이나, 이 男命은 큰 애가 딸이고 작은 애가
아들이다.

☯ 刑 沖 合 및 殺星의 應用

甲木은 午火 死地이고 紅艶이라서 부친이 바람기가 있었을
것이고, 辛金 官星은 卯木 絶地에 앉아있어 무력한 자식이다.
從神의 偏印인 壬辰은 魁罡이라서 성질이 강한 어머니이다.

☯ 大運

- 癸巳대운에 癸水가 水生木하고 巳中에 丙火가 들어있어 나무가
  잘 자라므로 귀염받고 성장을 하였다.
- 壬辰대운에도 時上의 壬水가 動하여 水生木하므로 좋고,
  辰 대운에 寅卯辰木局이 되어 길했다.

- 辛卯대운에 辛金이 좋지는 않으나 官星이므로 지방에서 법원직
  공무원으로 출발하였다.
- 庚寅대운에 甲庚沖하나 역시 庚金이 寅木 絶地에 있어 힘이
  약해 큰 흉이 아니고, 寅木이 寅午火局하여 나무가 잘 자라므
  로 길하다.

- 己丑대운에서 己土가 用神이며 從神인 甲木을 묶고, 丑土 돌
  자갈밭이 나타나 辛金의 뿌리가 되어 從하기를 거부하므로
  공직에서 나오게 되었다.
  또, 나무는 火가 있어야 꽃피고 열매를 맺는데, 己丑이 오니
  午火가 열기를 빼앗겨 나빴던 것이고, 퇴직 후 부동산을 하고
  있는데, 장사가 안 되고 가게가 팔리지 않아 고전을 하다가
  丙戌년에 丙火가 辛金을 묶어주니 가게를 팔고 놀고 있다.
- 戊子대운에 戊土가 오면 甲木의 입장에서는 뿌리내릴 터전이
  생겨 좋으나 辛金의 입장에서는 印星이 와서 도와주므로 從을
  거부하려고 하므로 좋지 못하고, 大運 支 子水가 午火를 沖하
  면 앞이 깜깜해지는데, 문서 또는 건강에 문제가 생길 것이다.

- 丁亥대운에 午中 丁火가 透出하여 辛金을 눌러주므로 좋고,
  亥水가 水生木하므로 길하다.
- 丙戌대운에 丙辛合하여 日干인 辛金과 午火를 戌土에 入庫시키
  면 나무에 生氣가 없어져 終命할 것이다.

癸　辛　丙　丁　남

巳　亥　午　酉　자

71 61 51 41 31 21 11 1　대

戊 己 庚 辛 壬 癸 甲 乙
戌 亥 子 丑 寅 卯 辰 巳　운

☯ 四柱의 旺衰

午月에 辛金이 年支에 比肩을 보았으나 불이 너무 旺해서
太弱하다.

☯ 格局과 用神

辛金이 午月에 태어나 午중 丙 丁火가 透干되고, 時支에
巳火가 있어 官星이 旺하므로 偏官格이다.
이 사주는 午月에 보석인 辛金이 身弱한데, 불이 많아 녹을
지경에 이르니 우선 자신부터 보호를 받아야 하고, 그 다음
불을 끄는 물이 필요한 사주다.
또, 濕土인 丑土와 辰土도 좋다.
따라서, 太弱하므로 比劫이 用神이고, 火가 旺해서 病神이므로
病을 치료하는 藥神인 水도 필요한 사주다.
水가 藥用神이고, 金이 吉神이며, 火가 病神이다.

☯ 四柱의 特徵

이 命主는 경기도 가평 태생으로,
여름에 태어난 보석이 불이 旺해서 녹을 지경인데, 여기서,
불은 官星으로 조상이요, 직장이요, 희망이요, 자식에 해당
하기 때문에 이러한 요소들이 불안하다.
또, 부모 궁에서 火가 旺하므로 부모의 덕도 없어 자수성가
해야하고 官이 자식이며 자식 궁에 病神인 巳火가 있어 用神인
亥水를 沖하므로 나쁜 구조다.

☯ 命主의 性格

이 男命은 午月에 辛金으로 태어나 불이 旺해서 자신을
공격하므로 성격이 조급하고, 예비관념이 강하며, 예민하다.
辛金은 성격이 깔끔하여 다듬어 지지않은 庚金 친구가
다가오는 것을 싫어하고, 같은 보석인 辛金이 오는 것도
싫어한다.
그래서, 자기하고 컨셉이 잘 맞는 친구만을 골라서 사귀기
때문에 교제의 폭이 넓지 않다.
또, 地支에 보석의 뿌리인 酉金을 갖고 있어 酉金은 완벽을
좋아하는 성분이기 때문에 정리정돈이 되어 있는 것을 좋아
하고, 약속을 철저히 지키는 성격이라서 남들도 자기처럼
약속을 잘 지켜주길 바라는 스타일이다.

☯ 六親 關係

사주에 불이 旺해서 病神인데, 그 旺한 불을 끄는 藥神이며,
用神인 水를 日支 妻宮에 갖고 있어 부부사이가 有情하다.
그러나, 日支 亥水를 時支 巳火가 沖하므로 갈등의 요인을
안고 있으나 大運이 잘 가므로 큰 탈이 없다.
또, 官은 조상이기 때문에 조상의 蔭德이 약하고, 부모궁인
月柱에 病神이 있어 부모덕이 없어 자수성가형이며, 자식궁인
時支에 巳火가 病神이면서 用神을 치므로 자식 남매 중 하나는
無德할 것이다.

☯ 刑 沖 合 및 殺星의 應用

月上 丙火와 日干 辛金이 太旺한 丙火를 丙辛合으로 끌어안고
있어 녹아내릴 지경이고, 年上 丁火가 辛金을 노려보고 있는
형상으로, 官은 희망이요, 바램이며 꿈인데, 凶神이 되면 되지
않을 꿈만 꾸게 되므로 망상이 된다.
巳亥沖하여 夫婦宮이 불안하고, 亥水가 驛馬인데, 驛馬 沖이라
교통사고 같은 것을 조심해야 한다.

☯ 大運

- 초년 乙巳대운 어렸을 때에 巳亥沖의 작용으로 인하여 몸이
  많이 아팠었다고 한다.

- 甲辰대운에 地支 辰土가 들어와 熱氣를 흡수하고, 水氣를 도와
  도와주므로 운이 좋아 공부를 잘하여,

- 癸卯대운에 그 당시 취직하기 어려웠던 시절에 직장인 선망의
  대상이었던 교직에 취직을 하여 직장생활을 시작하였고,
  88 戊辰년 결혼하였다.

- 31세 壬寅대운 壬水가 丁火를 묶어주므로 吉하나 大運 支
  寅木이 凶神이므로 운이 좋지 못하여 보증을 서줬다가 어려움
  을 겪기도 했고, 97 丁丑년 외환위기를 맞아 직장에서 상사와
  트러블이 생겨 결국 98 戊寅년에 사표를 내고 나왔다.

- 41 辛丑대운에 친척이 하는 자동차판매사업에 투자하여 잘
  살고 있는데, 丁亥년에 丁癸沖 巳亥沖하므로 변화심리가 작용
  하여 무언가 다른 사업을 하려고 준비 중인데, 大運과 歲運이
  좋아서 잘 되었다.

- 庚子대운에 중 庚 大運에 길하나,凶한 歲運인 52세 戊子年에
  戊癸合으로 癸水를 묶고, 旺神인 午火를 子午沖하므로 수십억
  원의 부도를 맞았고, 己丑년에 日主 入墓되고, 丑午鬼門殺이
  작용하여 우을증으로 고생했으며,
  子 대운에는 子午沖으로 旺神을 沖하여 관재, 직업 또는
  자식에 흉액이 따를 수 있다.

- 己亥대운에 己癸沖하여 干上의 癸水를 沖하고, 時支를 巳亥沖
  하므로 갈 길을 막으므로 어려움이 따를 것이다.

- 戊戌대운이 나빠서 이제 모든 것을 접어야 한다.

乙　辛　壬　乙　　남

未　亥　午　巳　　자

77 67 57 47 37 27 17 7　　대

甲 乙 丙 丁 戊 己 庚 辛　　운
戌 亥 子 丑 寅 卯 辰 巳

☯ 四柱의 旺衰

午月에 辛金이 뿌리가 없고, 未土 印星이 있으나, 亥未木局이
되어 변했으므로 從勢하는 수 밖에 없다.

☯ 格局과 用神

午月에 辛金이 뿌리가 없고, 未土 印星을 가졌으나 未土가
亥水와 合하여 亥未木局이 되었고, 未중에 乙木을 表出했으며,
木勢가 旺하여 從財格이 되었다.
陰干인 辛金이 從을 하였으므로 從神인 乙木을 体로 봐야 하기
때문에 木이 用神이고, 水는 吉神이며, 金이 病神이고, 土는
吉神이며, 火는 藥神이다.

☯ 이 四柱의 特徵

사주가 從을 하였는데, 같은 從財라도 干上에 甲木이 나타나
있으면 局이 더 좋을 것인데, 乙木이 나타났으므로 局이 작고,
또, 나무는 태양이 干上에 떠야 좋은데, 火가 地支에 있어
榮華가 작다.
그래서, 자기가 사업의 오너가 되지 못하고, 월급쟁이다.

☯ 命主의 性格

辛金일간이 의지할 곳이 없어 我神(아신)을 버리고 木으로
從을 하였으므로 두뇌가 좋고, 현실감각이 발달해 있어 돈에
대한 감각이 발달해 있으며, 여자도 탐한다.

☯ 六親 關係

男命이 從財格이 되었으므로 돈과 여자에 인연이 많은데,
午火 桃花殺을 갖고 있어 여자를 탐하는 것이 한층 가중되고,
日支에 吉神인 亥水가 앉아 未土와 合하여 乙木을 表出해
냈으므로 妻德이 많은 사람이고, 돈 복도 있으나, 乙木이므로
큰 돈은 아니다.
이 사주는 다리가 불구자임에도 불구하고 妻宮이 吉神이라서
妻의 내조가 극진하다.

☯ 刑 沖 合 및 殺星의 應用

日干인 辛金이 乙辛沖을 하나 辛金이 뿌리가 없어 떠 있는
辛金이라서 旺한 乙木을 잘라내지 못하며, 壬水 印綬가 桃花殺
위에 앉아있어 엄마가 멋쟁이 이거나 끼가 있는 사람이고,
亥未合木인데, 未중의 乙木을 表出해 냈으며, 年支 巳火와
巳亥沖을 亥未合하여 막고 있을 뿐만 아니라, 月支 午火가
막아주고 있다.
또한, 巳午未月에는 卯木과 未土가 急脚殺인데, 이 사주는
時支에 急脚殺을 갖고 있어 97(丁丑)년 34살 때 丑未沖하여
대형 교통사고를 당하여 한쪽 다리를 못 쓰는 사고를 당했으나
회사생활은 계속하고 있다.

☯ 大運

- 초년 辛巳대운에 乙辛沖하나 辛金이 뿌리가 없어 약하고, 旺한
  乙木이 두 개라서 무난하여 편하게 성장하였으며,

- 庚辰대운에 劫財인 庚金이 印星인 辰土를 달고와 日干을 도와
  주므로, 從勢를 거부하여 吉하지 못하여, 학교 공부를 많이
  하지 못하고 화장품회사에 취업하였는데, 天干에 財星인 乙木
  이 일찍 나타나 從財하였으므로 총각 때부터 女難이 심했다.

- 己卯대운 중 己 대운에 己土가 壬水를 흐리게 하여 凶한데,
  歲運에서 丁丑년(97, 34살)을 만나 急脚殺인 未土를 丑未沖

하여 대형교통사고를 당하여 한쪽 다리를 못 쓰는 중상을
입었으나,
卯 대운 중 亥卯未合木이 되므로 대발하기 시작하여, 그 회사
의 대표자가 되어 많은 매출을 올렸다.

- 戊寅대운도 戊土가 寅木을 달고와 格을 깨지 않으므로 무난
  하며 년봉을 많이 받는다.

- 丁丑대운도 丁 대운은 午火 桃花가 動하므로 外情이 있을 것이
  고, 丑土가 未土를 沖하면 格이 깨지고, 더군다나, 急脚殺을
  沖하면 나쁘다.

- 丙子 대운 중 丙火가 丙辛合水하므로 吉하나 子水가 旺神인 午
  火를 沖하면 凶하고,

- 乙亥대운에 乙辛沖, 巳亥沖, 亥未木하여 분주다사하고,

- 甲戌대운 중 戌 대운이 凶하다.

제 8 장 辛金日干 未月

辛　辛　辛　己　여

卯　酉　未　亥　자

71 61 51 41 31 21 11 1　대

己 戊 丁 丙 乙 甲 癸 壬
卯 寅 丑 子 亥 戌 酉 申　운

☯ 四柱의 旺衰

未月에 辛金이 太旺하다.

☯ 格局과 用神

辛金이 未月에 태어나 未중 己土가 透干되어 偏印格이다.
辛金은 보석이기 때문에 壬水로 씻고 丙火가 비춰줘야 가장
아름다운데, 干上에 水가 없으므로 이 사주는 年支에 있는
亥水로 씻어줘야 한다.
水가 用神이고, 金이 凶神이며, 土가 病神이고, 木은 藥神
이다.

☯ 四柱의 特徵

太旺한 辛金이 水를 生하려고 해도 辛金과 酉金에는 물이
들어있지 않을 뿐만 아니라 亥水와 멀리 있고, 土가 가로막고

있어 마음뿐이지 생해주기가 어렵다.

또, 偏財인 卯木은 卯酉沖당하고 群劫爭財 당하여 키울 수
없는 木인데, 그 대신 亥未合木하여 木아닌 木을 기른다.

☯ 命主의 性格

辛金은 원래 보석이라서 얼굴은 예쁘며, 깔끔하고 까다로운
성격인데, 己土와 未土가 있어 먼지가 묻은 土라서 덜
까다롭게 되었고, 배설구인 食傷이 약해 베풀지 않는 사람
이다.

☯ 六親 關係

官인 丁火가 未중에 숨어있고, 그나마도 亥未合木되어 官이
없어진 것이나 마찬가지라서 남편 덕이 없고,

또, 官星인 丁火가 남편인데, 用神인 亥水가 亥未合되어
官星이 허약하고, 남편 궁에 比肩이 자리를 잡고 있어 官이
들어갈 틈이 없을 뿐만 아니라 남편궁인 酉金과 卯木이 沖하여
부부 궁이 깨져 있어 여러모로 남편과 해로하기가 어렵다.

☯ 刑 沖 合 및 殺星의 應用

地支에 卯酉沖하여 어머니의 첫 번째 남편은 죽었을 것이고,
亥未合木하여 아버지 아닌 아버지이기 때문에 엄마의 두 번째
남편인데, 時支의 辛金은 엄마의 첫 번째 남편과의 사이에서
낳은 자식일 것이고, 月柱 辛金과 日主 辛金은 엄마의 두 번째
남편한테서 낳은 자식이다.

☯ 大運

- 초년 壬申대운에 壬水로 洩氣해 주고, 申金이 卯木을 剋하는
  성분이라서 卯木에게는 좋지 않으나, 申중에는 壬水가 들어
  있어서 무난했다.
- 癸酉대운은 아버지 글자인 偏財 卯木을 자르니, 이 때 아버지

한테 변고가 생겼을 것이다.

- 甲戌대운에 甲木이 나타나면, 卯木이 살아나려하므로 卯酉沖이
  작용하고, 甲己合되어 엄마가 남자를 만나는 운이며, 戌土는
  亥水 用神을 치고, 未土와 刑이 되며, 卯木과 卯戌合火하여
  분주다사하기만 하고 소득이 없다.
- 乙亥대운에 乙辛沖되고, 亥卯未合木으로 酉金과 相沖하니,
  재물에 손재가 있었을 것이다.
- 丙子대운 辛巳년에 남편을 만나고, 옷가게를 시작하였으나
  金剋木하므로 운영이 어려워 고전하다가 甲申년에 그만두었다.
- 丁丑대운에 官星인 未중 丁火가 나타나고, 日支가 丑酉合金
  하므로 남자가 생기나 旺神인 辛金이 入庫하므로 凶하고,
- 戊寅대운에 戊土가 가세하면 金이 더욱 旺해지고, 寅木과
  亥水가 寅亥合하여 金木相爭이 되므로 凶하다.
- 己卯대운에 亥卯未合木하여 旺金과 본격적인 相爭을 하므로
  나쁘다.

丁	辛	乙	丙	여
酉	卯	未	申	자

76 66 56 46 36 26 16 6   대

丁	戊	己	庚	辛	壬	癸	甲	
亥	子	丑	寅	卯	辰	巳	午	운

☯ 四柱의 旺衰

未月에 辛金이 比劫이 旺하고 月令을 얻어 身旺하다.

☯ 格局과 用神

辛金이 未月에 태어나 未中 乙木이 透干되어 偏財格인데,
月令이 未月이고, 干上에 丙 丁火가 나타나 있어 燥熱하므로
調喉를 시켜주는 水가 가장 필요하나 없기 때문에 木을 用神
으로 쓰고, 水는 吉神이며, 金이 病神이고, 土가 吉神이며,
火는 藥神이다.

☯ 四柱의 特徵

未月에 辛金이 丁火의 剋을 받고 있어 상처 난 보석이고,
길러야 할 乙木을 乙辛沖으로 자르고 있으며, 地支 卯木도
卯酉沖으로 자르려 하니 운이 없는 사람이다.
財星인 乙木과의 인연에 따라 동대문에서 옷가게를 한다.
사주에 病이 많으면 하늘도 못 말린다.

☯ 命主의 性格

사주에 病이 많은 자는 정신이 병들어 살아가게 되는데, 특히,
女命에 日干이 病이 되면, 자기가 항상 구실을 만들어 남편한테
매 맞고 산다.

☯ 六親 關係

辛金일간의 남편은 年上의 丙火이고, 時上에 丁火는 애인 또는
두 번째 남자로 유부남인데, 日支가 卯酉沖으로 깨져 있어 두
번 결혼하거나 애인 두고 살 팔자다.
자식은 年上 丙火 밑에 申中 壬水로 아들이 하나 있으나, 무력
하므로 자식 덕은 없을 것이다.
남편 자리에 용신의 뿌리가 있어서 이혼이 쉽게 안 된다.

☯ 刑 沖 合 및 殺星의 應用

辛金일간이 年上에 남편이 있으나 그 사이에 乙木 偏財가

가로막고 있어 만남을 방해하고 있는데, 이런 구조에서는
乙木이 沖 받거나 合去당하면 合이 발생하게 되므로 결혼하게
된다.
白虎殺인 乙未 月柱가 辛金과 沖을 하여 아버지가 凶厄을 당할
운명인데, 乙木의 뿌리인 卯木마저 卯酉沖을 하고 있어 확실
하다.
또, 地支에 卯酉沖을 卯未合木으로 막고 있는데, 未土가 合
되거나 沖을 받으면 卯酉沖이 발생하고, 酉金이나 卯木이 올
때도 沖이 발생한다.

☯ 大運

- 초년 甲午대운에 甲木이 用神이라서 좋을 듯 하나, 午火를
  달고와 調喉에 반하므로 좋지 못하다.

- 癸巳대운에 癸水는 吉하나 뿌리가 없어 안개와 같고, 巳火는
  巳申刑合, 巳酉合金이 되나 火氣이므로 吉하지 못하다.

- 壬辰대운에 壬水가 時上의 丁火와 丁壬合木하여 用神의 기운
  으로 작용하고, 水生木해 주므로 吉하고, 辰土가 申辰合,
  辰酉合시키고, 乙卯木 나무가 沃土를 만나는 運이라서 吉하다.

- 辛卯대운에 乙辛沖하므로 돈 또는 부친이 없어지는데, 卯酉沖
  하여 부부도 헤어지게 된다.

- 庚寅대운에 月上의 乙木을 乙庚合시키면 丙辛合이 작용하여
  남자를 만나게 되는데, 大運 支 寅木이 오면, 年上의 丙火가
  움직이게 된 연유이기도 하다.

- 己丑대운에 용신은 乙木이 뿌리내릴 토양이 생기나,
  丑 대운에 日干이 入庫하면 凶하다.

甲 辛 辛 甲　　남

午 卯 未 午　　자
　　　　　　　　대
72 62 52 42 32 22 12 2

己 戊 丁 丙 乙 甲 癸 壬　　운
卯 寅 丑 子 亥 戌 酉 申

☯ 四柱의 旺衰

未月에 辛金이 뿌리가 없어 太弱하므로 從해야 한다.

☯ 格局과 用神

이 사주를 기존 이론대로 하면, 여름에 甲木이 뿌리를 갖고
있으므로 나무를 키워야 하기 때문에 從財格으로만 봤다.
또, 陰干인 辛金이 뿌리가 없고, 印星인 未土에 의지를 하려
하나 卯未合木局으로 변했고, 午未合土가 되어도 熱土이므로
土生金하기 어려우며, 또, 卯未合木하여 未土가 변하여 生을
받지 못하므로 從財格으로만 봐왔다.
그러나, 이 사주는 앞에서 설명한 것 처럼, 日干이 의지할
데가 없는데, 日支 卯중에서 甲木을 年上과 時上에 表出
시켰으므로 日干代行格도 된다.
그래서, 甲木이 体가 되는데, 甲木이 年上에도 있고, 時上에도
있는데, 이중에서 어느 것을 体로 볼 것인가가 문제가 된다.
이런 경우에는 우선 가까운 것을 봐야 하고, 더군다나, 月上에
凶神인 比肩이 가로막고 있어서 時上의 甲木을 体로 봄이
합당하다.
따라서, 木이 用神이고, 水가 吉神이며, 金 病神, 干上의 火는
藥神이고, 地支의 火는 凶神이다.

☯ 四柱의 特徵

여름 庚辛金은 巳에서 長生, 午에서 沐浴, 未에서 冠帶로
불 속에서 자란다.
그러나, 이 사주는 여름인 未月生으로 불이 많아서 金이
힘을 못쓰며, 殺속에 사는 사람은 연구하면서 산다.

☯ 命主의 性格

辛金일간이 뿌리가 없어 의지할 곳이 없으므로 旺勢인
財星으로 從을 했기 때문에 두뇌가 좋고, 삶에 목표를 돈에
두게 된다.
또한, 陰干은 從을 하면, 從神을 日干代行으로 봐야하므로
甲木이 体라서 인자하고 인정이 많으며, 말을 잘한다.

☯ 六親 關係

男命이 財星으로 從을 했으므로 여자 복이 있고, 돈 복도
있으며, 부모 덕도 있는 사람이다.
또, 妻宮에 용신 甲木의 뿌리인 卯木이 자리를 잡고 있어
부부관계는 有情하나, 日干인 辛金이 官星으로 변하여 病神에
해당하므로 자식 덕은 없다.

☯ 刑 沖 合 및 殺星의 應用

午未가 空亡이라 從神인 甲木을 기준하여 食傷과 財가
空亡이라서 힘이 弱하다.
年柱와 時柱의 甲木은 紅艶인 午火 위에 앉아있어 바람기가
많고, 日支 卯木은 桃花인데, 桃花에서 表出한 甲木이므로
바람기기 많음이 확실하다.
年 月支 午未合土는 熱土인데, 從神인 甲木을 기준해서는
財星이므로 배 다른 아버지가 있거나, 두 아버지를 모시거나,
많은 여자를 상대하게 되고, 卯未合木은 比肩 劫에 해당하므로
씨 다른 형제가 있을 수 있다.

☯ 大運

- 초년 壬申대운 중 申 대운에 日干 辛金이 得祿을 하여 從을
  거부하므로 凶하고,

- 癸酉대운 중 酉金이 卯酉沖하여 用神을 沖하므로 대단히
  凶하다.

- 甲戌대운에 從神인 甲木이 하나 더 늘어 먹여 살릴 식구가
  하나 더 늘어난 格이고, 財星인 戌土가 戌未刑하여 午未合과
  卯未合을 깨므로 凶厄이 따른다.

- 乙亥대운에 乙辛沖하여 辛金이 상하게 되어 자식한테 凶한
  일이 생기고, 亥 대운에는 亥卯未合木이 되어 用神인 財星이
  탄력을 받으므로 본격적인 경제활동을 하여 돈을 벌게 된다.

- 丙子대운 중 丙火가 辛金을 묶어 주므로 좋으나, 子水가
  旺神인 午火를 沖하고, 日支 卯木을 刑하여 外情 문제와 부부
  갈등이 생긴다.

- 丁丑대운 중 丁 대운은 紅艶인 午火가 발동하여 外情문제가
  생기게 되고, 丑 대운에 從을 했던 辛金이 뿌리를 얻어 從勢를
  거부하므로 凶한데, 甲申(04)년에 日干 辛金이 申金 旺地를
  얻어 從을 거부하므로 흉하게 됐다.
  從格은 格이 깨지면 걷잡을 수 없이 나쁘기 때문에 이제 운이
  없다.

- 戊寅대운에 寅木이 비록 甲木의 뿌리가 되긴 하나 寅午合火
  하여 燥熱해지므로 운이 없고,

- 己卯대운에 무난하다.

제 8 장 辛金日干 申月

戊	辛	甲	庚	여
戌	丑	申	寅	자

79 69 59 49 39 29 19 9 　대

丙 丁 戊 己 庚 辛 壬 癸 　운
子 丑 寅 卯 辰 巳 午 未

☯ **四柱의 旺衰**

辛金이 申月에 태어나 身旺하다.

☯ **格局과 用神**

辛金이 帝王 月인 申月에 태어나 申중 庚金과 戊土가 干上에
透出하였으므로 正印格 또는 身旺用財格이다.
辛金일간의 劫財도 旺하지만 印星도 旺하므로 財星인 木으로
印星을 剋해주어 균형을 이루게 해야 한다.
木이 用神이고, 金은 病神이며, 土가 仇神이고, 운에서 火가
오면 藥神이며, 地支 水는 通關 吉神이다.

☯ 四柱의 特徵

나무가 살아있으나 甲庚沖, 寅申沖이 되어 상처를 받아서 값이
없는 나무다.
이런 구조에서는 金과 木을 通關시키는 水가 있거나, 金을
剋해주는 火가 있어야 좋은데, 나타나 있지 않고, 病神과 仇神
이 워낙 많아 남 밑에서 살아야 한다.
原局이 너무 안좋다.

☯ 命主의 性格

食傷이 없어 표현력이 없어 입이 있어도 말을 못하고 살고,
財가 살아있어 굉장히 부지런하나 노력도 안하고 큰 돈을
벌려고 하다가 돈을 남한테 빼앗기거나 내가 갖다 버리는 일만
한다.

☯ 六親 關係

用神을 日支와 대비해서 合이 들고 吉神이면 좋은데, 이
사주는 日支 丑중 辛金이 있어 金剋木하고, 남편이 寅중에
丙火인데, 寅申沖을 맞아 부서졌으므로 남편 덕이 전혀
없다.
또, 용신을 남편의 능력으로도 보는데, 用神 微弱이라 남편이
무능력하다.

☯ 刑 沖 合 및 殺星의 應用

나무가 살아있으나, 甲庚沖, 寅申沖이 되어 상처를 받아서
값이 없는 나무이고, 나무가 뿌리내릴 戌土와 丑土가 丑戌刑을
하고 있는데다가, 나무가 살아가기에 부적합한 자갈땅이라서
나쁘다.

☯ 大運

- 초년 癸未대운에 癸水가 木을 生해줄 수 있으나, 뿌리가 없어
  안개와 같은데다 戊土와 戊癸合으로 合하여 무용지물이
  되었고, 大運 支 未土가 오면 丑戌未三刑이 작용하나, 未土와
  戌土중에 들어있던 丁火가 刑出되어 火克金해주므로 좋았다.
- 壬午대운 중 壬 대운에 壬水는 申金에서 나왔으므로 친구나
  형제문제와 활동성에 관한 문제로 旺金을 洩氣해 주므로
  吉하다.

- 辛巳대운 辛金이 金剋木하므로 凶하나, 巳火가 오면,
  寅巳申三刑을 하는데, 藥神이 와서 刑을 시켜주므로 나쁘지
  않다.

- 庚辰대운 庚金이 甲木을 沖하여 부친한테 凶厄이 따르거나
  돈을 갖다 버리는 손재수이고,
  辰 대운에 辰戌沖되어 땅이 흔들리고, 土多金埋라서 고생을
  많이 했다.

- 己卯대운 己土가 甲木을 甲己合으로 묶어 활동을 막아서
  나쁘나,
  卯 대운에 卯戌火 되어 타지만 甲木의 뿌리가 튼튼해지므로
  吉하다.

- 戊寅대운 戊土가 가세하면 凶하고, 寅木이 나타나 寅申沖이
  작용하므로 남편과 이별하거나 손재수가 발생한다.

- 丁丑대운에 丁火는 좋으나, 丑 대운에 丑戌刑을 하면 자갈땅
  마저 흔들리므로 나무가 설 땅이 없어진다.

庚　辛　戊　壬 　　여

寅　未　申　申 　　자

75 65 55 45 35 25 15 5 　　대

庚 辛 壬 癸 甲 乙 丙 丁 　운
子 丑 寅 卯 辰 巳 午 未

☯ 四柱의 旺衰

이 사주는 1992년생으로 辛金이 申月에 태어나 太旺하다.

☯ 格局과 用神

辛金이 申月에 태어나 申中 壬水가 干上에 透出하여 傷官格을
이루나, 月上의 戊土가 土剋水하므로 나쁘다.
辛金은 보석이라서 旺하면 壬水로 씻는 것을 가장 좋아하나,
壬水가 戊土의 剋을 받기 때문에 제대로 씻지 못하므로 用神이
허약하다.
水가 用神이고, 金은 凶神이며, 土가 病神이고, 火는 吉神이나
木이 藥神인데, 木이 地支에 있고 君劫爭財당하여 허약하다.

☯ 사주의 特徵

辛金이 庚金을 보아 太旺하면, 雜格이라서 운이 없는데, 이
사주는 壬水로 씻으려 해도 印星인 戊土가 剋을 하여 씻을 수
없고, 木으로 제토를 하려고 해도 地支에 있어 干上의 戊土를
剋해주지 못하므로 별 쓸모가 없으니, 사주가 이렇게 되면 삶도
그러하다.

☯ 命主의 性格

辛金이 자식인 壬水를 가까이하려고 해도 엄마가 가로막고
있어 자식을 가까이 할 수 없으므로 엄마에 대한 불만이 많고,
比劫이 많아 식구는 많은데, 庚寅으로 남의 돈을 얻어 연명
하려 하니 항상, 돈 가뭄에 시달리게 되므로, 어떻게 하면
劫財 밑에 있는 寅木 돈을 가져오나 하는 궁리를 하게 된다.

☯ 六親 關係

辛金 일간의 남편은 寅중 丙火인데, 時上의 庚金이 寅木을
자라지 못하게 억누르고 있고, 年支와 月支의 辛金이 기회만
오면 寅申沖하려고 노려보고 있어 부부 궁이 불안하다.
또, 寅木은 돈이므로 寅申沖당하면, 돈과 남편이 한꺼번에
없어진다.
印綬가 仇神이면, 크면서 부모 속을 썩인다.

☯ 刑 沖 合 및 殺星의 應用

寅木 속에 들어있는 丙火가 남편이고, 辛金 거울을 빛내 줄 태양
불이 있는데, 未土가 임시로 막아주고 있어 沖을 안 받아서
살아있고, 日支 未土는 財庫라서 먹고 살 양식은 갖고 있다.

☯ 大運

- 초년 丁未대운 丁火가 丁壬合하여 未土에 入庫하므로 土剋水 받아
  약한 壬水가 凶厄을 당하게 되는데, 壬水는 祖母에 해당하므로
  祖母한테 凶厄이 있었을 것이나, 未중에도 丁火가 들어 있어
  火克金하므로 吉한 운이다.
- 丙午대운 중 丙 대운에 寅중에 있던 丙火와 丙辛合하여
  남자관계가 있을 것이고, 午火가 寅午合하여 火克金하므로
  길하다.
  甲申년까지는 공부를 잘했는데, 乙酉년에 공부를 안 했다.
  운이 이렇게 되면, 안 하던 짓을 하여 공부 안 한다.

丙戌년 이후 丁亥년이 오면, 다시 공부한다.

- 乙巳 대운에 乙辛沖하고 寅巳申三刑이 되어 父親에 凶厄이 있거나
  몸이 아프거나 또는 수술을 하게 된다.
- 甲辰대운 중 甲 대운에 甲木이 戊土를 막아주어 吉하고,
  辰 대운에 辰土가 濕土이므로 申辰水局이 되며, 寅木이 뿌리내릴
  토양이 되므로 吉하다.
- 癸卯대운에 癸水가 戊癸合시켜 土剋水 하지 않으므로 吉하나,
  卯木이 卯未로 未土를 合하면, 寅申沖이 발동하게 되어 남편과의
  이별 수가 있게 되고, 돈이 없어지게 된다.
- 壬寅대운 중 壬水는 좋으나, 寅木이 오면 寅申沖이 되어
  金木相爭이 되므로 凶하나, 寅중 丙火와 暗合이 된다.
- 辛丑대운에 寅중 丙火와 暗合이 되고, 丑未沖으로 日支를 沖하면
  寅申沖이 되어 用神이 깨지므로 凶하다.

壬　辛　丙　辛　여

辰　丑　申　丑　자

71 61 51 41 31 21 11 1　대

甲 癸 壬 辛 庚 己 戊 丁　운
辰 卯 寅 丑 子 亥 戌 酉

☯ 四柱의 旺衰

申月에 辛金이 比劫이 旺하고, 印綬도 많아 太旺하다.

☯ 格局과 用神

月支 申중에 壬水가 透干되어 傷官格이다.
사주가 濕해서 正用神이 火인데, 合을 해서 쓸 수 없으므로
洩氣하는 水가 用神이고, 金은 吉神이며, 土가 凶神이고, 丙火는
빛에 불과하므로 나쁘지 않고, 辛金을 빛내주므로 좋다.
申月에 水를 쓰면, 부자는 아니더라도 편하게 산다.
壬水 用神이 申金에 뿌리를 박고 丑중에도 癸水 根氣를 갖고 있어
튼튼하므로 남편의 직업이 안정적이다 .

☯ 四柱의 特徵

申月은 아직 해가 많이 있을 때라서 곡식이 아직 크고 있다.
酉月이 돼야 태양이 떨어진다.
그런데, 月干에 丙火 태양 하나를 두고 年干 辛金과 日干이 서로
合하자고 投合하고 있어 불길하다.

☯ 命主의 性格

申月의 辛金이 뿌리가 튼튼하고, 壬水로 씻어 주므로 줏대도
강하고, 인정도 있으며, 명랑하나, 丙火 官星 하나를 두고
年干 比肩과 投合을 하고 있어 ' 내 남편을 친구가 빼앗아
가지 않나 '하고 생각하기 때문에 질투심이 매우 강하다.

☯ 六親 關係

이 사주의 남편은 직장인인데, 辛金일간과 年干에 있는 比肩인
辛金이 月干 丙火 하나를 서로 合하자고 잡아당기는 형상이고,
丙火 남편입장에서는 이 여자 저 여자를 두고 어느 여자와 合을
할까 망설이는 구조이니, 필시 남편이 바람둥이 이거나 여자를
많이 상대하는 사람일 것이다.
또, 丙火 남편이 死地 위에 앉아있고, 丙辛合하여 丑에 入墓
하므로 불길하기 짝이 없다.
특히, 女命에 傷官과 官이 함께 透干되면, 剋官하므로 나쁘다.

壬水는 아들인데, 여성이 자식글자를 用神으로 쓰므로 자식과의
인연이 깊다.

☯ 刑 沖 合 및 殺星의 應用

月干 丙火 陽을 두고 陰인 辛金이 양 옆에서 합하려 하므로
投合이라고 하는데, 반대로, 陰의 글자를 놓고 陽끼리 합하려
하면 이 때는 爭合이라고 한다.
辛丑은 자기 庫이고, 壬辰은 魁罡이다.

☯ 大運

-   丁酉대운 무난하였고,

-   戊戌대운 戊土가 壬水를 하여 凶하고, 戊土가 丑戌刑, 辰戌沖
    하면 壬水도 흔들리므로 불운하다.
-   己 대운에 己土濁壬시켜 탁한 물로 보석을 씻으니 凶하고,
    亥 대운에 壬水가 뿌리를 얻어 吉하다.

-   庚 대운 무난하고, 子 대운 申子辰水局이 되어 洩氣를 잘 해
    주므로 吉하다.
-   辛丑 대운 伏吟運이고, 丙火 한 개를 두고 投合이 발생하고,
    丙辛合하여 丑에 入庫시키므로 이런 운에 남편에 凶厄이 있다.

-   壬 대운에 丙火를 剋하여 남편한테는 좋지 못하나 한편으로는
    보석을 씻어 주므로 자신한테는 吉하고,
    寅 대운에 丙火가 祿을 얻어 남편이 득세하게 된다.
-   癸 대운에 癸水가 丙火를 剋하여 官星을 손상을 입으므로 凶하
    고, 卯 대운에 무난하다.

제 8 장 辛金日干 酉月

```
丙　辛　辛　戊　　여
申　卯　酉　午　　자

76 66 56 46 36 26 16 6　대

癸 甲 乙 丙 丁 戊 己 庚　운
丑 寅 卯 辰 巳 午 未 申
```

☯ 四柱의 旺衰

辛金이 酉月에 태어나 比劫이 많고, 戊土가 生助하니
身旺하다.

☯ 格局과 用神

酉月 申金이 年支에 뿌리를 둔 時干에 丙火를 보아 時上
正官格이다.
酉月 辛金은 물상적으로 완성된 보석이나 거울로 보는데,
보석이나 거울이 丙火를 만나면 번쩍 번쩍 빛이 나므로
아름답다.
원래, 辛金은 완성된 보석이라서 丁火는 싫어하지만, 丙火는
좋아하는 특성이 있기 때문에 丙火가 너무 旺하여 辛金을 녹일
경우를 제외하고는 丙火를 用神할 수 있다.
그래서, 火가 用神이고, 木은 吉神이며, 金이 病神이고,
土는 仇神이다.

☯ 四柱의 特徵

時干에 있는 하나의 丙火를 놓고 日干과 月干이 投合을 하고
있어 한 남자를 두고 서로 연애하자고 질투하고 있는 형국
이고, 또, 日支와 月支가 卯酉沖을 하므로 부부 궁에 이상이
있음을 표시하고 있다.
보석이 조명을 받아 번쩍번쩍 빛을 내고 있으므로 인물이 잘
생겼다.

☯ 命主의 性格

日干과 月干이 年支 午중의 丙火와 明暗合을 하고 있어
암암리에 남자 하나를 두고 경쟁하고 있고,
또, 남편인 時干의 丙火를 놓고 月干의 辛金이 投合을 하고
있어 내 남자를 다른 사람이 넘보고 있으므로 항상 의심을
하고 있어 남편한테는 의부증이 있기 쉽고, 다른 사람한테는
자기 남편하고 연애하지 않나 해서 의심을 많이 하게 된다.

☯ 六親 關係

이 사주에서 부친은 日支 卯木인데, 酉金과 沖을 하여
깨졌으니 부친과 인연이 박하고, 모친은 戊土인데, 부친인
卯木과 아무런 合을 맺지 못하므로 酉중의 庚金과 申중의
庚金을 모친으로 봐야하는데, 이렇게 되면, 모친 두 분에
부친은 한분이므로 모친이 두 번 결혼 즉, 재혼했음을 알 수
있다.
본 남편은 時干 丙火인데, 日干인 자신과 月干의 申金과 合을
하므로 남편은 나 이외에 다른 여자와도 合을 하므로 내가
妾이거나 남편이 妾을 둘 수 있음을 알 수 있다.
자식은 申중의 壬水인데, 申중의 戊土가 年干에 表出해
있으므로 자식으로 봐야하는데, 陰 日干이 陽인 戊土를 보므로
아들이다.

☯ 刑 沖 合 및 殺星의 應用

합과 沖은 이미 설명했고, 卯申은 鬼門이라서 정서불안이나
노이로제 같은 정신적인 문제가 있을 수 있고, 年支 午火는
空亡이다.

☯ 大運

- 庚申대운은 사주가 太旺해지므로 나쁜데, 운이 이렇게 흐르면
  이 사주에서 가장 弱한 卯木 財星이 힘을 못쓰게 된다.

- 己未대운 중 未 대운에 卯未木局이 되어 木이 旺해지고,
  未중에 丁火가 있어 旺한 金에 대적을 할 수 있게 하므로
  吉하다.

- 戊午대운에 官星이 세력을 얻어 吉하다.

- 丁 대운에 丁火가 丙辛合을 방해하므로 凶하고,
  巳 대운에 巳酉合, 巳申合刑하므로 반흉반길이다.

- 丙 대운에 丙辛合이 있는데, 운에서 丙火가 오면, 爭合하므로
  凶하고,
  辰 대운에 紅艶인 酉金과 合하므로 外情이 생길 수 있다.

- 乙 대운에 乙木은 日支 卯木에서 나왔으므로 卯酉沖이
  생기므로 凶한데,
  卯 대운에 본격적으로 卯酉沖하므로 부부이별 수다.

- 甲 대운에 戊土를 剋하나 무난하고,
  寅 대운에 寅午合되어 寅申沖이 약해진다.

- 癸丑대운 凶하다.

辛　辛　癸　己　　여
卯　未　酉　丑　　자
71 61 51 41 31 21 11 1　대
辛庚己戊丁丙乙甲
巳辰卯寅丑子亥戌　운

☯ 四柱의 旺衰

酉月에 辛金이 比肩이 많고 印星도 旺하여 太旺하다.

☯ 格局과 用神

辛金이 酉月에 태어났으므로 建祿格이다.
酉月의 辛金은 완성된 보석이고, 거울이라서 壬水로 씻는 것을
가장 좋아하는데, 壬水가 없어 癸水로 씻으려 하니 윗부분은
씻어지는 듯 하나 밑 부분은 씻기지 않아 불만이 많다.
旺者는 洩하는 것이 좋으므로 水가 用神이고, 土가 病神이며,
木이 藥神이고, 天干의 火는 凶神이나 地支는 좋고, 地支 金은
凶神이다.

☯ 命主의 性格

辛金은 보석이고 거울이라서 성격이 깔끔하여 지저분한 것을
못 보고, 친구도 가려서 사귄다.
또, 보석은 壬水로 씻는 것을 좋아하는데, 癸水 빗물로
씻으므로 凶한데다가 癸水 옆에 印星인 己土가 剋을 하므로
부모덕이 없다고 생각하게 된다.

☯ 六親 關係

偏財星이 卯木으로 卯未木局을 이루어 힘을 갖고 있기 때문에

먹고 살 곡식은 갖고 태어났는데, 年 月柱가 凶神이라서
부모의 덕은 없으며, 특히, 印星인 己土가 癸水를 剋하므로
엄마와는 인연이 박하다.
官星이 未중에 丁火인데, 地藏干에 숨어 있고, 卯未로 묶여
있어 남편으로 보지 않고, 日支 未중 己土와 暗合하는 卯중
甲木을 남편으로 본다.
남편인 甲木의 입장에서 보면, 年干에 己土가 있어 결혼 전에
사귀었던 여자가 있었거나 그렇지 않으면 外情이 있는데,
부인 몰래 오랫동안 바람을 피웠다.
癸水가 자식성인데, 아들만 둘로 己土의 剋을 받아 큰 아들이
장애인이다.

☯ 刑 沖 合 및 殺星의 應用

年支가 自庫이며, 年 月支가 丑酉合이고, 時支 卯木은
囚獄殺이며, 日支 未土는 財庫이고, 時支 卯木과 卯未合으로
남편과는 有情하다.

☯ 大運

- 甲戌대운 중 戌 대운에 丑戌未三刑이 작용하여 사고나
   수술사가 있었을 것이다.
- 乙亥대운 중 乙 대운에 乙木이 亥水 死地위에 앉아 약한데,
   乙辛沖하므로 부친에 凶厄이 따랐을 것이다.
- 丙子대운 중 丙 대운에 丙辛合水하여 辛金 거울이 빛을 내므로
   吉했고, 子 대운도 金木相爭을 풀어 주므로 吉했다.
- 丁丑대운에 장사를 했는데, 그럭저럭 장사는 됐지만 큰 재미는
   보지 못하다가, 88 戊辰, 89 己巳년에 손실이 많았는데,
   洩氣하는 癸水를 剋했기 때문이다.
- 戊寅대운 중 戊 대운 戊癸合하여 癸水를 묶어 고난이 많았고,
   寅 대운에도 남편의 주식투자 실패로 힘들었다.
- 己 대운에 좋지 못하였고,
   卯 대운 무난했으나 丙戌년 남편의 건강이 나빠 고생했으나
   丁亥년는 吉했다.
- 庚辰대운 金이 太旺해지면 凶해진다.

辛　辛　乙　庚　　남

卯　丑　酉　子　　자

79 69 59 49 39 29 19 9　　대

癸　壬　辛　庚　己　戊　丁　丙
巳　辰　卯　寅　丑　子　亥　戌　　운

☯ 四柱의 旺衰

辛金이 酉月에 태어나 太旺하다.

☯ 格局과 用神

酉月에 辛金이라 建祿格이다.
가을에 보석이 완성되었으니 가히 보석덩어리라고 하겠다.
이 보석은 壬水로 씻어주는 것이 가장 좋으나, 天干에 없어서
子水로 씻어줘야 한다.
水가 用神이고, 金이 凶神이며, 土도 凶神이고, 운에서 오는
火는 藥神이며, 木이 吉神이다.

☯ 命主의 性格

한 가을에 金으로 똘똘 뭉쳐있어 완성된 金이라 입이 무겁고
점잖다.
그러나, 比肩 劫이 많으면 고집이 쎄다.
또, 水로 洩氣해 주니 두뇌가 잘 돌아가고 똑똑하다.

☯ 六親 關係

年干 庚金과 月干 乙木이 乙庚合으로 묶여있는데, 月柱에 있는
偏財이므로 父親으로 봐야하는데, 부친이 劫財와 合을 하여
갔으므로 부친 덕은 없다.

또, 乙木 偏財를 妻로도 볼 수 있으나, 이 妻는 乙庚合하여
남과 合을 하고 있는데, 地支에서 丑酉로 내한테로 끌어 당겨
왔으므로 남의 여자를 내가 데려온 것과 같다.
時支의 卯木 偏財도 남의 여자라서 애인으로도 보기 때문에
外情이 있을 수 있다.

☯ 刑 沖 合 및 殺星의 應用

月干 乙木은 年干 庚金과 乙庚合이 되어 내 돈과 내 여자를
劫財가 빼앗아 가는 것과 같고, 地支에서 丑酉는 남의 돈과
여자를 잡아당겨 내 것으로 만들려 하는 것과 같다.
日支 丑土는 自庫인데, 丑중에 辛金이 나타나 있어 庫神의
발동이다.

☯ 大運

- 丙 대운 중 丙火가 丙辛合하여 거울에 빛이 비추는 격이라
  괜찮고, 戌 대운에 子水를 尅하므로 좋지 못하여 고생스럽게
  성장하였다.
- 丁 대운에 乙庚合을 깨므로 나빴는데,
  亥 대운 用神이 오니 상경하였다.

- 戌 대운 太旺한 日干을 더욱 太旺하게 만들어 吉하지 못한데,
  30대 초반에 남의 가게 점원으로 고생이 많았다.
  子 대운에 무난했다.
- 己 대운부터 자기 장사를 시작하였으나 큰 발전은 없고,
  丑 대운도 무난하다.

- 庚 대운 乙庚合이 되므로 돈과 여자를 잘 지켜야 할 것이고,
  寅 대운 돈이 들어온다.
- 辛 대운 金이 太旺해져 나눠 먹자고 형제가 숟가락만 들고
  나타난 격이라 좋지 못하고,
  卯 대운 卯酉沖으로 旺神을 沖하면 凶해진다.

제 8 장 辛金日干 戌月

戊 辛 戊 丙　남

戌 酉 戌 申　자

76 66 56 46 36 26 16 6　대

丙 乙 甲 癸 壬 辛 庚 己
午 巳 辰 卯 寅 丑 子 亥　운

☯ 四柱의 旺衰

辛金이 戌月에 태어나 地支가 申酉戌로 金局을 이루고,
印星이 많아 太旺하다.

☯ 格局과 用神

辛金이 戌月에 태어나 戌중 戊土가 月 時干에 表出되어 正印格
으로 볼 수 있으나, 地支가 申酉戌方合을 이루어 從旺格이다.
이렇게 되면, 水로 洩氣를 해줘야 하는데, 水가 없어 洩氣가
안 되어 아쉽다.
申중 壬水가 用神이고, 金이 吉神이며, 土는 病神이고, 火는
凶神이고, 木이 藥神이다.

☯ 四柱의 特徵

이 命主는 대구 태생으로,
戌月에 辛金이 乾土가 많아 土生金해 주지 못하여 土多金埋格
으로 보이나, 金氣가 旺한 戌月이고, 申酉戌金局을 이루었으므

로 土多金埋가 아니다.

◎ 이 命主의 性格

旺金이 食傷이 없어 洩氣가 되지 않으니 말 주변이 없는데,
카리스마가 강하여 말이 일방적이고, 자기주장이 강하여 자칫
오해하기 쉽게 말을 한다.

◎ 六親 關係

印綬가 旺하여 시골부잣집 막내로 태어났는데, 印綬가
凶神이라서 공부는 많이 하지 못했다.
印綬가 旺한 사주들을 여러 명 관찰해 본 바, 印綬가 凶神
인데도 불구하고, 부잣집 출신자가 많았다.
사주에 妻星이 없기 때문에 合神을 찾아 妻를 봐야 하므로
年干 丙火가 妻인데, 丙火는 이 사주에서 2가지 역할을 한다.
한 가지는 辛金 거울에 태양을 비춰 빛이 나게 해주고, 또
한 가지는 熱土를 火生土로 열을 가하여 凶한 작용을 한다.
그래서, 妻 福이 없다고 단정 지으면 안 되는 것이 日支
妻宮에 吉神이 앉아있기 때문으로 재정적으로 이 男命은 妻의
도움을 많이 받았으나, 사이가 나빠 거의 각방 생활을 하고
있다.

◎ 大運

- 己亥대운 중 亥水가 洩氣를 시켜주므로 어렸을 때 有福하게
  자랐다.

- 庚子대운도 무난하였다.
- 辛丑대운 정부투자기관의 산하단체에 근무하면서 丑 대운에
  酉丑合하여 공무원으로 근무하던 여인과 결혼하였다.

- 壬寅대운도 무난히 발전을 해 갔으나 寅 대운 寅申沖하여 妻가
  직장을 퇴사하였으며, 부인과 각방 생활이 시작되었다.

- 癸 대운 중 戊癸合하여 잠시 자리를 이동하였으나 무난하였고,
  卯 대운 卯酉沖하여 부부 궁이 깨지게 되는데, 卯 대운 말인
  庚寅년이나,
- 甲 대운이 시작되는 辛卯년이 고비가 될 것이다.
  辰 대운에 辰戌沖하면 凶하다.
- 乙巳대운부터 凶해진다.

辛	辛	庚	丁	여
卯	卯	戌	亥	자

80 70 60 50 40 30 20 10

戊 丁 丙 乙 甲 癸 壬 辛   대
午 巳 辰 卯 寅 丑 子 亥   운

☯ 四柱의 旺衰

戌月에 辛金이 月令을 얻고 比劫이 많아 身旺하다.

☯ 格局과 用神

辛金이 戌月에 태어나 戌중 丁火가 透干하여 正官格을 이룬다.
戌月은 날씨가 차가워 질 때인데, 卯木이 불을 보고 水가 있어
자라고 있으니 키워야 한다.
만약, 이 사주에서 丁火가 너무 旺하다면 用神으로 쓸 수
없으나, 戌土에 뿌리를 박은 丁火라서 旺하지 않으므로 調喉用
으로 쓸 수 있다.
火가 用神이고, 木은 吉神이며, 金이 凶神이고, 土는 吉神
이며, 水는 凶神이다.

☯ 四柱의 特徵

辛金은 旺하면 완성된 보석이라 洩氣하는 것이 원칙인데, 劫財
를 봐서 雜金이 되었으니 불로 녹여도 괜찮다.
그러나, 辛金은 보석이므로 불로 녹이면 헛 공사 하는 격이라
많은 노력을 해도 소득이 적다.
또, 辛金이 丙火를 보았으면 인물이 고울텐데, 丁火를 보아
인물이 곱지 않다.

☯ 命主의 性格

보석이라 성격이 깔끔한데, 丁火 불을 보아 녹이려 하므로
성격이 예민하긴 해도 얌전하다.
또, 官星을 어쩔 수 없이 쓰긴 써도 辛金은 丁火를 싫어하므로
남편을 무서워한다.

☯ 六親 關係

卯木 財星이 吉神이긴 하나 卯戌火, 卯戌火로 타버린 卯木
이고, 干上에 比劫인 庚辛金이 있어 財星을 억누르고 있으며,
가을철이라 힘이 없는 財星이라서 어려운 가정에서 성장
하였다.
官星을 용신으로 삼긴했으나, 辛金은 丁火를 싫어하므로
남편에 대한 애정이 없다.

☯ 刑 沖 合 및 殺星의 應用

戌亥는 天門星으로 종교와 철학에 인연이 많다.
卯木은 桃花殺이라서 남편도 바람을 많이 피우고 자신도
바람을 많이 피웠다.

☯ 大運

- 辛亥대운은 丁火 官星이 힘을 쓰지 못하므로 시골에서 어려운

환경에서 성장하였다.

- 壬子대운에도 좋지 못한 시기였으며,
- 癸丑대운도 어려웠다.

- 甲寅대운에 木生火하여 官星이 힘을 발휘하므로 남편의 사업이
  질되어 많은 돈을 벌었다.
- 乙卯 대운부터는 濕木이라 木生火가 되지 않아서 운이 저조
  하여 고전하였으며, 甲申(04)년에는 집을 줄여 경기도로 이사
  를 하였다.

- 丙 대운은 辛金 거울이 태양을 만나 빛이 나므로 길하나
  辰 대운이 오면 火庫인 戌土를 沖하여 나빠진다.
- 丁巳대운에 불이 지나치게 旺해져서 바란스가 깨져 金이 녹으
  면 大凶하다.

	戊	辛	壬	戊	남
	戌	未	戌	申	자
73	63	53	43	33	23	13	3	대
	庚	己	戊	丁	丙	乙	甲	癸	운
	午	巳	辰	卯	寅	丑	子	亥	

☯ 四柱의 旺衰

戌月에 辛金이 印星이 많아 太旺하다.

☯ 格局과 用神

戌月에 辛金으로 태어나 戌중 戊土가 透干되었으므로 正印格이다.
辛金은 보석이나 거울에 비유되는데, 身旺하고 調喉가 되어
있으면 壬水로 씻어 주는 것을 좋아한다.
그러나, 이 사주는 印星인 土가 많아 보석에 먼지가 많이 끼었을
뿐만 아니라 辛金의 가는 길인 壬水를 土가 剋하고 있어 나쁘지만
다행히, 年支에 申金 뿌리를 갖고 있어 土多金埋는 면했다.
印星인 土가 많으므로 木이 나타나있어서 土를 剋해 주어야
좋은데, 木이 없어 아쉽다.
따라서, 水가 用神이고, 金이 吉神이며, 土는 病神이고, 火도
나쁘며, 운에서 오는 木은 藥神 역할을 한다.

☯ 四柱의 特徵

가을에 金은 완성된 보석이라서 土가 旺하면 건달이라서 공부를
하지 않기 때문에 대학은 못갔다.
부모 입장에서 볼 때 한심하고, 그래서, 부모의 간섭이 심해
한평생 부모의 들러리로 산다.
또, 印星이 너무 많아 배설이 잘 안 되고, 食傷이 剋을 받아
언어가 어눌하다.
그리고, 辛金일주가 土가 많으면, 당분이 너무 많아 치아가 일찍
상한다.

☯ 命主의 性格

辛金일주가 壬水를 보면 자존심이 대단히 강하나, 이 사주는 土의
극이 심하기 때문에 덜하다.
또, 辛金이 壬水를 보면 멋 내려고 목욕탕 자주가고, 특히, 여자
들은 성형수술하는 경우가 많으며, 뽐내기를 좋아한다.

☯ 六親關係와 刑 沖 合 및 殺星의 應用

辛金 일주의 부친성은 偏財이므로 日支 未중 乙木인데, 乙木의

입장에서 볼 때 從財格이므로 부친이 부자이고, 많은 여자를
상대하는 사람이다.
모친은 印星이므로 土를 어머니로 본다.
마누라인 正財는 없으므로 이런 경우는 合神을 찾아 마누라를
살펴야 하므로 日支 未중 丁火와 明暗合하는 壬水가 마누라인데,
壬水는 辛金의 용신이 되므로 妻德이 있으나, 妻인 壬水의 입장
에서는 土의 剋이 심하고, 未중 丙火 뿐만 아니라 戌중 丁火,
戌중 丁火를 合하여 세번 合을 하므로 여러 남자를 거쳐야 한다.
食傷이 내 의식인데, 부모글자인 印綬의 剋을 받으니, 부모
때문에 모든 일이 안 된다.

☯ 大運

- 癸 대운에 戊土와 癸水가 爭合되어 戊土가 발호하므로 나쁘나
  亥水가 壬水의 뿌리가 되므로 귀염받고 성장하였다.

- 甲 대운에 甲木이 戊土를 막아 주므로 좋았고,
  子 대운에 역시 壬水의 뿌리가 되는데다 申子로 合하여 배출구
  가 넓어지므로 좋은 운이었으나 印星이 病이라 공부는 하지
  않았다.

- 乙 대운에 日支 未중에 있던 乙木 財星이 나타나므로 결혼하였
  고,
  丑 대운에 丑戌未三刑이 작용하여 삶에 곡절이 있었다.

- 丙 대운에 丙辛合하여 직장을 얻었고,
  寅 대운에 寅申沖으로 驛馬沖이므로 교통사고가 있었다.

- 丁 대운에 地支에 숨어있던 丁火가 내 갈 길인 壬水를 묶으면
  갈 곳이 막히게 되어 凶하다.

- 戊 대운에 壬水를 土剋水하므로 나쁘고,
  辰 대운에 壬水를 入墓시키므로 병들어 답답하게 된다.
- 己 대운에 己土濁壬시키니 나쁘고,
  巳 대운에 壬水의 뿌리를 刑시키므로 凶하다.

제 8 장 辛金日干 亥月

壬　辛　乙　己　남

辰　酉　亥　亥　자

79 69 59 49 39 29 19 9　대

丁 戊 己 庚 辛 壬 癸 甲
卯 辰 巳 午 未 申 酉 戌　운

☯ 四柱의 旺衰

亥月에 태어난 申金이 食傷이 旺하여 身弱하다.

☯ 格局과 用神

辛金이 亥月에 태어나 金水傷官格을 이룬다.
金은 불을 보지 못해 얼면 깨지기 쉽기 때문에 불이 절대적
으로 필요한데 없어서 아쉽다.
이 사주에 나를 돕는 乾土와 火가 필요한데, 필요한 글자가
없으니 살기가 그만큼 힘이 든다.
土가 用神이고, 火가 吉神이며, 木이 病神이고, 水는 仇神
이며, 金은 藥神이다.
이 사주는 木이 病이라 天干의 金은 木을 쳐주므로 藥神
역할을 하지만 地支에 오는 金은 水만 생해주니 凶神이다.
그래서, 吉 凶神에 대하여 위와 같이 써놓았다고 해서 무조건
그대로 대입하면 안 되고, 반드시, 天干과 地支의 구조를
살펴서 감정해야 하고, 또 한 가지 중요한 것은 木과 土를 볼

때 乾木과 濕木, 乾土와 濕土가 있으니 필요에 따라 구분하여
感命해야 한다.

☯ 四柱의 特徵 및 命主의 性格

亥月에 辛金이 洩氣하는 食傷이 너무 많아 凶神인데, 食傷은
나의 말이요 행동이므로 말과 행동이 올바르지 않음을 나타
내고 있기 때문에 이 사람의 성격과 행동도 바르지 못하다.
즉, 이 사람의 성격과 행동은 세상을 따뜻하게 하는 성분이
아니고, 춥게하는 성분이다.

☯ 六親 關係

이 사주의 부친이요 妻는 月上 乙木인데, 乙木은 亥水 死地
위에 앉아있고, 日支 酉金에 絶地인데다가 乙辛沖을 맞아
위태롭기 짝이 없다.
이런 구조를 가지면, 일찍 부친을 잃게 되고, 妻도 마찬가지
인데, 특히, 日支 妻宮에 酉金이 있어 木이 들어오지 못하게
막고 있는 형상이라서 妻德이 없다.

☯ 刑 沖 合 및 殺星의 應用

亥亥가 自刑이고, 辰酉合金되면 辰중 乙木은 죽게 된다.

☯ 大運

- 甲戌대운은 乾土가 등장하여 다소나마 調喉를 시켜주므로 편히
  성장하였고,
- 癸酉, 壬申대운에 고생이 많았고,
- 辛 대운에도 운이 없어 모처에 있는 택시회사에 취업하여
  생활하고 있으며, 未 대운부터는 火氣가 오므로 다소 나아지기
  시작한다.
- 庚 대운 庚金이 이 사주의 丙申인 乙木을 묶어주면 괜찮고,
  午 대운이 좋다.

- 己 대운도 좋으나, 巳 대운이 오면 旺神인 亥水를 沖하여
  旺神大怒하면 대단히 흉하다.

戊	辛	丁	乙	남
子	巳	亥	未	자

73 63 53 43 33 23 13 3   대

己 庚 辛 壬 癸 甲 乙 丙
卯 辰 巳 午 未 申 酉 戌   운

☯ 四柱의 旺衰

辛金이 亥月에 태어나 身弱하다.

☯ 格局과 用神

亥月에 辛金이라 金水傷官格이다.
겨울에는 날씨가 춥기 때문에 身旺 身弱도 고려해야 하지만
우선 날씨가 춥기때문에 調喉를 살펴야 한다.
火가 用神이고, 木이 吉神이며, 水가 病神이고, 金이 仇神
이며, 土는 藥神이다.

☯ 四柱의 特徵 및 命主의 性格

이 命主는 경북 구미 태생으로,
대게, 辛金은 성격이 까다로우나, 바로 옆에 偏官이 있어
다스려주고 調喉해 주니 까다로운 성격이 많이 완화되었다.
또, 辛金일간이 겨울인데도 乙木이 나타나있고, 地支에
亥未合木하여 나무를 키우려하니 욕심이 많은 사람이다.

☯ 六親關係와 刑 沖 合 및 殺星의 應用

年干의 乙木이 偏財로 父親이고, 마누라인데, 未土 庫에서
나왔고, 地支에 亥未合木하여 새로운 木이 태어났으므로
마누라아닌 마누라이므로 내가 妻 이외에 다른 여자를 보던지
妻의 이복형제가 있을 수 있다.

乙木 妻의 입장에서 보면, 印綬가 돕고 있고, 食神인 丁火로
洩氣하므로 마누라가 똑똑하다.

그러나, 日支 巳火가 月支 亥水와 沖하여 깨지는 것을 月支
未土가 亥未合木으로 말리고 있는데, 未土가 沖을 받거나
合되면 巳亥沖이 발생할 것이다.

또한, 巳火는 酉金이 오거나 丑土가 오면 合을 하여 변하므로
항상 불안한 妻宮이다.

☯ 大運

- 丙戌대운은 申金이 태양 빛을 만나 번쩍번쩍 빛이 나므로
  좋았고, 戌 대운도 戌중에 丁火를 가진 熱土라서 吉했다.
- 乙 대운 중 乙辛沖하나 丁火가 있어 沖함이 약해지고,
  酉 대운에는 日支 巳火가 巳酉合되어 배역하므로 凶하여
  공부가 하기 싫어서 운동을 시작하였다.
- 甲 대운에 吉한데, 기술직으로 직장생활을 시작하였으나
  申 대운에 큰 발전이 없었다.

- 癸 대운에 丁癸沖하는 것을 戊癸合火하여 묶어주므로
  무난하였으며, 아프리카에 파견을 다녀왔다.
  未 대운이 吉하나 凶한 歲運인 92(壬申)년을 만나 丁壬合으로
  丁火가 묶이고, 巳火가 巳申合水되어 직장에서 汚名을
  남기기도 했다.
- 壬午대운 丁壬合하여 발전이 없었고,
  午 대운에 丁火 偏官이 힘을 얻어 다소 발전하였다.

- 辛 대운 발전이 없을 것이고,
  巳 대운 巳亥沖이 되므로 凶하다.
- 庚辰대운이 이 사주에서 가장 나쁘다.

부인 사주

庚　丁　戊　戊　여

戌　丑　午　戌　자

78 68 58 48 38 28 18 8　대

庚 辛 壬 癸 甲 乙 丙 丁
戌 亥 子 丑 寅 卯 辰 巳　운

사주가 너무 燥熱하여 조후하는 水가 필요한데, 水를 막는
食傷이 너무 많아 官이 못 오게 막고 있으니 부부 궁이 나쁘다.
食傷은 자식글자인데, 너무 많으면 자식이 없거나 덕이 없다.
혹은, 남의 자식을 길러줘야 하는데, 이 女命은 음악학원을
경영하고 있다.
水가 正用神인데 없으므로, 金이 假用神이고, 火가 病神이며,
土 凶神이다.
壬子대운부터는 안정이 될 것이다.
官이 없고, 食傷이 病이라 딸만 두 명을 두었다.

戊　辛　丁　庚　남

子　未　亥　寅　자

72 62 52 42 32 22 12 2　대

乙 甲 癸 壬 辛 庚 己 戊
未 午 巳 辰 卯 寅 丑 子　운

☯ 四柱의 旺衰

亥月에 辛金이 身弱하다.

☯ 格局과 用神

亥月에 태어난 辛金이기 때문에 金水傷官格이다.
金水傷官格을 이루고 金이 어느 정도 세력을 가지고 있어
從하지 않으면 調喉를 우선으로 봐야 하기 때문에 官星인
火가 필요하다.
火가 用神이고, 木은 吉神이며, 水가 病神이고, 金이 仇神
이며, 土가 藥神이다.

☯ 四柱의 特徵

이 命主는 충남 공주 태생으로,
辛金은 이미 완성된 보석이라서 丁火로 녹이면 좋지 않은데,
이 사주에서는 丁火가 녹이는 불이 아니고, 빛이기 때문에
調喉用 불로 쓸 수 있다.
또, 辛金 거울에 빛이 비추니 인물이 잘났다.

☯ 命主의 性格

대게, 辛金의 성격은 깔끔하기 때문에 까다로운데, 丁火
官으로 다스려주니 젊잖다.
그런데, 辛金일간이 月干에 官星을 보아 명예를 추구하는

스타일이고, 辛金 거울에 빛이 반사되어 번쩍번쩍하므로
잘난 척 한다.

☯ 六親 關係

이 사주에서는 寅木이 正財이나 月支에 있어 부친이고,
또, 寅중에 丙火도 들어 있어 日干과 合神이므로 寅木이
妻다.
그래서, 부친의 덕은 있으나, 陰 일간이 身弱한데, 亥未合木,
卯未合木하여 木局을 이루면 거의 부부 궁이 나쁘다.
이 男命도 이혼하고 혼자 살면서 애인을 두고 있다.

☯ 刑 沖 合 및 殺星의 應用

地支에 亥水와 寅木이 합하려 하고, 未土와 亥水가 합하려
하고 月支 亥水를 놓고 서로 합하자고 경쟁을 하고 있는
형국인데, 여기서는 六合인 寅亥合이 우선이다.
그런데, 亥月은 춥기 때문으로 寅亥合을 破로 보고, 寅月에
寅亥合은 合 그대로 본다.
月支 亥水는 空亡이라서 힘이 약하다.

☯ 大運

- 戊 대운은 戊土가 제습을 해주어 吉했으나,
  子 대운은 凶하다.

- 己 대운 무난하였으나,
  丑 대운 좋지 못한 운이라서 어렵게 대학을 들어갔다.

- 庚 대운에 어려웠고,
  寅 대운에 寅木이 吉神이니 대학을 졸업하고, 화학제품회사에
  입사하여 근무를 했다.

- 辛 대운 발전이 없었고,
  卯 대운까지 亥卯未合木하여 濕木이 旺해져 좋지 못하여

발전이 없었으며,

- 壬 대운에 壬水가 用神인 丁火를 묶어 羈絆시키고,
  辰 대운 濕土인 辰土가 가세하여 子辰水局을 이루어 사주가
  습해져 좋지 못하니 퇴사하여 화학제품을 하다가 92 壬申,
  93 癸酉년에 부도가 나서 고생하였다.

- 癸 대운 丁癸沖하여 丁火를 끄므로 나쁘고,
  巳 대운부터는 좋아질 것이다.

- 甲午대운이 가장 좋고,

- 乙木 대운도 吉하다.

제 8 장 辛金日干 子月

庚 辛 戊 乙　　남

寅 酉 子 酉　　자

74 64 54 44 34 24 14 4　　대

庚 辛 壬 癸 甲 乙 丙 丁
辰 巳 午 未 申 酉 戌 亥　　운

☯ 四柱의 旺衰

子月에 辛金이 時上에 劫財가 있고, 月上에 印星이 있으며, 年支와 日支에 比肩을 갖고 있어 太旺하다.

☯ 格局과 用神

子月 辛金이라서 金水傷官格이다.
겨울 보석은 너무 차가우면 부러지므로 調喉가 우선이다.
그런데, 나타나있는 불이 없으므로 寅중에 丙火를 써야 한다.
그래서, 財用神과 같다.
寅중 丙火가 用神이고, 木이 吉神이며, 金은 病神이고, 水가 凶神이므로 土가 仇神이라야 맞는데, 이 사주에서 戊土가 濕을 제거해 주어 火勢를 도와주는 격이 되므로 乾土인 戊土를 藥神으로 본다.

☯ 四柱의 特徵

이 命主는 부산 태생으로,
金水傷官格이 太旺한데, 財星인 乙木과 寅木이 나타나있다.
겨울이라 나무를 기를 수 없는 계절이나 다행히 寅木 속에

丙火 불이 들어있어서 버릴 수 없는 나무라서 키워야 한다.
또한, 金水傷官格은 거의 불을 가장 좋아한다.

☯ 命主의 性格

太旺한 金水傷官格인데다가 辛金일주라서 성격이 별난데가
있다.
주변에 辛金일주를 많이 상대해 봤는데, 대부분의 辛金일주는
성격이 까다롭기 때문에 친구가 많지 않다.
깔끔하고, 까다로워 상대하기가 상당히 어려운데가 있다.
그러나, 아무리 까다로운 辛金이라도 자기 맘에 드는 사람
한테는 잘해준다.
또, 金은 기본적으로 생명인 木을 치려는 성분을 가지고 있어
잘 나가다가가 순간에 버럭 화를 내므로 타인과 융화가
어렵다.

☯ 六親 關係

이런 사주를 볼 때, 부부관계를 잘 봐야한다.
남자사주에서 妻를 볼 때, 먼저, 財星을 보고, 그 다음,
日支를 보고, 그 다음, 用神과 大運을 살펴야 하는데, 이
사주에서는 日支는 나쁘나 財星이 用神 겸 吉神이므로 妻와의
사이가 좋은데, 실제 삶을 들여다보니 妻와의 사이가 좋다는
것을 확인했다.
日支가 나빠도 財星을 用神이나 吉神으로 삼았기 때문에
妻와의 사이가 좋은 것이다.

☯ 刑 沖 合 및 殺星의 應用

子酉破인데, 멀리 조상과 부모의 관계라서 내한테 직접적인
영향은 없고, 寅酉 怨嗔이라서 부부관계가 나쁠 것이라고
감명하기 쉬우나 실제는 아무문제가 없다.
辛酉일주에 子丑이 空亡인데, 子水가 月令에 있고 凶神이라서
부모덕이 없다.

☯ 大運

- 丁亥대운에 丁火가 뿌리가 없어 虛火라도 괜찮고, 亥水가 찬물
  이지만 金과 木 사이를 通關시켜주므로 좋았다.

- 丙戌대운이 좋아서 귀염받고 성장하였으며,

- 乙酉대운에 財星이 年上에 일찍 나타나 있고, 寅申沖은 役馬
  沖이므로 군대를 제대하고 운수사업을 시작하였는데, 사업을
  하면서 느낀 점이 있어 28세 72 壬子년에 공기업에 입사하였
  다고 하며, 공기업에 근무하면서도 사업을 계속했다.

- 甲申대운에 80년 庚申년에 寅申沖하여 寅木을 자르므로,
  지방에서 토목사업을 하던 중 큰비가 내려 홍수가 져서 다
  떠내려가는 바람에 큰 손실을 입었다.

- 癸未대운부터 운이 들어오기 시작하여 유통업에 손을 대 돈을
  많이 벌기도 했으나, 운수업에서는 손해를 봤다.
  용신이 財속에 들어 있어 재물욕심이 많다.

- 壬午대운에 운이 가장 좋은데 정년퇴직하여, 유통업을 하고
  있는데, 乙酉년부터 서울 시내 관공서 시설운영권을 따기
  위해 노력중인데 지지부진하다.

- 辛巳대운까지는 그런대로 운이 살아있으나 庚辰대운은 나쁘다.

$$壬\ 辛\ 丙\ 甲$$ 남

$$辰\ 亥\ 子\ 午$$ 자

75 65 55 45 35 25 15 5

甲 癸 壬 辛 庚 己 戊 丁
申 未 午 巳 辰 卯 寅 丑

대

운

☯ 四柱의 旺衰

子月에 辛金이 食傷이 旺하고 뿌리가 없어 從하지 않을 수
없다.

☯ 格局과 用神

이 사주는 子月에 辛金이 子중 壬水가 干干에 投干되어
金水傷官格이라고 보기 쉬우나 아니다.
印星인 辰土가 있으나 辰子水局이 되므로, 辛金을 도와주는
세력이 되지 못한데, 日支 亥중에서 壬水가 透出하였으므로
壬水를 体로 하는 日干代行格이다.
따라서, 水는 洩氣를 해줘야 하므로 木이 吉神이고, 財星인
火가 吉神이며, 官星인 乾土운에도 吉하며, 金은 凶神이다.

☯ 四柱의 特徵

이 命主는 청주 태생이며,
본 필자는 수년 동안 이 사주를 金水傷官格이기 때문에 財運인
火運에 發福한다라고 생각했었는데, 그것이 아니라
日干代行格으로 財, 官運에 발복한다는 것을 분명히 알았다.
따라서, 금수상관격도 화운에 발복하고, 일간대행격도 화운에
발복하기 때문에 착각하기 쉬운 사주다.
그러나, 그 해답은 육친관계에서 분명히 나타난다.
壬水를 体로 하므로 火는 財星이 되기 때문에 子午沖으로 妻가
깨졌다.

☯ 命主의 性格

壬水가 体가 되므로 印星과 食神을 갖고 있고, 비록,
깨지긴 했으나, 겨울에 불을 가지고 있어 원만한 성격이고,
점잖다.

☯ 六親 關係와 刑 沖 合 및 殺星의 應用

甲木은 食神으로 祖母이며, 丈母이고, 辛金은 印星으로
母親이며, 丙火는 偏財이며 母親인 辛金과 合하므로 父親이다.
年支 午火는 午중에 丁火가 있어 丁壬合하므로 妻가 되는데,
子午沖 맞아 이혼하였으며, 土는 官星으로 자식이다.

☯ 大運

- 丁丑 대운에 干上에 丁火가 있어 무난했고,
- 戊寅대운이 좋아서 공부도 잘하였다.
- 己土대운도 무난한데, 官星인 己土가 내 활동성을 나타내는
  食神인 甲木과 甲己合하여 직장을 불러 오므로, 충북 청주에서
  지방직 공무원으로 출발하여,
  卯 대운에 旺水를 洩氣해 주는 운으로 무난했으며,
- 庚 대운에 내 갈 길인 甲木을 甲庚沖하므로 凶하여 발전이
  없었는데,
  辰 대운에 辰子水局을 이루고, 午火의 熱氣를 흡수하니 공직
  을 퇴직하고, 이런 저런 사업을 했으나 뜻대로 되지 않았다.
- 辛巳대운 乙酉년까지 운이 없어 직장생활을 하는 둥 마는 둥
  하고 지내다가,
  巳 대운에 財가 나타나서 巳亥沖으로 壬水 体의 뿌리를 沖
  하므로 이혼하였고, 丙戌년에 돈을 빌려 대형유흥업에 투자를
  했다가 用神入墓하여 실패하였다.
- 壬午대운은 午火가 旺神인 子水를 沖하면, 妻와 돈이 붙게
  되나 혼란이 일어 날 것이다.
- 癸 대운은 흉할 것이고, 未 대운은 길하며,
- 甲申 대운 중 申 대운에 申子辰水局되어 대단히 凶하다.

辛　辛　戊　庚　　남

卯　巳　子　寅　　자

78 68 58 48 38 28 18 8　　대

丙 乙 甲 癸 壬 辛 庚 己

申 未 午 巳 辰 卯 寅 丑　　운

☯ 四柱의 旺衰

子月에 辛金이 身弱하다.

☯ 格局과 用神

子月에 태어난 辛金이라 金水傷官格이다.
겨울 辛金은 춥기 때문에 調喉하는 丙火를 가장 좋아한다.
辛金은 보석이기 때문에 旺할 경우 壬水로 씻어주는 것을 좋아
하지만 날이 추워지면 金이 깨지기 쉬우므로, 보온을 해줘야
한다.
火가 用神이고, 木은 吉神이며, 水가 病神이고, 金이 仇神
이며, 土는 藥神이다.

☯ 四柱의 特徵

대게, 干上에 劫財를 갖고 있는 사주들은 財 즉, 돈을
겁탈당하는 경향이 많은데, 그래서, 이름도 劫財라 했는데,
이 사주도 年上에 劫財가 자리를 잡고 앉아 財를 짓누르고
있어 많은 돈을 날려 먹은 사람이다.

☯ 命主의 性格

金水傷官格은 인정이 있는 듯 하면서도 성격이 냉정한데가
있다.

이 命主도 남이 어려움을 돌볼 줄 아는 성격이나 때로는
냉정하여 찬바람이 분다.

☯ 六親 關係

이 命主의 父親은 偏財인 卯木이고, 寅木이 正財인데, 寅중에
丙火가 들어있어 日干과 合을 이루므로 마누라다.
卯木과 寅木 正 偏財가 混雜하므로 두 여자와 인연이라 애인을
두고 살 팔자인데, 妻星인 寅木과 日支 巳火가 寅巳刑을
이루어 妻와 갈등이 많다.
日支 巳火는 吉神이지만 변질되기 쉬운 불이라서 酉나 丑이
오면 변해버리므로 믿을 수 없는 불이다.
더군다나, 日支는 妻宮인데, 妻宮이 변질되면, 부부 궁이 불안
해진다

☯ 大運

- 己丑대운이 나빠 시골 가난한 집안에서 출생하여 어렵게 성장
  하였다.

- 庚 대운에 상경하여 寅 대운까지 전자제품 대리점에서 근무
  하면서 장사하는 법을 배워,

- 辛卯대운에 독립하여 자신이 가게를 운영하여 다소의 돈을
  만졌으나,

- 壬辰대운이 나빠 크게 성공하지는 못했다.

- 癸 대운에 戊癸合火하므로 건축업을 시작하여,
  巳 대운 중 火運에 돈을 벌었다.
  특히, 01 辛巳, 02 壬午, 03 癸未년에 부동산 붐을 타고 돈을
  벌었으나, 甲申, 乙酉년에 주택사업을 했는데 팔리지 않아 큰
  고통을 겪었으며, 운이 이렇게 되면서 妻와도 사이가 나빠
  졌고, 또한, 甲申년에는 사주 原局에 寅巳가 있는데, 歲運에서
  申金이 더해져 寅巳申三刑이 성립되어 중풍이 들어 건강도

나빠졌다.

- 58세 甲午대운이 좋은 것이고,

- 乙未대운도 무난할 것이나,

- 丙申내운 중 申 대운에 大凶하다.

부인 사주

乙	戊	戊	丙	여
卯	辰	戌	申	자

73 63 53 43 33 23 13 3

庚	辛	壬	癸	甲	乙	丙	丁	대
寅	卯	辰	巳	午	未	申	酉	운

戌月에 戊土가 태양을 보고 身旺한데, 乙卯木 나무가 자라고 있어 키워야 한다.
초년 金運이 나빴고, 乙未대운부터 좋았다.
日支 辰戌沖이어서 부부 궁이 불안하다.

제 8 장 辛金日干 丑月

```
庚   辛   己   庚   여
寅   亥   丑   戌       자
77 67 57 47 37 27 17 7   대
辛 壬 癸 甲 乙 丙 丁 戊
巳 午 未 申 酉 戌 亥 子   운
```

☯ 四柱의 旺衰

丑月에 辛金이 比劫과, 印綬가 旺해서 太旺하다.

☯ 格局과 用神

丑月에 태어난 辛金이 丑중에 己土가 投干되어 偏印格이다.
원래, 辛金은 보석이기 때문에 洩氣해 주는 것을 좋아하나
劫財가 旺하고, 印星도 旺하여 雜金이며, 날이 추워 洩氣할
수가 없고, 불도 약할 뿐만 아니라 印星인 土가 많아 녹일
수도 없기 때문에 용도가 마땅찮아서 木으로 소토하는 수 밖에
없다.
木이 用神이고, 水는 凶神이며, 金이 病神이고, 土는 吉神
이며, 火가 藥神이다.

☯ 四柱의 特徵

丑月에 辛金이 劫財와 印星이 많아 세력이 旺하여 旺한 힘을
덜어내 주고 여러 식구가 먹고 살 수 있는 돈이 필요한데,

寅木 하나를 놓고 比劫이 서로 차지하려고 노리고 있는
형국이다.

☯ 命主의 性格

辛金이 劫財외 印星이 많아 세력이 旺하여 때문에 줏대가
강하고 자신감은 넘치나 돈이 없으니, 항상, 돈 걱정이 떠
날 줄 모른다.
그래서, 항상 돈 벌 궁리만 하지만, 뜻대로 되지 않으니
불만과 짜증이 많게 된다.

☯ 六親 關係

寅木이 正財로 부친이고, 寅중에 丙火가 들어 있어 남편 星
이다.
그런데, 寅중 丙火는 寅亥合하여 꺼지므로 능력없는 남편이라
돈을 벌어 오지 못하고 비실대므로 자신이 벌어서 먹고 산다.
年支 戌중 丁火는 偏官으로 스쳐간 인연인데, 丑戌刑으로 이미
떠나간 인연이다.
己土가 母親인데, 丑戌刑이 되어 모친 궁에 유고가 있었을
것이다.

☯ 刑 沖 合 및 殺星의 應用

丑戌刑으로 印星이 刑이 되어 상처를 입었고, 寅亥合하여
남편과 자식 간에는 有情하나 寅중 丙火 남편성이 능력을 잃어
능력없는 남편이다.

☯ 大運

- 戊子대운이 吉하지 못하여 가난한 가정에서 어렵게 성장
  하였으며,

- 丁亥대운에 무난하였다.

- 丙 대운에 丙辛合하므로 결혼하였으며,
  戌 대운에 丑戌刑이 되고, 官星이 入墓하므로 남편이 직장을
  그만두고 놀면서 빚만 늘어나 자신이 임시직으로 직장에
  나가고 있으나 빚에 쪼들려 하루도 맘 편할 날이 없다.

- 앞으로 오는 乙酉, 甲申대운까지가 아주 흉하다.

- 癸未대운이후 火運이 오면 다소 낳아 질 것이다.

丁	辛	癸	戊	남
酉	丑	丑	戌	자

76 66 56 46 36 26 16 6   대

辛 庚 己 戊 丁 丙 乙 甲   운
酉 申 未 午 巳 辰 卯 寅

☯ 四柱의 旺衰

丑月에 辛金이 印星이 旺하여 太旺하다.

☯ 格局과 用神

辛金이 丑月에 태어나 丑 중 癸水가 干上에 나타나 있어
食神格이다.
金은 干上에 戊 己土가 많으면, 埋金이 될 수 있으나 地支에는
아무리 많아도 埋金이라 하지 않는다.

丑月이라 사주가 濕하나 時上에 丁火가 있고, 年支에 戌土가
있어서 부족하나마 調喉가 되어 있다.
旺者는 洩을 좋아하므로 旺한 辛金은 洩氣하는 水를 좋아하나
月令이 추운계절이므로 丁火를 用神으로 쓰고, 金은 凶神이며,
乾土는 藥神 역할을 하나 濕土는 凶神 역할을 운에서 木이
오면 吉神이다.

☯ 四柱의 特徵

日干인 辛金은 自庫인 丑土에서 태어났는데, 丑土 무덤위에
있으니 필히 건강이 나쁘다.
대게, 사주가 이렇게 습하면, 신경통이나 당뇨병이 많은데,
이 男命도 당뇨로 고생하고 있다.
辛金은 완성된 보석이라서 일반적으로 丁火를 싫어하지만
調喉용으로는 어쩔 수 없이 쓰긴 쓰는데, 너무 火가 旺해지면
완성된 보석을 녹이는 사람으로 돈을 갖다 버리는 사람이다.
따라서, 用神運에 망하게 된다.
이 男命은 화장품 장사하는 妻를 도우며 지내다가 식품유통업
을 하고 있는데, 수입이 신통치 않다.

☯ 命主의 性格

用神인 丁火가 허약한데, 누구든지 用神이 허약한 사람은
정신이 올바르지 못하여 남의 시선을 의식하지 않는 경향이
있다.
이 男命은 食傷이 묶여있고, 凶神이므로 무뚝뚝하고, 수완이
없어 사람 다룰 줄을 모르는 사람이다.

☯ 六親 關係와 殺星의 應用

이 사주에는 財星이 없고, 日干과의 合神도 없어서 日支
丑중의 癸水와 合하는 戊土를 妻로 삼는데, 戊土 財星은
月上의 癸水와 먼저 合을 하였으므로 과거가 있는 여자이거나
부인이 다른 남자와 合을 하는 형상이니 부부 궁이 나쁘다.
또, 부친을 뜻하는 財星이 없으니 印綬와 合하는 것을

부친으로 보므로, 母親은 正印이므로 戊土이고, 正印과 合하는
것은 癸水라서 癸水를 부친 성으로 삼는데, 부친인 癸水
입장에서 보면, 戊土와 合을 하고 있으면서 丑중 己土가 또
있으므로 여자가 많아서 여러 여자를 상대하는 사람이었음을
나타낸다.
丑土는 急脚殺인데, 己丑年까지는 다리에 이상이 없고,
癸丑이 白虎殺인데, 丑중 癸水와 辛金이 나타나 있어 白虎殺
발동했으나 특별한 징후는 아직 없다.
酉金은 辛金일간의 桃花다.

☯ 大運

- 甲寅대운에 旺한 印星인 土를 剋해주므로 吉하였고,

- 乙卯대운에도 乙辛沖을 癸水가 있어 통관시켰고, 卯酉沖도
  戊土가 있어 卯戌合火하여 沖이 크지 않아서 무난하였다.

- 丙 대운에 丙辛合하여 合神이 등장하므로 결혼하였고,
  辰 대운에 辰酉合하여 무난하였다.

- 丁 대운에 丁癸沖하여 洩氣가 되므로 吉하였으나, 戊癸合火를
  깨므로 부부 궁에 문제가 오기 시작하였으며,
  巳 대운에 巳酉丑金局이 되어 日干이 旺해지므로 金生水하여
  吉할 것 같으나, 洩氣하는 水가 오히려 위축당하는 格이라
  좋지 않다.

- 戊 대운에 戊癸合이 발동하므로 운이 나쁜데, 식품유통업을
  시작하였으나 운이 워낙 나빠 장사가 되지 않는다.
  午 대운에 桃花가 발동하면, 外情이 있을 것이고, 火가 旺해서
  金을 剋하므로 나쁘고,

- 己 대운에 戊癸合을 깨므로 이혼하기 쉽고,
  未 대운에 丑戌未三刑을 하면 地支가 온통 흔들리므로 액운이
  따를 것이다.
- 庚申, 辛酉대운도 좋지 못하다.

丁　辛　己　庚　　여

酉　丑　丑　子　　자

71 61 51 41 31 21 11 1　　대

辛 壬 癸 甲 乙 丙 丁 戊
巳 午 未 申 酉 戌 亥 子　　운

☯ 四柱의 旺衰

丑月에 辛金이 比劫도 旺하고, 印綬도 旺하여 太旺한 사주다.

☯ 格局과 用神

丑月에 辛金으로 태어나 丑중 己土가 透干되었으므로 偏印格
이다.
겨울 金은 불을 보지 못하면 죽기 때문에 火가 正用神이고,
土는 吉神이며, 金과 水는 凶神이다.

☯ 四柱의 特徵 및 命主의 性格

女命의 사주에 官星은 남편이기 때문에 튼튼해야 남편 덕을 볼
수 있는데, 官星이 희미한 불빛에 불과하므로 자신이 뽐을
내고 싶어 하지만, 남이 알아주지 않고, 또, 食傷이 旺해야
성격이 情이 있고 시원시원한데, 이 사주에는 그렇지 못하고
답답하나 정직한 사람이다.
또, 사주가 濕하면 냉증이나 당뇨병에 잘 걸린다.

☯ 六親 關係

대게, 印星이 튼튼한 사람들은 부모가 잘살았으나, 자신은
능력이 떨어진다.

왜냐하면, 자기의 능력은 食傷生財하거나 財生官해서 자신이
개척을 해야 하는데, 부모나 남의 도움으로 잘 사는 것은
자기의 능력이 아니기 때문이다.
그래서, 이 사주도 食傷이 旺해야 洩氣가 잘되어 능력이 있는
법인데, 食傷인 子水가 있으나 子丑合으로 묶여있고, 官星도
희미한 불빛에 불과하기 때문에 자신의 능력 뿐만 아니라
남편의 능력도 없는 사람이다.

☯ 刑 沖 合 및 殺星의 應用

年干 庚金은 子水 死地에 앉아있고, 庚 辛金은 丑土 무덤에서
태어났다.
時干 丁火는 桃花 比肩 위에 앉아있어 남의 남자가 내 남자
이거나 바람둥이 남자다.
丑土는 急脚殺이라서 신경통이나 다리에 이상이 올 것이다.
특히, 急脚殺 중에서도 丑土를 가진 사람 중에 다리에 이상이
있는 사람들은 많이 봤다.

☯ 大運

- 戊子대운에 大運 支 子水는 나쁘나 戊土가 있어서 무난했다.
- 丁 대운은 丁火 불빛이 있어서 다소나마 희망을 가지게 되고,
  亥 대운은 地支가 亥子丑水局이 되므로 좋지 못하다 .
- 丙 재운에 辛金이 태양빛을 보아 光이 나므로 좋고,
  戌 대운에도 丁火 官星이 힘을 얻으므로 吉하다.
- 乙酉대운이 凶하나 酉金은 물을 안 生하기 때문에 덜 凶하다.

- 甲申 大運이 가장 불행하다.
  왜냐하면, 申金이 申子水로 물을 生하기 때문에 火 用神이
  힘을 못쓴다.
  申대운에 甲申年에 유방암에 걸렸는데, 未 대운에 丑未沖으로
  용신을 치므로 죽기 쉽다.
  原局이 기울면 삶도 기울게 산다.

제 9 장 壬水日干

제 9 장 壬水日干 寅月

癸	壬	丙	甲	여
卯	子	寅	辰	자

80 70 60 50 40 30 20 10　　대

戊 己 庚 辛 壬 癸 甲 乙　　운
午 未 申 酉 戌 亥 子 丑

☯ 四柱의 旺衰

寅月의 壬水가 日支에 羊刃을 깔고 앉아 時干에 劫財를
보았으나 약간 身弱하다.

☯ 格局과 用神

壬水가 寅月에 태어나 寅중에 丙火와 甲木이 透干되어
偏財格 또는 食神格을 이룬다.
壬水가 身弱해도 寅月은 날이 차가운 계절이고, 사주가 濕해서
더 이상의 물은 필요치 않고 火가 필요하다.
火가 용신이고, 木이 길신이며, 地支 子水는 寅木을 生해
주므로 쓸 수 있으나 天干 水는 病이다.
用神인 丙火가 水의 剋을 받아 허약하다.

☯ 四柱의 特徵

甲 丙이 떠서 장녀, 큰 며느리 사주인데, 濕해서 그릇이 작다.
이 여자는 사주에 官이 없어서 宮合을 잘 봐야 한다.
전업주부인데, 原局이 좋다.
경제활동을 활동을 하려고 하는데, 사주 구성을 보면,
학교 선생을 했으면 좋겠지만 초년 운이 신통치 않았다.

☯ 命主의 性格

이 女性의 성격은 情이 많으면서 똑똑하다.
日支 子중에서 壬水일간과 癸水 劫財가 동시에 表出해 있어서
일찍부터 돈 욕심이 많아 돈을 겁탈할 마음을 갖고 있는 사람
이기 때문에 평범한 가정주부로만 남아있기 어렵다.

☯ 六親 關係

이 女命의 父親은 잘난 사람인데, 동생이 태어난 후 凶厄을
입게 된다.
사주에 남편성이 없기 때문에 合神으로 찾아야 하는데, 子중
癸水와 暗合하는 寅중 戊土와 辰중 戊土가 남편성이라서 두
명의 남자와 인연인데, 年支 辰중 戊土와 辰子로 合을 맺고
있으면서 가까이 있는 寅중 戊土와도 暗合을 하고 있다.
또한, 食傷이 많은 것은 자식이 많다는 뜻인데, 地支에
寅卯辰木局을 하고 있으며, 官星이 두 개라서 필시 씨 다른
형제가 있을 수 있다.

☯ 刑 沖 合 및 殺星의 應用

年柱 甲辰은 白虎殺인데, 辰중 癸水가 時干에 表出해 있어
白虎殺 발동인데, 이 癸水는 財星인 丙火를 끄게 되나, 동생인
癸水는 卯木 天乙貴人 위에 자리를 잡고 앉아있어 卯木은
癸水의 자식에 해당하므로 자식 덕이 있는 사람이다.

☯ 大運

- 乙丑대운에 木多火熄이 되고, 濕해져서 吉하지 못했다.

- 甲子대운에도 마찬가지이나, 乙丑대운 보다는 다소 좋다.

- 癸 대운에 癸水가 剋 丙火하므로 이때 財星인 丙火가 凶厄을
  당했을 것이다.
  亥 대운에 寅亥合되어 寅中에 丙火가 꺼지므로 부친 때문에
  또는 돈 때문에 고통을 당하게 된다.

- 壬 대운에 丙火가 다치지 않으므로 무난하고,
  戌 대운에 寅戌合, 卯戌合되나 辰戌沖이 되어 食傷인
  甲木이 흔들리고, 辰中 癸水가 난동을 부리므로 吉中에 凶이
  있다.

- 辛 대운에 丙辛合되어 丙火가 힘을 쓰지 못하므로 돈으로 인한
  고통이 따르게 되고,
  酉 대운에 印綬桃花가 발동하여 辰酉合金되어 남자 문제가 올
  것이고, 弱하긴 해도 卯酉沖이 되므로 자식에 흉액이 따른다.

- 庚 대운에 甲庚沖하여 食神을 자르면, 자식에 凶厄이 따르고,
  申 대운에 丙火 용신이 들어있는 寅木을 寅申沖하므로 돈
  또는 신상에 크게 해가 있게 된다.

壬　壬　壬　壬　　여

寅　寅　寅　寅　　자

80 70 60 50 40 30 20 10　대

甲 乙 丙 丁 戊 己 庚 辛　운
午 未 申 酉 戌 亥 子 丑

☯ 四柱의 旺衰

寅月에 壬水가 많으나 뿌리가 없어 身弱하므로 從할 수 밖에
없다.

☯ 格局과 用神

이 사주는 특이한 구조를 갖고 있는 사주로 청관 선생님의
가르침으로 이 책에 실었다.
天干과 地支가 모두 똑 같으므로 干支一氣格 또는 從兒格
이라고 한다 .
寅중 丙火가 용신인데, 壬水가 많이 나타나 있어 나쁘기
때문에 戊土대운에 좋다.
火가 用神이고, 木은 吉神이며, 天干 水가 病神, 地支 水는
吉神, 干上의 乾土가 藥神이다.

干支一氣格은 모두 9개가 있다.

甲 乙 丙 戊 己 庚 辛 壬 癸
戌 酉 申 午 巳 辰 卯 寅 亥

☯ 四柱의 特徵

干上에 甲木이 안 나타나서 局이 크지 않다.

그래서, 壬은 뿌리가 없고, 寅木은 머리를 못 내밀어 평범한
局이다 .
부부가 건축업을 하고 있다.

☯ 命主의 性格

사주에 壬水와 寅木밖에 없기 때문에 무조건 水生木하는 수
밖에 없으므로 성격이 단순하고 情이 많으나 질투심이 많다.
그러나, 너무 단순한 게 흠이다.

☯ 六親 關係

이 사주는 육친관계가 좀 특이하다.
印星은 없고, 官星과 財星은 모두 地藏干 안에 들어있다.
경쟁자인 比肩이 줄을 서 있으나 다행한 것은 從兒格으로 갔기
때문에 한 남자와 인연이다.
正官이 없으므로 寅중 戊土가 남편인데, 만약, 從兒格이
아니었다면 남자가 4명이나 될 것이고, 남자 모두 각각 임자
있는 몸일 것인데, 從兒格으로 갔으므로 局이 淸해져서
다행이다.

☯ 大運

- 辛丑대운에 金이 등장하여 生木의 성장에 방해를 하므로
  凶했다.

- 庚 대운도 凶했고,
  子 대운은 水生木하므로 무난했다.

- 己 대운에 힘이 없는 己土가 壬水를 尅하려 하므로 壬水가
  난동을 부리므로 凶했는데, 여기서, 己土는 正官星에 해당
  하므로 남자 문제다.
  亥 대운에 서로 寅亥合하자고 爭合이 이루어져 이번에는 寅木
  이 난동을 부리므로 凶했다.

- 戊 대운에 地藏干에 숨어있던 官星이 나타나 경쟁자인 다른
  壬水를 剋해 주므로 40대에 결혼했고, 이 대운(戊戌) 부부가
  건축업을 하는데, 戊土가 濕한 壬水를 쳐주니 잘 된다.
  戊 대운도 잘 될 것이다.

- 丁 대운에 여러 개의 壬水가 丁火를 서로 차지하려고 爭合을
  일으키면 돈 문제로 고통 받게 된다.
  酉 대운에 旺神인 寅木을 剋하므로 凶하고,

- 丙 대운에 寅중의 丙火가 고개를 내밀므로 좋고,
  申 대운에 旺神인 寅木을 沖하면 크게 나쁘다.

- 乙未, 甲午 대운이 吉하다.

己	壬	壬	丁	남
酉	戌	寅	未	자

78 68 58 48 38 28 18 8　　대

甲 乙 丙 丁 戊 己 庚 辛　　운
午 未 申 酉 戌 亥 子 丑

☯ 四柱의 旺衰

壬水가 寅月에 태어나 月上에 比肩을 보았으나 뿌리가 없고,
時支에 印星인 酉金이 있으나 酉金에는 물이 들어있지 않으므로
身弱하다.

☯ 格局과 用神

寅月에 壬水로 태어났으므로 食神格이다.
日干이 弱하여 比劫과 印星이 도와야 발복하는데, 生木이
나타나면 金은 用神으로 안 쓴다.
그래서, 水가 用神이고, 土가 病神이며, 火도 凶神이고, 木이
藥神인데, 金은 吉神이라 해도 地支에 寅木이 있어 地支에는
못쓰고 天干에만 쓴다.

☯ 四柱의 特徵

이 사주는 寅戌로 寅木을 태우기 때문에 돈이 없다.
또, 官이 病이기 때문에 직장이 病인데, 官이 病이 되면,
스트레스 때문에 직장생활하기 어렵다.
아울러, 사주 대운에서 病運이 오면, 육체적인 病이 오거나
정신적 病이 온다.
그리고, 食神이 많으면, 먹고 놀기를 좋아하게 되고, 食傷은 官을
剋하니 일을 잘 안 한다.

☯ 命主의 性格

壬水가 身弱하여 줏대가 弱해서 이리저리 흔들리기 쉽다.
官星이 病이라 망상이 많아 되지도 않을 꿈만 꾼다.
또한, 친구나 형제를 이용해서 돈을 벌려고 하나 日干이
身弱하므로 그림의 떡이다.

☯ 六親 關係

父親은 寅중에 丙火인데, 寅戌火局이 되어 내가 감당하기
어려우므로 父親의 덕을 못 보게 된다.
妻星은 丁火인데, 月干의 壬水가 먼저 合을 했으므로 과거있는
여자이고, 戌중에도 丁火가 있어 自坐明暗合하므로 두 번째
여자와 인연이다.
官星이 病이라서 자식 덕은 보기 어렵다.

☯ 刑沖 合 및 殺星의 應用

年干의 丁火는 年柱 자신의 紅艶에서 表出했고, 壬戌白虎에서
表出하여 紅艶과 白虎殺의 발동이다.
壬水의 合神이 丁火인데, 月干 壬水가 먼저 合을 하였으므로
임자있는 여성이거나 과거가 있는 여성이고, 寅戌火局으로
寅木이 탔으므로 물려받은 재산이 타버려 돈이 많지 않다.

☯ 大運

- 辛丑대운에 調喉가 되어 吉했다.

- 庚子대운도 吉했고,

- 己 대운에 己土가 剋 壬水하므로 凶했고,
  亥 대운에 吉했다.

- 戊 대운 乙酉年에 印綬가 와서 캐나다에 공부하러 가려고 한다.
  戊土는 官星으로 직장이므로 직장변동 운이고,
  戊 대운에 寅戌火局이 되어 水가 고갈되고, 戌未刑이 되어 刑出된
  丁火가 나타나 丁壬合하면 여자 문제가 생겨 골치 아프다.

- 丁 대운에 爭合이 되므로 外情이 생겨 고통을 주게 되고,
  酉 대운에 무난하다.

- 丙 대운에 돈 문제로 고통 받고,
  申 대운에 寅申沖하므로 地支에 火氣가 강해서 寅木을 잘라
  없애지는 않는다.

- 乙未, 甲午 대운에 官星인 己土를 잡아주는 것은 좋으나 調喉
  가 깨져 凶하다.

제 9 장 壬水日干 卯月

壬　壬　乙　戊　남

寅　辰　卯　戌　자

77 67 57 47 37 27 17 7　대

癸 壬 辛 庚 己 戊 丁 丙
亥 戌 酉 申 未 午 巳 辰　운

☯ 四柱의 旺衰

壬水가 卯月에 태어나 辰土에 뿌리를 가졌으나 寅卯辰木局으로
변했으므로 뿌리가 없어서 從해야 한다.

☯ 格局과 用神

이 사주도 기존 이론대로 보면, 뿌리 없는 壬水가 太弱하므로
從을 해야 하는데, 卯月은 木旺節이고, 寅卯辰木局을 형성
하므로 木勢가 强하여 木을 따라갔으니 從兒格이다라고 할
것인데, 맞는 말이다.
그러나, 食傷인 木이 旺하고 土도 旺한데, 日支 辰중에서 乙木
과 戊土가 나타났는데, 그 중에서 月上 乙木이 木局에서 表出
했으므로 木勢가 土勢보다 훨씬 旺하기 때문에 乙木을 体로
하는 日干代行格도 되기 때문에 일간대행격으로도 통변을 해야
한다.

왜냐하면, 從兒格으로 보면, 從格인 木의 勢力이 커지고
洩氣가 될 때인 水 木 火가 좋지만, 日干代行格으로 보면,
乙木의 작용과 역할을 보기 때문에 火 土運에 발복하기 때문에
운의 차이가 나기 때문이다.
따라서, 木이 体이므로 木이 뿌리를 내려야 하기 때문에 土가
좋고, 또, 나무에 꽃이 피어야 하므로 火가 좋으며, 水와 木은
있어도 그만 없어도 그만이므로 閑神이고, 金은 生木을
자르므로 病이 된다.

☯ 四柱의 特徵

이 命主는 전남 광주 태생으로,
壬 日干이 木으로 따라갔으므로 木의 입장에서 보면, 財가
많다.
그래서, 사주에 官이 없어 직장생활을 못하고, 일찍부터
부동산중개업을 해서 많은 돈을 벌었으나, 甲戌(94년)부터는
운이 기울다가 결국 부도를 낸 후, 유통업을 하고 있다.
또, 木이 土를 극하므로 항상 大腸이 나빠 고생한다.
원래, 卯月은 木旺節이라 木에 꽃이 피기 위해서는 丙火를
봐야하는데, 丙火가 없어 꽃이 피지 않았으니 향기가 없어
많은 사람들한테 돈으로 인한 고통을 주었다.

☯ 命主의 性格

壬水는 원래 비밀이 많아서 좀처럼 자기의 속내를 드러내 놓지
않기 때문에 그 사람의 속마음을 알기가 어렵다.
또한, 傷官이 体가 되니 영리하고 재치있으며, 官을 剋하는
성분이라서 법을 두려워하지 않으니 유흥업 등으로 돈을
벌려고 한다.

☯ 六親 關係

乙木을 体로 볼 때, 年柱 戊戌이 正財星으로 힘을 갖고 있어
부친이 공직에 근무했었는데, 木剋土 당하여 10살 때 돌아
가셨다고 하며, 卯木은 桃花인데, 財星인 戌土와 卯戌合火

하고, 寅卯辰木局으로 日支 辰土와도 合을 하였으며, 時支
寅중에도 戊土 財星이 들어 있어 財가 많으므로 많은 여성과
인연인데, 첫 여자와는 아들 하나를 낳고 헤어졌으며,
둘째부인한테서는 남매를 두고 헤어졌고, 지금 사는 세 번째
부인한테서는 딸 하나를 두었다.

☯ 刑 沖 合 및 殺星의 應用

壬辰魁罡 日主가 年柱 戊戌과 月支 卯木을 사이에 두고 沖을
하려고 벼르고 있는 형국이라 卯木이 合되거나 沖될 때 辰戌沖
이 발동하게 되는데, 丙戌년에 辰戌沖이 발동하여 오락사업
에서 많은 손재가 있었으며, 앞에서도 설명했듯이 卯戌合火
되었고, 辰土와 寅중에도 戊土를 갖고 있어 財星이 많아 곡절
이 많게 살아온 사람이다.

☯ 大運

- 丙 대운에 乙木 꽃나무에 꽃이 피어 귀염받고 성장하였으며,
   辰 대운에 辰辰子刑되어 木局이 흔들리고, 辰戌沖하여 財星인
   戊土가 흔들리면서 乙木의 剋을 받아 부친이 사망하였고,
   학교 공부도 부진하였다.
- 丁 대운에 日干인 壬水가 丁火와 丁壬合되어 外情이 있었으며,
   巳 대운에 寅巳刑이 되나 무탈하게 지냈다.

- 戊 대운에 日干 壬水의 官으로 직업이고, 乙木의 입장에서
   財星이므로 고향을 떠나 서울로 올라와 개인 업소에 취업하여
   일을 배웠으며,
   午 대운에 寅午戌火局이 되므로 日干의 財星이고, 乙木에 꽃이
   활짝 피므로 부동산업을 하여 많은 돈을 벌었으나,
   午 대운 말인 1992(壬申)년을 맞아 금융실명제가 시행되면서
   부동산업이 직격탄을 맞아 부도를 맞았는데, 이는 壬申 歲運에
   寅申沖이 발동하여 旺神沖拔 즉, 木局을 깼기 때문이다.
- 己 대운까지 부도의 여파로 사업이 어려워 사무실을 정리
   하였으며, 丙子(96)년을 맞아 子卯刑이 발동하여 구속되었다가
   수년 만에 출소하였고,

己 대운 壬午년, 未 대운 癸未년에 유흥을 시작하여 많은 돈을
벌어 그 돈으로 부동산을 사 두었는데, 자산가치가 많이 상승
하였으며,

- 庚申대운 이후는 用神인 乙木을 合하고, 地支로는 寅申沖이
  되어 局을 깨므로 파란이 올 것인데, 丙戌(06)년에 辰戌沖
  하여 財를 깨므로 하므로 정부의 정책이 변하여 부동산규제책
  때문에 많은 손재를 입었다.
- 辛酉대운이 가장 凶하다.

壬　壬　辛　辛　　남

寅　寅　卯　丑　　자

71 61 51 41 31 21 11 1

癸 甲 乙 丙 丁 戊 己 庚　대

未 申 酉 戌 亥 子 丑 寅　운

☯ 四柱의 旺衰

卯月에 壬水가 干上의 辛金이 돕고 있고, 丑土에 根氣가
있으나 身弱하다.

☯ 格局과 用神

壬水가 卯月에 태어났으므로 傷官格인데, 卯月은 木旺節이고
寅 卯木이 잘 자라고 있어 壬水의 본래 목적대로 나무를
기르고 있으나, 문제는 年 月上의 辛金이 나무의 생장을 막고
있고 火가 없어 濕하다.

그래서, 木을 용신으로 하고, 地支 水는 吉神이지만 干上의
水는 더 이상 필요하지 않고, 土도 나무가 뿌리를 내리기
위해서는 필요하나, 金은 나무의 성장을 억제하므로 病이고,
火가 가장 필요한 藥神에 해당한다.

☯ 四柱의 特徵 및 命主의 性格

이 사주에서처럼 壬水 日干이 身弱하다고 해서 印星인 金이
吉神이라고 하면 안 된다.
왜냐하면, 寅 卯木은 生木이므로 길러야 하기 때문이다.
印星이 年 月上에 있고 病神이면, 공부 운이 나쁘기 때문에
인격형성에 문제가 있을 수 있으며, 食傷이 旺하고 用神이므로
유통업에 종사한다.
壬水는 흐르는 본성을 갖고 있는데다가 食傷官이 旺하게
洩氣를 하므로 두뇌회전이 좋고, 언변이 뛰어나다.

☯ 六親關係 및 刑 沖 合 등 殺星의 應用

財星은 寅중의 丙火인데, 2개라서 再婚格이며, 妻의 입장에서
볼 때 妻 2명이 각각 年 月上의 辛金과 合을 맺고 있어 과거
있는 여자이거나 다른 남성과 인연을 맺을 것이고,
부친 또한 같은 財星이므로 妻와 같은 현상으로 볼 수 있으며,
모친은 辛金이므로 모친도 마찬가지다.
이 命主는 月支에 강한 傷官 桃花를 갖고 있어 바람기가 많은
사람으로 本妻와 이혼하고, 後妻와 살고 있다.
寅木이 文昌星이나 印星인 辛金이 억제를 하고 있어 공부 운은
크지 않았다.

☯ 大運

- 초년 庚寅대운에 寅木이 있어 무난하였다.

- 己丑대운에 나무가 뿌리를 내릴 土이긴 하나 濕土라서 土質이
  나쁘고, 더군다나, 丑중에는 辛金 자갈이 들어있어 더욱
  나쁜데다가 土生金으로 病을 도와주기 때문에 어려운 시기

였다.

- 戊 대운에 干上의 戊土는 필요하지 않으므로 좋지 못했으나
   子 대운에 子丑合, 子卯刑하나 水生木을 하므로 무난하였다.

- 丁亥대운부터 干上에 불이 들어오고, 地支 亥水는 寅木을
   生해주므로 吉하여 슈퍼를 운영해서 큰 돈을 벌었다.

- 丙 대운에 丙火가 이 사주에서 吉神이나, 年 月上에 辛金이 두
   개가 떠 있어서 爭合이 되므로 印綬가 발호하여 오히려 凶해졌
   는데, 癸未년에 새로운 사업에 도전했는데 丑未沖하여 튀어
   나온 辛金이 더욱 凶을 가세하여 재미를 못 보다가 甲申, 乙酉
   년에 큰 손해를 봤으며,
   戊 대운에 丑戌刑이 되나 卯戌火, 寅戌火가 우선이므로 돈이
   들어올 것이므로 무난해진다.

- 乙酉, 甲申대운에는 月支 卯木과 日 時支 寅木을 沖하면
   희망이 없다.

후처 사주

庚	庚	辛	丁	여
辰	寅	亥	未	자

75 65 55 45 35 25 15 5   대

己	戊	丁	丙	乙	甲	癸	壬	
未	午	巳	辰	卯	寅	丑	子	운

앞 辛丑생 남자의 後妻사주다.
亥月에 庚金이 身旺하다.
또, 亥月에 金은 金水傷官格으로 寒濕하면 무조건 火를
用神으로 써야 하므로 年上에 丁火가 未土를 깔고 있어
用神이 된다.
그러나, 金이 旺하고, 火가 弱해 用神허약이다.
火運이 올 때 발복할 것이다.

甲　壬　辛　辛　　남

辰　午　卯　巳　　자

80 70 60 50 40 30 20 10　　대

癸 甲 乙 丙 丁 戊 己 庚　　운
未 申 酉 戌 亥 子 丑 寅

☯ 四柱의 旺衰

卯月에 壬水가 年 月上의 辛金이 돕고 있고, 年支 辰土에 근기
를 가졌으나 身弱한데, 壬水에 卯木은 死地라서 더욱 힘이
없다.

☯ 格局과 用神

壬水가 卯月에 태어나 卯중에 甲木이 干上에 透出하여
食神格이고, 壬水일간의 임무는 生木인 甲木을 기르는 일이기
때문에 이 사주의 主体가 木이므로 木이 잘 자라느냐 잘 못
자라냐에 따라서 吉凶이 달라진다.
즉, 이 사주에서 木이 자라기 위해서는 木의 성장을 방해하는
辛金이 病이기 때문에 金을 剋해주는 火運이 와야 발복한다.
따라서, 火가 용신이고, 水는 病神이며, 木이 吉神이고, 濕土
는 凶神이며, 金이 仇神이다.
大運에서 干上의 土運은 壬水를 剋해주어 괜찮다.

☯ 四柱의 特徵

이 사주는 甲木이 地支에 卯木 뿌리를 갖고 있어 돈이 있고,
原局이 좋다.
그러나, 이 사주가 만약, 癸卯 時라면, 큰 운이 없다.

☯ 命主의 性格

壬水가 木을 키우기 때문에 情이 많고 합리적이나, 그 대신
日干 자신이 불을 끄므로 이기적인 데도 있다.
또, 사주가 濕해서 술을 먹으면, 이상한 성격이 나오고, 겁도
많다.

☯ 六親 關係

이 男命의 부친은 巳중에 丙火와, 午중 丙火가 있어 두
명인데, 모친인 正印도 年 月上에 辛金이 두 개라서 두
어머니로 각각 丙辛明暗合하고 있다.
그런데, 年上의 辛金은 死地 위에 앉아있어 일찍 사망했을
것이다.
자식은 巳중 戊土, 午중 己土, 辰중 戊土로 여러 명으로 모두
吉神 속에 들어 있어서 자녀 덕이 있을 것이다.

☯ 刑 沖 合 및 殺星의 應用

午 卯 破인데, 午火는 濕木에 洩氣되어 나쁜데, 卯木의
입장에서는 午火의 熱을 받아 성장이 잘 되므로 좋다.
甲辰은 白虎인데, 白虎殺이 발동하지 않아서 白虎의 흉작용은
크지 않다.

☯ 大運

- 庚寅대운에 庚金이 甲庚沖하므로 凶하나 寅木은 좋다.

- 己丑대운에 甲己合되어 나쁘고, 丑土중에 辛金이 들어 있고,
  干上의 辛金이 발동하므로 凶하다.

- 戊 대운에 무난하고,
  子 대운에 子午沖하여 日支 배우자궁을 沖하므로 부부 궁에
  문제가 오게 되고,

- 丁 재운에 辛金을 剋해주고, 丁壬合되어 吉神으로 변하므로
  吉하며,
  亥 대운에 巳亥沖하여 巳중 戊土와 丙火가 剋을 당해 凶하다.

- 丙 대운에 丙辛合으로 爭合이 되어 辛金이 발호하여 문서문제,
  또는 모친의 문제로 고심하게 되나 일면 丙火가 辛金을 묶어
  주므로 吉한면도 있어 돈은 들어 올 것이다.

- 乙 대운에 乙辛沖으로 辛金 하나를 쳐주면 좋고,
  酉 대운에 卯木을 沖하면 돈 줄이 끊겨 凶하다.

- 甲 대운에 吉하나,
  申 대운에 甲木이 絶地에 임하고, 가을바람이 불어 나무가
  生氣를 잃는다.

제 9 장 壬水日干 辰月

己　壬　壬　丙　　남

酉　申　辰　申　　자

71 61 51 41 31 21 11 1　　대

庚 己 戊 丁 丙 乙 甲 癸

子 亥 戌 酉 申 未 午 巳　　운

☯ 四柱의 旺衰

辰月에 壬水가 年 日支 辛金에 뿌리를 갖고 있고, 辰土에
통근하며, 酉金이 있어 身旺하고 濕하다.

☯ 格局과 用神

壬水가 辰月에 태어났으므로 正官格이고,
辰月의 壬水는 木을 길러야 正格인데, 木이 나타나 있지
않아서 調喉겸抑扶用神인 火를 써야하나 丙火가 뿌리가
없는데다가 丙壬沖되어 있어서 火를 用神으로 쓰고, 土는
藥神이며, 水가 病神이고, 金이 仇神이다.

☯ 四柱의 特徵

이 命主는 강원도 강릉 태생으로,
3월이라서 아직은 寒氣가 있는데, 火도 약해서 己土濁壬이
성립 안한다.

일반적으로, 이렇게, 地支에 火氣가 전혀 없는 사주는 집이
가난해서 땔나무가 없어 안방이 차갑다고 했다.
또, 봄에는 나무를 길러야 할 시기이기 때문에 丙火가 강해야
좋으며, 天干에 水가 필요하지 않다.
불필요한 글자만 잔뜩 자리를 차지하고 있으니 무슨 돈이
있겠는가.

☯ 命主의 性格

正官格을 이루므로 점잖하나 多印綬太旺하여 印星이
凶神이므로 인격에 문제가 있을 수 있다.
또, 旺한 印綬가 木으로 洩氣가 잘 되어야 표현력이 강하고,
두뇌도 좋은 법인데, 木이 없어 洩氣가 되지 않으므로 두뇌가
나쁘고, 표현력도 약하다.

☯ 六親 關係

이 男命의 父親星인 財星은 丙火인데, 丙火가 病地 위에
앉아있고, 뿌리가 없어 달빛과 같아서 힘이 없는데, 초년
癸巳 대운이 나빠 10세 전에 일찍 사망할 운명으로, 9살 때
부친이 사망하였다.
妻는 원칙적으로 丁火이나 없으므로 丙火를 妻로 본다.
그런데, 妻星인 丙火입장에서 日干 壬水보다 먼저 月上의
壬水가 있으므로 한 남자를 거쳐 온 여자이다.
자식은 正官인 己土인데, 陽 日干에 陰 正官이므로 딸만
하나를 두었다.

☯ 大運

- 癸巳대운에 癸水가 가세하여 뿌리없는 丙火를 群劫爭財로
  공격하니 9살 때에 아버지가 사망하였다.

- 甲午대운에 甲己合으로 用神을 묶어 吉하지 못했으나, 午火가
  있어 귀염받고 자랐고,

- 乙未대운에는 乙木이 己土를 공격하여 나쁘지만 地支에 未土가 있어 편히 살았다.

- 丙申대운에 직장생활을 하였는데, 큰 발전은 없었고,

- 丁 대운에 丁壬合木으로 丁火 하나를 놓고 두 개의 壬水가 서로 합하자고 경쟁하는 格이라 자동차에 들어가는 프라스틱 부품 공장을 하다가 丁丑년 외환위기 때 부도가 나서 큰 고통을 겪었다.
  그러다, 결국, 庚辰년 妻家가 있는 강원도로 이사를 해서 애완견을 기르며 살았으나 수입이 신통치 않아,
  酉 대운 甲申年에 이번에는 자기 고향인 강릉으로 이사를 하여 乙酉년에 妻가 애견센타를 차렸으나 경영이 신통치 않다.

- 戌 대운이 가장 좋은 대운이니 한숨 돌릴 수 있을 것이다.
  戌 대운도 좋다.

- 己 대운은 吉하나,
  亥 대운부터는 凶하다.

甲　壬　甲　丁　　남

辰　申　辰　酉　　자

78 68 58 48 38 28 18 8　　대

己 庚 辛 壬 癸

亥 子 丑 寅 卯　　운

☯ 四柱의 旺衰

辰月에 壬水가 身弱하나, 地支에 濕土인 辰土가 두 개가 있고,
調喉를 해주는 丁火의 뿌리가 없어 濕하므로 身旺과 같다.

☯ 格局과 用神

壬水가 辰月에 태어나 偏官格이다.
壬 日干이 甲木을 기르고 있는데, 이 사주에서 나무가 자라기
위해서는 사주가 濕하기 때문에 水氣와 金氣는 필요없고 불이
필요하다.
따라서, 火가 正用神이나 丁火는 뿌리가 없어서 쓰지 못하고,
木을 假用神으로 쓰고, 水는 水生木하므로 吉神이고, 金은
나무의 생육을 방해하므로 凶神이며, 土도 나무의 뿌리를
내리기 위해서 필요한데, 이 사주에서는 調喉를 해주는 火가
가장 필요하다.

☯ 四柱의 特徵

봄에 壬水가 巨木을 기르고 있으니 생각은 큰데, 나무를
길러줄 태양이 없어 아쉽다.

☯ 命主의 性格

봄에 壬水가 巨木을 기르고 있으니 부지런하고, 합리적인

성격이며, 두뇌도 잘 돌아간다.
그러나, 財星인 火가 弱하기 때문에 돈과 여자를 탐한다.

☯ 六親 關係

壬 日干의 妻는 正財인 時上의 丁火인데, 丁火는 뿌리가 없어
허약해서 妻로 삼을 수 없기 때문에 日支와의 合神을 찾아
妻로 삼으므로 日支 申중 庚金과 暗合하는 月支, 時支 辰중의
乙木이 妻星이다.
따라서 妻가 두 명인데, 月支 妻星을 暗臟한 辰土가 年支
酉金 桃花에 情을 주므로 本妻는 다른 남자를 찾게 되고,
時支 辰중의 乙木이 자기의 마누라처럼 보이기 때문에
그 여자에게 情이 끌리게 되므로 애인을 두게 된다.

☯ 刑 沖 合 및 殺星의 應用

月柱와 時柱의 甲辰이 白虎殺인데, 辰중의 地藏干이 表出하지
않아서 白虎殺이 발동하지 않았기 때문에 白虎殺의 凶작용은
크지 않다.
日支를 기준하여 酉金이 桃花인데, 辰酉合하여 辰중 乙木이
酉중의 庚金과 暗合하여 乙木 마누라가 다른 남자한테 情을
주게 된다.

☯ 大運

- 癸 대운에 癸水가 水生木하므로 甲木에게는 득이 되나
  丁癸沖하여 丁火가 꺼지는데, 丁火는 부친궁이므로 부친에
  凶厄이 따른다.
  卯 대운에 甲木이 羊刃을 얻어 튼튼해지므로 吉하다.
- 壬 대운에 丁壬合木하여 丁火가 묶여 부친이 자기역할을
  못하게 되고,
  寅 대운에 甲木의 뿌리가 튼튼하므로 吉하여 공무원으로
  출발하였다.

- 辛丑대운이 운이 나빠 큰 발전이 없었고,
- 庚 대운에 자리를 옮겨 진급을 하고 그곳에서 계속 근무를
  하였으며,
  子 대운에 申子辰水局이 되니 뿌리없는 用神인 丁火가 힘을
  잃고, 甲木은 浮木이 되어 木生火가 어려우니 운이 없다.
  그러던 중, 같은 공직에 있는 애인을 사귀었는데, 그 여자
  문제로 인하여 고민을 하다가,

- 己 대운은 명줄인 甲木이 合去되며, 48세 甲申年에 食神인
  甲木이 申金 絶에 앉아있고, 日支가 申金인데 申年을 만나
  음력 己巳月에 자살하고 말았다.
  이 사주의 財인 丁火는 뿌리가 없고, 日支의 申金 凶神이라
  妻宮이 나쁜 사주다.

애인 사주

辛	乙	乙	乙	여
巳	丑	酉	巳	자

80 70 60 50 40 30 20 10

癸	壬	辛	庚	己	戊	丁	丙
巳	辰	卯	寅	丑	子	亥	戌

從殺格 또는 日干代行格이다.
從殺이 되어 金으로 따라갔으면 물로 씻어줘야 하는데, 물이
없어 濁金이다.
年, 月支 巳중 丙火가 夫인데, 丙火는 酉에 死이고, 日干代行
辛金은 丙火(夫)의 死 발동신이다.
따라서, 남자가 사망할 운명이고, 子 대운에 日支 丑을 合하니
巳酉로 丙火는 死(酉)에 들어가고, 甲申年 되어 巳申合 破가
되니 애인이 사망했다.

```
己   壬   庚   庚   남
酉   申   辰   子   자
77 67 57 47 37 27 17 7   대
戊 丁 丙 乙 甲 癸 壬 辛
子 亥 戌 酉 申 未 午 巳   운
```

☯ 四柱의 旺衰

辰月의 壬水가 申子辰水局을 이루고 印綬가 旺하여 太旺하므로
지금까지의 이론으로는 從格으로 印綬를 따르는 팔자다.

☯ 格局과 用神

이 사주를 일반격으로 보면, 壬水가 辰月에 태어났으므로
偏官格이나 申子辰水局을 이루고, 干上에 庚金이 두 개나 있어
印星이 太旺하므로 從强格으로 볼 것이다.
그러나, 日支 申金에서 年 月干 庚金이 表出되었고, 金이
太旺하므로 庚金을 日干代行으로 하는 日干代行格도 된다.
그래서, 旺金이 갈 길은 日干 壬水다.
즉, 旺한 것은 洩함을 좋아한다.
또한. 潤下格으로도 볼 수 있기 때문에 木으로 洩氣를 해야
한다.
그래서. 이 사주를 육친해석을 해 보면 內格이 아님을 쉽게
알 수 있다.
만약, 內格이었다면, 正 偏印 混雜에 申子辰水局을 이루고
있어 두 어머니에 배 다른 형제가 있다고 볼 수 있는데, 전혀
그렇지 않기 때문이다.
따라서. 이 사주는 오직 木이 와서 洩氣를 해줘야 발복하게
되는데, 설령 木이 온다 해도 金이 많아 剋하기 때문에
발복하기가 어려운 사주다.

☯ 四柱의 特徵 및 命主의 性格

이 사주는 從强格 또는 日干代行格을 겸하므로 자유분방하며,
직장생활을 할 수 없다.
또한, 火 官星이 없기도 하다.
傷官은 고물업에도 해당하므로 癸 대운부터 고물상을 한다.
金 水가 旺해서 온통 물바다를 이루고 있는데, 물은 바람따라
물결따라 흐르기를 좋아하기 때문에 틀에 억메이는 것을
싫어한다.
또, 旺한 水가 洩氣가 되지 않으므로 말이 없고, 표현력이
부족하며, 베풀 줄 모르는 성격이고, 時上의 己土가 壬水를
己土濁壬시켜 구정물로 만들어 버리므로 언행이 탁하다.

☯ 六親 關係 및 刑 沖 合 등 理解

庚金이 体가 되므로 辰중 乙木이 財星으로 부인이고,
父親인데 힘이 없다.
父親은 乙酉(05)년에 乙庚合, 辰酉合되어 나이는 다소 많은
73세였지만 건강하였는데, 갑자기 사망하였다.
母親은 己土인데, 모친의 입장에서 보면, 從兒格이 되므로
잘 생기고 언변술이 좋으나 남편복은 없다.
여기서, 자식인 官星이 없는데, 이럴 때는 마누라가 생하는
것을 자식으로 봐야하므로 壬 子水가 자식인데, 旺金을
洩氣를 잘 해주므로 자식이 똑똑하다.
그런데, 旺金을 洩氣하는 壬水를 母親星인 己土가 己土濁壬
시키므로 모친을 싫어하는데, 이 男命은 장남이면서도 어머니
와 남남처럼 살면서 서로 왕래도 없이 완전히 단절되었다.

☯ 大運

- 辛巳대운에 대운 支 巳火가 巳酉合金, 巳申合水되어 太旺해
지므로 食傷이 더욱 허약해지기 때문에 공부를 전혀 하지를
않았다.

- 壬午 대운도 凶했는데, 大運 支 午火가 年支 子水를 沖하여
  洩氣하는 것을 깨므로 폭력 사고를 쳐서 군대를 가지 못했다.

- 癸未대운도 불미스러우나 未 大運에 未중 乙木과 丁火가
  있으며 天乙貴人이므로 凶중 吉하여 결혼하였고, 철재상을
  하고 있다.

- 甲申대운에 庚金의 偏財運인데, 時干의 己土를 甲己合去시키며
  庚金生 壬水, 壬水生 甲木을 하므로 돈이 조금 들어온다.
  그리고, 己土 母親은 나의 갈 길인 壬水를 흐리게 하므로
  忌神인데, 甲木이 己土를 合去시킴은 母親인 己土가 없어짐을
  뜻하고, 母親을 제거하므로 제 갈 길을 갈 수 있다.
  또한, 己土 母親에서 보면, 傷官인 庚, 庚金을 보므로, 쌍나팔
  부는 사람이고, 총명한 여자다.
  甲木은 庚金의 偏財인데, 申金 絶에 앉아 있으므로 申 대운에
  父親과 死別인데, 乙酉年에 月支 辰土(父)가 時支인 酉金과
  合하여 부친이 갑자기 사망했다.
  申 大運은 申子辰水局을 하여 여러 업을 벌이게 되고,
  왕성하게 활동한다.
  그러나, 水旺하면 木 財星이 흘러가기 때문에 치부는 안된다.

- 乙 대운에 乙木 하나를 놓고 庚金이 爭合하므로 문서문제나
  재산다툼이 있고, 여자문제가 생긴다.

- 丙 대운에 官星이 나타나 자식이 잘 될 것이나,
  戌 대운에 辰戌沖하면 格이 깨지고, 특히, 庚辰 魁罡을 天沖
  支沖하므로 凶하다.

제 9 장 壬水日干 巳月

壬　　壬　　己　　己　　　여
　　　　　　　　　　　　　　자
寅　　辰　　巳　　亥

79 69 59 49 39 29 19 9　　대
　　　　　　　　　　　　　　운
丁 丙 乙 甲 癸 壬 辛 庚
丑 子 亥 戌 酉 申 未 午

☯ 四柱의 旺衰

巳月에 壬水가 年支에 뿌리를 갖고 있으나 깨졌고, 辰土에
通根을 하나 身弱하다.

☯ 格局과 用神

巳月에 태어난 壬水가 偏財格을 이루나 巳亥沖이 되어
파격이다.
巳月 초여름의 壬水가 寅木을 기르고 있어 여름이므로
身旺함을 요한다.
따라서, 水가 用神이고, 金은 凶神이며, 土가 病神이고,
火가 仇神이며, 木이 藥神이다.

☯ 四柱의 特徵

이 女命은 경기도 수원 태생으로,
여름에 壬水가 寅木 생명을 기르고 있으니 임무가 있는

사람이다.

특히, 4월부터 7월까지는 己土濁壬이 잘 되는데, 己土濁壬이
되면, 壬水가 구정물로 변하므로 피가 탁해져서 피부병 같은
질병이 있기 쉬운데, 이 여인은 목욕탕에 가면 갑자기 피부에
발진이 심해져 병원 응급실 신세를 진다고 한다.

☯ 命主의 性格

寅木 食神 文昌성을 갖고 있어서 두뇌가 좋고, 언변이 좋으며,
年, 月에 雙 己土가 떠 있으니 己土濁壬이라서 日干이 구정물
로 변하므로 이상한 성격이다.

특히, 己土는 正官으로 남편인데, 己土가 濁壬 뿐만 아니라
土克水로 剋이 심하므로 남편에게는 더욱 히스테리가 심하여,
정신이상자와 같고, 항상, 몸이 아프다고 한다.

☯ 六親 關係

父親星인 巳火 財星이 깨져 부모덕이 없고, 돈 복도 없음을
나타내고 있다.

己土가 남편인데, 두 개이고, 病이니 남편 복이 없는
여인이다.

이런 사주가 大運에서 또 己土를 만나면, 부부 궁은 위험에
처하는데, 99년 己卯년에 남편과 헤어져 혼자 살고 있다.

水生木으로 나무는 잘 기르므로 자식보고 살고 있다.

☯ 刑 沖 合 및 殺星의 應用

壬水가 己土의 끊임없는 剋을 받으니 신경이 예민하고, 머리가
명석하다.

女命에 있어 壬辰 魁罡 일주는 백년해로하기 어렵다고 한다.

辰巳亥가 천문성이라 종교나 철학에 인연이다.

☯ 大運

- 庚午대운에 地支가 火運이라 운이 나빠서 건축업을 하는
  부모와 떨어져 할머니 밑에서 성장하였고, 剋이 심하니 두뇌는
  영리하여 공부는 무척 잘했으나 대학을 가지 못했다.

- 辛 대운에 고교를 졸업한 후, 직장생활을 하여 부모를
  도왔는데, 고생은 했어도 나름대로 보람도 있었다고 하며,
  결혼도 하였다.
  未 대운에 年 月上의 己土가 뿌리를 얻어 旺해지므로 남편의
  하는 일은 잘 되었고 작은 집도 마련하였다.

- 壬 대운에 무난하였고,
  申 대운 寅申沖, 寅巳神三刑이 발동하여 남편과 갈등이
  심했다.

- 癸 대운 戊寅년에 偏官이 나타나 土克水하므로 남편과 갈등이
  심하더니 그 이듬해인 己卯년을 맞아 또 다른 己土가 등장하자
  이혼하고 말았다.
  酉 대운 桃花인 酉金이 등장하여 巳酉合, 辰酉合하므로 남자
  관계가 있었으나 재혼은 하지 않았다.

- 甲 대운 甲木이 己土를 막아 주므로 편안하고, 2개의 己土중
  하나를 묶어주므로 재혼을 할 수 있으나,
  戌 대운에 辰戌沖하면 또 다시 깨질 수 있다.

- 乙亥 대운에 巳亥沖이 되어 凶神인 巳火가 없어져 좋으나 그
  대신 財가 없어지므로 손재 또는 친정 부친이 사망 할
  것이다.

- 丙 대운에 丙壬沖하고 巳亥沖하여 凶하다.

癸 壬 己 甲   여

卯 辰 巳 午   자

80 70 60 50 40 30 20 10   대

辛 壬 癸 甲 乙 丙 丁 戊

酉 戌 亥 子 丑 寅 卯 辰   운

☯ 四柱의 旺衰

壬水가 巳月에 태어나 時上에 劫財를 보고, 日支의 辰土에
根氣를 갖고 있으나 身弱하다.

☯ 格局과 用神

壬水가 巳月에 태어났으므로 偏財格인데, 巳月부터는 여름
으로 덥기 때문에 물이 필요한 계절이고, 또, 旺한 나무를
기르기 위해서도 水가 필요하다.
그런데, 壬水와 癸水가 辰土에 뿌리를 내리고 있는데, 辰土는
물 창고라서 마르지는 않지만 月令이 巳月이기 때문에
土로서의 기능이 더 강하므로 결국 水는 약해질 수 밖에 없다.

☯ 四柱의 特徵 및 命主의 性格

여름에 壬水가 생명을 기르고 있기 때문에 할 일이 많고, 바쁜
사람이며, 또, 더위를 식혀주는 물이라서 어디를 가도 환영
받고 사는 사람이다.
그러나, 내면을 들여다보면, 壬辰 魁罡 일주라서 고집이 쎄고
비밀이 많으며, 특히, 女命의 魁罡 일주는 남편과 해로하기
어렵다는 것을 여러 사람들의 경험을 통해서 알 수 있다.
壬水는 己土를 보면, 己土濁壬이 되어 구정물이 되기 때문에
官을 싫어하게 되며, 己土 또한 食神인 甲木과 甲己合되어
己土 자신의 힘을 발휘하기 어려운 구조를 갖고 있다.

☯ 六親 關係

이 사주의 아버지는 巳중 丙火이고, 어머니는 巳중 庚金인데,
巳火 凶神 속에 들어 있어서 부모 덕은 약하다.
또, 남편은 午중 丁火와 合神이므로 남편인데, 午중에서
己土가 表出했으므로 남편의 表出神이고, 己土는 正官이므로
본래의 남편이기 때문에 己土가 남편인데, 土가 많아 여러
남성과 인연을 맺을 팔자다.
그런데, 己土는 午火에 祿이고, 日支 巳火에 帝王이며, 辰土
에도 통근하므로 旺한 것 같으나, 巳月의 甲木이 卯木 羊刃을
갖고 辰土에도 뿌리를 내리므로 旺하기 때문에, 서로 양측
세력이 강한 힘을 갖고 있어 어느 한쪽에 羈絆되지 않고
팽팽히 맞서 있다고 볼 수 있다.
따라서, 남편은 官職과 인연이거나 명예를 추구하는 사람이고,
甲木 食神은 딸 자식인데, 甲木의 紅艷인 午火 위에 앉았고,
紅艷에서 表出한 己土와 合하였으므로 바람둥이 이거나 財를
탐하므로 사업에 인연이 있다.
한편, 劫財(동생)인 癸水는 卯木 桃花 文昌星 위에 앉아 巳중
戊土, 辰중 戊土와 明暗合하므로 여러 남자와 인연이다.

☯ 大運

- 戊 대운에 戊土가 身弱한 壬水를 剋하고, 戊癸合하여 도와주는
  癸水마저 묶어 돕지 못하게 하므로 凶했고,
  辰 대운에 身弱한 壬水에 물 창고가 나타나므로 吉했다.

- 丁 대운에 丁壬合木하여 合神이 나타났으므로 결혼 운이고,
  卯 대운에 傷官 운이므로 활동하는 운이다.
- 丙 대운에 丙火는 午火와 巳火에서 透出하였으므로 돈 문제가
  생기는데, 食神인 나무에 꽃이 피는 격이므로 나쁘지 않다.

- 乙 대운에 乙木은 傷官으로 日支 辰土에서 表出하여 正官인
  己土를 剋하므로 남편한테 凶厄이 따르고,
  丑 대운에 己土 남편이 墓에 들어가므로 쉬는 운이며,
- 甲子 대운에 甲己合하여 子水 絶支에 임하므로 남편에

위험이 따른다.
- 癸亥 대운에 身弱한 日干을 도와주므로 吉하나 巳亥沖하여
  巳중 丙火가 凶厄이 따른다.
- 壬 대운에 吉하고,
  戌 대운 辰戌沖하므로 부부갈등 또는 남편에 凶厄이 있다.

- 辛酉대운 명줄인 木을 자르므로 나쁘다.

庚	壬	辛	庚	남
子	辰	巳	戌	자

78 68 58 48 38 28 18 8

己	戊	丁	丙	乙	甲	癸	壬	운
丑	子	亥	戌	酉	申	未	午	

☯ 四柱의 旺衰

巳月에 壬水가 地支에 羊刃을 보았고, 辰子水局을 이룬데다가
干上에 印綬가 旺하여 太旺하다.

☯ 格局과 用神

壬水가 偏財月인 巳月에 태어났으나, 巳중 庚金이 透干되어
偏印格이 되었다.
여름의 물은 調喉를 시켜주거나 나무를 길러야 正格인데,
이 사주에서는 壬水가 旺하므로 더 이상의 물도 필요없고,
나무가 나타나지 않았고, 만약, 나무가 나타났다 하더라도
干上에 庚辛金이 많아서 기르기가 어렵다.
그래서, 巳중 丙火를 用神으로 쓰고, 旺한 金이 病神이며,
水도 凶神이고, 乾土는 吉神이며, 木도 吉神이다.

☯ 四柱의 特徵

사주에 생명인 木이 나타나 있지는 않지만 辰中에 乙木이 들어
있어 火만 오면 乙木이 자랄 것이다.
또, 巳火가 財星으로 妻宮이고 부친궁인데, 巳중에서 庚金이
表出神인데, 年 時上에 表出해 있어 부모가 재혼 필자임을 알
수 있다.

☯ 命主의 性格

여름의 물이니 더위를 식혀주므로 인기가 있는 사람이나,
나무를 기르지 않으니 큰 보람이 없이 사는 사람이다.
대게, 印星이 病神이면, 인격 형성에 문제가 있는 경우가
많고, 게으르다.

☯ 六親 關係

父親星이 巳중 丙火인데, 巳중의 庚金이 父親星인 巳火의
表出神이므로 父親이 두 분이고, 원칙적으로 庚 辛金이 壬水
日干의 正 偏印에 해당하므로 모친도 두 명이므로 부모가
재혼격임을 나타낸다.
祖父 宮이 庚戌 魁罡으로 조부님의 성격이 대단했음을
나타내는데, 6. 25 당시 조부가 군인이었기 때문에 인민군에
끌려가 사망하여 시체를 찾지 못했다고 하며, 父親은 유통업을
하다가 실패하였다.
또한, 壬水일간의 妻가 되는 財星은 戌중 丁火인데, 戌중
丁火는 壬水와 明暗合하고, 子중 壬水와 暗合하므로 妻의
外情이 있을 수 있고, 또한, 日支 妻宮의 辰중의 乙木이 두
개의 庚金과 明暗合하므로 妻가 바람날 수 있음을 알 수 있다.

☯ 刑 沖 合 및 殺星의 應用

庚戌 魁罡星과 壬辰 魁罡星이 沖을 하려하고 있으나 巳火가
가운데서 말리고 있는 형국인데, 이런 경우 巳火가 合되거나

沖되어 깨지면 辰戌沖이 발생하고, 또, 運에서 辰이나 戌이
와도 沖이 발생한다.
巳戌鬼門이라서 역학에 인연이 많은 사람이다.

☯ 大運

- 초년 壬午대운에 火運이니 좋아서 귀염받고 성장하였으나,

- 癸未대운이 戌未刑이 작용하여 고등학교를 졸업하고 19세
  戊辰년에 폭력사건에 휘말려 경찰에 입건되었으나 다행히 큰
  처벌은 면했다고 하며, 未 대운에 소방서에 근무하게 되었다.

- 甲 대운에는 壬水가 甲木을 보니 자기의 본분을 지키니
  괜찮고,
  申 대운에는 病神운인 서방으로 흐르니 운이 저조하나 많은
  고생 끝에 甲申년에 특별승진을 했다.
  보통 사주를 감정할 때 운이 나쁘면 진급이 안 된다고 하나,
  이 사주는 그 해에 고생을 많이 해서 그 공적을 인정받아
  특진을 한 것이다.
  그래서, 직업이 공무원인 경우 운이 나쁠 때 진급하는 경우를
  종종 볼 수 있다.

- 乙酉대운에 큰 발전이 없다.

- 丙 대운에 丙辛合이 되나 巳火가 얼굴을 내밀므로 좋은
  운이고,
  戌 대운에 日支 辰土를 沖하면 부부 궁에 파란이 온다.

- 丁 대운 丁壬合으로 再婚 아니면 外情이 생길 것이고,
  亥 대운 巳亥沖하면 凶하다.

제 9 장 壬水日干 午月

癸　壬　庚　甲　　남

卯　戌　午　戌　　자

76 66 56 46 36 26 16 6　대

戊 丁 丙 乙 甲 癸 壬 辛
寅 丑 子 亥 戌 酉 申 未　운

☯ 四柱의 旺衰

午月에 壬水가 뿌리는 없으나 戌土에 통근한 庚金이 돕고 있어
다행이나 太弱하다.

☯ 格局과 用神

午月에 壬水라서 正財格을 이루나 뿌리도 없는 壬水가
身弱한데 地支가 午戌火局, 卯戌火局이라서 펄펄 끓고있는
형국으로, 從財格으로 보이나 木을 기르고 있고, 年上의
庚金과 時上의 癸水가 도와주어 명맥을 유지하고 있다.
壬水가 午月 한 여름에 生木을 기르고 있어 많은 물이
필요한 사주인데, 火局을 이루므로 用神이 허약하다.
그러나, 이 사주는 大運이 서북방으로 흘러 原局의 단점을
보완해 주무로 많은 돈을 벌었다.
水가 뿌리가 없어도 用神으로 쓸 수 밖에 없고, 金은
吉神이며, 火가 病神이고, 木은 仇神이며, 土도 凶神이다.

☯ 四柱의 特徵

午戌火局, 卯戌火局으로 火勢가 旺하여 身弱하므로
財多身弱 사주이고, 생명인 卯木이 卯戌火局으로 탔으므로
말년에 재산을 잘 지켜야 한다.
또, 比劫이 用神인데, 大運이 서북방으로 잘 가서 나름대로
많은 돈을 모았다.

☯ 命主의 性格

이 命主는 身弱하므로 부모와 형제에 의지하려는 마음이
강하다.
또, 財多身弱사주는 공처가인데, 더군다나, 天干은 社會로
보고 地支는 家庭으로 보는데, 이런 구조를 가지면, 가정이
펄펄 끓고 있어서 일찍 집에 들어가면 증발할 것 같으므로
밤늦게 귀가하는 경향이 있다.

☯ 六親 關係

이 사주의 父親星은 午중의 丙이고, 母親星은 戌중에 辛金
인데, 辛金이 두 개이므로 父親이 두 명의 母親과 暗合을
하고 있는 형상이고,
妻가 되는 財星은 丁火인데, 年支의 戌중 丁火, 午중 丁火,
時支의 戌중 丁火로 모두 3개의 丁火가 있으며, 또한, 火局을
두 번씩이나 하고 있어 여러 여성과 明暗合을 하고 있는 형상
이라서 外情이 많았을 것이다.
官星은 戌중의 戊土로 두 개인데, 남매를 두었다.

☯ 刑 沖 合 및 殺星의 應用

壬戌일주가 魁罡이라서 고집이 세고, 時支 卯木은 桃花인데,
卯木 위에 劫財인 癸水가 있어 동생이 바람둥이다.

☯ 大運

- 초년 辛未대운에 熱土가 등장하여 戌未刑을 하면서 火勢를
  旺하게 하므로 凶했다.

- 壬申대운에 大運이 용신방향으로 흐르니 유복한 환경에서
  공부하였다.

- 癸酉대운도 좋았다.

- 甲 대운 甲庚沖하나 壬水의 일한 보람이 나타나므로 吉했고,
  戌 대운에 燥熱해지고, 卯木의 뿌리를 태워 凶하였다.

- 乙亥대운부터 用神運이 들어오니 승승장구하기 시작하여 대형
  시장의 도매회사 고위 간부가 되었다.
  그러던 중, 壬午(2002), 癸未년은 歲運이 나빠 어려움도
  있었고, 甲申(04), 乙酉년을 지나면서 甲庚沖하고, 卯木을
  자르니 운세가 기울어 다니던 회사가 팔리면서 퇴직하였다.

- 丙 대운 凶하고,
  子 대운 吉할 것 같으나 旺神인 午火를 沖하면 旺神大怒하므로
  凶한데, 午火는 財星이므로 돈이나 마누라한테 凶厄이 따른다.

- 丁 대운 좋지 못하고,
  丑 대운 丑戌刑하여 시끄러우나 濕土라서 調喉를 시켜주므로
  吉한 점도 있으며,

- 戊寅대운 戊土가 壬 癸水를 剋하고, 寅午戌火局되어
  火多水渴되어 나무가 마르면 그 때는 모두 허무해진다.

庚　壬　甲　丙　　남

戌　申　午　戌　　자

74 64 54 44 34 24 14 4　대

壬 辛 庚 己 戊 丁 丙 乙

寅 丑 子 亥 戌 酉 申 未　운

☯ 四柱의 旺衰

午月에 壬水가 身弱하다.

☯ 格局과 用神

壬水가 午月에 태어나 午중 丙火가 透出하여 偏財格이다.
이 사주는 한 여름에 壬水가 身弱하기 때문에 身旺運에
발복하므로 일반 內格 또는 調喉用神으로 봐야한다.
水가 用神이고, 金이 吉神이며, 土가 病神이고, 火는 仇神
이고, 木이 凶神이다.
대게, 木이 살아있을 때 金은 잘 쓰지 않으나, 이 사주에서는
月上에 甲木이 나타나 있어 살려야 하는데, 地支가 午戌火局을
이루어 탈 지경에 이르므로 地支 申金은 切處逢生으로 쓴다.

☯ 四柱의 特徵

이 命主는 제주도 태생으로,
金이 있어 金生水하므로 身弱해도 쓸 수 있는 壬水다.
日干이 吉神인 사람들은 거의 성실하고, 남들로부터 인정을
받고 산다.
또, 印綬를 吉神으로 쓰므로 직장인인데, 경상도 지방에서
행정직 관서장급을 지냈다.

☯ 命主의 性格

地支에 戌土가 두 개이고, 더군다나, 午戌火局 되어 덥기
때문에 성격이 매우 급하다.
그러나, 日干과 印星을 吉神으로 쓰는 사람들은 성실하고
합리적이어서 신뢰할 수 있다.

☯ 六親 關係

年上 丙火가 父親인데, 午戌火局이 되었고, 時支에도 戌土가
있어서 午戌火局이 되므로 火勢가 매우 강하다.
그래서, 부친의 덕이 없는 사람이나, 印星이 吉神이므로
母親의 덕은 있다고 본다.
원칙적인 마누라는 午중의 丁火인데, 午戌火局도 있어 正 偏財
混雜이라서 재혼팔자이거나 그렇지 않으면 많은 여자와
인연인데, 이 命主는 本妻와 死別하고 재혼하였다.

☯ 刑 沖 合 및 殺星의 應用

丙戌 偏財가 凶神인데다가 時支에 또 戌土 墓를 가지고 있어
좋지 못하다.
그러나, 戌土가 空亡이라서 그 힘이 약화되었다.
日支와 時支 死地에 酉金을 공협하고 있어 年 月支는 寅戌火局
으로 財局이 되었고, 日 時支는 申酉戌方局으로 印綬局을
이루어 水火相爭을 이루고 있어 좋지 못한데, 이 命主의 부친
이 나이가 들어 활동을 못하게 되자 母親이 자기의 남편을
돌보지 못하게 되자 장남인 이 命主가 보필을 하고 있다.

☯ 大運

- 乙未대운에 火勢가 강하므로 좋지 못하여 시골 가난한
  집안에서 태어나 어렵게 자랐다.

- 丙 대운은 좋지 못하여 고생하였으나,
  申 대운이 오니 조후가 되고 신왕해 지므로 길해지기
  시작하였다.

- 丁 대운 正財가 등장하여 丁壬合이 되므로 결혼을 하였고,
  경상도 지방에서 관공서에 취업하였으며,
  酉 대운에 공협되어 있던 酉金이 등장하여 印綬局과 財局이
  한판승부를 벌이게 되므로 凶한데, 77 丁巳년 病神운을 만나
  丁壬合木으로 壬水 日干을 묶고, 巳火가 日支 申金을 巳申刑
  시키니 本妻가 첫 애를 낳다가 사망하고 말았다.

- 戊戌대운에 戊土가 壬水를 극하고, 地支 戌土가 午戌火局을
  이루어 가장 나쁜 대운이나, 좋은 歲運인 庚申 辛酉년을 맞아
  안정을 찾는데, 특히, 辛酉년을 만나 日干이 旺해지므로 재혼
  하여 잘살고 있다.

- 己 대운에 甲己合되나 일부 己土濁壬도 하므로 두 마누라
  한테서 낳은 여러 명의 아이들을 기르느라고 힘들었으며,
  亥 대운에는 吉하여 승진도 하였다.

- 庚子대운이 좋아 무난하게 승진하여 04 甲申년부터 경상도
  지방에서 관서장으로 근무하다가 정년 퇴임하였다.

- 辛丑대운에도 吉할 것이나,

- 寅 대운에 凶하다.

庚	壬	戊	癸	남
子	寅	午	未	자

72 62 52 42 32 22 12 2

대

庚 辛 壬 癸 甲 乙 丙 丁
戌 亥 子 丑 寅 卯 辰 巳   운

☯ 四柱의 旺衰

午月에 壬水가 年上 癸水가 있으나 戊癸合火하여 못쓰고,
時柱에 庚子라서 도와준다 해도 月令이 午月이고 워낙 火勢가
旺하여 身弱하다.

☯ 格局과 用神

壬水가 午月에 태어나 正財格인데, 이 사주에서 財가 凶神
이므로 正財格이라는 格이 아무런 의미가 없다.
따라서, 필자는 一般格에서는 格을 중요하게 보지 않고,
다만, 從格이나 日干代行格 등에서는 格이 대단히 중요하기
때문에 중시한다.
이 사주는 日干이 身弱하고, 財星인 火勢가 强하여 從할 것
같으나, 時上에 庚金의 生을 받은 子水가 있어 뿌리가 되니
從하지 않는다.
따라서, 身旺한 운에 발복하게 된다.
水가 用神이고, 干上의 庚金은 吉神이며, 土가 病神이고, 火는
仇神이며, 寅木은 凶神이다.

☯ 命主의 性格

午月의 壬水가 火勢가 强하여 탈 지경인데, 壬水 자신이 熱을
식히고 있는 형국이라 마음씨가 곱고, 도량이 넓은 사람이다.
앞에서도 설명한 바 있지만, 지나치게 太弱하여 줏대가 없는
경우를 제외하고는 日干이 吉神인 사람들은 대부분 인간성이
좋다.

☯ 四柱의 特徵

이 命主는 강원도 춘천 태생으로,
財 官이 凶神인데도, 大運이 잘 흘러가서 영관급 장교로
전역했다.

☯ 六親 關係

부모 궁에 있는 官星인 戊土와 財인 午火가 凶神이라 부덕이
없어 어렸을 때 삼촌댁에서 자랐다.
財星이 凶神이나, 日支 妻宮이 좋아 부부간에는 有情하다.
따라서, 남자 사주에서 財星의 吉凶과 日支와의 관계를 놓고
돈과 부부관계를 단순하게 판단한다면, 일반적으로 財星이
凶神이면 돈이 없는 경우가 많지만, 日支가 吉神인 경우는
부부관계는 좋다고 본다.

☯ 刑 沖 合 및 殺星의 應用

대게, 劫財는 내 財를 빼앗아 가는 凶神으로 보지만, 이
命主는 身弱하고 干上에서 劫財가 財星을 보지 않았으므로
나쁘지 않고, 身弱사주라서 오히려 吉한데, 문제는 偏官인
戊土가 戊癸合火시켜 劫財를 묶어버렸다.
또, 庚金 印星이 死地인 子水 위에 앉자있고, 子중에서 壬水와
癸水가 表出하였으므로 死神발동이라 印星도 힘이 없다.

☯ 大運

- 丁巳대운은 劫財인 癸水를 丁癸沖하므로 형제가 사망할 수
  있고,
  巳 대운에 巳午未火局이 되어 熱氣가 旺하여 凶神이므로
  고생스럽게 성장하였는데, 부모 덕이 없어 삼촌댁에서
  성장하였다.

- 丙 대운은 午중의 丙火 寅중의 丙火가 透出하여 凶神이므로
  어려운 환경에서 성장하였다.
  辰 대운 濕土가 등장하여 午火의 熱氣를 흡수하고,
  辰子水局이 되어 身旺해지므로 吉해서 육군사관학교에 진학
  하여 군 장교가 되었다.

- 乙卯대운에 乙木이 病神인 干上의 戊土를 剋해주므로 무난히
  진급을 하였으며,

- 甲 대운에 甲木이 戊土를 확실하게 눌러주므로 승승장구하여
  대령을 달고 인사장교를 지냈다.

- 癸 대운에 戊癸合火하여 吉神이 凶神으로 변하고, 戊土가
  壬水를 剋하니 좋지 못하니 더 이상 진급을 하지 못하고 51세
  癸酉년에 爭合이 되어 옷을 벗었다.
  丑 대운 濕土인 丑土가 등장하므로 吉한데, 丑未沖을 하므로
  官災 사고 또는 자식에 관한 문제가 올 수 있다.

- 壬 대운에 편안하였고,
  子 대운에 月支 午火를 沖하므로 강원도에 땅을 사 놓은 게
  있어서 그곳에다 집을 지어 이사를 하여 편안히 살고 있다.
  제대 후에도 좋은 자리에 오라는 요청은 많았으나 성격이 곧아
  가지 않고 야인으로 살아가고 있는 청렴한 분이다.
  丙戌년에 財星이 旺해져 凶神이라 생활비로 쓰기 위해 마련해
  둔 가게를 팔아 아들 장가를 보냈다.

- 앞으로 오는 辛亥대운은 길할 것이고,

- 戌 대운은 나쁘다.

제 9 壬水日干 未月

壬　壬　丁　壬　여

寅　戌　未　辰　자

73 63 53 43 33 23 13 3　대

己庚辛壬癸甲乙丙

亥子丑寅卯辰巳午　운

☯ 四柱의 旺衰

未月에 壬水가 身弱하다.

☯ 格局과 用神

壬水가 未月에 태어나 未중의 丁火가 透干되어 正財格이다.
여름 壬水가 火勢가 강하여 마를 지경인데, 年支에 있는
辰土에 뿌리를 내리고 있어 從을 하지 못하고, 比劫을
用神으로 쓴다.
水가 用神이고, 干上의 金은 吉神이며, 土가 病神이고, 火는
仇神이며, 木이 藥神이다.

☯ 四柱의 特徵 및 命主의 性格

이 命主는 강원도 원주 태생으로,
더운 계절에 태어난 壬水라서 어디가나 인기가 좋기 때문에
바쁜 사람이고, 임무가 있는 사람이다.

그러나, 하나의 丁火 財星을 놓고 서로 차지하려고 하므로
동작이 빠르고, 시샘이 많으며, 경쟁에 강하다.
壬 일간에 寅木은 食神 文昌星이라서 교직과 인연이 있어
교사이다.

☯ 六親 關係

月上 丁火가 正財이나 부친으로 보는데, 부친인 丁火는 壬水와
여러 번 合을 하므로 여성관계가 복잡한 부친이고,
또, 女命은 財星이 시어머니인데, 시어머니 또한 여러 번
결혼했거나 남자관계가 복잡하다.
또한, 丁火는 日支 戌중에서 나왔으므로 남편의 表出神으로
보는데, 이 남편은 여러 번 合을 하므로 여러 번 결혼을
했거나 여자관계가 복잡한 남자다.
丁火를 남편으로 본다고 하니까 合神 이론을 공부하지 않은
술객들은 그게 무슨 엉뚱한 소리냐고 할지모르지만 여태까지의
연구결과로는 적중률이 대단히 높았다.
그러나, 아쉽게도 이 女命의 남편 관계를 확인 할 수 없어
아쉽다.
日支에 病인 戌土가 앉아있어 戌未刑으로 깨져 부부 궁이
나쁘고, 財星이 凶神이라서 부자는 아니다.

☯ 刑 沖 合 및 殺星의 應用

月上의 丁火를 가운데에 두고 年干과 日干, 時干이 서로
合하자고 하므로 爭合이 되어 合이 잘 안된다.
壬戌이 白虎殺인데, 戌중 丁火가 表出해있어서 白虎殺발동이기
때문에 남편, 부친, 시어머니한테 凶厄이 있을 것임을
나타내고 있다.
또한, 壬戌白虎와 年柱 壬辰 魁罡이 遠沖을 하고 있어 운에서
未土가 合을 해서 없어지거나 沖을 받거나 辰土가 오거나
戌土가 오는 운을 만나면 辰戌沖이 작용하므로 부부문제가
생길 것이다.

☯ 大運

- 丙午대운에 火勢가 强하여 吉하지 못했고,

- 乙巳대운에도 吉하지 못하였다.

- 甲 대운에 食神文昌星이 머리를 내밀고, 壬水의 하는 일이
  표시가 나타나기 시작하는 운이라서 甲寅년 23세에 교직에
  진출하였다.
  甲申년 현재 고등학교 교사였는데, 大運을 살펴보니 초년
  대운이 용신과 반대기운을 가져 나빴는데, 어떻게 공부를 해서
  교사가 됐을까 하는 의구심이 생긴다.
  그래서, 年運을 보니 20세 辛亥, 21세 壬子, 22세 癸丑으로
  用神운인 水運로 흘렀고, 23세는 甲辰대운에 甲寅년으로
  藥神운이었다.

- 癸卯대운에 卯木이 약신이긴 하나 卯戌火되어 다소 나쁜데,
  다행히 寅卯辰木局이 되어 무난해졌다.

- 壬 대운에 月上 丁火와 여러 개의 壬水가 爭合을 하므로 한
  남자를 두고 경쟁하는 格이고, 하나의 돈을 두고 경쟁하는
  격이다.
  寅 대운에 寅木이 藥神이긴 하나 戌土와 合하여 寅戌火局이
  되어 있는데 이런 운에 歲運에서 火勢가 家勢하면 운이
  나빠지나,

- 다가오는 辛丑, 庚子대운이 좋으니 정년까지 갈 것이다.

己　壬　己　戊　여

酉　辰　未　戌　자

72 62 52 42 32 22 12 2　대

辛　壬　癸　甲　乙　丙　丁　戊

亥　子　丑　寅　卯　辰　巳　午　운

☯ 四柱의 旺衰

未月에 壬水가 日支 辰土에 근기를 갖고 있고 時支 酉金
桃花와 辰酉合金하여 金生水 한다고 하나 뿌리가 될 수 없이
從해야 한다.

☯ 格局과 用神

壬水가 未月에 태어나 未중이 己土가 透干되어 正官格을
이룬다고 보면 안된다.
왜냐하면, 正 偏官이 混雜하여 官星이 太旺하다.
그런데, 日支 辰중에서 戊土가 表出하였으므로 辰土는 日干
壬水의 뿌리가 될 수 없고, 오히려, 戊土에 從을 하는
日干代行格에다가 土体局이 되었다.
따라서, 日干 壬水는 旺土를 윤습하게 해주는 공이 있으나
넓고 넓은 땅 위에 초목 한 그루 없으니 고독한 팔자다.
또, 壬 日干은 日干代行인 戊土의 偏財星이므로 물장사 하게
된다.
만약, 身弱 用比格으로 본다면 戊午대운에 사망해야 한다.
格이 이렇게 되면, 水 木運에 발복하게 된다.

☯ 四柱의 特徵

이 사주는 從殺格과 같은 日干代行格 또는 土体局이 되었는데
土体가 되었으면 土의 임무인 나무를 길러야 좋은데, 기를
나무가 없어 할 일이 없는 것과 같다.
따라서, 土의 남편이며, 官星이 木이 없으니, 木을 보존하기

어려우므로 남편죽고 홀몸으로 음식장사를 하면서 살고 있다.

☯ 命主의 性格

무더운 여름에 壬水로 태어나 官星인 土한테 日干을 넘겨
주었으니 자기 주제를 아는 사람이고, 머리가 잘 돌아가는
사람이다.
또한, 土의 입장에서 食傷을 갖고 있어 인정도 있고 辰中에
乙木, 未中에 乙木을 기르기 위해 여기저기 바쁘게 돌아다니며
아무리 물을 줘도 木이 자라지 않으므로 일한 보람이 없어
불만이 많게 된다.
또, 己土濁壬이 심해서 스트레스가 심하고, 남자를 도둑놈
보듯이 하며, 피가 탁해져서 몸에 발진 같은 피부병이 있을
수 있다.

☯ 六親 關係 및 刑 沖 合 및 殺星의 應用

日干 壬水가 体가 아니고, 戊土가 体가 되므로 日干 壬水는
偏財星으로 父親이다.
母親은 戌중 丁火, 未中 丁火이기 때문에 父親 한명에 母親은
두 번 明暗合했는데 戌未刑이 되어 깨졌다.
未中 乙木이 戊土의 첫 번째 官星으로 첫 남자이고, 辰중
乙木이 두 번째 남자다.
그런데, 未中 乙木은 未에 入庫되었고, 戌에 入墓되며, 時支
酉에 絶이 된데다가 庫, 墓神인 戌, 己土가 발동하였으므로 첫
남자와 死別하게 된다.
金이 자식성인데, 旺土에 파묻혀있으므로 자식이 우둔할
것이며, 빛을 보기 어려울 것이다.

☯ 大運

- 초년 戊午대운은 戊土 日干代行의 比肩運이 되어 어려운데
  가난한 집에서 태어나 어려운 환경에서 성장을 하였다.

- 丁 대운에 丁壬合하여 丁火가 入絶하니 父親에 有故가 있었을
  것이며, 여상을 다녔을 것이다.
  巳 대운에 巳酉合金되어 旺土의 氣運을 洩하였으므로 어려운
  가운데서도 고등학교는 졸업했다.

- 丙 대운은 염천에 태양이 뜨는 격이 되어 힘든 세월이었고,
  辰 대운은 炎熱을 식혀주고, 時支 酉金과 辰酉合하여 旺土의
  기운을 빼주므로 小吉했다.

- 乙 대운은 月 日支 未중, 辰중의 乙木이 透出되므로 32세
  己巳년에 결혼하였으며,
  卯 대운에 卯未木局이 되어 旺한 土를 개발하려는 때이나
  힘만 들뿐 소득이 없으니 土가 太旺한 탓이다.

- 甲인 대운은 官星인 甲木과 己土가 합하여 未土에 入庫되는
  운인데, 42세 己卯년을 만나 木의 庫神인 未土가 발동하여
  응기되어 남편이 간경화증에 걸려 골골대다가 47세 甲申년에
  사망하였다.
  남편 사망 후 음식장사를 하며 지내다가 그 해 공무원인
  유부남을 만나 사귀고 있다.
  甲寅 대운은 年柱 戊戌과 4급 소용돌이가 되고, 日主 壬辰과
  2급 소용돌이가 겸하게 되어 이별 및 실패와 갈등이 오게
  된다.
  또한, 甲申年은 官星인 甲木이 絶地인 申에 앉아 月柱 己土와
  합하여 未土에 入庫하므로 남편이 사망했던 것이다.
  그러나, 甲寅이 木이므로 남자 운은 있게 되는데, 장사(壬水)
  하다가 만난 사람(辰중 乙木)으로 時干 己土의 남편이다.

- 癸 대운은 직업 및 돈 벌이 妻를 전환하게 되고, 약간의 돈
  맛도 보게 된다.
  丑 대운은 辰戌丑未 4冲이 성립하므로 매우 복잡하고 분주한
  세월이며 남자와도 이별되는 운이다.

- 壬子대운 身弱한 日干이 旺해지므로 日干代行格으로 가지
  않으려 하므로 凶한 운이다.

乙　壬　辛　己　　남

巳　寅　未　丑　　자

71 61 51 41 31 21 11 1　　대

癸 甲 乙 丙 丁 戊 己 庚　　운
亥 子 丑 寅 卯 辰 巳 午

☯ 四柱의 旺衰

壬水가 辛金의 도움을 받고 있고, 丑土에 근기를 가지고
있으나 丑未沖으로 깨져 太弱하다.

☯ 格局과 用神

壬水가 未月에 태어나 未중 己土가 干上에 透出하여 正官格을
이룬다.
丑중 癸水가 用神인데, 丑未沖하여 用神이 깨져 나쁜 沖이나
調喉가 시급하므로 水를 쓰지 않을 수 없다.
水가 用神이고, 辛金은 吉神이며, 土가 病神이고, 火는 仇神
이며, 木이 藥神이다.
調喉가 깨지면 남이 끼일 자리에 못끼게 되고, 또한, 調喉는
세상을 보는 안목이라서 調喉가 되어야 중류생활은 할 수
있다.

☯ 四柱의 特徵

日主중에서 壬寅 日主가 寅중에 甲 丙이 들어 있어 좋은
日主다.
財가 旺하니 경제학과를 졸업한 후 모 식품회사에 다니다가
퇴사하였다.
여름에 木을 키워야 할 계절에 金을 吉神으로 쓰면, 남한테
의지해서 산다.

부인이 돈을 벌어서 먹고 산다.

☯ 命主의 性格

未月 여름 壬水라서 사람은 착한데, 운이 없다.
印星이 吉神이라서 부모 또는 형제한테 의지하게 되므로
의타심을 갖고 있다.
또한, 傷官을 갖고 있어 두뇌회전이 빠르고, 개성도 강하며,
傷官見官이므로 직장생활은 어렵다.

☯ 六親 關係

壬水일간의 偏財星 寅중 丙火, 巳중 丙火가 父親이고,
辛金이 母親이기 때문에 母親 한명에 父親은 두 명이라서
母親이 再婚했던지 남자관계가 있는 사람이다.
母親은 깔끔한 성격의 소유자이나 답답한데가 있는 사람이고,
父親의 덕은 없다.
財星은 巳중 丙火, 寅중 丙火, 未중 丁火인데, 正 偏財
혼잡하고, 未중의 丁火와 明暗合하므로 妻星이나 丑未冲으로
깨졌다.
또한, 官성이 病이라 자식이 안되고 자식 덕도 없다.

☯ 刑 沖 合 및 殺星의 應用

壬水에 寅木은 食神 文昌星이라 학문과 인연이 있으나,
寅巳刑되어 상처를 입었고, 年 月支가 丑未冲인데,
丑중 辛金과 癸水가 吉神이나, 다쳐서 凶하며, 未중 丁火가
壬水와 合神인데 역시 깨졌다.

☯ 大運

- 庚午 대운이 巳午未火局이 되어 調喉에 逆하므로 凶했고,

- 己巳 대운도 좋지 못하여 어렵게 경제학 공부를 하였다.

- 戊 대운 凶했고,
  辰 대운 濕土이므로 調喉에 도움이 되어 吉하므로 모 재벌의
  식품회사에 취업하였다.

- 丁 대운 身弱한 日干을 丁壬合하여 羈絆시키므로 좋지 못하여
  33세에 퇴사하고 나와서 친구의 사업을 도와준다고 하나 일이
  안된다.
  卯 대운도 吉하지 못하다.

- 丙寅 대운이 나쁘다.

- 乙丑 대운부터 말년이 다소 낳아진다고는 하나 중년에 이루어
  놓은 게 없어 말년이 어렵다.

제 9 장 壬水日干 申月

丙　壬　甲　乙　　남

午　申　申　酉　　자

78 68 58 48 38 28 18 8　　대

丙 丁 戊 己 庚 辛 壬 癸　　운
子 丑 寅 卯 辰 巳 午 未

☯ 四柱의 旺衰

申月에 壬水가 印綬가 旺해서 身旺하다.

☯ 格局과 用神

申月에 壬水라 偏印格이다.
壬水의 본분은 나무를 키우는 것인데, 年, 月上에 甲, 乙木이
나타나있고, 時上에 불이 있어 나무가 살아있다.
火運이 오면, 나무에 꽃이 피고 열매가 달릴 것이므로 火가
用神이고, 木이 吉神이며, 水는 病神이고, 金이 仇神이다.

☯ 四柱의 特徵

이 命主는 인천 태생으로,
年 月上의 食傷은 기술인데, 年, 月에 일찍 떠 있으니
기술자 사주이고, 사업과 인연이다.

그런데, 甲 乙木 食傷은 천(옷감)과 관련이 있어 양복기술을
가졌던 사람으로 중소형 옷 제조 공장을 경영했던 사람이다.

☯ 命主의 性格

이 사주는 生木인 甲 乙木을 살리기 위해서는 오직 火가
필요한데, 火는 桃花 財星이므로 돈과 여자와 인연이라서
여자만 탐한 이기적인 사람이다.

☯ 六親 關係

財星이 吉神이나 印星은 凶神이라서, 부모 궁이 나빠 부모의
덕은 없는 사람이었고, 妻星은 午중 丁火로 吉神이므로 妻의
내조가 좋았으나, 妻宮이 나빠 많은 세월을 떨어져 살았으며,
日支기준 酉金이 桃花이고, 年支 기준 午火 財星이 桃花라서
바람둥이 사주다.

☯ 大運

-   초년 癸 대운이 나빠 초등학교를 졸업하고, 공부를 하지 못할
    형편이라서 어린 나이인 未 대운부터 양복점에 취업하였다.
-   壬 대운까지 일찍 양복기술을 익혀서,
    午 대운부터 양복점을 경영하여 운영이 잘되었다.

-   辛 대운에 用神인 丙火를 丙辛合으로 묶으니 운이 없어 72
    (壬子)년에 부도를 맞아 가게를 정리하여 대전으로 옮겼으며,
    74(甲寅)년을 만나 다시 일어서기 시작하여,
    巳 대운 77~79(丁巳, 戊午, 己未)年에 종업원이 수 백명이
    되는 봉제공장을 운영하기도 했는데,
-   庚辰대운이 오자 경영이 어려워져 또 다시 부도를 맞아 다시
    일어서지 못한 체 포기하고, 봉제업이 사양산업임을 깨닫고
    직업을 바꾸어 이것저것에 손을 대었으나 실패의 연속이었다.

-   戊寅대운이 오니 운이 좋아 보이나 寅木이 旺神인 申金을 치니

旺神大怒하여 甲申(04)년에 부인이 암으로 사망하였다.
한편, 本名은 부인이 암으로 사경을 헤매고 있는 와중에도
바람을 피워 사망한 부인은 물론 가족들로부터 원망을 산
사람이다.

- 丁丑대운 중 丁 대운은 무난하나, 丑 대운은 酉丑金局이 되고,
  丑土가 열기를 흡수하면 나빠진다.

辛	壬	庚	癸	남
亥	子	申	巳	자

77 67 57 47 37 27 17 7

대

壬	癸	甲	乙	丙	丁	戊	己
子	丑	寅	卯	辰	巳	午	未

운

☯ 四柱의 旺衰

申月에 壬水가 比劫이 많고, 印綬가 도우니 太旺하다.

☯ 格局과 用神

이 사주를 從格으로 보기 쉽다.
그런데, 年支의 巳火 때문에 從하지 않는다.
巳중 戊土가 用神이고, 巳중 丙火는 吉神이며, 水가 病神이고,
金이 仇神이며, 濕木은 凶神이다.
가을은 火多益善이라 했는데, 이 사주는 金水가 旺하니 운이
없다.

또, 用神인 巳火가 멀리있고, 月支 申金과 巳申合刑을 하니
用神이 무력하다.
合刑당한 巳중 戊土가 旺金의 세력을 洩氣시키면서 旺水를
막으려 하므로 역부족이다.

☯ 四柱의 特徵 및 命主의 性格

사주가 調喉가 안되어 陰濕하다.
사주가 偏枯되면 성격도 偏枯되었다고 보면 틀림이 없는데,
陰濕하므로 밝지 못하고 어둡다.
그래서, 한국에서 사업에 실패하고 중국으로 건너가 알미늄
샷슈 사업을 하였는데, 부진했다.

☯ 六親 關係

巳중 丙火가 父親인데, 父親의 입장에서 보면 財官이 旺하여
從殺格이나 또는 從財格이 되므로 돈은 가지고 있었던 분이다.
母親은 巳중 丙火와 合神으로 봐야하므로 申金과 巳申合했고,
또, 年上 辛金과 두 번째로 合했으므로 아버지 한분에 어머니
두 분이며, 母親의 입장에서 金生水하여 食傷이 많으므로 두
배자식이기 때문에 日干의 입장에서는 배 다른 형제가 된다.
妻는 巳중 丙火인데, 官이 旺하므로 미인이고, 많은 남자들과
인연이라서 남자들을 상대로 한 장사가 알맞겠다.

☯ 刑 沖 合 및 殺星의 應用

巳申合刑되어 用神인 財星과 官星이 무력하고, 時支 亥水가
驛馬殺이라서 해외 또는 운수업과도 인연인데, 이 男命은
중국에서 사업을 하였다.

☯ 大運

- 초년 己未 대운이 좋아 부유하고, 편안한 환경에서 성장
  하였다.

- 戊午대운도 좋아서 대학을 마치고, 군대를 제대 한 후,
  丁巳(77)년에 대형건설회사에 취업하고, 그 해에 결혼도
  하였다.

- 丁巳대운 84(甲子)년이 凶運이라 퇴사한 후, 자기사업을
  시작하였으나, 原局이 워낙 나쁘고 歲運까지 나쁘니 운이
  따라주지 않아 고전하였으며,
  巳 대운 중 水運인 92(壬申), 93(癸酉), 95(乙亥), 96(丙子)
  年에 특히 나빴다.

- 丙 대운은 吉해 보이나 原局이 워낙 나빠서 큰 재미를 보지
  못했으며,
  辰 대운에 旺神入墓하여 사업상 큰 고전을 하였다.

- 乙卯대운 중 壬午년은 歲運이 旺神을 沖하므로 작은 官災도
  있었다.
  그 후로도 계속 고전하다가 乙酉(05년)에는 사업차 중국으로
  갔으나 여의치 않다.
  그 이 후는 소식이 끊겼다.

壬　壬　戊　壬　남

寅　寅　申　辰　자

75　65　55　45　35　25　15　5　대

丙　乙　甲　癸　壬　辛　庚　己

辰　卯　寅　丑　子　亥　戌　酉　운

☯ 四柱의 旺衰

申月의 壬水가 干上에 比肩인 壬水가 많고, 地支에 申辰水局을
이루어 身旺하다.

☯ 格局과 用神

申月에 壬水로 태어나 申중에 戊土와 壬水가 透干되어 있는데,
比肩格은 없고, 申중의 戊土는 쓸 수 있으므로 偏官格이다.
日干인 壬水의 임무와 목적은 寅木을 살리는데 있기 때문에
寅木이 잘 살 수 있는 조건이면 吉할 것이고, 寅木이 살지
못하면 凶해질 것이다.
따라서, 아무리 水生木해 주는 水 日支라도 가을에는 많이
필요치 않는 계절인데, 이 사주는 干上에 水만 많고, 丙火가
없는 것이 아쉽다.
우선, 干上의 水를 막아줘야 하므로 土를 用神으로 쓰고, 寅중
丙火는 吉神이며, 木도 吉神이고, 金은 生木인 寅木을
자르므로 凶神이며, 水도 너무 많으므로 凶神이나 地支의 水는
通關 吉神이다.

☯ 四柱의 特徵 및 命主의 性格

이 命主는 경기도 파주 태생으로,
가을에 파도치는 큰 물을 偏官인 태산으로 막고 있는 형국
이라서 군인이나 경찰 등 법을 다루는 직업과 인연인데, 이
命主는 세무직 관료다.

旺한 壬水는 끊임없이 흐르려는 속성을 갖고 있는데, 官星인
戊土로 막아 주므로 성격이 얌전한 사람이다.

☯ 六親 關係

이 사주의 父親성은 寅중 丙火라서 父親이 두 명이고,
母親은 申중의 庚金으로 한명이라서 母親이 재혼했을 가능성이
크다.
한편, 日支는 妻宮이라서 寅申沖되어 부부 궁에 애로가 있거나
많이 떨어져 살아야 함을 나타내는데, 다행인 것은 申辰水局
으로 寅申沖을 임시로 막아주고 있기 때문이다.
이런 구조에서는 당사자의 직업이나 또는 인간성, 그리고
배우자의 직업 또는 인간성에 따라서 부부관계가 크게 달라질
수 있는데, 대게, 고위직 세무공무원의 경우 지방 발령도 많이
있기 때문에 떨어져 살 수 있는 기회가 많을 뿐만 아니라
체면을 중시하므로 이혼에 이르기는 쉽지 않다고 본다.

☯ 刑 沖 合 및 殺星의 應用

壬辰은 魁罡星이고, 辰土는 偏官 戊土의 紅艷殺에 해당하며,
壬寅, 壬寅은 食神 文昌星이라서 학문과 인연이 있고, 驛馬星
이다.

☯ 大運

-   己酉대운은 운이 저조하였다.

-   庚戌대운 중 戌운에 戊土가 寅戌火局이 되어 좋아서 공부를
    잘하여 공부를 마치고 안정된 직장에 들어갔다.

-   辛亥대운 중 亥 대운에 亥水가 寅申沖을 통관시켜주므로
    吉하여 결혼도 하고 순탄하게 발전하는 운이다.

-   壬子대운에 水가 旺해졌으나, 다행히, 寅木은 다치지 않으므로
    무난한 대운이었다.

- 癸 대운에 원국의 戊土와 戊癸合火 되어 凶했고,
  丑중의 辛金이 木을 剋하고, 寅중의 丙火와 爭暗合하며,
  濕土라서 火氣를 흡수하니 운이 나빠서 04 甲申년에 직장에서
  구설이 생겨 위기를 맞아 옷을 벗을 뻔 했으나, 다행히, 다른
  대안을 찾아 직을 유지하였다.

- 甲寅대운은 寅申沖이 발동하고, 寅중의 戊土가 透出하여
  木剋土하므로 직장변동이 생긴다.

- 乙卯대운도 壬水일간의 傷官인 乙木이 偏官을 보므로 吉하지
  못하고, 地支에서 寅卯辰木局이 되어 申金과 相爭을 하므로
  좋지 못하다.

제 9 장 壬水日干 酉月

庚	壬	乙	乙	남
子	辰	酉	未	자

77 67 57 47 37 27 17 7   대

丁	戊	己	庚	辛	壬	癸	甲	운
丑	寅	卯	辰	巳	午	未	申	

☯ 四柱의 旺衰

酉月에 壬水가 酉金에 물이 없어도 濕土인 辰土를 보니
身旺하다.

☯ 格局과 用神

壬水가 酉月에 태어나 酉중에 庚金이 透干되어 偏印格이다.
月令이 酉月이라 하나 傷官인 乙木이 辰土에 뿌리가 있으나
辰酉合되어 사라졌고, 未중에 뿌리를 가지고 있어 生木이므로
키워야 할 木이니 임무가 있는 사람이다.
따라서, 未중 丁火를 調喉用神으로 삼고, 木은 吉神이며, 水는
病神, 金은 仇神이고, 土는 藥神이다.

☯ 命主의 性格

壬辰일주 魁罡星이라서 고집이 쎄고, 대화를 나눌 때도 자기
말만 하려고 한다.
또한, 壬水일간이 傷官星인 乙木을 키우고 있어 낭만적인
성격을 갖고 있으며, 특히, 漢詩에 능하는 등 예술성을
나타낸다.

☯ 六親 關係

이 命主는 충남 공주 태생으로,
父親星은 원칙적으로 未중 丁火이고, 母親星은 酉중 辛金인데,
酉중에서 庚金이 表出하여 庚金을 母親星으로 본다.
그런데, 庚金은 年 月上의 2개의 乙木과 干合하므로 乙木을
남편으로도 보므로 丁火와 乙木을 동시에 남편성으로 보고
해석을 해야 한다.
이를 테면, 庚金 母親에서 볼 때, 未중 丁火 남편은 財庫속에
들어 앉자있는 돈을 가진 남자에 불과하고, 未중에서 乙木이
表出했으므로 乙木이 남편인데, 두 개이므로 두 번 결혼했거나
애인두고 산 모친이며, 형제 성을 보니 壬水가 있고, 辰중
癸水가 있으며, 辰子水局으로 또 다른 比劫이 발생하므로 필시
배다른 형제가 있다.
또한, 妻宮에 自庫를 갖고 있어 用神과 반대의 성분이니 妻와
성격이 맞지 않다.
月支에 桃花星인 酉金을 갖고 있어 숨겨둔 애인이 있다.

☯ 大運

- 甲申대운에 甲庚沖하고 申子辰水局을 이루어 凶했고,

- 癸 대운에 日支 辰土와 時支 子水가 발동하여 日干이
  旺해져서 凶했고,
  未 대운에 未중에 丁火가 들어있어 온기를 품어주므로 좋아

지기 시작한 大運이다.

- 壬 대운에 지방에서 행정직공무원으로 근무하던 부인과 연애
  결혼 하였고,
  午 대운에도 직장인으로 발전은 없었으나, 財星이 吉하므로
  경제적으로 풍요롭게 지낸 시기였다.

- 辛 대운에 乙辛沖하고, 調喉에 逆하므로 발전이 없으며,
  巳 대운도 대과없이 무난하였다.
  큰 아들이 공부를 잘하여 미국에서 국비장학생으로 공부했고,
  둘째 아들을 국내 명문대학에 다녔다.

- 庚辰대운이 크게 저조해 보이나 乙木이 두 개 이므로 무난하게
  보내고 있다.

- 己卯대운에 己土가 壬水를 탁하게 만들고 卯酉沖으로 旺神인
  酉金을 沖하면 凶하다.

- 戊寅대운이 吉하고,

- 丁丑대운은 丑土가 用神이 들어있는 未土를 沖하여 丁火가
  깨지면 인생을 정리해야 할 것이다.

癸　壬　乙　庚　　남

卯　寅　酉　子　　자

79 69 59 49 39 29 19 9　　대

癸 壬 辛 庚 己 戊 丁 丙
巳 辰 卯 寅 丑 子 亥 戌　　운

☯ 四柱의 旺衰

酉月에 壬水가 比劫이 旺하고, 月令의 印星까지 도우니
身旺하다.

☯ 格局과 用神

壬水가 酉月에 태어나 酉중의 庚金이 干上에 透出하여
偏印格을 이루며, 壬水가 生木을 기르고 있으므로 火와 土가
와야 좋아진다.
寅중 丙火 用神이며, 木이 吉神이고, 金은 病神이며, 水는
더 일상 필요하지는 않지만, 金木相爭을 막아주는 데는
필요하다.
그런데, 이 사주에서 月上에 乙木이 있고, 日支에 寅木,
時支에 卯木이 있어 잘 자라고 있는데, 火가 부족하므로
用神이 虛弱하여 노력에 비해 소득이 적다.

☯ 命主의 性格

乙木이 傷官으로 자기의 나아갈 길인데, 印星이 庚金과
乙庚合을 하여 묶여 있기 때문에 이런 구조를 가지면 공부
때문에 또는 부모 때문에 가고자하는 길을 가지 못한다고
불평하거나 원망하게 된다.
또, 身旺하고 食傷이 旺하므로 부지런하고, 두뇌가 잘 돌아
간다.

☯ 六親 關係

이 命主는 경상도 울산 태생으로,
印星이 凶神이므로 부모덕은 없으며, 日支 寅중에 丙火가
吉神이라서 妻의 내조가 크고, 알뜰하며 부부 궁이 좋다.
형제 중에서는 자기가 가장 잘났다.

☯ 大運

- 丙戌대운은 불이 있어 편히 성장하였고,

- 丁 대운도 寅木이 무성하게 자라므로 좋았으며,
  亥 대운 28세 丁卯(87)년에 火가 오니 결혼하였다.
  本名은 바닷가 출생이라 어려서부터 봐왔던 해산물에 친숙
  하여 총각 때부터 남의 가게에서 건어물장사를 배워 결혼
  하면서 노량진수산시장에 자기점포를 얻어 장사를 하고 있다.

- 戊 대운 戊癸合火시키므로 吉하였고,
  子 대운에 子卯刑이 되나 金木相爭을 완화시켜주므로
  무난하였다.

- 己丑대운에 나무가 자랄 수 있는 토양이 생겨 길한데, 辛巳
  (2001), 壬午(2002), 癸未(2003)년은 호운이라 돈을 벌었으나,
  甲申, 乙酉년은 돈을 벌지 못했다.

- 庚 대운에 乙庚合金이 되므로 凶할 것이고,
  寅 대운에는 좋다.

- 辛 대운 乙辛沖을 깨주므로 자유로와지고,
  卯 대운에 卯酉沖하여 印綬인 酉金은 침해를 당하나 자신은
  괜찮고,

- 壬辰대운에 旺神인 水가 入庫하고 습해져서 凶하다.

戊　壬　乙　乙　　남

申　申　酉　巳　　자

72 62 52 42 32 22 12 2　대

丁　戊　己　庚　辛　壬　癸　甲
丑　寅　卯　辰　巳　午　未　申　　운

☯ 四柱의 旺衰

酉月에 壬水가 印綬가 많아 多印綬身旺이다.

☯ 格局과 用神

壬水가 酉月에 태어나 偏印格이다.
壬水가 生하려 하는 年 月上의 乙木은 地支가 가을 바위덩이
이고 뿌리가 없어 죽은 나무이므로 水生木할 필요가 없는
나무이다.
그래서, 戊土로 제방을 막아야 하는데, 그 뿌리인 巳火가
배신하므로 사주가 불미하다.
戊土가 用神이며, 火는 吉神이고, 木이 病神이므로 金은
藥神이며, 水도 凶神이다.
이 사주는 年支 巳火가 喜神인데, 月支 酉金과 合이 되어
凶하다.

☯ 命主의 性格

이 命主는 경기도 구리 태생으로,
乙木 傷官이 비록 죽은 나무이나 年 月上에 자리 잡고 있어
개성이 강하며 자유분방한 성격이다.
그래서. 자기와 코드가 맞는 사람한테는 잘해주지만 그렇지
않는 사람과는 트러블이 심하다.

☯ 六親 關係

多印綬身旺이 되면, 첫째 부모(특히 부친)덕이 없고, 둘째
직장복과 자식 덕이 없으며, 셋째 처덕과 재산 복이 없다.
또, 年 月上에 乙木이 2두개가 나타나 있으나 그 뿌리가
없는데다가 地支기 金局으로 이루어져 있어 힘없는 나무인데,
육친으로는 傷官에 해당하므로 조모의 덕이나 조상의 음덕이
약하다고 본다.
더군다나, 年支의 巳火 財가 옆에 있는 酉金과 합하여 변질
되었으므로 부친이 일찍 사망하였다.
특히, 이 사주에 火는 財로 어려서는 아버지요, 장가가서는
妻이며 돈인데, 이 巳火가 酉金과 合을 하여 변질되어 믿을 수
없는 火이고, 日支에 病이 있어 妻德이 없다는 것이 명백하다.

☯ 大運

- 초년 甲申대운에 甲木이 戊土를 치고, 申金이 用神인 巳火를
  合하니 12살 丙辰년에 물에 빠져 떠내려가다가 겨우 살아
  났으며,

- 癸 대운 13살 때인 77년 丁巳년에 부친이 사망했고, 16세
  庚申년에 地支 申金이 用神인 巳火를 刑合하니 교통사고를
  당해 논바닥으로 떨어져 한참동안 죽었다가 살아났으며,
  또, 그 해에 집에 불이 났는데 꿈에 아버지가 나타나
  일어나라고 선몽을 해주어 잠에서 깨어나 살게 되는 등 어렵게
  살아오다가 未 대운부터 집안 살림살이가 낳아지면서
  고생에서 벗어나기 시작했다.
- 壬 대운 吉하지 못했고,
  午 대운 戊土 용신의 뿌리가 오니 집안이 편안했다.

- 辛巳대운 무난히 넘어 갔으며,
- 庚辰대운이 저조한데, 특히, 甲申, 乙酉년에 부인과 갈등이
  무척 심했다.

- 앞으로 오는 己卯, 戊寅도 풍파가 많을 것이다.

제 9 장 壬水日干 戌月

壬　壬　丙　乙　　남

寅　子　戌　未　　자

77 67 57 47 37 27 17 7　　대

戊 己 庚 辛 壬 癸 甲 乙　　운
寅 卯 辰 巳 午 未 申 酉

☯ 四柱의 旺衰

戌月에 壬水가 身弱하다.

☯ 格局과 用神

壬水가 戌月에 태어나 偏官格이다.
壬水의 작용과 역할은 年上의 乙木과 時支의 寅木을 기르는
것이데, 月令이 戌月이기 때문에 많은 물이 필요하지 않는
계절이다.
그러나, 月上에 丙火가 떠 있고, 年支에 未土, 月支에 戌土,
時支에 寅木까지 있어 모두 熱을 가지고 있어 水가 弱하다.
水가 用神이고, 金은 木을 극하므로 흉신이며, 土는 용신인
水를 剋하므로 病神이고, 火는 仇神이며, 木은 藥神이다.
여기서, 金은 水를 生해주는 順 작용이 있어 좋은 점도
있으나, 木을 자르므로 나쁜 작용을 하기 때문에 잘 살펴야
한다.

☯ 四柱의 特徵

이 命主는 충남 서천 태생으로,
사주가 가을철인데도 乙木이 寅木에 뿌리하고, 丙火 꽃이 피어
있어 아름답다.
그러나, 木이 辰土에 뿌리박고 살아있으면 좋았을 것인데,
熱土에 뿌리를 내리고 있는데다가 戌未刑이 되어 토양이 그리
좋지 못하다.

☯ 命主의 性格

壬水는 비밀이 많은 사람이라 자신의 사생활 등에 대하여
절대로 남에게 말하지 않는 특성이 있다.
또, 傷官인 乙木과 食神인 寅木을 기르고 있어 두뇌가 잘
돌아가고 부지런하다며, 丙火 태양까지 떠 있어서 인물도 잘
생겼다.

☯ 六親關係와 刑 沖 合 및 殺星의 應用

부친은 偏財로 丙火인데, 자기 庫에 앉아있고, 모친은 戌중
辛金으로 壬戌白虎殺에 해당하며, 年柱 乙木 傷官도 白虎殺로
戌未刑으로 白虎殺 刑인데, 病끼리 刑으로 祖母와 母親의
사이가 나쁜 것 외에는 별다른 문제를 발견하지 못하였다.
또, 正財星인 妻星은 丁火인데, 未중, 戌중 丁火로 두 개
이므로 두 여인과 인연으로, 刑되어 年支 未중 丁火는 스쳐간
인연이었고, 戌중 丁火가 본 부인이며, 또한 재혼하기 쉽다.

☯ 大運

- 乙酉대운 초, 중학교 때 무난하였으며, 공부를 잘하였다.

- 甲申대운 고등학교 때도 공부를 잘하였으나 食神인 寅木과
寅申沖하므로 대학을 가지 못하였으며,

- 癸 대운에 관세청공무원으로 출발하였으며,
  未 대운에 무난히 생활했다.

- 壬 대운도 무난하였으나,
  午 대운에 와서 財星인 午火가 日支 子水를 沖하므로 부부간에
  갈등이 있었고, 妻의 건강이 나빠졌으며, 官이 病이라서
  진급이 잘 되지 않았다.

- 辛 대운 丙辛合되므로 무난하였고,
  巳 대운 辛巳(01)년이 되어 大運과 歲運이 겹쳐와 寅巳刑시켜
  갈 길인 寅木을 刑시키므로 명예퇴직하고 현재 관세법인
  사무실을 운영하고 있다.

- 庚 대운 乙庚合시켜 좋지 못하고,
  辰 대운 辰土가 와서 戌未刑이 되어 있는 상태에서 辰戌沖을
  하므로 開庫가 되면, 돈이 흩어질 것이고, 또, 妻한테 불리
  하다.

- 己 대운 己土濁壬하여 壬水를 흐리므로 불길하고,
  卯 대운 卯戌火, 子卯刑하나 무난하다.

- 戊 대운 身弱한 日干을 土克水하여 傷官의 生助를 막으면
  불리하다.

辛　壬　甲　己　　남

丑　午　戌　亥　　자

76 66 56 46 36 26 16 6　대

丙 丁 戊 己 庚 辛 壬 癸

寅 卯 辰 巳 午 未 申 酉　운

☯ 四柱의 旺衰

戌月에 壬水가 身弱하다.

☯ 格局과 用神

壬水가 戌月에 태어나 戌중에 辛金이 透干되어 있으니
正印格이다.
사주에 官星인 土가 混雜하여 身弱한데, 壬水도 亥水에 祿을
얻고 丑에 根氣를 갖고 있으며, 辛金의 生을 받고 있어
身弱해도 官에 임할 수는 있으나, 문제는 내가 生한 甲木이
己土와 合을 지어 제 역할을 하지 못함에 있다.
그래서, 식식제살할 수 없으나, 甲木은 亥水에 長生을 하여
生木이므로 키워야 할 나무다.
水가 用神이고, 金이 凶神이며, 土가 病神이고, 火는 仇神
이며, 木이 藥神이다.

☯ 命主의 性格

身弱하지만 식신제살격과 같으므로 겉보기에는 합리적이고
정직한 성격이고, 丑午鬼門殺을 같고 있어 술을 마시면 또라이
같은 성향을 보일 때도 있다.

☯ 六親 關係

壬水일간의 財星은 火로 戌중 丁火와 午중 丁火로 2개이고,

또, 午戌火局으로 하나를 더 만들었고, 戌土 財庫를 갖고 있어
재혼격이고 바람둥이 사주다.
妻 또한 壬午로 子坐暗合하면서 멀리 亥중의 壬水와 暗合을
하고 있어 마찬가지다.
그리고, 官도 混雜해 있어 두 배 자식을 둘 수 있으므로
재혼격이 확실하다.

☯ 刑 沖 合 및 殺星의 應用

丑午湯火, 怨嗔, 鬼門殺이라 신경성 노이로제의 성향을 보일
때도 있을 것이고, 戌亥 天門星이 있어 종교나 철학과도
인연이다.
年 月上의 甲己合은 甲木이 亥水에 長生을 했고, 土의 세력도
旺하므로 甲己가 합하여 土로 변하지는 않고 합만하고 있는
현상으로, 이런 구조는 내 행동이 官星과 합하므로 명예를
추구한다라고 할 수 있다.

☯ 大運

- 초년 癸酉, 壬申대운이 좋아 편하게 성장하며 공부도 하였다.

- 辛 대운까지는 吉했으나, 未 대운부터 丑戌未三刑殺을 이루고,
  午未合土가 되며 燥熱해지므로 운이 저조하였다.
- 庚 대운부터 손 아래 동서가 운영하는 건설회사에 근무
  하였는데,
  午 대운 壬午(2002)년부터 크게 흔들리기 시작하였다.

- 己 대운 甲己合되어 凶한데, 동서와 갈등이 심해져 독립할 생각
  으로 甲申(04)년 횟집을 열었으나 운이 나쁘니 운영이 어렵다.
  이 사주에서 甲己合은 가을까지 자란 나무를 己土가 합을 하여
  썩게하므로 수확이 적게 나므로 凶하다.
  巳 대운도 巳亥沖되어 調喉를 깨고, 巳酉合으로 일부 좋은 점도
  있다고 봐도 燥熱해서 좋지 않은 운이다.

- 戌辰대운에 身弱한 水를 辰土에 入庫시키면 운이 없다.

```
庚　壬　甲　己　남
子　辰　戌　亥　자
79 69 59 49 39 29 19  9　대
丙　丁　戊　己　庚　辛　壬　癸　운
寅　卯　辰　巳　午　未　申　酉
```

☯ 四柱의 旺衰

戌月의 壬水가 균형을 이룬 것 같으나, 辰子水局을 辰戌沖으로
깼으므로 사주가 濕하므로 身旺과 같다.

☯ 格局과 用神

壬水가 戌月에 태어났으므로 偏官格이다.
月上에 甲木은 辰土에 뿌리내리고 亥水에 長生을 하여 生木
이나 甲己合되어 제 역할 못하는 나무이나, 生木이기 때문에
旺者喜洩의 원칙에 따라 木으로 洩氣함이 吉하다.
따라서, 木을 用神하고, 生木을 자르는 金은 病神이고, 戌중
丁火는 調喉 겸 藥神이며, 水는 더 이상 필요치 않고, 土는
나무가 뿌리를 내려야 하므로 吉神이다.
그런데, 가을에는 火가 많아서 나무의 열매가 익어야 좋은데,
水氣가 旺하여 用神이 허약하니 나쁘다.

☯ 命主의 性格

壬辰 魁罡日主이고, 身旺사주라서 고집이 쎄고, 자기의 생각인
甲木이 甲己合, 辰戌沖으로 흔들리므로 불만이 많은 사람이다.
戌亥天門星을 갖고 있어 역학을 좋아하는 사람이며, 법무부
교정직에 종사한다.

☯ 六親 關係

이 사주의 부친은 원칙적으로 戌중의 丁火인데, 壬水 日干과
丁壬合을 맺으므로 妻로 보고, 父親星은 없으므로 母親星인
庚金과 明暗合하는 辰중 乙木을 父親으로 본다.
父親星이 들어 있는 辰土와 妻星이 들어 있는 戌土가 辰戌沖을
할 것 같으나, 다행이도 時支 子水가 辰子로 묶고 있어 辰戌沖
을 말리고 있는데, 운에서 子水가 合沖되어 없어지거나 辰이나
戌운이 오면, 辰戌沖이 작용하게 되므로, 그런 운에 부부문제
나 돈 문제, 부친에 관한 문제가 발생하게 된다.

☯ 大運

- 초년 癸酉, 壬申대운이 나빠서 어렵게 성장하였다.

- 辛未대운부터 未중 丁火가 있긴 하나 戌未刑되어 쓸 수 없고,
  또, 財庫가 열리면, 돈인 戌중 丁火를 比劫이 가져가게 되므로
  내 돈이 없어지게 된다.

- 庚 대운에도 甲庚沖하여 발전을 기대하기는 어려우므로
  불평속에 직장생활을 하였고,
  午 대운에 丙戌년에 調喉가 되므로 좋은 일이 있었으나,
  妻宮이며, 父親宮를 치니 가정문제가 생길 수 있다.

- 己 대운 甲己合이 작용하므로 좋지 못하고,
  巳 대운 巳亥沖하나 調喉를 해 주므로 무난하겠다.

- 戊辰대운 旺神인 壬水를 土克水하고, 辰土가 辰戌沖하여
  財庫를 깨고, 旺神인 水를 辰土에 入庫시키므로 凶하다.

제 9 장 壬水日干 亥月

己	壬	乙	甲	남
酉	申	亥	午	자

74 64 54 44 34 24 14 4   대

癸 壬 辛 庚 己 戊 丁 丙
未 午 巳 辰 卯 寅 丑 子   운

☯ 四柱의 旺衰

亥月 壬水가 亥水에 祿을 하고, 印綬가 旺하게 도와주므로
身旺하다.

☯ 格局과 用神

亥月에 壬水로 태어나 亥중의 甲木이 透干되었으므로 食神格
이다.
亥月은 甲木의 長生月이라서 사주에 火만 있으면 木을 기를 수
있는 계절인데, 이 사주는 年支에 午火 불을 갖고 있어서
甲 乙木이 살아있다.
겨울 물이 旺하면 아무 쓸데가 없는데, 이 사주는 다행이도
木을 洩氣가 잘되고, 午火까지 있어 食傷生財로 가므로 局이
갖춰져 있다.

☯ 四柱의 特徵

필자의 경험으로는, 겨울 壬 癸水로 태어난 사람이 火를
用神으로 쓴 사람들은 남 녀를 불문하고 큰 사업을 하는 것을
많이 경험하였다.
물론, 壬 癸水에 火는 財星이므로 인연이기도 하지만 주로
건설, 부동산 관련 업종에 종사하는 사람이 많은데, 이 命主는
제조업을 하는 사람이다.

☯ 命主의 性格

旺한 水를 잘 洩氣를 시키므로 인정이 많고, 두뇌가 좋으며,
부지런한 사람이다.
그러나, 己土가 壬水를 탁하게 만들어 淸하지 못한 게 흠이다.

☯ 六親 關係

이 男命은 財星이 吉神이고, 年支에 있으므로 조상의 음덕과
부모의 덕이 있고, 또한, 財星은 妻에 해당하므로 妻의 내조가
좋은 사람이다.
그러나, 日支 妻宮에 凶神이 앉아있어 妻와 성격이 안맞지만
내조를 잘해주므로 단점을 보완하며 살므로 부부관계는 有情
하다.

☯ 大運

- 초년 丙 대운에 吉하였으나, 子 대운에 子午沖하여 용신을
  沖하므로 午중 丁火가 타격을 입어 부친이 일찍 돌아가셨을
  것이다.
- 丁 대운에 丁壬合하므로 일찍 이성에 눈을 떴을 것이고,
  丑土가 午火의 熱氣를 흡수하므로 운이 없어 어렵게 살았으며,
- 戊 대운부터 제조업을 시작하였으나, 27세(庚申, 80년),
  28세(辛酉, 81년) 歲運이 나빠 사업이 무척 어려웠으나
  그 이후 운이 풀리기 시작하였으며,

- 己卯대운은 甲己合되어 食神生財가 안 되고 地支에 濕木이 등장하여 사주가 습해져서 운이 나빠 고생이 심했다.
- 庚辰대운이 오자 甲木을 沖하고, 乙木을 묶었으며, 辰土가 午火의 熱氣를 흡수해버리므로 더 나빠져서 사업이 기울기 시작하여 고전을 면치 못했다.
- 辛 대운까지는 어려울 것이고, 巳 대운이 오면 다소 낳아 질 것이나,
- 壬午대운이 가장 좋은데, 문제는 나이가 많아졌고,
- 癸未대운에 食傷이 墓에 들어간다.

甲	壬	己	丙	여
辰	寅	亥	申	자

78 68 58 48 38 28 18 8

辛	壬	癸	甲	乙	丙	丁	戊	대
卯	辰	巳	午	未	申	酉	戌	운

☯ 四柱의 旺衰

亥月에 壬水가 身弱한 것 같으나 한습하므로 身旺과 같다.

☯ 格局과 用神

壬水가 亥月에 태어나 亥중에 甲木이 透干되어 食神格을 이룬다.
亥月은 甲木이 長生하는 계절이고, 地支에 寅木이 있으며, 寅중의 丙火가 表出하여 生木이므로 길러야 할 木이다.

겨울에 巨木인 甲木을 기르기 위해서는 火가 많아야 하는데,
年上의 丙火가 月上의 己土와 壬水에게 열을 빼앗겨 더
약해졌다.
火가 用神이고, 木이 吉神이며, 水가 病神이고, 金은 仇神
이며, 土는 藥神이다.

☯ 命主의 性格

身旺사주가 食神生財로 洩氣가 잘 되어 좋기 때문에 부지런
하고 인정이 있으며 성격이 좋다

☯ 六親 關係

年上에 財星인 丙火가 떠 있어서 부친의 인물이 잘났으나
申金 病地 위에 앉아있어서 경제적인 능력은 없다.
己土가 正官으로 남편성인데, 己土濁壬을 시키고 있어서
남편 덕이 없으며, 자신도 남편한테 잘해주지 못한다.
그러나, 甲木은 食神으로 딸인데, 寅木에 祿을 하고 沃土에
뿌리를 내렸으며, 食神인 丙火를 보아 똑똑한 딸로 자신과
同旬에 있어 氣가 잘 통한다.

☯ 大運

- 초년 戊戌대운은 藥神운이니 괜찮았으나, 財星인 丙火가 墓에
  들어가므로 아버지에게 유고가 있거나 집이 가난하게 되는데,
  이 女命은 어린 시절 집이 무척 가난했다.
- 丁 대운에 丁壬合木으로 첫사랑이 있게 되고,
  酉 대운에 辰酉合金되어 사주를 더 냉하게 만들어 운이 저조
  했다.
- 丙 대운에 用神운이기도 하고 日支에서 나왔으므로 결혼하게
  되고,
  申 대운에 이미 年支에 있던 申金이 日支 寅木을 치므로
  남편과 이혼했다.
  그런데, 日支의 寅木이 吉神이라 좋긴 하나, 食神으로 官을

거부하는 글자라서 부부 궁에 문제가 있음을 예고하고 있다.

- 乙未대운에 食神이 庫에 들어가므로 하는 일 없이 지내다가
- 甲午대운 들어 불기운이 오니 甲木이 꽃을 피우므로 壬午
  (02)년 당시 찻집을 운영하고 있었는데, 운이 괜찮아서 운영이
  순조로웠다.
- 癸 대운에 丙火를 가리니 어둡고 캄캄해지므로 저조하며,
  巳 대운에 巳申合, 寅巳神三刑, 巳亥沖이 작용하므로 복잡한
  삶을 살게 된다.
- 壬辰대운은 열기를 흡수하고, 水를 入庫시키며 습을
  가중시키니 나쁘다.

戊　壬　丁　乙　　남

申　寅　亥　未　　자

80 70 60 50 40 30 20 10　　대

己 庚 辛 壬 癸 甲 乙 丙
卯 辰 巳 午 未 申 酉 戌　　운

☯ 四柱의 旺衰

亥月에 壬水가 亥水에 祿을 하고, 申金에 長生이나 身弱하다.

☯ 格局과 用神

壬水가 亥月에 태어났으나 亥中에서 透干된 藏干이 없으므로
建祿格이다.
이 사주의 火가 用神인데, 그 이유는, 身弱해도 亥月생이라서

調喉하는 火가 필요하기 때문이다.
따라서, 木이 吉神이고, 水가 病神이며, 土가 藥神이고, 金은
흉신이다.

☯ 命主의 性格 및 이 四柱의 特徵

이 命主는 경남 고성 태생으로,
亥月에 壬水는 몸이 냉하므로 본능적으로 불을 좋아하게
되어있는데, 이 사주는 妻星인 丁火와 丁壬合, 寅亥合하여
天干支合하고, 年支 未土와 亥水가 또 亥未合하고 있어 合이
많다.
合多者는 情에 헤프다고 했는데, 이 사주는 남자라서 덜
흉하지만, 여자의 경우는 훨씬 흉하다.
金이 木을 자르면 건달기질이 있는데, 이 男命은 한 때 도박을
좋아했다.

☯ 六親 關係

壬水의 부친인 偏財星은 日支 寅中에 丙火인데, 寅申沖을 맞고
있어 불안함을 내포하고 있다.
또, 壬水의 배우자는 丁火로 丁壬合을 하고 있고, 멀리 年支
未中에 丁火와도 明暗合을 하고 있어 두 여자와 인연이다.
자식은 戊土가 아들로 死地 위에 앉아있고, 凶神이기 때문에
자식과의 인연이 멀 뿐만 아니라 유능하지도 못하다.

☯ 刑 沖 合 및 殺星의 應用

丁壬合은 겨울에 추운데 물이 따뜻해지므로 근본적으로
돈과 여자를 탐한다.
地支에 寅亥合도 되고, 亥未合도 되는데, 이런 구조에서는
六合인 寅亥合이 우선이다.
왜냐하면, 寅中에는 甲이 들어있고, 亥中에도 甲이 들어있어
陰陽이 섞이지 않아 六合이 우선인 것이다.
또, 이렇게, 寅亥合이 됨으로써 寅申沖은 貪合亡沖이라 沖이
성립되지 않는다.

그러나, 운에서는 寅申沖이 성립할 수 있다.

☯ 大運

- 丙戌대운에 吉하여 귀염받고 성장하였다.

- 乙 대운에 乙木이 藥神인 戊土를 剋하므로 凶중에 吉한 점이
  있으며,
  酉 대운에 寅木을 剋하므로 吉하지 못했으며 노량진수산
  시장에서 냉동수산물을 취급했다.

  甲 대운에 日支 寅중에서 透出한 甲木이 나타나 戊土를
  剋해주므로 33세 丁卯년에 결혼하였으며,
  申 대운에 申金이 日支 寅木을 沖하므로 가정궁에 문제가
  생겼다.

- 癸 대운에 戊癸合火되어 이때부터 집에 들어가지도 않고
  사무실에서 도박에 빠져,
  未 대운에도 헤멨으며,

- 壬午대운 甲申년에 노량진 수산시장 조합장을 잠시 맡기도
  했는데, 어렵기는 마찬가지였으나,
  午 대운에는 吉해질 것이다.

- 辛巳대운에 乙辛沖하면 활동성이 제약을 받게 되므로 좋아질 게
  없다.

제 9 장 壬水日干 子月

庚	壬	丙	甲	남
戌	戌	子	申	자

74 64 54 44 34 24 14 4

甲	癸	壬	辛	庚	己	戊	丁	대
申	未	午	巳	辰	卯	寅	丑	운

☯ 四柱의 旺衰

子月에 壬水가 羊刃月에 태어나 印綬의 生을 받고 申子水局을
이루므로 身旺하다.

☯ 格局과 用神

壬水가 子月에 태어나 羊刃格이다.
壬水일간의 힘이 강하면 반대의 세력도 강해야 좋은데, 月上의
丙火는 胎地에 앉아 힘이 없는데다가 戌에 入庫하고 있다.
다행히, 甲木이 돕고, 地支에 火庫(財庫)인 戌土가 두 개나
있어 調喉는 약하지 않다.
干上에 戊土가 있어 旺한 壬水를 막아줘야 좋은데, 戊土는
地藏干에 들어있고, 丙火가 떠 있으므로 丙火를 用神하고,
木은 吉神이며, 水는 病神이고, 金은 仇神이며, 土가 藥神
이다.

☯ 四柱의 特徵

이 命主는 경상도 상주 태생으로,
月上에 丙火가 있어 경제와 인연인데, 고려대에서 법학을
전공한 후 행정안전부 고위직을 지냈다.

☯ 命主의 性格

壬水가 金의 生을 받고 身旺하므로 淸水이기 때문에 고위
관리를 지냈어도 청렴한 사람인데, 財庫를 두 개씩이나 가져
알뜰하여 돈을 쓰지 않는 사람이다.

☯ 六親 關係

月上에 丙火 偏財가 떠 있어 이 命主의 부친이 시골에서
똑똑하다는 말을 들었고, 나름대로 경제력도 갖고 있었다.
妻는 壬水와 明暗合하는 戌중의 丁火인데, 戌土가 두 개라서
재혼격으로, 本妻는 日支 戌중의 丁火인데, 암으로 사망하였고
, 時支의 戌중의 丁火와 재혼하였다.

6. 刑 沖 合 및 殺星의 應用

壬戌日干이 白虎이고, 庚戌時柱가 魁罡인데, 白虎와 魁罡은
沖을 大忌한다.
甲木은 絶地에 앉아 死木이라 生火해 줄 수 없는 木이다.

☯ 大運

- 丁丑대운은 白虎와 魁罡을 刑하여 사고 수술 같은 액이 따를
수도 있으나, 戌중의 丁火가 刑出되어 調喉에는 도움이 되므로
吉한 면도 있다.

- 戊寅대운에 土克水하여 壬水를 극해 주고, 寅戌火局이 되므로
운이 좋아 대발하여 고려대 법대를 졸업했다.

- 己卯운도 己土가 壬水를 剋해주고, 卯木이 甲木의 뿌리되어
生木이라서 木生火 안되므로 나쁠 것 같으나 卯戌火가 되어
좋아서 30세 癸丑年에 행정고시에 합격, 모 기관 근무를 시작
으로 공직에 입문하였으며,

- 庚辰대운 80년 미국 유명 대 경영대학원에서 석사학위를
받았고, 10년간 청와대에서 근무하였다.
그러나, 사주가 습해졌고, 辰土가 戌土를 沖하여 흉한데, 42세
乙丑년을 만나 沖하여 약해진 戌土를 또 다시 刑하니, 戌중의
丁火 財가 깨져 妻가 지병으로 사망했으며,

- 辛巳대운 46세 89년에는 모 대학원에서 국제경영학 박사학위를
받았다.
또, 壬 癸日에 申은 紅艶殺인데, 丙寅년에 財가 나타나고,
寅木이 戌土와 寅戌火局을 이루므로 재혼하였으며,

- 辛 대운부터 調喉용신인 丙火를 合하여 묶으므로 좋지
못하였고,
巳 대운에 巳申合되나 用神운인 남방으로 향하니 순조롭게
승진하여,

- 壬午대운 중 午 대운 59세 壬午년에 행정안전부 고위직에 발탁
되어 癸未년 3월까지 근무하다가 퇴직하여 그 해 서울에서
국회의원에 출마하였으며, 04 甲申년부터 모 대학 교수로
재직 중이다.

- 癸 대운이 오면, 子중 癸水가 발동하여 丙火를 가리므로 앞이
캄캄해지나, 未 대운이 오면 戌未刑은 되나 調喉가 되므로
吉하다.

辛　壬　丙　甲　　여

丑　寅　子　寅　　자

79 69 59 49 39 29 19 9　　대

戊 己 庚 辛 壬 癸 甲 乙　운
辰 巳 午 未 申 酉 戌 亥

☯ 四柱의 旺衰

壬水가 子月에 태어나 身弱해 보이나 羊刃月이고, 濕土인
丑土가 있어 身旺과 같다.

☯ 格局과 用神

壬水가 子月에 태어나 羊刃格이다.
壬水가 子月에 태어났으나 月上에 丙火가 있고, 두 개의 寅중
에 丙火가 있어 生木을 기르고 있어 調喉를 해 주는 丙火가 用神
이고, 木이 吉神이며, 水가 病神이고, 金이 仇神이며, 운에서
乾土가 오면 藥神이 된다.

☯ 命主의 性格

이 命主는 경기도 수원에 있는 대형병원의 간호사로 일하는데,
食神속에 用神이 들어있어 자기 능력만큼 표현을 안하기 때문에
말이 없다.

☯ 六親 關係

寅중 丙火가 父親星인데, 대게, 丙火를 육친으로 가지면, 그
육친이 똑똑하고 인물이 잘났다.
그런데, 母親星은 辛金인데, 辛金이 여러 개의 丙火와 明暗合

하므로 母親이 재혼격이며, 모친은 丙火를 보았고 壬水로
씻어주므로 인물이 잘났다.

또, 이 여성의 남편성은 원래 己土이고, 寅중 甲木과 暗合
하므로 丑중 己土인데, 丑土에서 辛金이 表出해 있어 辛金을
남편성으로 본다.

그래서, 母親星인 辛金을 남편으로 보므로, 남편은 어머니처럼
행동하나 본인한테는 凶神이므로 덕이 없는 남편이다.

자식은 金生水하여 壬水 日干이 자식에 해당하는데, 형제는
子水도 있고, 丑중 癸水도 있어 여러 명이다.

☯ 刑 沖 合 및 殺星의 應用

壬寅은 文昌星이라 두뇌좋고, 공부잘하며, 丑土는 急脚殺이라
관절통이나 신경통 같은 다리에 병이 있을 수 있다.

☯ 大運

- 乙亥대운에 濕木이 등장하여 木生火가 안 되므로 저조한
  운이었고,

- 甲戌대운이 寅戌火局으로 調喉를 도와주므로 吉하여 간호사가
  되었다.

- 癸 대운에 癸水가 丙火를 가리므로 앞이 캄캄하여 凶했고,
  酉 대운에 酉丑金局이 되어 金生水하므로 凶했다.

- 壬 대운도 좋지 못하고,
  申 대운에 寅申沖으로 驛馬沖이라 교통사고 같은 것이 있어 丙火
  財가 흔들리므로 손재수이며, 인연이 닿지 않아 32세 乙酉년
  까지는 결혼이 어렵고, 丙戌, 丁亥년에나 인연이 닿을 것이다.
  丙戌년보다 丁亥년이 丁壬合, 亥子丑, 寅亥合木되어 더 좋다.

- 辛 대운에 調喉用神인 丙火를 合하면 凶하고,

  未 대운에 熱土가 등장하여 丑未沖하여 논 갈이를 해주는
  격이라 새로운 희망을 갖게 된다.

- 庚 대운 凶히고 午 대운이 좋으며, 巳 대운도 무난하다.

甲	壬	甲	癸	남
申	寅	子	卯	자

76 66 56 46 36 26 16 6

대운

丙 丁 戊 己 庚 辛 壬 癸
辰 巳 午 未 申 酉 戌 亥

☯ 四柱의 旺衰

子月에 壬水가 年上에 劫財가 있고, 時支에 申金이 돕고 있어
身旺하다.

☯ 格局과 用神

壬水가 子月에 태어나 子중 癸水가 透干되었으나 羊刃格이다.
겨울 물은 旺하면 旺할수록 調喉에 反하므로 좋지 못하다.
이 사주의 구조를 보면, 壬水가 겨울나무에 물을 주고 있는
형국인데, 물도 旺하지만 나무도 너무 旺하기 때문에 운에서
火가 와도 구석구석 불빛을 보내기 어려운 구조를 갖고 있기
때문에 木이 더 오면 나쁘다.
또, 子月은 한 겨울이라 調喉를 해주는 火 土가 와야 좋을
것인데, 불이라고는 寅중에 丙火가 있으나 寅申沖으로
상처받았다.
寅중 丙火가 調喉用神이고, 木이 病神이나 寅木은 쓰며, 水도
凶神이고 金은 寅木을 沖하므로 아주 나쁘다.

☯ 四柱의 特徵 및 命主의 性格

日支 寅중에서 本氣인 甲木이 日干을 중심으로 양쪽에 表出해
있는데, 이는 食神이라서 이 일 저 일에 관심을 갖게 되고
두뇌가 좋다.

무역회사에 다니는데, 이런 구조는 사업을 하면 안 되고,
기술직이나 말로 하는 업을 하면 좋다.

☯ 六親 關係

寅중 丙火가 妻星인데, 寅申沖을 맞아 상처를 받았다.
母親은 申중 庚金이고, 父親은 卯중 乙木인데, 子卯刑이 되어
상처받았다.
또, 母親의 입장에서는 甲木이 여러 개라서 父親 또는
시어머니가 여러 명이다.
그리고, 母親인 申金의 입장에서 보면, 金生水로 食傷이
混雜되어 있어 자식이 여러 명이거나 씨 다른 자식으로도 볼
수 있으므로 日干 입장에서 보면 씨 다른 형제다.

☯ 刑 沖 合 및 殺星의 應用

子卯刑으로 桃花인 卯木이 刑을 맞아 桃花 病이 있을 수 있고,
寅申沖하여 寅중 丙火가 沖出하면 年上 癸水에 財星이 꺼진다.

☯ 大運

- 癸亥대운에 寅亥合되면 寅중 丙火가 꺼지는데, 寅중 丙火는
  어렸을 때는 父親으로 보므로 父親이 내 태어난 후 1년이나 6년
  안에 사망하기 쉽다.

- 壬戌대운에 寅戌火局이 되어 調喉가 되고, 제습을 하므로 길하다.

- 辛 대운에 어렵고, 酉 대운에 卯木을 沖해 주므로 吉하다.

- 庚 대운에 甲木 하나를 쳐주므로 吉하나,
  申 대운에 寅申沖하므로 이혼하기 쉽다.

- 己 대운에 甲己合하여 甲木 하나를 묶어 주고, 癸水를 극해주므로
  좋고,

未 대운에 亥未木局되어 木이 더 旺해지나 未중에 丁火가 들어
있어 調喉에 도움이 되므로 길하다.

- 戊午 대운에 戊癸合화하여 좋고, 寅午火局이 되어 좋다.
  그러나, 戊土가 오면, 群劫爭財되어 직장을 바꾸거나 자식한테
  액운이 따를 수 있으므로 운이 들면서 群劫爭財도 된다.

- 丁巳대운에 丁癸沖, 丁壬合, 寅巳神三刑이 되나, 調喉를 시켜
  주므로 무난하다.

- 丙 대운은 吉하나, 辰 대운은 濕土가 등장하면, 寅卯辰木局이
  되어 나쁘다.

제 9 장 壬水日干 丑月

丙 壬 乙 癸 여

午 申 丑 丑 자

대

71 61 51 41 31 21 11 1

癸 壬 辛 庚 己 戊 丁 丙

酉 申 未 午 巳 辰 卯 寅 운

☯ 四柱의 旺衰

丑月에 壬水가 身弱하나 사주가 濕하여 身旺과 같다.

☯ 格局과 用神

壬水가 丑月에 태어나 正官格이다.

丑月은 곧 봄이 시작되는 계절이므로 사주에 火만 넉넉하면 木을 기를 수 있는데, 이 사주에서는 시주에서 調喉를 해주고 있으나 다소 미흡하다.

따라서, 月上의 乙木이 火만 오면 자랄 수 있으므로, 火가 필요하기 때문에 火를 用神으로 하고, 木은 吉神이며, 水는 病神인데, 특히, 劫財인 癸水가 나쁘고, 金은 仇神이며, 丑土도 凶神이다.

☯ 四柱의 特徵

사주가 濕하고 冷하면 여자들은 냉증이 많은데, 이 女命도
냉증이 있고, 또한, 濕한 사주가 애 낳고 산후조리를 소홀히
하면 산후통으로 큰 고통을 겪는데, 이 命主도 산후통으로
고생하고 있다.

☯ 命主의 性格

壬水가 傷官인 乙木을 보아 똑똑하고 표현력도 좋으며, 洩氣가
잘 되므로 화통한 성격이다.

☯ 六親 關係

이 女命의 父親星은 丙火인데, 桃花를 깔고 앉아있어 父親이
바람둥이고, 母親은 辛金인데, 2개의 丑土에 들어있는 辛金과
明暗合하므로 재혼격이거나 여자관계가 복잡하다.
壬水일간의 正官은 己土인데, 2개의 丑土에 己土가 있고,
午중에도 己土와 日干의 合神인 丁火가 있으므로 午火가
남편궁이라 午중 己土가 남편이기 때문에 丑중 己土는 결혼
전에 스쳐간 인연이다.
또, 자식은 乙木이다.

☯ 刑 沖 合 및 殺星의 應用

癸丑은 白虎殺인데, 白虎殺이 발동되지 않았으므로 凶厄은
덜하고, 丑土는 急脚殺인데, 丑중 癸水가 表出해 있어서
急脚殺이 발동했으며, 사주가 濕하여 말 그대로 축축하다.
年支를 기준하여 午火는 桃花殺이라서 해당육친인 財星과
해당궁인 자식궁에 적용해야 한다.

☯ 大運

- 丙寅대운이 좋아 귀염받고 성장하였으며,

- 丁卯대운도 吉하여 공부를 잘하였으며, 본인은 좋은 대학에
  진학하여 미술공부를 하려했으나 부모의 반대로 미술공부를
  못하고, 전문대학에 가서 희망하지 않는 공부를 하다가 중단한
  후,

- 戊 대운 21살 癸酉년에 검찰직으로 출발하였으며, 98년
  戊寅년에 官星이 등장하므로 결혼하였고,
  辰 대운에 辰土가 火氣를 흡수하니 가정문제로 심적인 고통이
  컸다고 한다.

- 己巳대운에 巳火 불이 오긴 했으나, 原局의 申金과 巳申合水
  되고, 丑土와 巳丑合金이 되어 불의 火氣를 제대로 발휘하지
  못하니 운이 저조한데, 甲申, 乙酉년 歲運이 나빠서 발전이
  없었고, 丙戌년은 좋다.

- 庚 대운 乙庚合시켜 갈 길을 막으므로 좋지 못하나,
  午 대운 用神의 旺地라서 吉할 것이고,

- 辛 대운 用神인 丙火를 묶어 좋지 못하고,
  未 대운 丑未沖하여 官星인 濕土를 분발시키므로 직장문제
  남편에 대한 문제가 생길 것이고, 午未合하여 調喉를 도우므로
  吉하다.

- 壬申대운부터는 운이 없다.

壬　壬　丁　甲　　남

寅　戌　丑　寅　　자
　　　　　　　　　　대
76 66 56 46 36 26 16 6
　　　　　　　　　　운
乙 甲 癸 壬 辛 庚 己 戊
酉 申 未 午 巳 辰 卯 寅

☯ 四柱의 旺衰

丑月에 壬水가 時上에 比肩이 돕고 있으나 뿌리가 약해서
身弱하다.

☯ 格局과 用神

이 사주를 기본 이론대로 보면, 丑月에 壬水로 태어나
正官格이고, 調喉가 되어 있기 때문에 身弱해서 壬水를
用神으로 한다고 볼 것이다.
이 사주를 모 선생께서는 木이 살아있기 때문에 木을 用神
으로 봤다.
그러나, 이 사주는 日干인 壬水는 丁火에 情을 주어 丁壬合
하였고, 月上 丁火는 日支 戌중에서 表出하여 日干代行格으로
본다.
따라서, 日干인 壬水가 主体가 아니라 丁火가 主体가 되는
것이다.
主体인 丁火의 임무와 작용은 나무를 기르는 것이기 때문에
火가 用神이고, 木은 吉神이며, 水는 病神이다

☯ 四柱의 特徵

이 사람은 컴퓨터 다루는 직장인으로, 丁火를 主体로 볼 때

官星인 壬水와 두 번에 걸쳐 合을 하였고, 印綬가 旺하게
발달하여 직장생활에 맞고, 더군다나, 合으로 붙이고, 刑으로
고치는 성질이 강하다.

☯ 命主의 性格

壬水 官星과 合하여 명예욕이 있으며, 合이 많아 情에 약하고,
刑殺을 갖고 있어 개혁적인 성격도 있다.

☯ 六親 關係

丁火 主体가 壬水와 두 번 合을 하므로 재혼격인데, 첫
번째 여자와는 丑戌刑으로 이혼하였고, 두 번째 여자와는
寅木과 丑土가 暗合하므로 해로한다.
또, 財星인 丑중, 戌중의 辛金인데, 丑戌刑으로 깨졌으므로
印綬인 甲木과 合하는 것을 財星으로 삼으므로 丑중 己土인데
己土는 時支의 寅중 甲木과도 合하므로 두 번 결혼할 가능성이
큰데, 그것은 丁火 日干의 입장에서 볼 때, 寅戌合, 寅戌合
으로 火局을 형성하여 또 다른 형제가 만들어지기 때문이다.
자식은 壬水로 두 명이다.

☯ 刑 沖 合 및 殺星의 應用

丁丑白虎이고, 壬戌이 白虎인데, 白虎殺끼리 丑戌刑을 하므로
凶厄이 따르는데, 이 사주에서는 壬戌白虎가 가장 약하다.
또, 寅戌이 合을 하여 丑戌刑을 임시로 말리고 있으나 운에서
丑土나 戌土, 또는 寅木을 合하거나 沖하는 운이 오면,
丑戌刑이 작용하다.

☯ 大運

- 戊寅대운 土克水하여 丁壬合을 방해하나 寅木을 달고와
  무난했고,

- 己卯대운에 무난하였다.

- 庚 대운 甲庚沖하여 나쁘나, 丁火가 있어 庚金을 막아주고,
  干上에 壬水가 있어 통관시켜주므로 凶이 덜하고, 主体인 丁火
  입장에서 볼 때, 財星이 등장하므로 여자가 나타날 것이며,
  辰 대운에 丑戌刑이 되어있는 日支 戌土를 沖하므로 부부궁에
  문제가 오는데,
  辰 대운 乙酉年에 결혼했고, 丙戌年에 丑戌刑하여 丁壬合을
  깨므로 직장을 그만 두었다.

- 辛 대운은 좋지 못하고,
  巳 대운도 寅巳刑하지만 寅木이 두 개라서 직장변동은 있어도
  무난히 넘어간다.

- 壬 대운 丁壬爭合이 작용하여 凶하고,
  午 대운 寅午戌火局이 되어 燥熱해지므로 좋지 못하다.

- 癸 대운 丁癸沖하여 丁壬合을 깨므로 좋지 못하고,
  未 대운 丑未沖, 戌未刑이 작용하여 凶하다.

- 甲 대운 무난하고,
  申 대운 旺神이며 用神인 寅木을 沖하면 대단히 나쁘다.

乙　壬　己　庚　여

巳　子　丑　戌　자

77 67 57 47 37 27 17 7　대

辛 壬 癸 甲 乙 丙 丁 戊
巳 午 未 申 酉 戌 亥 子　운

☯ 四柱의 旺衰

丑月에 壬水가 日支에 羊刃을 얻고, 丑土에 通根하며, 庚金이
돕고 있으나 身弱하다.

☯ 格局과 用神

壬水가 丑月에 태어나 丑중 己土가 透干되어 正官格이다.
그런데, 丑月은 곧 봄이 오는 길목인데다가 戌중 丁火가
있고, 巳火가 있어 乙木이 生木이므로 壬水의 작용은 나무를
기르는 것인데, 丑月은 춥기때문에 火가 用神이고,
木이 吉神이며, 水가 病神이고, 金이 仇神이며, 土가 藥神이다.

☯ 四柱의 特徵

壬水가 傷官인 뿌리도 없는 乙木을 기르므로 原局이 너무 작고,
官殺混雜인데, 傷官이 官을 剋하고 있어 나쁘다.
傷官인 乙木 꽃이 밖에 피어 있어 남편한테는 점수를 못 따도
밖에 나가면 점수 따는 여자다.

☯ 命主의 性格

특히, 女命에 傷官은 正官을 치므로 傷官과 正官이 함께
나타나면 凶한데, 남편 입장에서 보면, 妻의 언행이 가시처럼
느껴지기 때문에 부부갈등이 온다.
그런데, 문제는 傷官星은 개성이 강한 면도 있지만 다른

한편으로는 인정과 재주도 된다.

☯ 六親 關係

官殺混雜하여 바람둥이 사주로 자기는 바람을 피면서 큰 소리 치고, 남편이 꾸짖으면 집을 나가 버린다.
그 이유는 겨울 木이라 교태스럽기 때문이다.
乙木이 뿌리가 있으면 줏대가 있어 안 흔들리므로 바람을 안 핀다.
父親星은 巳중 丙火로 좋은 역할을 하기 때문에 부친의 덕은 있으며, 母親은 庚金이라서 득이 되지 않는다.

☯ 大運

- 戊 대운 巳중 戊土, 戌중 戊土가 透出하여 吉하였고,
  子 대운 調喉에 反하므로 운이 저조하였다.

- 丁 대운 丁壬合하여 이성교제가 있었고,
  亥 대운 吉神인 巳火를 沖하여 財星이 손상을 입는다.
- 丙 대운 巳중에서 透出하여 吉하였고,
  戌 대운 巳火가 入墓하고, 丑戌刑이 되므로 사고나 손재수가 있으나, 土克水하므로 吉한 면도 있다.

- 乙 대운에 乙庚合하여 生火하지 못하므로 저조한 운이고,
  酉 대운에 巳酉丑金局이 되어 꽃이 지면 쓸모없어지므로 나쁘다.
- 甲 대운 甲己合하면 壬水가 水剋火하므로 좋지 못하고,
  申 대운 巳申合 申子水局이 되어 나쁘다.

- 癸 대운 저조하고,
  美 대운 丑戌未三刑이 되나 乾土가 등장하여 調喉를 해 주므로 무난하다.
- 壬 대운 저조하고, 午 대운 吉하다.

- 辛 대운 乙辛沖하여 꽃이 떨어지면 무용지물이다.

제 10 장 癸水 日干

제 10 장 癸水日干 寅月

```
庚   癸   丙   己    남

申   酉   寅   亥    자

75 65 55 45 35 25 15 5   대

戊 己 庚 辛 壬 癸 甲 乙
午 未 申 酉 戌 亥 子 丑    운
```

☯ 四柱의 旺衰

癸水가 年支에 旺地를 얻고, 印星도 旺하게 生을 받고 있어
身旺하다.

☯ 格局과 用神

癸水가 寅月에 태어나 寅중 丙火가 表出하여 正財格이다.
寅月은 木旺節이라 나무를 길러야 할 계절이고, 癸水도 金의
生을 받아 水生木을 하는데, 문제는 印星인 金이 旺하여 木을
沖剋하고 있어 나쁘다.
이런 구조에서는 火가 旺해야 金을 눌러주어 木을 기를 수
있는데, 丙火의 뿌리가 寅木에 들어 있으나 寅亥合하여 寅중의
丙火는 꺼진 불이나 마찬가지이기 때문에 丙火가 보기만
화려할 뿐 힘이 없다.
火가 藥用神이고, 木이 吉神이며, 金은 病神이고, 天干 水는
凶神, 地支 水는 通關 吉神이며, 土는 吉神이다.

☯ 四柱의 特徵

이 사주는 日干 자신이 用神인 丙火를 끄고 있고, 日支에서
나온 庚金도 凶神이니 좋지 못하다.
또, 日支는 자신의 뿌리일 뿐 아니라 妻宮인데, 凶神작용을
하면 부부 관계에 문제가 온다.

☯ 命主의 性格

印星이 旺하여 凶神이므로 배가 불러 더 이상 먹을 필요가
없는 格으로, 공부는 못했으나, 財星을 보므로 현실감각이나
돈 다루는 재주는 있는 사람이다.

☯ 六親 關係

父親星인 正財가 부모궁에 있으므로 父親이 잘난 사람이고,
用神이므로 父親과는 有情하나 寅亥合되어 뿌리가 弱하고
癸水의 剋을 받아 힘이 없는 財이기 때문에 경제적인 도움은
작으며, 사주에 印星이 旺하여 病이 되면 무모 덕이 없고,
食傷을 剋하므로 운이 없는데, 더군다나, 봄에는 金이 旺하면
나무를 자르므로 대단히 나쁘다.
또, 財星은 마누라에 해당하는데, 마누라가 자신보다 키도
크고 인물도 잘났으나 日支 妻宮이 나빠 마누라와는 성격이
안 맞다.

☯ 刑 沖 合 및 殺星의 應用

年支 亥水는 空亡이고, 寅亥合하여 寅중 丙火가 꺼졌으며,
寅酉가 怨嗔이라 부부사이가 나쁘다.
또, 財星의 뿌리가 들어있는 寅木을 時支 申金이 노려보고
있어 때가 오면 沖하려 하는데, 寅亥合으로 묶여있고 木旺節
이라 沖을 해도 寅木이 잘려 나가지는 않으나, 申金도 힘을
가지고 있어 상처는 받는다.

☯ 大運

-   초년 乙 대운에 食神인 乙木이 나타나므로 일찍 활동성이
    나타나므로 총명했고,
    丑 대운에 旺神인 印星이 墓에 들어가므로 母親의 건강이
    나빴다.

-   甲 대운에 甲己合하년 癸水가 丙火 用神을 치므로 凶한데,
    시골에서 중학교를 졸업하고,
    子 대운에 金木相戰을 통관시켜주므로 서울에 올라와
    일식집에서 요리를 배웠다.

-   癸 대운 丙火를 가리므로 앞이 캄캄하여 종업원생활을 계속
    하다가,
    亥 대운부터 金과 木 사이를 통관시켜주므로 吉하여 운이 오기
    시작하니, 자기 가게를 열어 돈을 모았다.

-   壬 대운에 좋지 못했고,
    戌 대운에 戌土가 제습을 해주고, 寅戌火局이 되므로 길
    하였으며 壬午년에는 歲運까지 좋아 장사가 잘 되어 돈을 많이
    벌었다.

-   辛 대운 丙辛合하여 丙火를 기반시키므로 흉한데, 甲申년에
    申金이 寅木을 치므로 운이 나빠 그 건물이 헐리게 되어
    자리를 옮겼는데, 乙酉년까지 재미가 없고,
    酉 대운도 나쁘다.

-   庚 대운도 나쁘며, 申 대운 用神의 뿌리인 寅木을 치면 운이
    없다.

```
庚　癸　壬　丁　　남
申　丑　寅　酉　　자
72 62 52 42 32 22 12 2　대
甲　乙　丙　丁　戊　己　庚　辛
午　未　申　酉　戌　亥　子　丑　운
```

☯ 四柱의 旺衰

寅月에 癸水가 月上에 劫財를 보고, 丑土에 通根했으며,
印綬가 旺하게 生해주고 있어 太旺하다.

☯ 格局과 用神

寅月은 木旺節이라 태양이 떠야 좋은데, 寅중에 숨어있으며,
年干에 丁火가 떠 있으나, 그 丁火마저 丁壬合木되어 운이
없다.
또, 天干에 壬 癸水가 있는데, 印星도 旺해서 봄비가 내리는
형국이라 좋지 않고, 金이 寅木을 剋하고 있어 凶이 더 하다.

☯ 命主의 性格

癸水가 寅木을 기르기 위해 물을 주고 있으므로 인정을 베풀
줄 알고, 또, 劫財인 친구나 형제를 이용해 돈을 빼앗으려는
탐심도 갖고 있다.

☯ 六親 關係

이 男命의 父親은 丁火인데, 丁壬合으로 묶여있고, 寅에
死하고, 丑에 墓이므로 힘이 없는 父親이고, 母親은 金인데,
丁火 父親의 입장에서 보면, 正 偏財가 混雜하여 여성관계가
복잡한 사람이며, 妻는 日支 丑土와 寅중 甲木이 甲己合하고,

원래, 寅중 丙火가 正財星이므로 丙火를 妻星으로 보는데,
丙火도 壬 癸水에 꺼질 지경이다.

☯ 刑 沖 合 및 殺星의 應用

癸丑일간이 白虎殺인데, 白虎殺이 발동하지는 않았으며,
寅木이 空亡이라서 힘이 약하다.
時支 申金은 驛馬인데, 月支 寅木을 노리고 있으나 丑土가
막아주지만 丑土가 沖刑을 받게 되면 寅申沖이 발동하여
寅木이 깨져 癸水 日干의 희망이 없어진다.

☯ 大運

- 辛丑대운이 저조하였다.

- 庚 대운도 운이 없어 어렵게 성장하였고,
  子 대운에 子水가 金과 木사이를 通關시켜주므로 무난하였고,

- 己 대운에 壬 癸水를 剋해 주므로 좋았으며,
  亥 대운 亥水가 寅木을 生해 주므로 좋다.

- 戊 대운이 좋아 대형 상가에서 건어물 장사를 시작하여,
  戌 대운까지 제법 돈을 벌었다.

- 丁 대운에 丁壬爭合이 되나 丁癸沖하여 調喉를 시켜주므로
  좋았으나,
  酉 대운에 丑酉金局이 되어 寅木을 공격하니 空亡 맞은 寅木이
  힘을 못 쓴 상태에서 47세 癸未년을 만나 癸水가 丁火를
  극하고, 未土가 日支를 沖하니 丑중 癸水도 丁癸沖에 가세하며
  , 寅申沖하여 명줄을 끊으므로 갑자기 혈압으로 쓰러져 식물
  인간이 되었다가 48세 甲申년에 用神이고 명줄인 寅木을
  寅申沖하여 사망하였다.

丙　癸　庚　辛　　여

辰　卯　寅　卯　　자

72 62 52 42 32 22 12 2　　대

戊 丁 丙 乙 甲 癸 壬 辛
戌 酉 申 未 午 巳 辰 卯　　운

☯ 四柱의 旺衰

寅月에 癸水가 辰土에 뿌리를 하였으나 辰土는 寅卯辰木局으로
변했으므로 뿌리가 없어 從을 해야 한다.

☯ 格局과 用神

이 사주를 언뜻 보면, 단순 身弱사주로만 보기 쉽다.
왜냐하면, 陰일간이라 할지라도 印星인 庚 辛金이 生助하고
辰중에 癸水 뿌리가 있기 때문이다.
그러나, 日干의 뿌리인데다가 辰土가 木局으로 변했으므로
아무리 印星이 돕는다 해도 旺勢에 從을 해야 하므로 從兒格
이다.
따라서, 從兒格이 되면, 나무는 꽃을 피워야 하므로 丙火가
필요하다.
그런데, 時上의 丙火를 日干인 癸水가 剋하고, 멀리 있기는
하지만 年上의 辛金이 丙火를 合하려 하므로 나쁘다.
따라서, 이 사주는 火를 用神으로 쓰고, 木은 吉神이며,
水가 病神이고 金은 仇神이며, 운에서 乾土가 오면 吉神이다.

☯ 四柱의 特徵

이 命主는 부산 태생으로,
봄에 癸水로 태어났으나 從兒格을 이루고, 丙火를 보아 키가
크며 인물이 훤하고 똑똑하다.
또한, 丙火는 밝음의 神이고, 말이기 때문에 모 여중 영어
교사다.

☯ 命主의 性格

이 女命은 食傷으로 從을 하였으므로 두뇌가 좋고, 인정도
많으며, 명랑한 성격이다.

☯ 六親 關係

女命에 食傷이 太旺하면, 官이 힘을 못 쓰므로 남편이
무능해지는데, 이 사주에서 원래 남편은 辰中 戊土인데,
辰土가 寅卯辰木局이 되었으므로 변심한 남편 또는 무능한
남편이다.
또한, 남편이 官 庫속에 들어있어 무능함을 증명하고 있다.

☯ 刑 沖 合 및 殺星의 應用

從格 사주는 원국에서건 운에서건 從을 깨는 것을 가장
싫어하는데, 이 사주는 從兒格을 이루었는데 干上에 庚
辛金이 나타나 있어 흉조를 예고하고 있다.

☯ 大運

- 辛 대운 用神인 丙火를 묶어 나빴다고 볼 수 있으나, 丙火
  태양이 辛金 거울 반사체를 만나 빛이 났으므로 吉해졌고,
  卯 대운에 좋았다.

- 壬辰대운 무난하였고,
- 癸 대운 丙火를 癸水가 剋하여 좋지 않았으며,
  巳 대운에 丙火가 祿을 얻으므로 교직으로 출발하였다.

- 甲午, 乙未 대운에 나무에 꽃이 피므로 편하게 근무해 왔으나
- 丙申대운 甲申, 乙酉년에 申金이 用神의 뿌리가 들어있는
  寅木을 酉金이 卯木을 沖하므로 남편의 하는 일이 풀리지
  않고 가정불화가 있다.
- 丁酉대운도 酉金이 旺神인 卯木을 沖하여 대단히 나쁘다.

남편 사주

戊　庚　戊　庚　남
寅　寅　寅　寅　자

73 63 53 43 33 23 13 3　대

丙　乙　甲　癸　壬　辛　庚　己
戌　酉　申　未　午　巳　辰　卯　운

寅月에 庚金이 약하여 從財格이다.
地支에 寅木이 많아 丙火로 洩氣하고 庚金도 막아야 한다.
木이 用神이고, 水가 吉神이며, 金이 凶神이고, 土는 나무가
뿌리를 내려야 하므로 吉神이고, 干上의 火는 金을 剋해주므로
藥神이다.
癸未대운 未土에 寅木이 入墓하고, 甲申년에 旺神冲拔로 사업
이 안된다.

제 10 장 癸水日干 卯月

```
癸    癸    丁    己    남
丑    丑    卯    丑    자
76 66 56 46 36 26 16  6  대
己 庚 辛 壬 癸 甲 乙 丙
未 申 酉 戌 亥 子 丑 寅    운
```

☯ 四柱의 旺衰

卯月에 癸水가 뿌리가 약해서 身弱하며, 濕土인 丑土가
3개가 있어 사주가 습하다.

☯ 格局과 用神

癸水가 卯月에 태어나 食神格을 이룬다.
卯月에 癸水가 나무를 기르기 위해 水生木을 하나 濕土가 너무
많아서 습해졌기 때문에 우선 火가 필요한데, 用神인 丁火는
丁癸沖한데다가 뿌리를 갖지 못해 힘이 없어 쓸 수 없어 하는
수없이 木을 용신으로 하나, 木이 干上에 透干되지 않아서
보잘 것 없는 局이 되었다.
따라서, 火가 正用神이나 못쓰기 때문에 木을 假用神으로
쓰고, 火는 吉神이며, 土는 藥神이고, 水가 病神이다.
그런데, 木을 用神으로 썼기 때문에 地支의 水는 쓸 수 있으
므로 地支 水運에는 무난하다.

그러나, 火가 와야 나무가 꽃피고 열매 맺으니 운이 필
것인데, 대운의 흐름이 나빠서 불운함을 예고하고 있다.

☯ 命主의 性格

日干인 癸水가 陰干인데다가 濕하고, 官星의 剋을 많이 받아
소심하고 食神이 있다하나 地支에 있어 官星을 다스리지
못하므로 말이 없다.

☯ 六親關係와 刑 沖 合 및 殺星의 應用

癸丑은 白虎殺인데, 丑중에서 己土가 나와 白虎殺이 발동했고,
月上의 丁火는 偏財로 父親星인데, 癸水에 丁癸沖을 맞았고,
卯木 病地위에 앉아 있으며, 丑에 入墓하므로 父親의 短命을
나타난다.
母親은 丑중 辛金인데, 辛金이 세 개나 있어 母親이 여러 명
이기 때문에 아버지가 여러 여자를 상대했을 것이다.
妻는 원래 丁火이나 合을 이루지 못했고, 뿌리도 없어 쓸 수
없으므로 合神을 찾아 남편을 봐야 하므로, 日支 丑중 己土와
暗合하는 月支 卯중의 甲木을 妻星으로 본다.
그런데, 妻星인 甲木은 丑중 己土와 여러 번 暗合을 하므로
남자관계가 복잡한 여성이다.

☯ 大運

- 초년 丙寅대운은 태양이 떠서 좋았으나,
- 乙丑대운은 습해져서 나쁘고, 丑土가 나타나면 丑중에 있던
  癸水가 발동하므로 丁癸沖하여 財星이 타격을 받게 된다.
- 甲 대운은 卯중의 甲木이 透出하여 甲己合하므로 官星을
  눌러주므로 吉했고, 己土는 日支에서 나온 己土와 卯중의 甲木
  妻星이 合을 하므로 결혼하였다.
  子 대운 子水 하나를 놓고 3개의 丑土가 爭合을 하므로 官星이
  발호하여 吉하지 못한데다가 子卯刑까지 하므로 저조한 운이
  었다.
- 癸 대운에 丁癸沖하여 丁火가 꺼지게 되므로 父親이나 부인

잃고, 돈도 잃었을 것이다.

亥 대운 亥未木局하여 木이 힘을 얻으므로 괜찮은 운이다.

- 壬戌 대운 丁壬合하여 戌토에 入庫시키므로 妻와 돈이
入庫되므로 고통스런 운이고, 또한, 財星은 자신의 命줄인데,
命줄이 入庫하므로 건강이 극도로 나빠졌다.

특히, 戌 대운에 戌중에 丁火가 들어있어 좋을 듯 하나 原局이
워낙 나쁘고, 庚辰(2000)년, 辛巳(2001)년부터 건강이 급격히
나빠지지 시작하였다.

- 辛酉대운은 어렵다.

$$乙 \quad 癸 \quad 丁 \quad 甲$$

$$卯 \quad 巳 \quad 卯 \quad 戌$$

여 자 대 운

74 64 54 44 34 24 14 4

己 庚 辛 壬 癸 甲 乙 丙
未 申 酉 戌 亥 子 丑 寅

☯ 四柱의 旺衰

卯月의 癸水가 太弱하여 從하지 않을 수 없다.

☯ 格局과 用神

癸水가 卯月에 태어나 뿌리가 전혀 없고, 卯중에 甲 乙木이
透干되어 旺하므로 從兒格으로 갔다가 다시 從財格이 되었다.

卯月의 丁火는 나무를 길러야 하므로 힘이 있어야 吉하다.

印綬가 많아 多印綬太旺하면, 운이 없다.

따라서, 火를 用神으로 하고, 陽木은 吉神이나 濕木은 凶神

이며, 水는 病神, 운에서 오는 金은 凶神이다.

☯ 四柱의 特徵

從兒에서 從財로 따라 갔는데, 자신이 생하는 甲 乙木이
예술성과 인연이라서 그림과 글씨 등 예술성에 뛰어나 재주가
많으나, 多印綬太旺하고, 大運이 나쁘게 흘러 榮華는 없는
사주다.
또, 多印綬太旺하면, 財를 剋하므로 돈 복이 없고, 답답한
삶을 살게 된다.

☯ 命主의 性格

從兒格으로 갔다가 從財格이 되었으므로, 두뇌가 좋고, 언변도
좋으며, 성격도 쾌활하다.

☯ 六親 關係와 刑 沖 合 및 殺星의 應用

癸水가 陰干이고, 体가 火로 갔으므로 干上의 甲 乙木은
印星으로 母親星이고, 財星이면서 時上 乙木과 明暗合하는
巳중 庚金이 父親星이며, 戌중 辛金은 父親의 형제이고,
癸水가 官星이 되므로 남편인데, 丁癸沖당하므로 남편을
만나면서 고통을 받게 된다.
또, 남편인 癸水 밑에 있는 巳火와 戌土가 巳戌鬼門이 되므로
남편을 만난 후 신경성 노이로제나 신경질적으로 성격으로
변하게 된다.
丁火 体의 입장에서 印星인 卯木은 桃花라서 바람둥이 母親
이고, 자식은 戌중 戊土와 巳중 戊土다.

☯ 大運

- 초년 丙寅대운이 좋아 부자 집 막내딸로 출생하여 공부도
  잘했고, 귀하게 성장하였으며,

- 乙 대운에도 吉하였으며,
  丑 대운이 저조하였으나 육군간호장교로 출발하였다.

- 甲 대운 吉하였으며, 26세 때 7살 위의 남편을 만나 아이 둘을
  낳았고,
  子 대운도 무난하였으며,

- 癸 대운 丁癸沖하므로 부친이나 돈을 잃었을 것이고,
  亥 대운에 巳亥沖되어 남편과 헤어진 후, 자식 있는 새 남편을
  만났으나, 새 남편마저 술 중독자라 자신이 가정을 이끌어 가
  남매를 혼자서 대학까지 시켰다.

- 壬 대운 저조했고,
  戌 대운에 집 장사를 해서 많은 돈을 벌기도 했으나 아들의
  사업이 부진하여 고전했다.

- 辛酉대운 중 酉 대운에 집을 2번이나 팔았는데, 그 이유는
  旺神인 卯木을 沖하여 從兒格을 깼기 때문이다.
  또한, 54세부터 64까지 외국에 있는 한국 대사관에서 요리사로
  10여 년간을 일하는 등 고생해서 돈을 모았으나 자기의 운이
  없으니 그동안 벌어 놓은 돈 마저 모두 없어졌다.

- 庚申대운 중 庚 대운 64세 丁丑年에 丁癸沖하므로 남편을
  잃었으며, 나이가 많아져 아들집에서 살고 있다.

- 己未대운에 旺神인 甲 乙木이 入庫하게 되므로 나쁘다.

壬 癸 丁 甲   남

子 未 卯 午   자

73 63 53 43 33 23 13 3   대

乙 甲 癸 壬 辛 庚 己 戊

亥 戌 酉 申 未 午 巳 辰   운

☯ 四柱의 旺衰

卯月에 癸水가 時柱에 劫財가 돕고 있으나 身弱하다.

☯ 格局과 用神

癸水가 卯月에 태어나 卯중 甲木이 表出하여 傷官格이다.
卯月은 木旺節이므로 癸水의 작용과 가는 길은 水生木으로
나무를 기르는 일이다.
그런데, 水生木 해 주어도 태양이 떠야 나무를 잘 기를 수
있는데, 丁火로 기르려 하니 局이 작고, 더군다나, 癸水가
丁癸冲하여 불을 끄고 있어 구조가 나쁘다.
身弱하므로 水가 用神이고, 土는 凶神이며, 火도 喜神이고,
木이 吉神이며, 木旺節이므로 운에서 오는 金은 凶神이다.

☯ 命主의 性格

이 사주는 財가 旺하고 食傷生財하는 구조이니 돈에 관심이
많은 사람이며, 日干 癸水와 月上 丁火가 丁癸冲하므로 예민한
성격이며, 傷官格이라 자유분방하다.

☯ 六親 關係

이 命主는 경남 마산 태생으로,
年柱는 조상궁으로 이 사주에서 吉神이고, 卯未合木하여
甲木으로 表出하였으므로 祖父가 인물도 잘났으며, 경제적

으로도 잘 살았다고 하며, 月柱가 丁卯로 財星이 생명을
기르고 있어 부모도 잘 살았다.

癸未 일주로 日支에 官이며, 病神인 未土를 깔고 앉아있어
부부 궁이 나쁨을 알 수 있다.

대게, 身弱한 陰 일주는 地支에 亥卯未를 깔고 앉아있으면서
身弱해서 木을 기르기가 역부족이 되거나 木을 기르는 계절이
아닐 때에 태어나면 반드시 부부 궁이 나쁘다.

☯ 刑 沖 合 및 殺星의 應用

偏財인 丁火는 時上의 壬水와 丁壬合하므로 父親의 外情이
있을 것인데, 여기서, 印星이 없으므로 父親星인 偏財와
合하는 것을 母親으로 보므로 劫財를 母親으로 본다.

妻星은 午중 丙火로 日干과 멀리있다.

자식은 午중 己土와 未중 己土이므로 2명이다.

☯ 大運

- 초년 戊 대운에 身弱한 癸水를 묶어 나빴고,
  辰 癸水의 뿌리가 등장하여 吉했고,
- 己 대운에 己土가 身弱한 水를 剋하므로 운이 저조하여 공부를
  잘 하지 못하였으며,
  巳 대운 巳午未火局이 되므로 財局이 나타나 異性에 한 눈
  팔았으며,

- 庚 대운에 甲庚沖하므로 운이 저조하여 소방직 공무원으로
  출발했으며,
  午 대운에 발전없이 지냈다.
- 辛 대운 日干이 旺해지므로 34세 丁卯년에 교직에 근무하는
  부인을 만나 결혼하였다.

- 壬 대운 丁壬合하므로 친구나 형제로 인하여 손재수가 있으나
  대체로 吉했고,
  申 대운 癸未년에 중견 간부로 승진하였는데, 이 사주는
  地支에 金이 와도 原局에 子水가 있어 申子로 水局을 이루고,

卯木 옆에 午火가 있어 火克金 해 주므로 申金을 수용할 수
있어 卯木이 크게 다치지 않는다.

- 癸 대운 丁癸沖하므로 妻 한테 혹은 돈 문제가 올 수 있다.
  酉 대운 卯酉沖하므로 활동성이 제약을 받게 되어 凶하다.

- 甲 대운에 日干이 힘을 洩氣당하고,
  戌 대운에 丑戌刑을 하며, 土克水를 하므로 凶한 운이다.

제 10 장 癸水日干 辰月

```
丙   癸   丙   戊     여
辰   未   辰   戌     자
                     대
80 70 60 50 40 30 20 10
戊 己 庚 辛 壬 癸 甲 乙
申 酉 戌 亥 子 丑 寅 卯   운
```

☯ 四柱의 旺衰

癸水가 月支 辰土에 뿌리가 있으나 辰戌沖하여 깨졌고,
年支 辰중에 癸水가 들어 있다하나 쓸 수 없으므로 從 할
수밖에 없다.

☯ 格局과 用神

이 사주는 癸水가 辰月에 태어나 辰중 戊土가 透干되어
正官格을 이루고 辰土에 통근하므로 身弱으로 보기 쉽다.
그러나, 日干인 癸水가 뿌리가 弱하고, 더군다나, 月支 辰土는
辰戌沖을 하여 깨졌고, 時支 辰土하나만으로는 다섯 개의 土를
감당할 수 없다.
따라서, 年干 戊土와 合을 하므로 土体局이다.
마치, 從殺格과 같으나 從殺格이 아니고 土体局이 되었다.
土体局이 되었으므로 土의 역할적인 면을 살펴야 하는데,
辰月의 戊土는 땅이 윤습해야 나무를 심을 수 있다.
따라서, 水도 필요하고, 木도 필요하며, 火는 凶神이다.
金 역시 旺한 土를 洩氣하므로 무난하다.

☯ 四柱의 特徵 및 命主의 性格

이 命主는 전북 전주 태생으로,
사주가 土体가 되었으므로 戊土가 体가 되어 日干 자신은
財星이므로 자신이 돈 벌이에 나서게 되며, 사주에 旺土를
洩氣하는 金이 없어 말 주변이 없고, 인물이 못났다.

☯ 六親 關係와 刑 沖 合 및 殺星의 應用

日干 癸水가 財星이 이므로 父親이 되고, 母親은 丙火인데,
月干과 時干에 丙火가 있어 친정어머니가 두 분이다.
未중 乙木, 辰중 乙木, 辰중 乙木이 있어 官星이 3명이므로
여러 남자와 인연인데, 月支 辰중의 乙木이 官星이고, 辰土는
戊土의 紅艶殺이므로 첫 인연의 남자이며 연애했던 상대였으나
辰戌沖으로 깨졌다.
두 번째 남자는 日支 未중 乙木인데, 天干으로 戊癸合하므로
결혼하게 된 남자다.
時支 辰중 乙木 역시 辰土 紅艶殺이므로 연애 상대 남자다.

☯ 大運

- 乙卯대운 官運으로 희망이 부푼 때로 총명했다.

- 甲 대운은 巨木이 高山에 심어진 격이라 반드시 할 일이 생기
  니 서울에서 행정직 공무원이었다.
  寅 대운은 官星運이고, 戊戌과 寅戌合하므로 연애결혼 하였다.

- 癸丑 대운은 戊土의 財星운이라 돈에 욕심을 내게 되며,
  丑戌刑으로 辛金 자식을 낳게 된다.
  또한, 아들 두 명을 낳고, 공인중개사 시험에 합격하여 부동산
  중개업을 시작하였다.

- 壬子대운부터 부동산중개업을 계속하여 돈을 많이 벌었다.
  그것은 印綬는 戊土의 財星이며, 大運 支 子辰으로 水局이
  되므로 財星인 子水가 내 돈 창고(辰)에 들어오므로 치부 할

수 있다.
그러나, 2002년(壬午년)에 午火가 凶神이므로 남편과 갈등이
심하여 이혼한다고 했다가 대운도 좋고, 아이들 때문에 참고
넘어갔다.

- 辛亥대운에도 用神 운으로 흐르니 영업이 잘되고 있다.

- 庚 대운도 吉할 것이나 戌 대운이 오면, 原局의 辰戌沖,
  戌未刑이 작용하여 辰, 辰, 未중 乙木이 다칠 것이므로 남편에
  액운이 있거나 직장을 그만두게 된다.

- 己 대운 土剋水하므로 凶하다.

壬	癸	戊	甲	남
子	丑	辰	辰	자

71 61 51 41 31 21 11 1

丙	乙	甲	癸	壬	辛	庚	己	대
子	亥	戌	酉	申	未	午	巳	운

☯ 四柱의 旺衰

辰月에 癸水가 身弱하나 濕土가 많아 濕한 사주다.

☯ 格局과 用神

癸水가 辰月에 태어나 辰중 戊土가 透干되어 正官格을 이룬다.
辰月은 土月이긴 하나 木旺節로 나무가 무성하게 자랄 계절

인데, 年上에 甲木이 나타나 辰土에 뿌리박고 잘 자라고 있다.
그래서, 火만 오면 나무에 꽃피고 열매를 맺을 것인데, 火가
없어 무화과나무다.
운에서 火가 오기만을 기대하는 수 밖에 없다.
따라서, 木을 藥用神으로 하고, 水는 吉神이며, 土는 病神
이다.
그런데, 이 사주에서는 木을 用神으로 썼기 때문에 水를 吉神
으로 쓸 수는 있으나 火運에 가장 좋다.

☯ 命主의 性格 및 四柱의 特徵

官과 合하여 명예를 중시하며, 점잖고, 두뇌가 잘 돌아간다.
또한, 病藥用神을 쓰면 의사나 약사, 군인 또는 경찰에 많은데
, 이 命主는 군인이다.

☯ 六親關係와 刑 沖 合 및 殺星의 應用

癸丑과 甲辰은 白虎殺인데, 辰中 癸水가 表出하여 白虎殺
발동했고, 妻는 戊土인데, 戊土는 辰土 紅艶 위에 앉아있어
연애로 만났고, 年支 辰中 戊土와 明暗合하는 관계이나 辰辰
自刑되어 과거의 인연이며 子中 癸水와도 인연이다.
또, 妻星인 戊土 입장에서 보면, 辰中 癸水와 두 번 明暗合
하고, 丑中 癸水, 子中 癸水와 明暗合하므로 妻 역시 남자관계
가 복잡하다.
자식인 官星을 보면 辰土, 戊土, 丑土로 官殺混雜으로 여러
자식을 둘 수 있다.

☯ 大運

- 己巳대운에 己土가 甲木을 묶고, 巳火가 巳丑合되어 巳火의
  기능을 제대로 발휘하지 못하나 그래도 火氣가 있어 귀염받고
  성장하였으며,

- 庚 대운 甲庚沖하므로 저조한 운이었고,
  午 대운에 子午沖하나 午火의 熱氣가 있어 나무가 잘 자라

므로 무난한 운이다.

- 辛未대운에 病藥用神에 따라 군인의 길을 가게 되었으나 크게
  발전하지는 못한다.

- 壬申대운에도 무난하게 발전을 하여 癸未(40세, 03)년에 소령
  이었다.

- 癸酉대운에 原局의 癸水와 大運의 癸水가 爭合이 되면,
  官을 서로 차지하기 위해서 경쟁자가 나타난 格이므로 승진이
  어렵게 되어 결국 직업 전환을 해야 한다.

- 甲 대운은 吉하나, 戌 대운이 오면, 辰戌沖, 丑戌刑되어 地支
  의 官星이 흔들려 온통 지진이 난 것과 같기 때문에 甲木의
  뿌리 내릴 곳이 없어지게 되고, 명예인 戊土가 墓에 들어
  가므로 조용히 안주할 곳을 찾게 되며,

- 乙 대운에 辰중 白虎에 있는 乙木이 발동하여 戊土 官星을 剋
  하여 凶하고,
  亥 대운에 사주가 濕해지나 亥중 甲木이 長生하므로 무난하다.

- 病 대운에 丙火가 子水를 달고와 힘이 없는데다 原局에 있는
  壬 癸水가 剋하므로 나쁘다.

辛 癸 庚 乙   여

酉 丑 辰 未   자

75 65 55 45 35 25 15 5   대

戊 丁 丙 乙 甲 癸 壬 辛

子 亥 戌 酉 申 未 午 巳   운

☯ 四柱의 旺衰

辰月 봄에 癸水가 身弱하나 사주가 濕하여 身旺과 같다.

☯ 格局과 用神

癸水가 辰月에 태어나 辰중 乙木이 表出해서 食神格이다.
辰月의 癸水는 木을 기르기 위해서 존재하는데, 年上에 乙木이
나타나 있어 水生木하여 자기역할을 충분히 수행하고 있으나
正印인 庚金과 乙庚合을 하여 자기의 갈 길을 붙잡고 있다.
그러나, 辰月에 年上에 乙木뿐만 아니라 未중에도 乙木이 들어
있어 봄 꽃밭을 가꾸는 격이라 마음씨가 아름답고 또한 인물도
곱다.
사주가 身旺하고, 辰月은 나무를 길러야 하므로 木을 용신으로
하니, 金은 病神이고, 水는 通關 吉神이며, 地支의 辰土는
乙木의 뿌리가 되므로 吉神이며, 火가 藥神이다.
따라서, 木運 보다 火運에 발전하게 된다.

☯ 命主의 性格 및 四柱의 特徵

印綬는 精神인데, 印綬가 病神이므로 정신이 건전하지 못하며,
내 행동이며 갈 길인 乙木이 乙庚合하여 정신과 행동이 잘못
되어 있다.

☯ 六親關係와 刑 沖 合 및 殺星의 應用

年上에 乙木이 생명이며 用神이 있어 祖父 때 잘 잘았으나
부모 代에 와서 家勢가 기울었다.

이 사주의 父親星은 未중 丁火인데, 透干되지 않아 힘이
弱하고, 母親은 干上에 庚金과 辛金이 나타나 있고, 地支에
酉丑으로 財局을 이루어 여러 여자와 인연이며, 공주병이 심한
여성들이다.

또한, 財星인 父親의 입장에서 보면, 온통 財星이므로 돈이
많은 사람이다.

癸水일간의 官星인 남편은 辰중 戊土로 干上에 透干되지
않았고, 자식인 食神에 눌려 있는 格이라 남편보다 자식을
우선시 한다.

또, 食傷이 官을 지배하고 있으면, 집안의 의사결정은 남편
보다 자신의 의사에 따라 결론을 내린다.

그래서, 남편의 입장에서는 늘 불만을 갖고 있기 마련이다.

이 女命은 日支 丑중 癸水가 나타나는 癸 대운 27세 辛酉년에
日支 丑土와 合運인 辛酉년에 초등학교 교사인 남편과 결혼
하였다.

자식은 乙木으로 딸인데, 乙庚合을 하여 일찍부터 연애하게
되고, 남편에게 순종형이다.

☯ 大運

- 초년 辛 대운에 乙辛沖하므로 食神이 沖을 맞아 늦되고,
  운이 저조하였다.

- 壬午 대운에 壬水가 金과 木을 통관시켜주어 좋았고, 午火가
  들어와 乙木이 잘 자라므로 좋았다.

- 癸 대운 日支 丑중에서 癸水가 表出하였으므로 27세에 교직에
  근무하던 남편과 결혼하였고,
  未 대운에도 未중에 丁火가 있어 調喉를 해 주고 年上 乙木의
  뿌리가 되므로 좋았다.

- 甲 대운 甲庚沖하여 乙庚合을 깨주므로 乙木이 자유로워져서
  吉했으나,
  申 대운에 申중 庚金이 발동하여 乙木을 꼼짝 못하게 하므로
  좋지 못하다.

- 乙酉대운 중 酉 대운이 좋지 못한데, 45세 乙酉년에 이사를
  했는데 歲運이 좋지 않아서 손해를 보게 되었다.
  丙戌년 또 다시 이사를 하려고 하는데, 大運은 나빠도 歲運이
  좋으니 이사를 해도 괜찮을 것이다.

- 丙戌대운 丙火가 調喉를 시켜주므로 吉하나,
  戌 대운에는 제습은 되어 吉하지만 辰戌沖, 丑戌刑하여 분주
  다사하게 된다.

- 丁 대운이 무난하고, 亥 대운에 食神이며 命줄인 乙木이
  死地에 들어가면 나쁘다.

제 10 장 癸水日干 巳月

癸　癸　己　己　남

亥　卯　巳　亥　자

75 65 55 45 35 25 15 5　대

辛　壬　癸　甲　乙　丙　丁　戊　운
酉　戌　亥　子　丑　寅　卯　辰

☯ 四柱의 旺衰

巳月에 癸水가 年支에 亥水를 갖고 있으나 巳亥沖 맞아
깨졌고, 時支에 亥水가 있으나 亥未合되어 변질되었으므로
身弱하다.

☯ 格局과 用神

癸水가 巳月에 태어나 正官格이다.
巳月의 癸水가 하는 일은 卯木에 물을 주는 일이라서 자기 할
일이 있는 사람이다.
그러나, 나무는 물만 먹고 자란 것이 아니라 불을 봐야 자라기
때문에 巳중 丙火가 필요한데, 巳亥沖 맞아 상처를 입었다.
巳月의 癸水가 身弱한데, 年, 月上의 己土가 土克水하므로
凶神이다.
따라서, 水가 用神이고, 土가 病神이며, 火도 凶神이고, 木은
癸水의 할 일이므로 吉神인데, 특히, 干上에 木이 나타나서

己土를 剋해주면 좋다.

☯ 命主의 性格

壬일간인 癸水가 偏官인 己土의 剋을 심하게 받고 있어
신경질적이고, 예민하기 때문에 동료들과 마찰이 심하다.
또, 돈에 너무 인색하고, 다른 사람들이 버린 물건도 주워다
모으는 알뜰한 사람인데, 너무 그러니까 천박해 보인다.
그런 사람이 남한테 커피한잔 사주겠는가.
안 사준다.

☯ 六親關係

이 命主는 천안 태생으로,
年 月上의 己土는 자식인데, 아들만 둘을 두었고, 巳중 丙火가
父親星인데, 巳亥沖 맞아 丙 대운에 부친이 사망하였다.
모친은 巳중 庚金이다.
또, 巳중 丙火가 妻이기도 한데, 깨져있어 늦게 결혼하였다.

☯ 大運

- 초년 戊 대운에 身弱한 癸水를 戊癸合시켜 나빴고,
  辰 대운에 水를 入庫시키므로 어려운 가정환경에서 자랐다.
- 丁卯 대운에 原局에 없던 丁火가 나타나자 丁癸沖해서
  꺼버리므로 父親에 흉액이 따르고,
  卯 대운에 癸水의 할 일 생겨 무난하였다.
- 丙 대운에는 巳중의 丙火가 나타난 것으로 이렇게 되면,
  巳火가 움직여 巳亥沖이 발동하므로 巳중 丙火 부친이
  사망하였고, 회사원으로 사회에 첫발을 내딛었으며,
  寅 대운에 申巳刑이 발동하여 좋지 못하였다.
- 乙 대운 日支 卯중의 乙木이 나타나 금융계에 근무하는 여성을
  만나 결혼을 하였고,
  丑 대운에 巳丑金局이 되고 身弱한 癸水의 뿌리가 되므로
  경제적인 기반을 잡기 시작하였다.

- 甲 대운 甲己合하여 己土를 묶어 주므로 吉하여 乙酉년에 月支
  巳火와 巳酉合하므로 이사를 하였고,
  子 대운 身弱한 日干의 祿이 되므로 吉하다.
- 癸亥대운 중 亥 대운에 巳亥沖되면 巳중 丙火가 깨지므로
  妻한테 흉액이 따르거나 아니면 돈이 나가게 된다.
- 壬 대운 吉하나, 戌 대운 巳火가 入墓하고, 土克水하므로
  凶하다.
- 辛酉대운 중 酉 대운에 卯酉沖하면 卯木이 命줄인데, 命줄이
  끊어지면 끝이다.

丁　癸　辛　乙　여

巳　巳　巳　未　자

72 62 52 42 32 22 12 2　대

己 戊 丁 丙 乙 甲 癸 壬

丑 子 亥 戌 酉 申 未 午　운

☯ 四柱의 旺衰

巳月에 癸水가 뿌리도 없는데다가 丁癸沖하여 깨져있고,
한 개의 辛金으로부터 조력을 받고 있으나 死地에 앉아
죽은 金이라 太弱하여 旺한 세력으로 從하지 않을 수 없다.

☯ 格局과 用神

巳月의 癸水가 의지할 데가 없으므로 旺한 세력인 火에
따라가므로 從財格이다.
따라서, 火가 主体이고, 用神이며, 木은 吉神이고, 日干인
癸水는 病神이며, 金은 凶神이고, 운에서 오는 干上의 乾土는
藥神이다.

☯ 四柱의 特徵 및 命主의 性格

年上의 乙木은 月上의 辛金의 剋을 받아 질 좋은 나무가
아니고, 또, 地支가 온통 火勢라 말라있어 나무가 자라기에
부적절하다.
대게, 從한 사주들은 두뇌가 좋은데, 從財하였으므로 돈에
대한 감각이나 현실감각이 빠르다.

☯ 六親關係와 刑 沖 合 및 殺星의 應用

癸水가 從財로 따라 갔으므로 干上에 나타난 丁火가 主體가
되기 때문에 모든 육친의 해석은 丁火를 기준으로 살펴야
한다.
丁火의 財星인 父親은 辛金인데, 辛金은 巳火 死地에 앉아
위태로운데, 辛金의 입장에서 보면 從殺格이므로 일찍 사망
하였을 것이다.
母親은 乙木이고, 乙木의 남편은 辛金인데, 乙辛沖당하고,
死地에 앉아 있어서 일찍 사망했다.
乙木이 巳중 庚金과 3번에 걸쳐 明暗合을 하므로 남자관계가
복잡했던 여성이다.

☯ 大運

-   壬 대운에 丁火 主體를 합하므로 좋지 못했고,
    午 대운에 巳午未火局이 되므로 좋았다.
-   癸 대운 丁癸沖하므로 좋지 못했고,
    未 대운도 熱土라서 유복하게 자랐고, 공부도 잘하였다.
-   甲 대운 木生火하므로 吉했고,
    申 대운 3개의 巳火와 巳申爭合이 되므로 巳火가 발호하나
    火勢에 역하지 않으므로 길했다.
-   乙 대운 乙辛沖하므로 偏財星인 父親에 凶厄이 따르거나
    돈을 잃을 수도 있으며,
    酉 대운에 3개의 巳火와 爭合이 되므로 巳火가 발호하게 되나
    火勢이므로 吉했다.

- 丙戌대운은 火運이라 괜찮을 것 같으나 戌 대운에 旺神인 火가 入墓하므로 남편이 직장을 그만두고 자기 사업을 시작하면서 어려움이 닥치기 시작하였다.
- 丁 대운 호전되는 듯하나,
  亥 대운이 오면, 旺神이며 用神을 沖하므로 어려워진다.

戊　癸　丁　癸　　여

午　未　巳　未　　자

74 64 54 44 34 24 14 4　대

乙 甲 癸 壬 辛 庚 己 戊　운
丑 子 亥 戌 酉 申 未 午

☯ 四柱의 旺衰

癸水가 戌月生으로 뿌리가 없고, 戊土와 合하면, 戊癸合火化格 이므로 身旺 身弱을 따질 필요가 없다.

☯ 格局과 用神

癸水가 巳 午 寅 戌月生으로 戊土와 合하면 戊癸合火格이루어

日干은 戊土에 情을 주어 合을 한데다가 地支가 巳午未火局을 이루어 化格이 분명하다.

따라서, 土가 主体이므로 土勢를 돕는 운에 발복을 하게 된다.

그래서, 운에서 干上에 木이 오면 격을 깨므로 흉하나 할 일이 있게 된다.

☯ 四柱의 特徵 및 命主의 性格

日干이 官을 따라 化格으로 변했으므로 공무원이 되었고,
남편도 잘된다.
또한, 正官으로 從을 한 것과 같아서 성격이 얌전하고, 두뇌도
좋다.

☯ 六親關係 와 刑 沖 合 및 殺星의 應用

日干 癸水가 化格으로 변하였으므로 正官인 戊土가 主体가
되기 때문에 戊土를 기준으로 육친관계를 살펴야 한다.
戊土입장에서 볼 때, 日干 癸水는 財星으로, 日干이 財星이
되면 자수성가 하거나 공직이나 사업과 인연이 있고, 또,
年上에도 癸水가 하나 더 있으므로 부친이 두 분이거나
시어머니가 두 분이다.
印綬인 어머니는 巳午未火局을 이루므로 모친도 여러 명이라서
가족관계가 복잡하다.
자식은 日支 未土와 年支 未土속에 乙木으로 딸이 2명이다.

☯ 大運

- 戊午대운은 化格에 附合하므로 吉했고,
- 己未대운도 火勢가 强하여 吉하였으며, 22세 甲辰년에 戊土의
  官星인 甲木이 나타나므로 공무원이 되었다.
- 庚申, 辛酉 대운에 化格을 거부하므로 발전이 없었다.
- 壬戌대운 중 戌 대운에 戌未刑, 戌未刑을 하여 직장을 그만
  두고 주부로 생활을 하고 있다.
- 癸亥대운에 戊癸爭合이 되어 흉하고,
  亥 대운에 旺神인 巳火를 巳亥沖하면서 從을 거부하려 하므로
  좋지 못한 운이다.

- 甲 대운에 戊土 산에 나무를 심는 격이므로 吉한데,
  子 대운에는 旺神이며 羊刀인 午火를 沖하면 旺神沖拔하여
  나쁘다.

제 10 장 癸水日干 午月

<table>
<tr><td>丙</td><td>癸</td><td>丙</td><td>丁</td><td>남</td></tr>
<tr><td>辰</td><td>卯</td><td>午</td><td>未</td><td>자</td></tr>
</table>

71 61 51 41 31 21 11 1   대

戊 己 庚 辛 壬 癸 甲 乙
戌 亥 子 丑 寅 卯 辰 巳   운

☯ 四柱의 旺衰

午月에 癸水가 辰土에 뿌리하고 있으나 너무 太弱하여 從할 것
같지만 從하지 않는다.

☯ 格局과 用神

癸水가 午月에 태어나 偏財格이다.
癸水의 하는 일은 辰土에 根氣를 두고 한 여름에 調喉를 하고
나무도 기르고 있다.
따라서, 水가 用神이고, 辰土가 吉神이며, 卯木도 吉神이고,
나머지는 모두 凶神이다.
만약, 이 사주가 從財格이 되었으면, 寅 때운까지 초년운이
좋아야 하는데, 그렇지 못해서 시골에서 올바른 직업도 갖지
못하고 살았다.

☯ 四柱의 特徵 및 命主의 性格

이 命主는 日干이 用神이므로 성실하나, 운이 나빠 시골
곳곳을 돌아다니며 장사하는 떠돌이 상인이다.
41세 辛丑 대운부터 바다에서 조개양식 사업을 하고 있는데,
나름대로 용돈 벌이는 하고 있으나 큰 돈은 없다.

☯ 六親關係와 刑 沖 合 및 殺星의 應用

財多身弱 사주이므로 많은 여자와 인연을 맺을 것 같으나
오히려 돈이 없으니 부인이 객지에 나가 돈을 벌고 있으므로
떨어져서 자기는 모친과 살고 있다.
이 사주는 印星이 나타나지 않았기 때문에 父親과의 合神을
母親을 봐야 하는데, 干上에 나타나있는 丙 丁火의 合神도
없으므로 午중 己土와 合하는 卯중 甲木을 母親星으로 본다.
또, 陰干은 偏財가 妻이므로 丁火가 妻다.

☯ 大運

- 乙巳대운 중 巳 대운에 巳午未火局을 이루므로 가난한
  시골에서 집안에서 성장하였다.
- 甲辰대운은 중 辰 대운에 辰土가 濕土이므로 무난했으나
  사주가 워낙 偏枯되어 공부를 많이 하지 못했다.

- 癸 대운도 癸水가 用神이므로 무난했고,
  卯 대운도 무난한 운이었으나 배운 것이 많지 않아 올바른
  직장을 구하지 못했다.

- 壬 대운은 壬水가 丁壬合木되어 木이 吉神이므로 무난하였으나
  크게 발전을 하지 못하고 시골 장을 돌아다니며 장사를 했으나
  돈은 벌지 못했고,
  寅木은 寅午半合 되어 火勢를 도우니 운이 나빠져서 장사가
  되지 않아서 04년 甲申년부터는 그 장사마저도 치우고 놀고
  있다.

－　辛 대운부터는 辛金 財와 爭合이 되므로 妻가 바람을 피우거나
　　손재수가 따를 것이나, 자신에게는 金生水 해주므로 좋은 점도
　　있어서 丁亥年부터 바다에서 조개양식 사업을 하고 있는데,
　　다소 희망적이라고 하며,
　　丑 대운 癸水의 뿌리가 되므로 吉하다.

－　庚 대운은 金生水하므로 솟을 것이고,
　　子 대운 旺神인 午火를 子午沖하니 旺神沖拔하여 자식문제
　　나 妻 또는 돈 문제가 생길 것이다.

－　己 대운에 土剋水하므로 불길하나,
　　亥 대운은 亥卯未三合되는데 濕木이라 吉하다.
－　戊 대운은 戊癸合하여 불길하고,
　　戌 대운 辰戌沖하고 旺神을 入墓시키므로 끝이다.

```
乙　癸　庚　甲　　여
卯　卯　午　辰　　자
76 66 56 46 36 26 16 6　대
壬　癸　甲　乙　丙　丁　戊　己　운
戌　亥　子　丑　寅　卯　辰　巳
```

☯ 四柱의 旺衰

午月에 癸水가 태어나 年支 辰土에 뿌리를 하고 있으나,
食傷인 甲乙木에 심하게 洩氣 당하고 있고, 뿌리가 없는
庚金이 돕고 있으나 의지할 곳이 없어 從을 해야 한다.

☯ 格局과 用神

癸水가 午月에 태어나 偏財格이다.

午月은 날씨가 더워 나무가 무성하게 자랄 계절인데, 이
사주는 물은 적은데 키워야 할 나무는 많은 격이다.

그래서, 이 사주를 抑扶法으로 보면, 癸水가 辰土에 通根하고
庚金 印綬가 돕고 있어 身弱하기 때문에 身旺 운에 발복한다고
생각하기 쉽다.

따라서, 水가 用神이고, 金을 吉神으로 볼 것이다.

그러나, 癸水 日干이 辰土에 通根을 했고, 印綬가 돕고 있으나
食傷인 甲 乙木에 洩氣를 심하게 당하고 있어 자신을 지키기가
어려운데, 日支 卯중에서 甲 乙木이 表出해 있어 木을 主體로
하는 從兒格 또는 日干代行格이다.

그렇다면, 甲과 乙 중에서 어느 것을 主體로 볼 것이냐는
문제가 생기는데, 이런 경우는 陽木인 甲木을 主體로 봄이
타당하다.

따라서, 나무를 기르기 위해 火가 藥用神이고, 水는 凶神이며,
金이 病神이고, 濕土는 熱氣를 흡수하므로 凶神이나 乾土는
木이 뿌리내리고 濕을 제거하므로 吉神이다.

☯ 四柱의 特徵 및 命主의 性格

이 사주를 단순히 抑扶法만으로만 보면, 女命에 食傷이 旺하여
病이면 官을 치니 부부관계가 나쁘고, 부모한테 의지하고
산다고 볼 수 있으나, 日干代行格 또는 從兒格이 되어 官星이
凶神이므로 남편 덕은 크지 않지만 부부사이에 큰 갈등은
없다.

이 女命은 食傷이 필요하므로 잠시 동안이나마 어린이들을
가르치는 학원을 운영했었다.

☯ 六親關係 및 刑 沖 合 및 殺星의 應用

대게, 癸卯일주는 食神이 남편 궁에 자리 잡고 있어 官을 거부
하므로 부부 궁이 안 좋은 경우가 많은데, 이 사주는 主體가
木으로 바뀌었으므로 부부관계가 크게 나쁘지 않다.

다만, 이 사주에서 남편은 庚金이기 때문에 主体인 甲木을
冲하는 성질이 있으나, 庚金은 午火 浴地 위에 앉자있어 힘이
약하기 때문에 강하게 冲하지 못하며, 庚金 남편이 浴地 위에
앉자있고 時上의 乙과 合하고, 辰중, 卯중의 乙木과 3번에
걸쳐 明暗合하므로 바람을 필 것이다.
年柱 甲辰은 白虎殺인데, 辰중의 癸水가 日干으로 表出해있어
白虎殺 발동인데, 이 癸水는 午중의 丙 丁火가 나타날 때 害를
끼칠 것이다.

☯ 大運

- 己 대운에 主体인 甲木을 甲己合으로 묶어 저조하였고,
  巳 대운에 木이 잘 자라므로 吉하나 庚金이 巳火에 長生하여
  庚金의 힘도 다소 旺해져 剋을 하므로 나쁜 점도 있으나
  대체로 吉하다 .

- 戊 대운은 戊癸合되어 印綬를 기반시키므로 母親에 凶厄이
  따를 것이고, 木의 生助가 차단되므로 저조하였고,
  辰 대운에 辰辰子刑되어 甲木이 흔들리나 결국 甲木이 뿌리
  내릴 토양이므로 크게 나쁘지 않다.

- 丁 대운에 丁癸冲하므로 父親에 凶厄이 따를 것이나, 丁火는
  午火에서 나와 凶神인 庚金을 剋해주고 나무에 꽃이 피므로
  吉하여 직장생활을 했고,
  卯 대운에 日支에 있는 卯木이 나타나 공무원인 남편을 만나
  결혼하였으며,

- 丙 대운 직장생활을 그만두고 甲申년에 아이들을 가르치는
  학원을 열었으나, 乙酉년에 아들이 초등학교 들어가면서
  처분하였고,
  寅 대운에 아이들 양육 때문에 주부로 생활한다.

- 乙 대운에 乙庚合金하여 甲과 乙 두 가지 중 하나를 정리하는
  일이 생길 것이고,
  丑 대운 庚金 官이 入墓하므로 자기의 하는 일이나 남편의

신상에 변동이 생길 것이다.

- 甲 대운 甲庚沖하면 남편의 신상 변동이 있을 것이고,
  子 대운에 子午沖하여 손재수가 있을 것이다.

- 癸 대운은 水生木하므로 무난하고,
  亥 대운도 운이 좋으니 편히 살 것이다.

- 壬 대운은 무난하고,
  戌 대운에 命줄인 午火 財星을 入庫시키면 命줄이 끊어진다.

辛	癸	庚	甲	남
酉	亥	午	午	자

71 61 51 41 31 21 11 1 대

戊 丁 丙 乙 甲 癸 壬 辛
寅 丑 子 亥 戌 酉 申 未 운

☯ 四柱의 旺衰

午月의 癸水가 日支가 旺地이고, 旺한 印星이 돕고 있어
身旺하다.

☯ 格局과 用神

癸水가 午月에 태어났으므로 偏財格이다.
여름 癸水가 身旺한데, 日支 亥중에 長生한 年上의 甲木을

기르고 있어 임무가 있다.

그러나, 庚金 印星이 甲庚沖하므로 나쁘다.

또, 비록 여름 생이지만 사주에 印綬가 많아 病이 되므로
干上에 불이 있어야 나무를 기를 수 있다.

旺者喜洩의 원칙에 따라 木을 吉神으로 하고, 水는 凶神이며,
金이 病神이고, 火가 藥用神이나 干上에 나타나 있지 않아서
아쉽다.

또한, 큰 나무는 반드시 丙火로 길러야 좋기 때문에 이 사주는
午중 丙火를 써야 한다.

그런데, 여름에 火를 쓰는 것은 逆用神을 쓰므로 운이 없는
경우가 많다.

☯ 四柱의 特徵 및 性格

이 命主는 전북 전주 태생으로,

癸水가 甲木을 生하고 있는데, 庚金 印星이 甲庚沖하여 자기
갈 길을 방해하고 있는 형국이라서 만날 문서를 잘 못 다루어
경찰서와 법원을 제집 드나들듯 드나드는 사람이다.

印星이 病이므로 인격이 잘못된 사람이긴 하지만 인정이 많고,
財星인 午火를 두 개나 갖고 있어서 돈이 없으면서도 있는 척
과시를 잘하는 사람이다.

☯ 六親關係 및 刑 沖 合 및 殺星의 應用

父親이 午중 丁火인데, 午 午로 두 개이므로 두 분인데,

母親은 원래 正印이므로 庚金이라야 하나 午중 丙火와 辛金이
明暗合을 하므로 辛金을 母親으로 봐야 하기 때문에 母親 한
분에 부친이 두 분이므로 母親이 再嫁한 사람이다.

妻는 午중 丙火인데, 午火가 두 개 이므로 妻가 두 명과 같기
때문에 재혼격이다.

자식은 午중 己土라서 2명이다.

☯ 大運

-    辛未대운이 未土로 原局에 있는 亥水와 亥未木局이 되어

吉神역할을 해주어 좋았다.

- 壬 대운에 印綬가 金과 木을 通關시켜주므로 길하여 초등학교
   때 공부를 잘했으나,
   申 대운부터 저조했으나 어렵게 지방대 건축과를 졸업하였다.

- 癸 대운 무난하였으며,
   酉 대운 저조한 운이다.

- 甲戌 대운에 건축업을 시작하여 32세 86년 丙寅년부터
   돈을 잘 벌기 시작하여,

- 乙 대운 41세 94 甲戌년까지 부동산 경기가 좋아 많은 돈을
   벌었으며, 97년 외환위기 때도 부동산값이 떨어질 때 사서
   재미가 좋았으나,
   亥 대운 99 己卯, 2000 庚辰년에 부부관계도 나빴고, 운이
   없어 어려웠으며, 歲運이 火運이고 부동산값이 치솟은 해인
   2002년 壬午年에는 돈을 벌었다.

- 丙 대운 吉해 보이나 丙辛合되어 丙火의 역할을 못하므로
   甲申, 乙酉년에 서류위조 사건으로 경찰서와 법원을 들락
   거리는 官災로 고통을 당했다.
   子 대운 子午沖하여 財星을 깨면 큰 손재수가 생긴다.

- 丁 대운 丁火가 힘은 弱하나 金을 剋해주므로 吉하고,
   丑 대운 病神이지만 旺金이 入庫하므로 甲木을 치지 못한다.

- 戊寅대운은 좋다.

제 10 장 癸水日干 未月

己　癸　乙　辛　남

未　亥　未　卯　자

75 65 55 45 35 25 15 5　대

丁　戊　己　庚　辛　壬　癸　甲

亥　子　丑　寅　卯　辰　巳　午　운

☯ 四柱의 旺衰

未月에 癸水가 신약해 보이나 地支가 亥水가 亥卯未木局이
되었으므로 從을 해야 한다.

☯ 格局과 用神

癸水가 未月에 태어나 日支에 亥水가 있고, 年上에 辛金이
있어 身弱사주인데, 未中 己土가 透干되어 偏官格으로 보기
쉬우나 辛金은 뿌리가 없고, 日支 亥水가 亥卯未木局으로
변했으므로 從兒格이 되어 木体로 따라갔기 때문에 乙木이
主体가 된다.
그런데, 從兒格이 되면, 木의 기운을 洩氣해 주는 火가 干上에
나타나 있어야 좋은데, 이 사주는 火가 透干되지 않아서 큰
운이 없는 小局이다.
또한, 未中에 丁火가 있긴 하나 亥卯未木局이 되면, 未中에

丁火가 꺼지기 때문에 없는 것이나 다름없다.
따라서, 木을 用神으로 하고, 水는 吉神이며, 辛金은
病神이고, 未土도 從勢에 逆하지 않으므로 吉神이며, 火는
藥神이다.
따라서, 木이 用神이나 木을 剋하는 辛金을 막아주고 나무에
꽃이 피는 火運이 가장 좋다.

☯ 四柱의 特徵

月令이 未月이지만 濕木이 나타나있고, 地支가 木局을
형성하여 未중 丁火가 힘을 쓰지 못하므로 사주가 濕하다.
대게, 사주가 濕하면 당뇨병환자 많은데, 이 男命도 심한
당뇨병을 앓고 있다.
또한, 陰일주인 己 辛 癸 日主가 地支에 亥卯未木局을 이루면
나무를 기를 수 없기 때문에 거의 이혼하기 쉬운데, 이 사주도
가정 궁이 불안하다.

☯ 命主의 性格

사주가 從兒格이 되었으므로 두뇌가 좋고, 언변이 좋으며,
인정도 있는 사람인데, 불필요한 말이 많은 사람이다.

☯ 六親關係

乙木이 主体이므로 癸水는 印星이고, 辛金은 官星이며,
己土와 未土는 財星이다.
따라서, 未土는 偏財로 父親성이고, 妻星인데, 두 개이므로
父親이 재혼했거나 자신이 재혼격이다.
母親 癸水는 미약하지만 乙木에 물 주는 역할이다.
官星인 辛金은 자식에 해당하므로 자식 덕이 약하다.

☯ 大運

- 甲午대운에 甲木이 甲己合시켜 印星인 癸水를 剋하는 己土를

막아 주므로 吉했고,
午 대운이 火運이라 좋아서 귀염받고 성장하였다.

- 癸 대운에 水生木으로 순세하므로 무난했고,
  巳 대운에 火運이므로 좋아 보이나 驛馬인 巳火가 日支 亥水를
  巳亥沖하여 격을 깨므로 교통사고나 凶厄이 있었을 것이다.

- 壬辰대운에 사주가 더욱 습해지므로 큰 발전은 없으나 안정된
  직장도 잡고, 辰中 戊土 正財星이 등장하므로 결혼운이다.

- 辛 대운 乙辛沖하므로 主體인 乙木이 상처를 입게되므로
  불길하여 官災나 직장에 문제가 있었을 것이고,
  卯 대운에 亥卯未木局이 되므로 길하다.

- 庚 대운에 乙庚合하여 主體인 乙木을 묶으므로 발전이 없고,
  이때부터 당뇨병으로 고생이 시작되었고,
  寅 대운에 寅中 丙 甲이 들어 있어서 길하다.

- 己 대운에 己土가 印星인 癸水를 剋하므로 乙木의 生助가
  끊어지는데 직장에서 퇴직할 시기이고,
  丑 대운에 濕土인 丑土가 未土를 丑未沖하면 격이 깨져
  凶한데, 丑土는 官庫에 해당하고 財星에 해당하므로 돈 문제나
  妻 아니면 자식 문제가 발생한다.

- 戊 대운 印星인 癸水를 戊癸合으로 묶어 羈絆시키므로 主體인
  乙木의 生氣가 또 다시 끊어지게 되므로 凶한데,
  子 대운에 子水가 子卯刑하고 從을 거부하므로 혼란이 생긴다.

庚　癸　己　戊　　남

申　巳　未　子　　자

71 61 51 41 31 21 11 1　　대

丁 丙 乙 甲 癸 壬 辛 庚

卯 寅 丑 子 亥 戌 酉 申　　운

☯ 四柱의 旺衰

未月에 癸水가 年支에 祿을 갖고 있고, 印星이 돕고 있으나
官殺이 旺하여 身弱하다.

☯ 格局과 用神

癸水가 未月에 태어나 未中 己土가 透干되어 偏官格이다.
陰 日干인 癸水는 뿌리가 없거나 印星의 生助가 부족하면 從을
잘 하는데, 이 사주는 印星인 金이 힘을 갖고 있어 從을 하지
않는다.
未月은 아직 덥기 때문에 未中에 乙木을 기르기 위해서는
調喉가 필요하고, 또한, 官殺이 旺하기 때문에 통관시켜주는
金이 절실히 필요하다.
따라서, 金을 用神으로 하고, 水는 吉神이며, 土는 病神이고,
火는 凶神이며, 운에서 木이 오면 藥神이 된다.

☯ 四柱의 特徵 및 性格

이 命主는 전북 전주 태생으로,
日支 巳火에서 用神인 庚金과 戊土가 나와 있는데, 日支는
妻宮이기도 하지만, 자신의 몸이기 때문에 좋을 일과 좋지
않은 일을 동시 또는 이중으로 하는 사람이다.
그런데, 用神이 印星이라서 마음씨가 어질고 착하나, 官殺의
剋을 심하게 받고 있어 예민한 성격이다.

☯ 六親關係와 刑 沖 合 및 殺星의 應用

偏財는 未중 丁火인데, 未土가 凶神이고, 凶神 속에 財星이
들어 있어 부친의 덕은 약하다.
또한, 未중에는 乙木도 같이 들어 있는데, 母親인 庚金에서 볼
때 乙庚合으로 乙木과 合神으로 母親이 되므로 乙木을 함께
母親으로 살펴야 한다.
그리고, 日支 巳火와 時支 印星인 申金과 巳申으로 合을 하여
母親의 덕은 있다.
妻는 日支 巳중 丙火로 巳火에서 庚金과 戊土가 나와 表出神
인데, 庚金이 用神이므로 吉하지만, 凶神인 戊土와 戊癸合
하므로 戊土는 妻가 되기 때문에 妻德이 약하다.
그리고, 癸水 日干 입장에서 볼 때, 妻星은 戊土인데, 年上에
戊土와 合을 하고 있고, 巳중 戊土, 申중에도 戊土가 들어
있어서 여러 번에 걸쳐 明暗合을 하고 있어서 맺고 넘어가야할
인연이 여러 명이다.
자식은 戊 己土로 남매를 두었다.

☯ 大運

- 초년 庚申, 辛酉대운이 좋아 어려서 공부를 잘하였으며, 귀염
  받고 성장하였다.

- 壬 대운에도 吉하여 관세청 공무원에 입문하였으며,
  戌 대운에 官殺을 入墓시키므로 발전이 더디었다.
- 癸亥 吉하여 승승장구하였으며,

- 甲子 대운에도 좋았다.
- 乙 대운까지는 좋았으나, 丑 대운 들어 用神이 入墓하므로 더
  이상 발전이 없으며, 乙酉년 서울에서 관서장을 지낸 후 퇴직
  하였다.
- 丙寅 대운에 丙火가 庚金을 극하고, 寅木이 申金과 沖하면서
  寅巳神三刑이 발동하므로 운이 나쁘다.
- 丁卯대운도 凶하다.

부인 사주

戊　甲　壬　庚　여

辰　申　午　寅　자

72 62 52 42 32 22 12 2　대

甲 乙 丙 丁 戊 己 庚 辛
子 丑 寅 卯 辰 巳 午 未　운

午月에 甲木이 身弱하다.
한 여름에 木이 身弱한데, 調喉는 되어 있으므로,
水 用神, 木 吉神, 土 病神, 金 凶神, 火 凶神이다.
초년 대운이 나빴다.

己　癸　己　戊　여

未　亥　未　辰　자

80 70 60 50 40 30 20 10　대

辛 壬 癸 甲 乙 丙 丁 戊
亥 子 丑 寅 卯 辰 巳 午　운

☯ 四柱의 旺衰

癸水가 日支 亥水에 旺地이고, 年支 辰土에 通根을 하였으나
官殺이 旺하여 太弱하므로 從해야 한다.

☯ 格局과 用神

癸水가 未月에 태어나 未중에 己土가 透干되었으므로 偏官格
이라고 해야 하나, 年上 戊土와 戊癸合하여 從殺格 또는,
土体局을 겸하였다.
사주가 土体局이 되면, 土의 작용과 역할을 봐야한다.
즉, 土가 무슨 역할을 하는 가이다.
여기서, 未月의 土는 木과 水가 있으면, 자기의 원래 목적인
나무를 잘 기를 수 있다.
따라서, 木이 가장 필요하고, 水는 吉神이며, 土는 나무가
뿌리를 내릴 수 있는 토양이 된다.
또한, 土勢가 旺하기 때문에 洩氣하는 金도 필요하다.
만약, 抑扶法으로 봐서 身弱사주로 보면, 官殺이 첩첩산중이라
短命할 팔자이므로 戊午대운에 죽었을 것이다.

☯ 四柱의 特徵 및 命主의 性格

官이 旺해서 무거운 임무를 지고 태어났기 때문에 과학자나
의사, 또는, 특수 연구직이 좋으며, 이 사주는 金이 필요
하므로 문과가 좋은데, 이 命主는 외국에 유학을 가서 공부
했다.
또, 官이 旺해서 오랜 歲月을 공부해야 명예가 날 운명이라서
유전공학이나 천문학 등과도 인연이다.
官이 旺하면, 食傷을 剋하므로 키가 작고 밥을 적게 먹는다.
官이 이렇게 旺하다는 것은 官이 희망봉이라 산전수전 다
겪으라는 것이다.
또한, 여름 물로 태어나 착하고 책임감이 강하다.

☯ 六親關係 및 刑 沖 合 및 殺星의 應用

이 사주에는 印星인 金이 없다고 해서 母親이 없는 것이
아니라 合神으로 母親을 찾아야 한다.
즉, 未중 丁火가 偏財이므로 偏財와 合하는 것을 母親으로
삼아야 하므로 日支 亥중 壬水이다.

그래서, 母親의 덕이 있다.

이 女命의 남편은 戊土인데, 偏官인 己土가 많아 거쳐가야 할
남자가 많거나 남자가 많은 직장에서 일을 해야 할 운명이다.

대게, 官殺이 混雜하고 旺하면, 미인이 많다.

또, 官은 혈통을 지켜야하므로 장남, 장녀 또는 일복 많은
사람인데, 年에 陽인 戊土가 있고, 月에 偏官 己土가 있어
次女다.

자식은 未중 乙木으로 두 명이다.

☯ 大運

- 초년 戊 대운에 戊癸合하여 癸水를 合去시키므로 남자문제로
  인하여 凶한데,
  午 대운에 火가 오면 藥神인 木이 자라므로 굉장히 좋다.
- 丁 대운 丁癸沖하므로 돈 문제가 따르거나 未土 官殺이 從하므
  로 역시 남자문제가 생기고,
  巳 대운에 日支 亥水를 沖하여 교통사고가 생길 수 있다.
- 丙 대운 未중의 乙木이 태양을 보고 잘 자라므로 吉하나 身弱
  한 癸水가 마르는 단점이 있고,
  辰 대운에 물 창고라서 身弱한 癸水의 뿌리가 되고, 潤濕한
  土가 나타나므로 吉하다.

- 乙卯대운에 未중에 있던 乙木이 나타나 癸水의 고생한 보람이
  현실화되므로 吉하고,
- 甲寅대운도 日支 亥중에서 나온 甲木이 土를 甲己合으로 묶어
  주므로 좋다.
- 癸 대운에 癸水가 戊土와 爭合이 되므로 남자 하나를 놓고
  친구와 경쟁하는 格이라 吉하지 못하고,
  丑 대운에 丑未沖하여 旺神沖拔하여 직장변동이 있거나 남편한
  테 凶厄이 따른다.
- 壬子 대운은 吉하나, 辛 대운은 凶하다.

제 10 장 癸水日干 申月

丙　癸　甲　乙　남

辰　丑　申　未　자

74 64 54 44 34 24 14 4　대

丙 丁 戊 己 庚 辛 壬 癸

子 丑 寅 卯 辰 巳 午 未　운

☯ 四柱의 旺衰

癸水가 辰土와 丑土에 뿌리가 있고, 申金에 통근하여
身弱하나 寒濕하므로 身旺과 같다.

☯ 格局과 用神

癸水가 申月에 태어나 正印格이다.
癸水의 역할과 작용은 水生木으로 나무를 기르는 일인데,
申月이지만 甲 乙木이 未土에 뿌리를 박아 자라고 있으니
키워야 하므로 할 일이 있는 사람이다.
가을 찬바람이 불 때이므로 身弱해도 火가 用神이고, 木은
吉神이며, 水는 病神이고, 干上의 金은 나무의 잔가지인
乙木을 쳐주므로 괜찮고, 干上의 土는 癸水를 剋해주므로
藥神이다.
이 사주가 水가 身弱하면서도 다소 한습한데, 時上에 丙火가
未중에 通根을 하였으나, 癸水가 丙火를 剋하므로 調喉가
부족하다.

☯ 四柱의 特徵 및 命主의 性格

이 命主는 경남 마산태생으로,
필자는 이 사주를 단순하게 身弱사주로만 보고 身旺 운에
발복할 것이라고 보았으나, 지나놓고 보니까 오판이었다.
가을은 날씨가 차지기 때문에 많은 물이 필요하지 않고,
또, 가을 木이지만 未중, 辰土에 뿌리를 갖고 있어 生木이므로
불이 없으면 자라지 못하기 때문에 불이 필요하다.
이 男命은 내성적이고, 食傷으로 잘 洩氣가 되므로 말주변도
좋을 것 같으나 身弱한 陰 일간이므로 지극히 내성적이고 말이
없다.

☯ 六親關係와 刑 沖 合 및 殺星의 應用

父親은 偏財로 未중 丁火인데, 未土가 吉神이므로 父親의
덕은 있으나 月支가 나빠 경제적은 도움은 크지 않으며,
母親은 申중 壬水로 凶神 속에 들어있어 母親의 덕은 작고
또한, 印星이 凶神이므로 많은 공부는 하지 못했다.
妻는 丙火로 丙火가 辰土 冠帶 위에 앉아 힘은 약하나
調喉用神이므로 내조는 잘해주지만 日支 妻宮이 凶神이라
성격은 안 맞다.
또, 食傷은 祖母나 丈母로 混雜되어 있고, 年 月에 있어
祖母가 두 분일 가능성이 큰데, 傷官인 甲木은 未중 己土,
丑중 己土와 明暗合을 하고 있다.
癸丑은 白虎殺이나 白虎殺이 발동하지는 않았으므로 凶厄이
작다.

☯ 大運

- 癸 대운에 丙火를 剋하므로 凶했고,
未 대운에 未중에 丁火가 들어 있어 調喉를 시켜주므로
吉했다.

- 壬 대운에 申중에 있던 壬水가 表出하여 丙壬沖하므로 吉하지

못했으나,
午 대운 丙火 調喉用神이 힘을 吉했다.

- 辛 대운에 乙木을 쳐주어 좋았으나, 丙火를 丙辛合시켜 좋지
  않은 점도 있었으나 군대를 제대한 직후 중소기업 사원으로
  사회에 첫발을 내 딛었으며,
  巳 대운에 巳丑金局이 되긴 하나 丙火가 巳火에 祿을 얻으므로
  발전이 있었다.

- 庚 대운 乙庚合하여 乙木 하나를 묶어주므로 좋았으나,
  辰 대운 癸水를 入庫시키므로 순조롭게 승진을 하였다.

- 己 대운에 甲木과 甲己合하나 木의 세력이 旺하여 害가
  없으며, 癸水를 剋해주므로 用神이 힘을 발휘하여 吉했고,
  卯 대운에 卯未木局이 되어 吉한데, 丙戌년을 만나 크게
  발전하였다.

- 戊 대운 病神인 癸水를 戊癸合으로 묶어주어 좋고,
  寅 대운에 寅申沖이 되나 寅木이 다치게 되므로 나쁘다.

- 丁 대운 吉하나, 丑 대운 丑未沖하여 丁火를 끄고, 사주가
  습해져서 나쁘다.

壬　癸　壬　己　남

子　酉　申　亥　자

74 64 54 44 34 24 14 4　　대

甲 乙 丙 丁 戊 己 庚 辛

子 丑 寅 卯 辰 巳 午 未　　운

☯ 四柱의 旺衰

癸水가 比劫이 많고, 印星도 旺하여 太旺하다.

☯ 格局과 用神

癸水가 申月에 태어나 太旺하므로 從旺格이다.
旺者는 洩해 주어야 吉하므로 亥中 甲木으로 洩氣함이 좋다.
따라서, 亥中 甲木이 用神이고, 水는 吉神이며, 土는 病神
이고, 金도 쓰는데, 木이 나타나 있지 않고, 旺勢에 逆하지
않기 때문이다.
그런데, 水는 냉하면 쓸모없고, 亥中의 甲木을 기르기
위해서는 調喉하는 火는 吉神이다.
水는 旺한데 洩氣하는 木은 弱하므로 用神이 허약하다.

☯ 四柱의 特徵 및 命主의 性格

이 命主는 서울 태생으로,
지방에서 대학을 나와 안정된 대기업 사원으로 근무 중인데,
용신이 허약하고, 官星이 흉신이라서 약속 관념이 너무나
희박하여 믿기가 어려운 사람으로 가정에서도 그렇고, 직장
동료들로 부터도 불신을 받는 사람이다.

☯ 六親關係와 刑 沖 合 및 殺星의 應用

印星이 旺하고 吉神이라 父親이 교직자로 정년퇴직하였으며,

母親은 申金으로 申중 戊土와 明暗合하는 日干 癸水가 母親
이다.
따라서, 日干 癸水는 母親을 많이 닮았다.
妻는 日干 癸水와 暗合하는 申중 戊土인데, 申金이 吉神이고,
日支도 吉神이라서 妻의 내조가 극진하여 신용없는 남편의
뒷바라지를 잘해주고 있다.
자식이며 혈통인 官星은 己土인데, 凶神이므로 딸만 두 명을
두었다.

☯ 大運

- 辛 대운이 吉神이라 부모로부터 귀염받고 성장하였으며,
  未 대운에 未土가 凶神이지만 年支 亥水와 亥未로 合하여
  木으로 변하므로 吉했다.
- 庚 대운 吉했고,
  午 대운 나쁠 것 같으나 午火가 따뜻하게 調喉를 해주므로
  吉했다.

- 己 대운 土剋水하므로 吉하지 못하였고,
  巳 대운 巳亥沖하여 驛馬沖이라 교통사고가 있었다.
- 戊 대운 日干 癸水를 合하고, 旺勢에 거역하므로 나빠서 丙子
  (96년, 38세)년에 음주운전사고를 내어 큰 고통을 겪었으나,
  다행히 잘 수습이 되어 무사했고,
  辰 대운에 申子辰水局을 이루니 吉했다.

- 丁 대운도 丁壬合木하여 丁癸沖이 안되어 무난한 운으로, 44세
  壬午년에 땅을 사서 건물을 지었는데, 땅값이 많이 올랐고,
  卯 대운에도 妻가 운영하는 가게의 영업이 잘 되었다.
- 丙寅대운도 調喉를 하고 洩氣가 잘 되므로 吉할 것이고,
  寅申沖도 寅亥合이 먼저 되므로 沖이 약하다.

- 乙 대운 吉하고,
  丑 대운 己土가 뿌리를 하려하므로 凶하고, 印星이 入庫하므로
  生助가 끊어진다.

辛　癸　壬　甲　　남

酉　卯　申　寅　　자

73 63 53 43 33 23 13 3 　대

庚 己 戊 丁 丙 乙 甲 癸

辰 卯 寅 丑 子 亥 戌 酉 　운

☯ 四柱의 旺衰

癸水가 年上에 劫財가 있고, 印星이 旺하게 生助하므로
身旺하다.

☯ 格局과 用神

癸水가 申月에 태어나 申중 壬水가 透干되었으나 劫財格은
없으므로 正印格이다.
癸水가 木이 살아있는 生木이라면 길러야 할 임무라서 할 일이
있게 되고, 水가 아무리 水生木하더라도 나무는 불이 없으면
자라지 못하고 꽃을 안 피우기 때문에 나쁘다.
그래서, 가을은 구조에 따라서 다르기는 하지만, 이렇게,
生木이 있을 경우는 火多益善이라 했다.
이 사주에는 비록 申月이지만 卯木과 寅木이 生木이라서 불을
필요로 한다.
그런데, 이 사주의 구조를 보면, 나타난 불은 없고, 地支에서
金과 木이 相爭을 하고 있는 구조라서 局이 좋지 않다.
따라서, 干上으로는 火와 와야 하고, 또, 乾土로 水를 剋해
줘야 좋으며, 地支로는 火도 좋지만, 金과 木 사이를 通關
시키는 水도 괜찮다.

☯ 四柱의 特徵 및 命主의 性格

이 命主는 경기 평택 태생으로,
印星인 申 酉金이 傷官이며 내 갈 길인 甲木의 뿌리인
寅木과 卯木을 자르므로 말이 막히게 되고, 행동이 제약을

받게 되므로 말이 없고, 조심스런 행동양식을 보이며, 부모를
원망하게 된다.

☯ 六親關係와 刑 沖 合 및 殺星의 應用

이 命主의 父親은 寅중 丙火인데, 丙火는 母親인 時上의
辛金과 明暗合을 하고, 酉중 辛金과도 暗合을 하고 있으며,
母親星인 辛金과 寅申沖을 하고 있어 이 命主에게 父親이
여자관계가 복잡했었느냐고 물으니, 사실이라고 하면서 父親이
젊었을 때 여러 여자를 사귀어 엄마와 자주 다투었다고 한다.
財星인 父親의 입장에서 보면, 正偏財가 混雜되어 있어서
재혼이 아니면 스쳐간 인연이 있었음을 나타내고 있다.
또, 寅申沖하여 母親인 辛金이 父親宮인 寅木을 쳤으므로 母親
때문에 父親이 일찍 사망할 수 있다고 보는데, 이 命主는
아버지를 일찍 여의고 어머니 밑에서 성장하였다.
아버지를 일찍 여의는 바람에 집이 가난하여 장가갈 준비가
안되 32살 乙酉년까지는 독신으로 생활했다.
財가 寅중에 들어 있어 약하고, 또한, 日支 妻宮의 卯木을
酉金이 치니 중년 이혼수다.

☯ 大運

- 癸 대운은 水生木하므로 吉했고,
   酉 대운 日支 卯木을 沖하여 잘랐으므로 祖母가 凶厄을
   당하였을 것이고,

- 甲 대운 寅木에서 甲이 나왔으므로 寅木이 움직여 寅申沖하면
   가을철이기 때문에 寅木이 다치게 되는데, 寅중에 있는 丙火가
   다쳐 父親이 사망하였고,
   戌 대운에 寅戌合, 卯戌合되어 調喉에 도움은 되나 食傷이
   묶여 제 갈길 못 가게 되므로 저조한데, 서울 인근에 있는
   전문대를 어렵게 졸업하였다.

- 乙 대운에 乙辛沖하나 水가 있어 通關시켜주나 乙木은 日支
   卯중에서 나왔으므로 卯木이 움직이면 卯酉沖이 발동하여 갈

길이 막히게 되어 어렵고,
亥 대운에 金과 木 사이를 통관시켜 상쟁을 막아 주므로
직장인으로 출발하였다.

- 丙 대운 寅중에서 透出했으므로 寅木이 동하게 되면 寅申沖이
발동하고, 丙辛合되어 丙火가 羈絆당하므로 발복을 기대하기
어렵고,
子 대운에 金木相爭을 막아주므로 吉하다.

- 丁 대운 丁壬合을 먼저 하므로 丁癸沖은 약하여 무난한
운이고,
丑 대운에 旺神이면서 凶神을 庫속에 넣어두므로 말썽은
안피지만 사주가 濕해진다.

- 戊 대운 戊癸合하고 土剋水하므로 吉할 것이고,
寅 대운 寅申沖이 되어 財星이 다치게 되므로 돈이 없어지거나
처가 다치게 된다.

- 己 대운 甲己合하여 갈 길을 붙잡으므로 나쁘고,
卯 대운 卯酉沖하여 부부간에 이혼하거나 떨어져 살아야 한다.

- 庚 대운 甲庚沖하면 食傷은 命줄인데, 命줄이 끊어지면
끝이다.

辛　癸　庚　戊　남

酉　未　申　戌　자

72 62 52 42 32 22 12 2　대

戊 丁 丙 乙 甲 癸 壬 辛

辰 卯 寅 丑 子 亥 戌 酉　운

☯ 四柱의 旺衰

申月에 癸水가 月柱와 時柱에 印星이 旺하게 돕고 있어
身旺하다.

☯ 格局과 用神

癸水가 申月에 태어나 申중 戊土가 透干되어 正官格이다.
癸水의 역할과 작용은 나무를 기르는 것과 자신이 저수지의
물이 되어 내년 농사를 위해서 저장되어 지는데, 이 사주에는
나무가 없으므로 당장 해야 할 일이 없고, 내년 농사를 위해서
土로 제방을 막아 둠이 쓰임이고, 임무이며,
또, 봄이 오면 未중의 乙木에 水生木으로 물을 주는 일이다.
따라서, 土를 用神으로 하고, 火를 吉神으로 쓰며, 金과 水는
凶神이다.

☯ 四柱의 特徵 및 命主의 性格

이 命主는 경북 상주 태생으로,
사주를 감정하다 보면, 나이 많은 사람들의 경우 의외로
태어난 時를 모르는 경우가 많은데, 이 命主도 時를 잘
모른다.
그런데, 時干 대를 전혀 모를 때는 난감하지만, 어느 정도
時干을 알 때는 그동안 살아 온 과정이라든가 또는 성격과
六親 등을 살펴서 時를 잡아야 한다.
이 사주처럼 성격이 치밀하고, 원칙적이며, 시간관념이

강하고, 일을 하다 말고 중단하면 못견디는 성격이라면
틀림없이 酉時가 맞다.
그래서, 사주에 酉字를 가지면 다소 원칙주의자이기 때문에
융통성이 적어 답답하다는 말을 듣고 산다.
점잖고 말이 없는 사나이다.

☯ 六親關係와 刑 沖 合 및 殺星의 應用

年柱의 土星인 正官이 旺하므로 祖父가 시골에서 면장을
지냈으며, 또, 비록, 印星이 病이긴 해도 印星이 旺한
命主들 대부분이 부모가 부자로 잘살았다는 것을 경험을
통해서 것을 알 수 있다.
그러나, 이 命主한테 부친은 경제적인 도움은 크지 않았다고
한다.
이 命主는 正 偏印이 混雜되어 있고, 母親의 입장에서 官星은
戌中 丁火와 未中 丁火로 2개가 있으며, 癸水 日干의 형제도
申中에 劫財인 壬水가 있어 혹시 배 다른 형제가 있지 않나
하는 심증이 가나 아쉽게도 확인하지 못했다.
또한, 妻星은 偏財인 丁火가 2개 있고, 年上에 日干의 合神인
戊土가 있어서 이들을 모두 살펴야 한다.

☯ 大運

- 초년 辛酉대운이 印綬 운으로 凶神이므로 공부를 제대로 하지
  하지 않았다.

- 壬 대운도 吉하지 못하였고,
  戌 대운 들어 17세 고 2학년 때부터 공부를 하기 시작하였으나
  대학진학을 포기했는데, 印綬가 病神이라 공부에는 취미가
  없고, 운동을 좋아했기 때문이다.

- 癸 대운 官星인 戊土와 戊癸合하므로 82 壬戌년에 평범한
  직장인으로 출발하였으며,
  亥 대운 日干이 旺地를 얻고 日支 未土와 亥未合을 하므로
  결혼 운인데, 29세 86 丙寅년에 正財인 丙火가 등장하므로

대학 병원의 간호사와 결혼하였다.

- 甲 대운 甲庚沖하여 발전이 없었고,
  子 대운도 저조하였다.

- 乙 대운 癸水가 생하려고 한 未중의 乙木이 고개를 내밀었으나
  乙庚合, 乙辛沖하여 힘을 쓰지 못하므로 큰 발전이 없었고,
  丑 대운 旺神인 印星이 入墓하여 土의 힘을 洩氣하지 않으므로
  吉하고, 좋은 歲運을 만나 06 丙戌년에 승진하여 지방으로
  자리 이동이 있었다.

제 10 장 癸水日干 酉月

甲	癸	癸	甲	남
寅	酉	酉	辰	자

75 65 55 45 35 25 15 5

辛 庚 己 戊 丁 丙 乙 甲
巳 辰 卯 寅 丑 子 亥 戌

대

운

☯ 四柱의 旺衰

酉月에 癸水가 身弱하고, 寒冷하다.

☯ 格局과 用神

癸水가 酉月에 태어나 偏印格이다.
비록, 가을이라고 하나 甲木이 旺한 뿌리를 갖고 있어서
生木이므로 길러야 할 木이다.
따라서, 火가 가장 필요하고, 木이 吉神이며, 木을 剋하는
金이 凶神이고, 寅중 丙火를 剋하는 癸水도 凶神이다.
그러나, 地支 水는 金과 木 사이를 통관시켜주므로 괜찮으며,
土는 나무가 뿌리내릴 곳이므로 좋고, 火 調喉吉神으로 火運에
발전한다.

☯ 命主의 性格

이 命主는 서울 태생으로,
癸水가 傷官星을 가져 두뇌회전이 빠르고, 베풀 줄도 안다.
그러나, 傷官은 개성도 강하여 고집이 쎄다.

☯ 六親關係와 刑 沖 合 및 殺星의 應用

癸水를 主体로 보면, 寅중 丙火가 偏財로 父親星인데,
寅중 丙火는 母親인 酉중 辛金과 두 번 暗合을 하므로
재혼격이고, 내 妻는 나와 결혼 전에 사귀던 남자가 있었다고
볼 수 있다.
과거의 일로 보는 이유는, 年 月은 日主를 기준으로 해서 과거
이고, 時는 미래이기 때문이다.
그런데, 이 사주에서 酉金은 病神이고, 더군다나, 日支에 앉아
있기 때문에 부부 궁이 안 좋다.
또, 甲木을 기준으로 봤을 때 財가 辰土인데, 辰酉合, 辰酉合
으로 두 번 合을 하고 있어 필시 재혼격이다.
그리고, 甲木의 혈통이요, 官星인 酉金인데, 病이라서 혈통이
나쁘다는 것을 의미하므로, 자식을 두지 못 하거나 딸 만 둘
수 있는데, 결혼한지 10년이 훨씬 넘도록 癸未(03)년까지
자식을 두지 못했다.
또한, 甲辰이 白虎殺인데, 辰중 癸水가 透干되어 있어 白虎殺
이 발동했고, 辰酉로 合하여 辰중 戊土가 酉에 死하므로
官星인 戊土는 죽는다.

☯ 大運

- 甲 대운 吉했고,
  戊 대운에 辰戌沖하여 辰酉合으로 묶여있던 辰土가 떨어지게
  되므로 年上 甲木의 입장에서는 뿌리내릴 土가 생기므로
  吉하다.
- 乙 대운에 甲木의 곁가지가 생겨 좋지 못하고,
  亥 대운에 亥水가 酉金과 寅木사이를 通關시키고 寅亥合되어

木은 좋으나 寅중 丙火는 타격을 입게 된다.
- 丙 대운 寅중 丙火가 나타나 나무에 꽃이 피고 調喉를 해
  주므로 吉하고 癸水의 財星이 나타나므로 결혼 운이며,
  子 대운은 子水도 金과 木 사이를 通關시켜주므로 吉하다.
- 丁 대운 丑土를 달고 온 丁火가 丁癸沖당하여 힘을 쓰지는
  못해도 火氣이므로 吉하고,
  丑 대운에 旺神이며 病神을 酉丑으로 入庫시키므로 吉하여
  甲申(04년)에 다니던 회사에서 승진하였다.
  그런데, 이런 의심이 생긴다.
  甲申년에 寅申沖하는데 승진을 할 수 있느냐 하는 것인데,
  다행히, 이 사주에는 辰土가 있어서 申辰으로 묶어주기 때문에
  寅木이 다치지 않는다.
  필자는 이런 경우를 여러 명 보아왔다.
- 자식을 두지 못한 부부의 사주를 공부하기 위해 아래에 부인의
  사주를 실었다.

부인사주

丙	戊	辛	丁	여
辰	子	亥	未	자

76 66 56 46 36 26 16 6   대

己 戊 丁 丙 乙 甲 癸 壬
未 午 巳 辰 卯 寅 丑 子   운

亥月의 戊土가 身旺한 듯 하나 습하여 調喉해주는 火를
用神으로 썼다.
火 用神, 木 吉神, 水 丙申, 金 仇神, 土 藥神이다.
女命에 月上에 傷官이 나타나면 부부사이가 나쁜데, 日支에도
病神이 있어 부부 궁이 나쁨을 나타내고 있다.
또, 女命에 자식글자인 辛金이 仇神이라 자식 덕이 없으나 왜
자식을 둘 수 없는지는 연구과제이다.
辛(자식)이 丙火와 丙辛合하여 入墓되었고, 時干 丙火가
偏印이 되어 자식에 해롭다.
또, 年干 丁火가 辛金을 극함도 원인이다.

甲　癸　癸　甲　　남

寅　未　酉　午　　자

75 65 55 45 35 25 15 5　대

辛　庚　己　戊　丁　丙　乙　甲
巳　辰　卯　寅　丑　子　亥　戌　　운

☯ 四柱의 旺衰

酉月에 癸水가 月上에 比肩이 있고, 月支에 印星인 酉金이
있으나, 酉金에는 물이 없어 身弱하다.

☯ 格局과 用神

癸水가 酉月에 태어났으므로 偏印格이다.
비록, 한 가을이지만 木이 많이 나타나 있고, 地支에 午火와
未土, 그리고, 寅중에 丙火까지 生木이므로 키워야 할 木이다.
남들은 가을철에 모두 수확을 했는데, 이 男命은 아직도 나무
를 기르고 있으니 많은 열매를 수확할 수 있겠다.
月令이 가을이라 나무를 기르기 위해서는 水는 더 이상 필요치
않고, 오직 불만 있으면 나무가 자랄 수 있다.
그래서, 火를 用神으로 하고, 木은 吉神이며, 水는 病神이고,
金은 仇神, 干上에 오는 乾土는 藥神이다.
만약에, 이 사주가 陽木이라서 다행이지 濕木이 섞여있다면
木多火熄과 같아서 되어 운이 없을 것이다.

☯ 命主의 性格

이 命主는 마산태생으로,
가을에 巨木인 寅木을 기르고 있어서 부지런하고 바쁜
사람이다.
또, 傷官星을 가져 개성이 강하고, 자기와 성격이 맞는
사람한테는 무척 잘해주는 성격이다.

☯ 六親 關係

父親은 午중 丁火이고, 母親은 酉중 庚金인데, 丁火가 金을
剋하여 金克木하는 것을 막아주므로 丁火 즉, 父親의 덕이
크고, 반대로, 母親이 酉중의 庚金이므로 酉金이 母親宮인데,
金은 항상 金克木하여 癸水가 생하고자 하는 木을 자르려
하므로 母親의 덕은 없다.
또한, 이 사주에는 午중 丁火와 丙火가 있고, 日支 未중에
丁火가 있으며, 寅중에 丙火가 있어 正偏財가 混雜하여 여러
여자를 상대할 수 있는 기질을 타고 태어났으며, 日支 妻宮
未중에 丁火가 있어 藥神 역할을 하므로 妻의 내조가 좋다.
자식은 午중 己土, 未중 己土, 寅중 戊土인데, 寅중 戊土는 잘
쓰지 않으므로 己土 偏官만 두 개라서 아들만 둘 것이라고 볼
수 있으나 첫째 자식은 아들이고, 둘째 자식은 딸이다.

☯ 大運

- 甲戌대운이 좋았으며,
- 乙亥대운도 좋아 고등학교 때부터 공부에 두각을 나타냈으며,
  좋은 대학을 나왔다.

- 丙 대운부터 자영업을 하였으나,
  子 대운에 子水가 財星인 午火를 沖하여 깨므로 운이 나빠
  돈을 벌지 못하였고,
- 丁 대운에 다시 재기하는 듯 하다가,
  丑 대운에 酉丑金局이 되고 丑土가 午火의 열기를 흡수하여
  午火가 힘을 잃게 되므로 사업이 기울어 개인 사업을
  정리하였으며, 이때부터 性에 관심을 갖지 않게 되었다.

- 戊寅대운이 오면서 戊土가 癸水를 묶어 火氣를 발생시키고,
  寅木이 寅午合火하여 午火용신에 힘을 보태주니 운이 좋아져서
  일본인회사의 한국지사장으로 丙戌년 당시 년봉이 수억원이다.
- 己 대운 甲己爭合하므로 직업 또는 자식문제인데, 大運 支에
  傷官인 甲木의 羊刃을 달고 오므로 己土가 官星이 기반당하게
  되므로 직업문제나 지식문제기 온다고 봐야한다.

- 庚 대운에 甲庚沖하므로 癸水의 갈 길을 방해하므로 나빠지고,
  辰 대운에 辰酉合하고, 身弱한 癸水의 뿌리가 생겨 사주를
  습하게 하므로 좋지 않게 된다.
- 辛 대운도 흉신인 庚金에서 나와 날을 춥게 하므로 좋지 않고,
  巳 대운에 巳酉合金하여 巳火의 열기가 반감되므로 좋지 않다.

辛	癸	乙	乙	남
酉	卯	酉	酉	자

78 68 58 48 38 28 18 8   대

丁 戊 己 庚 辛 壬 癸 甲   운
丑 寅 卯 辰 巳 午 未 申

☯ 四柱의 旺衰

癸水가 旺한 印星이 돕고 있어 身旺하다.

☯ 格局과 用神

癸水가 酉月에 태어나 酉중에 辛金이 透干되어 偏印格이다.
癸水는 계절이 가을이긴 하지만 자기의 하는 일은 水生木하여
乙木을 기르는 일인데, 乙木은 日支에 祿을 가져 살아있어
기르려고 하나 年, 月支와 時支에 있는 酉金이 卯酉沖하고
있어 일한 보람을 찾기 어려운 구조가 되었다.
旺한 金을 洩氣해야 하므로 木이 用神이고, 水가 吉神이며,

金이 病神이다.

☯ 四柱의 特徵

사주가 너무 강해서 팔자가 좋지않다.
특히, 남자라서 다소 괜찮지만 이 사주가 만약 여자였다면
아주 나쁘다.
酉月의 乙木이 卯木은 뿌리가 잘려서 死木이 되었으므로 기를
수 없는 나무다.

☯ 命主의 性格

이 사주에서는 用神이 凶神에 눌려있어 무력하므로 자기 할
말을 다 하지 못하고, 눈치 보며 산다.
이 남자는 마누라한테 눈치보고 살아야 한다.
또, 한편으로는 사주에 酉金 같은 帝旺이 있으면, 무조건
고(GO)라서 물러서려 하지 않는다.

☯ 六親 關係

이 사주는 조상이나 부모의 덕이 없고, 日支에 用神이 있어
마누라 덕으로 먹고산다.
이 命主는 직장생활을 하다가 나와서 부인이 운영하는 가게
일을 돕고 있는데, 부인한테 너무 간섭이 심해 乙酉년에
부인이 집을 나갔는데, 丁亥年에는 亥水가 卯酉沖을 해소시켜
주므로 틀림없이 돌아오게 된다.

☯ 大運

- 甲申대운 중 申 대운에 金剋木하므로 좋지 못했고,

- 癸未대운 亥未木局이 되어 木이 旺해지고, 未중에 丁火가 있어
  木이 자라므로 吉했다.

- 壬午대운도 좋아서 무난하게 직장생활을 하였으며,

- 辛巳대운 중 辛金이 乙辛沖하므로 좋지 못했고,
  巳 대운에 巳酉金局하여 巳火가 변심하여 金의 세력만 키워준
  꼴이므로 좋지 못하여 직장에 나오려고 한다.

- 庚辰대운부터 敗運인데, 庚金이 乙庚合하여 갈 길을 붙잡고,
  辰 대운에 辰酉合하여 金의 세력만 커지므로 어렵게 되어 다니
  던 직장을 나와 마누라가 운영하는 가게 일을 돕고 있으나
  卯酉沖으로 부부간에 트러블이 심하다.

- 己卯대운 중 卯 대운에 원국의 卯酉沖이 현실화되므로 부부
  이별하게 되나 卯木에 의지하여 살게 된다.

- 戊寅대운 중 戊癸合하여 乙木의 生氣가 끊어지고,
  寅酉怨嗔이 되어 세상 원망을 하다가,

- 丁丑대운 중 丑 대운에 旺神入墓하므로 끝이다.

제 10 장 癸水日干 戌月

<pre>
辛   癸   壬   癸   남
酉   亥   戌   巳   자
80 70 60 50 40 30 20 10   대
庚 己 戊 丁 丙 乙 甲 癸   운
午 巳 辰 卯 寅 丑 子 亥
</pre>

☯ 四柱의 旺衰

癸水가 比劫이 旺하고, 印星의 生助도 받고 있어 身旺하다.

☯ 格局과 用神

癸水가 戌月에 태어나 戌중 辛金이 時上에 透出해 있으므로
偏印格이다.
戌月에 癸水는 身旺하면 쓸모없는 물이기 때문에, 水가 旺하면
旺할수록 태양이 힘을 못 쓰니 賤해지는데, 이 사주는
地支에 巳火와 戌土가 있어 어느 정도 調喉는 되어 있으나
天干에서 눈보라가 퍼붓는 형국이라 춥고 배고픈 사주임을
말해주고 있다.
따라서, 天干으로는 戊土가 나타나 우선 눈보라를 막아줘야
하고 火의 助力도 필요하므로, 巳중 戊土가 藥用神이고, 火가
吉神이며, 水는 病神이고, 金은 仇神이다.
비록, 年, 月支에 火 土가 調喉를 해주고 있긴 하나 辛酉金과

壬 癸水가 많아 調喉가 부족하며, 比劫이 旺하여 地支에 있는
火가 와도 역부족이니 用神이 허약하다.

☯ 命主의 性格

이 命主는 경북 구미 태생으로,
가을에 눈보라가 휘날리고 있는 형국이므로 들떠있는 사춘기
소년과 같이 친구들과 어울려 여자와 돈에만 관심을 갖는
철없는 사람이다.

☯ 六親關係

이 男命의 부친은 巳중 丙火인데 멀리 있고, 조상궁에 있어
조상 때 잘 살았다고 하며, 母親은 辛金으로 인물이 잘났고,
깔끔한 성격의 어머니다.
그런데, 父親인 巳중 丙火는 옆에 있는 戌중 辛金과 暗合하고,
時上 辛金과 明暗合하는 관계이므로 父親이 巳火 驛馬星으로
여기저기 돌아다니며 바람을 피웠던 분이다.
마누라인 妻星은 巳중 戊土가 첫 여자인데, 첫 여자는 干上에
自坐明暗合을 하고 있는 여자이기 때문에 과거가 있었거나
有夫女이고, 그 다음, 戌중 戊土가 있으며, 日支 亥중 戊土와
明暗合하고 있어 여러 여자와 인연인데, 실제로 이 男命은
음악을 한다는 핑계로 여지저기 돌아다니며 바람을 많이 피워
재혼하였으며, 재혼을 한 후에도 바람을 많이 피워 여러차례에
걸쳐 말썽을 피웠던 사람이다.

☯ 大運

- 癸亥대운 亥水가 調喉하는 巳火를 沖하므로 調喉가 깨져
  춥고 배고픈 세상을 살게 되므로 나빴고,

- 甲 대운 旺水를 洩氣하므로 나쁘지 않으나 물먹은 가을 나무는
  쓸모가 많지 않으니 吉하지 못했으며,
  子 대운 調喉를 깨서 세상을 얼게 하므로 나빴는데, 子水

桃花가 발동하여 결혼하였다.

- 乙 대운 旺한 水氣를 洩氣하지만 乙辛沖이 되고 물먹은
  濕木이기 때문에 신통치 않지만 그래도 직장생활을
  시작하였으며,
  丑 대운 丑戌刑하므로 開庫시켜 刑出된 戌중 丁火가 꺼지므로
  이혼하였다.

- 丙 대운 巳중 丙火가 나타나므로 같은 직장에 다니는 이혼녀를
  만나 재혼하여 새 출발하였고,
  寅 대운에 寅戌火局하여 調喉를 도우므로 낳아지는 듯 하였
  으나 부부간에 갈등이 심하다.

- 丁 대운도 丁癸沖, 丁癸沖하므로 부인과 싸움만하고, 자신은
  밖에서 다른 여자들과 어울리며,
  卯 대운도 卯酉沖하므로 문서사고가 생긴다.

- 戊 대운 戊癸合, 戊癸合으로 比劫이 발호하게 되나, 결국,
  巳중 戊土와 戌중 戊土가 힘을 발휘하게 되므로 吉하고,
  辰 대운에는 旺神인 壬 癸水가 入墓하므로 不吉하다.

甲　癸　壬　癸　여

寅　丑　戌　卯　자

71 61 51 41 31 21 11 1 　대

庚 己 戊 丁 丙 乙 甲 癸　운

午 巳 辰 卯 寅 丑 子 亥

☯ 四柱의 旺衰

戌月의 癸水가 年 月上에서 比劫이 돕고 있으나 뿌리가 丑중
癸水밖에 없기 때문에 身弱하다.

☯ 格局과 用神

癸水가 戌月에 태어났으므로 正官格이다.
이 사주에서 癸水의 작용과 임무는 나무를 기르는 일이다.
비록, 늦 가을인 戌月이긴 하지만 戌중에 丁火가 들어있고,
寅중에도 丙火가 들어 있어 甲木을 기를 수 있는 조건을
갖추었다.
또, 가을은 날이 추워지기 때문에 많은 물이 필요치 않고,
火가 와야 나무를 기를 수 있다.
寅중 丙火가 가장 필요하므로 用神이고, 木이 吉神이며, 水는
凶神이고, 金도 凶神이며, 乾土는 水氣를 막아 주므로 吉神
이다.

☯ 四柱의 特徵 및 명주의 性格

이 命主는 경북 영주 태생으로,
時上 傷官格이다.
女命 사주가 時上에 旺한 傷官을 갖고 있으면 官을 剋하기
때문에 남편과 해로하기 어렵다.
또한, 傷官은 旺하고 官星은 地支에 있어 자식성인 傷官한테
남편성이 지배를 받는 것과 같기 때문에 이런 사주들은 남편을

자식처럼 주무르고 살려하기 때문에 부부가 갈등이 심하다.
또 가을에 나무를 키우고 있는 사주라서 늘 바쁘고 부지런하게
살고, 개성이 강하며 인정도 많다.

☯ 六親關係와 刑 沖 合 및 殺星의 應用

부친이 戌중 丁火인데, 丑戌刑을 맞아 깨졌고, 干上에 比劫인
壬 癸水가 많아서 刑出된 丁火 부친성이 타격을 받기 쉬운
命組다.
母親은 偏財 父親星과 合神인 月上 壬水다.
남편인 正官은 戌중 戊土이고, 丑중 己土는 스쳐간 인연이며,
寅중에도 戊土가 있으나 잘 쓰지 않는다.
그런데, 丑戌刑 되어 남편궁이 깨졌으며, 日支 남편궁에
濕土인 丑중 辛金이 들어 있어 남편자리도 나쁘기 때문에
남편과 갈등이 심할 수 밖에 없다.
또한, 癸丑일주는 白虎殺인데, 丑중 癸水가 干上에 表出해
있어 白虎殺 발동이므로 운에 따라서는 丙 丁火가 타격을 입게
된다.
女命에 자식 궁에 자식성인 傷官이 旺하게 나타나므로 자식을
남편보다 우선하며 살아가는 팔자다.

5. 大運

- 癸亥대운에 調喉가 깨져 춥고 배고픈 시절이었다.
- 甲 대운은 傷官이므로 자신의 기운이 밖으로 나타나게 되므로
  똑똑하다는 소리를 듣게 되고 귀염받고 성장하였으나,
  子 대운이 子卯刑, 子丑合하면서 사주를 寒濕하게 하므로
  不吉하다.
- 乙 대운 무난하였고,
  丑 대운 原局에 있던 日支 남편궁의 글자이므로 결혼을
  하였다.
- 丙寅대운이 오니 財運이므로 자기가 부동산 사업에 활동을
  해서 돈을 벌었으나 丙火가 오면 傷官인 나무가 무성하게
  자라나게 되면서 상대성인 官을 극하게 되므로 부부궁이
  나빠져서 별거를 하기 시작하였으며,

- 　丁 대운 들어 본 남편과는 남남이 되고, 다른 남자를
  만났으며, 부동산 광고 사업에 손을 댔으나 신통치 않으며,
  卯 대운 부지런히 움직이지만 원하는 만큼의 소득은 보기
  어려울 것이다.
- 　戊 대운 숨어있던 官星이 나타나므로 재혼을 하거나 外情이
  있을 것이며,
  辰 대운 旺神入庫하고 辰戌沖하여 沖出된 丁火가 나타나면
  꺼지게 되므로 손재수다.
- 　己 대운 극할 능력도 없으면서 壬 癸水를 剋하겠다고 하다가
  오히려 己土 자신이 다치게 되고, 甲己合하여 갈 길을 막게
  되므로 불길하고,
  巳 대운에 巳丑合金하나 火氣이므로 무난하다.
- 　庚 대운 甲庚沖하여 癸水의 命줄인 甲木을 없애면
  어렵다.

庚	癸	壬	戊	여
申	未	戌	戌	자

78 68 58 48 38 28 18 8

甲	乙	丙	丁	戊	己	庚	辛	대
寅	卯	辰	巳	午	未	申	酉	운

☯ 四柱의 旺衰

戌月에 癸水가 年上에 劫財가 있고, 時柱에 印星이 돕고
있으나 身弱하다.

☯ 格局과 用神

戌月에 癸水로 태어나 戌중 戊土가 透干되었으므로
正官格이다.
戌月에 癸水의 역할과 작용은 사주에 生命(木)이 있어도
태양이 무덤에 들어가는 계절이기 때문에 나무를 기르기
어려운 계절이고, 癸水 자신이 저수지의 물이 되려고 해도
土가 너무 많아 저수지는 큰데 물은 적은 격이 되었다.
그래서, 印星인 金으로 土의 힘을 빼서 즉, 官印相生시켜서
水를 도와야 하므로 抑扶用神이다.
따라서, 金을 用神으로 하고, 水는 吉神이며, 土는 病神이고,
火는 仇神이며, 木이 오면 凶神이다.

☯ 四柱의 特徵 및 命主의 性格

官殺混雜된되다가 官印相生을 시키고 있으므로 남자를 상대로
하는 업이 잘 맞겠으며, 食傷이 없어 표현력이 없으니 말로
하는 업이나 영업 같은 업무는 맞지 않으나 막힌 곳을 소통
시키는 데는 소질이 있다.

☯ 六親關係 및 刑 沖 合 및 殺星의 應用

이 女命의 모친은 庚金인데, 父親은 丁火이므로 年 月支의
戌중 丁火, 未중 丁火 合해서 3명이기 때문에 母親 1명에
父親이 3명이라서 여러 남자를 상대한 모친이다.
또, 이 여자는 官(남편)이 混雜하고 많아서 여러 남자를
거쳐야 하므로 病이라서 거의 이혼하게 되고, 이런 구조를
가지면 남편이 자기한테 손을 대는 순간부터 싫어한다.
그리고, 시주 子息宮이 吉神이라 자식보고 살게 되고,
無夫直子(무부직자 : 남편은 없는데 자식은 있다는 뜻이다)
팔자다.

대게, 官이 病이면, 망상에 젖어 살게되고, 癸 일주가 官이 病
이면, 거의 이혼한다.
壬戌이 白虎殺인데, 戌중의 戊土가 表出하여 白虎殺 발동이라

남편에 凶厄이 따르게 되고, 癸水 日干의 남편은 年干 戊土
인데, 그 戊土는 月支 戌중에서 나왔으므로 戌土도 남편이고,
日支 未중 己土도 官星이므로 스쳐간 인연이며, 時支 申중에도
戊土가 있어 대문 밖에도 숨겨둔 애인이 있다.
또, 戌중 丁火와 未중 丁火는 年干 壬水의 合神이므로 오빠의
애인들이기도 하다.

☯ 大運

- 庚申, 辛酉 대운에 印星이 官印相生시켜 신약한 水를 도와주므
  로 吉했고,

- 己未대운부터 官星이 나타나면서부터 고난이 시작되어,

- 戊午대운 凶하고,

- 丁巳대운도 어려우며,

- 丙 대운까지가 어렵고,
  辰 대운이 와야 申辰水局이 되면서 다소 낳아진다.

- 乙卯대운에 食神이 나타나나 乙庚合되어 무난하고,

- 甲寅대운에 甲木이 戊土를 극해 주리라고 생각하지만
  甲庚沖하므로 희망이 무산되고,
  寅 대운에 寅戌火局이 되어 火勢를 도우므로 나쁘다.

제 10 장 癸水日干 亥月

<pre>
丁 癸 丁 乙   여
巳 酉 亥 巳   자
77 67 57 47 37 27 17 7   대
丙 乙 甲 癸 壬 辛 庚 己   운
申 未 午 巳 辰 卯 寅 丑
</pre>

☯ 四柱의 旺衰

亥月에 癸水가 身弱하다.

☯ 格局과 用神

亥月에 癸水로 태어났으므로 羊刃格이다.
亥月의 癸水는 용도가 많지 않은데, 調喉用으로도 필요하지
않고, 나무가 자라지 않은 계절이나, 사주에 火가 있어 乙木이
살아있어 기르는 역할이다.
따라서, 火를 用神으로 쓰고, 木은 吉神이며, 巳중 戊土는
藥神이고, 水는 病神이며, 金은 凶神이다.

☯ 四柱의 特徵 및 命主의 性格

이 사주는 언뜻 보면, 財多身弱으로 보이나, 자세히 보면,

年支의 巳火는 巳亥沖되어 깨졌고, 時支 巳火는 巳酉合이 되어
변질되었으므로 火의 기능을 제대로 하지 못한다.
따라서, 火가 필요하므로 日干인 癸水가 凶神이고, 日支
酉金도 凶神이라서 남편 복이 없다.
또한, 巳중 戊土가 남편인데, 남편을 沖하여 깨버렸으므로
남편에 대한 미련을 버리고 오직 돈만이 자신을 살려줄 수
있다고 생각하며 살게 되므로 돈만 있으면 살 수 있다고
생각하며 살게 된다.

☯ 六親關係와 刑 沖 合 및 殺星의 應用

月, 時上 丁火가 偏財로 父親인데, 丁癸沖하여 머리와 뿌리가
깨지고 巳酉合金하여 巳火가 변심하였다.
母親은 酉金으로 酉중 庚金인데, 金의 입장에서 볼 때 官星인
丙 丁火가 混雜하므로 母親은 두 남편을 섬기거나 여러 남자를
상대하게 된다.
남편은 巳중 戊土인데, 巳亥沖 당하여 깨졌고, 時支 巳중에
戊土가 들어 있으나 巳酉合金되어 凶神이므로 나중에 남자를
만나도 덕이 되지 못한다.
자식은 年上의 乙木과 亥중 甲木으로 남매를 두었다.

☯ 大運

- 己丑대운은 濕하여 나쁜데다가 丑土가 巳火와 巳丑合金이
  되어 水氣를 더욱 조장하니 춥고 배고픈 시절이었다.

- 庚 대운 庚金이 金生水하므로 나빴고,
  寅 대운 丙火의 뿌리가 나타나 調喉를 돕고 巳火와 亥水
  사이를 通關시켜 주어 도우므로 吉하였으며, 집안이 경제적인
  안정을 찾아 결혼을 하게 되었다.

- 辛 대운 丙辛合하여 調喉를 깨고 比劫을 돕는 격이므로
  그렇지 아도 적은 밥을 나눠먹는 격이므로 나빴고,
  卯 대운부터 장사를 시작하였는데, 日支 酉金을 沖하므로
  99(己卯)년 함께 장사하던 남편이 갑자기 쓰러져 사망하고

말았다.
- 壬辰대운 壬水와 丁火가 丁壬合되어 庫속으로 들어가므로
父親이 사망하였고,
辰 대운에 旺神인 水氣가 入庫하여 나쁘니 발전이 없을
것인데, 甲申(04년)년은 가게 하나를 처분하였다.

- 癸 대운 丁癸沖하므로 돈이 나나게 되고,
巳 대운에 巳亥沖 巳酉金局이 되므로 이리저리 분주하게 되나
다소 여유가 있게 될 것이고,

- 甲午, 乙未대운은 좋으니 말년이 좋은 사주다.

庚	癸	辛	丁	여
申	巳	亥	未	자 대 운

74 64 54 44 34 24 14 4

己 戊 丁 丙 乙 甲 癸 壬
未 午 巳 辰 卯 寅 丑 子

☯ 四柱의 旺衰

癸水가 月支에 羊刃을 가졌고, 印星이 旺하게 돕고 있어
太旺하다.

☯ 格局과 用神

癸水가 亥月에 태어났으므로 羊刃格이다.

亥月의 癸水는 용도가 다양하지 않은데, 오히려, 亥月의
亥水가 旺하면 왕할수록 調喉를 해치므로 賤해진다.
그런데, 이 사주에서 亥水의 역할은 저수지 물이 되어 내년
농사철에나 씌임이 있기 때문에 우선 당장은 할 일이 없는데,
저수지를 막아줄 戊土가 없어 저수지를 막기도 쉽지 않다.
따라서, 火를 用神으로 하고, 水가 病神이며, 金도 凶神이고,
乾土가 藥神이다.

☯ 四柱의 特徵 및 命主의 性格

겨울에 水氣는 旺하면 旺할수록 賤한법인데, 다행히도, 年上
丁火가 年支 未土에 뿌리를 하고, 日支 巳火에 通根하므로
어느 정도 調喉는 되었고,
이 사람의 성격은 사주의 구조를 가지고 말할 수 있는데,
亥月의 癸水라서 나무를 기르는 일 즉, 자기 노력을 순리적
으로 일을 해결하려 하지 않고, 노력도 하지 않고 돈을 벌려고
하는 생각으로 살게 된다.

☯ 六親關係와 刑 沖 合 및 殺星의 應用

부친은 偏財로 年上 丁火인데, 年支에 뿌리를 갖고 있어 힘이
강할 것 같으나 亥未木局이 되어 未中 丁火가 亥中 壬水와
暗合하므로 丁火의 힘이 약해 졌고, 日支 巳火에 통근하나
巳亥沖이 되고, 巳申合되어 火의 세력이 약하지만 의지할
수밖에 없다.
母親은 庚 申金인데, 正偏財 混雜되어 있고, 旺하며, 庚金의
뿌리인 申金이 日支 巳火를 巳申合으로 묶어 무력화시키므로
母親의 덕이 없다.
남편은 巳中 戊土이고, 己土는 과거의 남자이고, 申中 戊土도
숨겨놓은 남자이기 때문에 여러 남자와 인연을 맺을 팔자이고,
正 남편인 巳中 戊土가 巳申合, 巳亥沖되어 불안하다.
자식관계는 未中에 乙木이 있고, 亥中에 甲木이 있으며,
亥未合木하여 새로운 木局(食傷局)이 형성되므로 씨 다른
자식을 둘 수 있다.
여기서, 亥未合木은 亥中 甲木과 未中 乙木이 있어 雜木인

乙木으로 된다.
巳申合이 되어 用神이며, 日支가 합되어 부부 궁이 나쁜데, 이와
같이 사주에 合과 冲이 같이 있을 때는 합이 우선이다.
왜냐하면, 冲보다 合을 더 좋아하기 때문이다.
부동산업을 하고 있는데, 財인 巳火가 刑이 되어있어 송사가
생긴다.

☯ 大運

- 壬子대운 偏財이며 調喉하는 丁火를 丁壬合으로 묶어 子水
  絕地에 들어가므로 이런 때에 부친이 흉액이 있고, 사주를
  더욱 寒濕하게 만드므로 춥고 배고픈 시절을 보내게 된다.
- 癸 대운에 丁癸冲하므로 丁火가 꺼지게 되어 나쁘고,
  丑 대운에 印星이 入庫하고, 사주가 寒濕해져서 나쁘다.

- 甲 대운에 木生火하므로 吉하고,
  寅 대운도 寅중에 丙火가 있어 吉하다.
- 乙 대운에 乙辛冲하여 食神이 깨지게 되므로 활동을 하려다가
  손해를 보거나 자식한테 凶厄이 따를 수 있고,
  卯 대운에 亥卯未木局이 되어 食傷局을 이루므로 활동성을
  넓히게 되므로 일자리를 갖게 되었다.

- 丙 대운에 丙辛合되지만 火氣가 등장하므로 길하며,
  辰 대운에 辰土가 水를 入墓시키고, 熱氣를 흡수하므로 나쁘기
  때문에 이런 운에는 하던 사업을 접고 쉬는 것이 상책이다.
- 丁 대운 丁癸冲하나 調喉가 되므로 吉하고,
  巳 대운 巳亥冲하나 역시 吉하다.

- 戊午, 己未대운이 좋다.

戊　癸　乙　甲　여

午　亥　亥　寅　자

74 64 54 44 34 24 14 4　대

丁　戊　己　庚　辛　壬　癸　甲　운
卯　辰　巳　午　未　申　酉　戌

☯ 四柱의 旺衰

亥月에 癸水가 身弱하다.

☯ 格局과 用神

이 사주는 癸水가 旺地에 태어나 身弱 羊刃格이라 할 수
있는데, 日干인 癸水는 戊癸合되었고, 月 日支 亥水는 年支
寅木과 寅亥合, 寅亥合하므로 木局이 된데다가 月 日支의
亥中에서 甲木이 表出하여 身弱하다.
이 사주는 身弱하나 亥月이고, 生木이 있어 길러야 하기
때문에 火가 필요한데 나무가 많다.
따라서, 火와 土가 吉하며, 水는 凶神이고, 木이 吉神이며, 金은
凶神이다.

☯ 四柱의 特徵 및 命主의 性格

부잣집 딸인데, 정신질환이 있어 공부도 못했고, 결혼도 못한다.
필자는 이 命主가 왜 정신질환을 갖게 되는지를 아직 정확히 알지
못한다.
그러나, 태어날 때부터 정신질환이 있는 것은 유전인자에서 오기
때문에 고치기 어렵다고 한다.

☯ 夫婦關係와 刑 沖 合 및 殺星의 應用

정신질환 때문에 결혼을 하지 않았으므로 부부관계 등을
논하는 것은 무의미하지만 일반적인 관점에서 살펴보면,
火는 財星으로 부친과 시어머니가 되기 때문에 부친과 시어머니의
덕이 있다고 보며, 印星이 나타나면 흉신이다.
또, 官星인 戊土와 合하고 있어 남편인데, 食傷인 甲 乙木을
보고 있기 때문에 나중에 결혼을 하더라도 자식낳고 남편과
이별하게 된다.

☯ 大運

- 甲戌대운은 吉했고,

- 癸酉, 壬申 대운에 天干 壬 癸水가 調喉하는 水를 剋하고, 地支
  金이 生木을 沖剋하므로 나빴다.

- 辛 대운에 辛金이 金生水 하는 것은 나쁘나, 乙辛沖하여 戊土를
  노리고 있는 乙木을 쳐 주는 것은 좋고,
  大運 支 未중에 丁火가 있어 좋고, 亥未合木하여 영역확대 또는
  업무가 확장되므로 좋다.

- 庚 대운에 역시 乙木을 乙庚合시켜 좋고,
  午 대운에 寅午戌火局이 되어 調喉가 잘되어 길하다.

- 己 대운 甲己合되어 外情이 있거나 돈을 벌게 되며,
  巳 대운에 巳亥沖하여 모친의 情을 끊게 되므로 나쁘다.

- 戊 대운 戊癸合되어 모친이 사라지게 되나 자신한테는 火를
  극하는 水를 묶어 주므로 좋은 점도 있으나,
  辰 대운에 印綬 入庫되고, 熱氣를 흡수하므로 흉하다.

제 10 장 癸水日干 子月

壬　癸　甲　戊　남

戌　酉　子　戌　자

75 65 55 45 35 25 15 5　대

壬 辛 庚 己 戊 丁 丙 乙
申 未 午 巳 辰 卯 寅 丑　운

☯ 四柱의 旺衰

子月에 癸水가 比劫이 旺하고, 酉金 印綬가 비록 물은 없어도
힘을 보태주니 身旺하다.

☯ 格局과 用神

癸水가 子月에 태어났으므로 建祿格이다.
子月 癸水는 旺하면 旺할수록 나쁜데, 그것은 겨울에 그렇지
않아도 추운데 이렇게 많은 물은 쓸모가 없으니 댐을 막아
가두어 두었다가 내년 농사에나 써야 할 물이다.
따라서, 土를 用神으로 하고, 火는 吉神이며, 木이 病神이고,
水는 凶神이며, 金도 凶神이다.
이 사주에서 甲木이 病神이라고 앞에서 언급하였는데, 그
이유는 木은 土를 剋하는 성분이기 때문인데, 특기할 사항은,
이 甲木은 死木이기 때문에 戊土를 극하는 힘이 약하다는
것이다.

☯ 四柱의 特徵 및 命主의 性格

이 男命은 전남 광주 태생으로,
年上 正官을 用神으로 썼으므로 직장인과 인연인데, 만약,
月上에 있는 甲木이 生木이었다면 年上 戊土를 극하게 될
것이므로 설령 직장인이 되었다 해도 순조로운 승진이 어려울
것이나, 다행히, 死木이라서 官이 손상을 크게 받지 않으므로
승진이 가능하다.
또한, 겨울 물은 나무를 기르는 물이 아니고, 戊土로 가두어
두었다가 내년 농사에나 써야 할 물로 당장 할 일이 없기
때문에 바쁠 게 없고 느긋하나 정확한 것을 좋아한다.
用神으로 正官을 썼으므로 인간성이 좋고, 점잖은 사람이다.

☯ 夫婦關係 및 殺星의 應用

癸水일간의 부친은 偏財로 丁火인데, 年支와 時支 戌중에
丁火라서 두개이므로 父親이 두 명이고, 母親은 酉중 庚金
이라서 한분이기 때문에 어머니가 재혼했을 가능성이 크다.
또한, 癸水일간과 合神은 年上 戊土인데, 戊土는 丁火가
들어있는 戌土(父親宮)에서 表出했기 때문에 父親의 表出神
이기도 하고, 마누라이기도 하므로 부친과 마누라는 성격이
닮은 데가 있을 것이다.

☯ 大運

-   초년 乙丑대운은 乙木이 戊土를 剋하는데 가세하므로 나쁘고,
    大運 支 丑土는 丑戌刑하여 戌중 丁火를 刑出시켜 天干의
    壬 癸水에 다치게 하므로 좋지 못했다.

-   丙寅대운은 天干에 태양이 뜨고, 寅木이 寅戌火局을 만들어
    吉하므로 좋은 대학을 나왔으며,

-   丁 대운에 戌중 丁火가 調喉하므로 吉하여 대기업 회사원으로
    출발하였다.

- 戊 대운은 흉신인 癸水를 戊癸合시키므로 좋으나,
  辰 대운에 辰戌沖하면서 官庫를 깨고, 濕土인 辰土가 열기를
  흡수하고, 辰酉合金되며, 旺神인 水氣를 入墓시키므로 나쁜데,
  2000(庚辰年) 凶神인 印綬운이라 친구한테 보증을 서 줬는데
  갚아주지를 않아서 2002(壬午年) 子午沖으로 旺神大怒하여
  자기가 대신 갚느라고 큰 고통을 겪었다.

- 己 대운은 己土가 病神인 甲木을 甲己合으로 묶어주므로
  吉하였으며,
  巳 대운에 巳火가 酉金과 巳酉合金의 성분을 가지나 巳火가
  吉神이므로 甲申, 乙酉년은 저조하니 발전이 어려웠으나
  丙戌년에 대기업 과장으로 승진하였다.

- 庚 대운 甲庚沖하여 劈甲引丁하면 吉할 것이고,
  午 대운 日干의 祿인 子水를 沖하므로 친구, 형제에 대한
  凶厄은 따를 것이나 사주의 病을 제거해 주므로 길함이
  많을 것이다.

- 辛 대운 저조할 것이고,
  未 대운 戌未刑하나 좋을 것이다.

- 壬申대운 用神이 申金 死地에 들므로 나쁘다.

辛　癸　甲　戊　남

酉　未　子　子　자

74 64 54 44 34 24 14 4　대

壬 辛 庚 己 戊 丁 丙 乙
申 未 午 巳 辰 卯 寅 丑　운

☯ 四柱의 旺衰

子月에 癸水가 身旺하다.

☯ 格局과 用神

癸水가 子月에 태어났으므로 建祿格이다.
겨울의 물은 旺하면 旺할수록 賤한데, 子月의 물은 지금 당장
용도가 없기 때문에 아무 쓸모가 없으니 戊土로 제방을 쌓아
내년 농사에 사용해야 한다.
따라서, 年上에 戊土가 떴고, 日支에 未土가 있어 土를 用神
으로 하고, 火는 吉神이며, 木은 土를 剋하므로 病神이나
月上의 甲木은 死木이므로 土를 극하지 않기 때문에 크게
凶하지 않으며, 日支 未중에 乙木이 있어 통근하므로 운에서
火運이 오면 死木인 甲木이 生木으로 변할 수 있기 때문에 잘
살펴야 하며, 水는 凶神이고, 干上의 金은 病神 木을 剋해
주므로 좋을 듯 하나 甲木이 死木이므로 큰 의미가 없다.

☯ 四柱의 特徵 및 命主의 性格

이 命主는 부산 태생으로, 회사원인데,
傷官은 자기의 생각이요 행동인데, 이 傷官이 病이 되었고,
특히, 傷官이 생명(甲木)이니 사람들에게 덕을 베풀지 않는
사람으로 남한테 커피한잔 사는 법이 없고, 대부분, 얻어
먹으려고만 생각하는 사람으로 회사 동료들로부터 욕을 먹고
사는 사람이다.

그런데, 傷官星을 가져 똑똑하며 언변이 좋다.

☯ 夫婦關係 合 沖 刑 등 殺星의 應用

부친은 偏財로 未중 丁火인데, 吉神이므로 인연은 좋으나 덕이
크지 않고, 원래, 母親은 辛金이나, 子중 壬水가 父親인 丁火
와 合神인데, 子水가 두개이므로 丁壬合, 丁壬合하여 두 번
暗合하므로 아버지가 여러 여자와 外情이 있었다.
傷官성인 丈母나 祖母가 子水 浴地이고, 桃花 위에 앉아
있으므로 바람둥이임을 알 수 있다.
또, 母親인 辛金은 완성된 보석인데다가 酉金 桃花 위에
앉았고, 金生水로 洩氣가 잘 되므로 미인이며 총명하고,
官星(戊土)인 자식도 子水 桃花 위에 앉아있어 바람둥이
이다.

☯ 大運

- 乙丑대운은 乙木이 木剋土하는 성분이고,
  丑 대운에 印星이 入墓하는 운이라 母親에 凶厄이 따르므로
  운이 저조했고,
- 丙 대운은 火生土하여 調喉가 되어 좋았으나,
  寅 대운 病神인 甲木이 뿌리를 얻어 살아나 生木이 되면
  木剋土하므로 좋지 못하여 집이 가난하여 고생을 많이 했다.
- 丁 대운은 丁火가 戊土를 도우므로 官인 戊土가 힘을 받으니
  회사원으로 출발했으며, 日支에 있던 丁火가 나타나므로
  결혼도 하였으나,
  卯 대운에 甲木이 羊刃을 얻어 살아나 木剋土하므로 좋지
  못하였다.
- 戊 대운 戊癸合火하고 用神 운이므로 먹고 살만해졌으며,
  辰 대운 旺神인 水氣가 入墓하고, 辰酉合金되어 한습해 지므로
  좋지 못하였다.
- 己 대운도 己土가 病神인 甲木을 甲己合으로 묶어주므로
  좋았고,
  그러나, 巳 대운 巳火가 巳酉合金되어 半吉 半凶하므로
  진급도 늦어졌다.

- 庚 대운은 庚金이 甲木을 쳐주어 좋아서 재산증식도 많았고,
  정년퇴직을 하였으며,
  午 대운에 午火가 旺神인 子水를 沖하므로 친구나 형제에 대한
  문제가 있을 것이나 午火가 吉神이므로 吉함도 있을 것이다.
- 辛 대운은 대체로 좋지 못하고,
  未 대운은 吉하다.

- 壬申대운 물 天地가 되므로 나쁜데, 특히, 申 대운에 戊土의
  死地가 되고, 申子水局이므로 더욱 나쁘다.

丙	癸	壬	丁	남
辰	亥	子	亥	자

71 61 51 41 31 21 11 1   대

甲 乙 丙 丁 戊 己 庚 辛   운
辰 巳 午 未 申 酉 戌 亥

☯ 四柱의 旺衰

子月에 癸水가 比劫이 많아 太旺하다.

☯ 格局과 用神

사주가 子月에 癸水가 太旺하므로 潤下格 또는 從旺格으로
보기 쉽다.
물은 흘러야 하므로 木이 좋으나 없으므로 調喉용으로 火를

쓰는 수 밖에 없다.

그런데, 이 사주는 年上에 丁火가 있으나 뿌리가 없고, 丁壬合되어 쓸 수 없고, 時上의 丙火도 뿌리가 없어 약하다.

그러나, 대운에서 도와주어 火, 土運에 국영기업체에 재직했다.

이 命主는 金 水運에 고단했고, 火 土運에 대발했다.

☯ 四柱의 特徵 및 命主의 性格

子月에 癸水가 太旺하여 戊土로 제방을 쌓아야 하는데, 年上에는 丁火가 있고, 時上에는 丙火가 뿌리가 없어 빛과 같지만 쓰지 않을 수 없다.

또, 壬水 劫財가 丁壬合하여 偏財인 丁火를 가져가므로 내 돈을 가져가는 구조이고, 身旺사주이므로 에너지가 넘치며, 羊刃을 가져 성격도 대단하나 洩氣하는 食傷이 없으므로 표현력은 없다.

☯ 夫婦關係 및 合 沖 刑 등 殺星의 應用

父親이 丁火이기 때문에 丁壬合하여 子水 絕地에 임하므로 父親을 일찍 사별했을 것이고, 母親은 偏財인 丁火와 합하는 壬水이므로 母親의 덕이 없으며, 마누라인 財星은 丙火이므로 마누라 덕은 있으나 뿌리가 약해 크지 않다.

자식은 辰中, 亥中 戊土이고, 時上에 吉神인 丙火가 있어 자식 덕은 있을 것이다.

☯ 大運

－ 辛亥대운에 辛金이 時上의 丙火를 丙辛合하여 合去시켜 絕地에 해당하므로 빛을 잃어 앞이 캄캄한데, 丙火는 正財로 돈에 해당하기 때문에 돈 때문에 또는 가난해서 힘들었다고 볼 수 있으므로 춥고 배고픈 세월이었다.

- 庚 대운도 金生水하므로 어려웠으나,
  戌 대운에 辰戌沖하여 沖出된 辰중 戊土가 제습을 하므로
  운이 좋아 공부를 잘 하였으며,

- 己酉 대운에 己土가 濕土라서 水를 剋하는 힘은 약하지만
  土剋水하므로 吉하였고,
  酉 대운에는 酉金에 물은 없지만 냉한 金으로 凶神이므로
  저조한 운이어서 발전이 없었다.

- 戌 대운 戊土가 旺한 壬水를 제방으로 막아주므로 국영기업체
  직원으로 출발하였으며,
  申 대운에 申子辰水局이 되어 水가 더욱 旺해지므로 운이 저조
  하여 건강도 나빴고, 승진도 더디었다.

- 41세 丁未대운부터 제대로 운이 들어오니 승승장구하였다.

- 丙午대운에 이사까지 승진하였으며, 정년퇴직하였다.

- 乙巳대운은 좋고,

- 甲辰대운 중 辰 대운에 壬水가 入庫하므로 나쁘다.

제 10 장 癸水日干 丑月

丁 癸 丁 甲 남

巳 巳 丑 午 자

71 61 51 41 31 21 11 1 대

乙 甲 癸 壬 辛 庚 己 戊
酉 申 未 午 巳 辰 卯 寅 운

☯ 四柱의 旺衰

丑月에 癸水로 태어나 丑土에 뿌리가 있으나 身弱하다.

☯ 格局과 用神

癸水가 丑月에 태어났으므로 偏官格이다.
癸水가 身弱해서 從을 할 것 같으나 丑土에 뿌리가 있고,
巳丑金局이 되므로 從을 하지 않는다.
丑月 癸水가 甲木이 干上에 나타나 있으므로 日干의 역할은
나무를 기르는 일이다.
그런데, 月上의 丁火와 時上에 丁火가 서로 沖하려고 벼르고
있는 형국인데, 다행이도 丑月이라 날씨가 추운계절이고,
丑중에 癸水가 있어 日干의 뿌리작용을 하는데다 巳丑金局이
되어 印綬 역할을 해 주어 좋다.
그러나, 아무리 丑月이라 해도 火가 5개나 있고, 甲木이

木生火하니 너무 불이 많아 病이다.

따라서, 水를 用神으로 하고, 金은 吉神이며, 火가 너무
많아서 病神이고, 木도 凶神이다.

그래서, 겨울에 逆用神인 水를 써야하는데, 逆用神者는 운이
없는 사람이다.

이를테면, 겨울이라 춥기 때문에 다른 사람들은 모두 불가에
몰려드는데, 이 사주는 거꾸로 불이 너무 많아 뜨거워 오히려
피해버리니 무슨 운이 있겠는가 ?

☯ 四柱의 特徵 및 命主의 性格

이 命主는 서울 태생으로,

사주에 자기가 用神인 者는 自手成家해야 하므로 성실하다.

또, 도와주는 사람이 적어 외롭다.

日支 巳火 財星이 凶神이나 巳丑金局을 하여 日干을 돕고 있어
妻와 부모의 도움을 기대하고 있으며, 돈이 원수라는 마음으로
살아간다.

또, 傷官을 가져 두뇌가 잘 돌아간다.

☯ 夫婦關係와 刑 沖 合 및 殺星의 應用

아버지가 丁火인데 2개가 나타나있고, 午중에도 있으며,
正財인 丙火도 地支에 3개나 암장해 있어 正 偏財가 混雜
하고, 어머니에 해당하는 印綬 庚 辛金도 여러 개 암장해
있다.

이런 구조는 아버지는 아버지대로 여러 여자를 상대하고,
어머니는 어머니대로 여러 남자를 상대하는 형국이다.

사주에 財가 너무 旺하여 病이니 재복이 없다.

항상, 돈 때문에 허덕이며 산다.

妻는 巳중 丙火인데, 巳火가 2개이고, 午중에도 丙火가
있으며, 偏財인 丁火도 있어 正 偏財 混雜하고 많아서 여러
여자를 상대할 운명인데, 이 男命은 회사원이다.

妻宮에 病이 앉아있어 불편한데, 다행히도 巳丑金局을 하여
日干을 도우므로 부부가 같은 종교생활을 열심히 하면서 살고
있다.

☯ 大運

- 戊寅대운에 戊土가 身弱한 癸水를 合去시키므로 저조한
  운이었다.

- 己卯대운도 어려워 어렵게 지방에서 대학을 다녔으며,

- 庚辰대운 중 辰 대운에 身弱한 日干의 뿌리가 되어 주므로
  회사에 취업하였고 결혼도 하였다.

- 辛 대운에 辛金은 丑土 官星에서 나왔으므로 직업인데,
  직장생활을 계속하다가,
  巳 대운에 巳丑金局하므로 月支 合이나 沖은 직장이나 가택의
  이동이므로 다니던 회사를 그만두고 자신이 직접 사무실을
  운영하게 되었으나 큰 재미는 보지 못했다.

- 壬 대운에 丁火를 묶어 주므로 무난하였고,
  午 대운에 調喉에 逆하므로 영업이 시원찮아 고전하였다.

- 癸 대운에 丑土에서 나온 比肩이므로 좋은데,
  未 대운에 丑未沖하면 丑중 癸水가 刑出되어 丁癸沖하면
  身弱한 癸水가 깨지므로 나쁘다.

- 甲 대운 저조하고,
  申 대운 巳申合水되어 좋을 듯 하나 辛金은 癸水의 死地이므로
  나쁘다.

```
辛  癸  乙  癸     남
酉  未  丑  卯     자
71 61 51 41 31 21 11  1   대
癸 壬 辛 庚 己 戊 丁 丙
酉 申 未 午 巳 辰 卯 寅     운
```

☯ 四柱의 旺衰

丑月에 癸水가 身弱한 듯 하나 月令이 丑月이고 濕木이 있어
사주가 寒濕하다.

☯ 格局과 用神

癸水가 丑月에 태어나 丑중에 辛金이 透出하여 偏印格이다.
丑月의 癸水는 곧 봄이 오므로 희망을 갖고 사는데, 食神인
乙木이 나타나 있으므로 乙木을 기르는 것이 임무이고 할
일이다.
그런데, 乙木을 기르기 위해서는 丑月이므로 우선 불이 필요
한데, 불은 나타나 있지 않고, 日支 未중에 丁火가 들어
있으나 丑未冲되어 상처받은 불이다.
또, 乙木이 卯에 뿌리를 하고 未土에도 뿌리를 갖고 있어
生木이라서 자라야 하기 때문에 金을 가장 싫어한다.
따라서, 火가 가장 필요하나 나타나지 않았으므로 木을 用神
으로 쓰고, 金은 病이며, 水도 凶神이고, 土는 吉神하며,
火가 藥神이다.

☯ 四柱의 特徵 및 命主의 性格

이 命主는 강원도 춘천 태생으로,
12월 丑未冲은 아직 봄이 오기도 전에 논갈이를 하는 格이라
일찍부터 서두르므로 굉장히 바쁘게 사는 사람이다.
다른 사람들은 봄이 되어야 씨앗뿌릴 준비를 하느라고 전답을

가는데, 이 사람은 겨울에 벌써 전답을 갈고 있으니 얼마나
부지런 한 사람인가.

실제로 이 女命은 여기 저기 사업을 벌려놓고 너무나 바쁘게
사는 사람으로 잠시라도 쉴 틈이 없는 사람이며, 봄이 오기도
전에 나무를 기르는 사람이라서 성격이 진취적이고 쾌활하다.

☯ 夫婦關係와 刑 沖 合 및 殺星의 應用

부친은 丁火인데, 丑未沖하여 상처 받은 불이라서 父親의 덕은
없으며, 母親은 辛金이라서 이 사주의 病이므로 母親의 덕을
볼 수 없는데, 5남매의 막내로 태어났고, 印綬는 학문인데
病神이므로 공부도 많이 하기 어렵다.

官星은 丑중 己土, 未중 己土인데, 丑未沖하여 깨진 남편으로,
05 乙酉년에 이혼하였으며, 乙卯木이 食神으로 자식인데 年支
卯중에 뿌리를 갖고 있으나 日支 官星인 未중에 表出했으므로
아들로 보이나 큰애가 딸이고, 둘째가 아들로 남매를 두었다.

☯ 大運

— 丙寅대운은 調喉되므로 좋아서 막내 딸로 태어나 귀염받고
자랐다.

— 丁卯대운도 좋았으나 食神인 卯木이 印星인 酉金을 沖하므로
공부는 많이 하지 못했고,

— 戊 대운에 직장생활을 하다가,
辰 대운에 동료 직원과 결혼한 후, 옷 가게를 하였는데,
辰土가 熱氣를 흡수하여 사주가 습해지므로 운이 저조하여 돈
을 벌지 못하였고,

— 己 대운도 己土가 土剋水하므로 제습을 해주어 다소 낳아
졌으나 제습을 제대로 하지 못하여 큰 발전이 없었고,
巳 대운에 巳火가 불이지만 巳酉丑金局이 되어 배반하므로
남편의 사업이 안 되어 고통을 겪다가 庚辰년에 가게를 정리

하고 부동산에 투자하여 돈을 벌기 시작하여,

- 庚 대운 갈 길이며 활동성인 乙木을 乙庚合하므로 甲申(04)년
  까지는 부동산 경기가 좋아 큰 돈을 벌었으나, 乙酉년에
  부동산 경기가 없어서 정리하였고, 그 해에 남편과 이혼을
  했으며, 丙戌년에 丙火가 辛金을 묶어주어 좋은 듯하지만 戌土
  가 丑戌未三刑을 일으키니 刑出된 丁火가 癸水에 깨지므로
  수십억의 재산손실을 입었으며,
  午 대운에 調喉를 시켜주고, 病神인 酉金을 剋해주므로 吉할
  것이다.

- 辛 대운 乙辛沖하므로 나쁘고,
  未 대운에 丑未沖이 되어 丁火가 깨지면 大 손재수와 관재수도
  따른다.

- 壬申대운 乙木이 찬바람을 맞아 성장이 멈추니 나쁘고,

- 癸酉대운에 卯酉沖하면 끝이다.

```
己   癸   丁   己     남
未   卯   丑   酉     자

76 66 56 46 36 26 16 6      대

己 庚 辛 壬 癸 甲 乙 丙
巳 午 未 申 酉 戌 亥 子     운
```

☯ 四柱의 旺衰

12월에 癸水가 丑土에 뿌리가 있고, 酉丑金局을 이루므로
身弱하고 濕하다.

☯ 格局과 用神

癸水가 丑月에 태어나 丑중 己土가 透干되었으므로 偏官格
이다.
丑月의 癸水는 곧 봄이 오므로 나무를 기를 수 있는 계절
인데, 나무를 기르기 위해서는 木도 나타나 있어야 하지만
반드시 불이 있어야 나무를 기를 수 있는 조건이 된다.
그런데, 이 사주에는 年上에 丁火가 있고, 時支에 未土가 있어
丁火의 뿌리가 되므로 미흡하지만 나무를 기를 수 있는 조건을
갖추었다.
그래서, 火를 用神으로 쓰고, 木은 吉神이며, 水는 불을
끄므로 病에 해당하고, 土는 吉神이며, 金은 凶神이다.
日支 卯木은 濕木이라서 生火는 안 되고 오히려 丁火의 열을
받아서 자라야 할 나무다.

☯ 四柱의 特徵 및 命主의 性格

이 命主는 서귀포 태생으로,
사주가 身弱하고 陰濕하므로 성격이 내성적이고, 목소리의
톤이 弱하다.

또, 身弱한 陰 일간의 경우 地支에 亥卯未木局이나 亥未木局, 또는 卯未木局이 있을 경우 남녀를 불문하고 부부 궁이 나쁜 경우를 많이 경험하였는데 이 命主도 부인 덕이 없다.
年支와 月支는 酉丑金局이 되고, 日支와 時支는 亥未木局이 되어 상쟁하는 형상이라서 고난을 예고하고 있다.

☯ 夫婦關係와 刑 沖 合 및 殺星의 應用

조상궁인 年柱와 부모궁인 月支가 나빠 조상과 부모덕이 없는 命이며, 父親은 丁火인데 白虎殺이고, 丑중 癸水가 表出해 있으므로 白虎殺 발동하여 丁癸沖하므로 父親이 凶厄이 따를 명이며, 母親은 酉중 庚金인데 凶神이므로 母親의 덕도 없다.
사주에 正財인 丙火는 없으므로 偏財인 丁火를 妻로 보는데, 月上 丁火는 丁癸沖당하여 꺼졌고, 時支 未중에 丁火가 두 번째 妻이므로 무력하고 時支에 있어 나이 많은 여자와 인연이다.
자식은 己土인데, 年上과 時上에 있어 두 명으로, 年 月支가 酉丑으로 合했고, 日 時支가 亥未로 合했으므로 각기 다른 마누라의 자식이다.

☯ 大運

- 丙子대운 調喉가 되지 않아서 춥고 배고픈 시절이었다.

- 乙亥대운도 마찬가지로 어려운 시절이었으나 亥卯未木局이 되어 나무를 길러 보겠다고 즉, 무언가 할 수 있다는 꿈은 컸다.

- 甲 대운 日支 卯중에서 甲木이 나타나 癸水 일간을 괴롭히던 己土를 甲己合으로 묶어주므로 96 丙子년에 正財를 만나 결혼 하였으며, 그 다음해인 97년 丁丑년에 丁癸沖하므로 이혼 한 前 妻男한테 돈을 빌려 주었다가 받지 못했고,
戌 대운 31살 때인 99 己卯년부터 卯酉沖하여 妻와 갈등이 계속되다가 결국 2003년 癸未년을 만나 未土가 丑土를 沖하니 卯酉沖이 발동하여 이들 하나를 자신이 키우기로 하고 이혼을

　　　하고, 13살 연상의 여인을 만나 살고 있다.
- 癸 대운 丁癸沖하므로 04 甲申, 05년 乙酉년에는 이혼한 전
　妻男에게 대출받아서 빌려준 빚 갚느라고 고생인데다가 새로
　만난 내연녀가 사을 한다며 돈만 없애므로 이래저래 고생
　이다.
　丙戌년은 火運이라 한숨돌릴만하니 회사에서 승진이 있었으며,
　酉 대운에 日支 卯木을 沖하면 내연녀와 헤어질 것이다.

- 壬申대운도 調喉에 逆하므로 운이 보이지 않고, 壬水가 月上
　丁火를 丁壬合하여 羈絆시키면 손재수다.

- 辛 대운 나쁘고,
　未 대운 丑未沖하면 刑出된 未중 丁火가 꺼져 나쁘지만 未중에
　丁火 불이 들어 있어서 희망이 있다.

- 庚 대운 나쁘나,
　午 대운에 調喉가 되어 나무가 자라므로 편안하다.

- 己 대운 吉하지 못하고, 巳 대운에 巳酉丑金局이 되어 나쁘다.

개
포
동
방
향

미도 APT 설경아파트 타워펠리스

← 잠실방향 3번출구 ●  3호선 대치역 양재동방향 →

은마 APT
상가 233호

은마APT 청실 APT 도곡렉슬 APT

포
스
코
방
향

위치: 강남구 대치동 316 은마상가 2층 B블럭 233호
전화: 010-2909-1933